秦晖 — 著

鼎革之際

明清交替史文集

山西出版传媒集团　山西人民出版社

图书在版编目（CIP）数据

鼎革之际：明清交替史文集 / 秦晖著. —太原：山西人民出版社，2019.11
ISBN 978-7-203-11168-9
Ⅰ.①鼎… Ⅱ.①秦… Ⅲ.①中国历史－明清时代－文集 Ⅳ.①K248.07-53
中国版本图书馆CIP数据核字(2019)第253679号

鼎革之际：明清交替史文集

著　　者：	秦　晖
责任编辑：	王新斐
复　　审：	贾　娟
终　　审：	李广洁
出　版　者：	山西出版传媒集团·山西人民出版社
地　　址：	太原市建设南路21号
邮　　编：	030012
发行营销：	010-62142290
	0351-4922220　4955996　4956039
	0351-4922127(传真)　4956038(邮购)
天猫官网：	http://sxrmebs.tmall.com　电话：0351-4922159
E－mail：	sxskcb@163.com(发行部)
	sxskcb@163.com(总编室)
网　　址：	www.sxskcb.com
经　销　商：	山西出版传媒集团·山西人民出版社
承　印　厂：	鸿博昊天科技有限公司
开　　本：	655mm×965mm　1/16
印　　张：	22.75
字　　数：	350千字
版　　次：	2019年11月　第1版
印　　次：	2022年10月　第2次印刷
书　　号：	ISBN 978-7-203-11168-9
定　　价：	88.00元

如有印装质量问题请与本社联系调换

序　言

自1978年我就读研究生直到20世纪80年代末，我治学生涯的第一阶段其实看书也很杂，在当时改革初期的风气下其实也是"家事国事天下事，事事关心"，但真正的学术写作范围却非常窄，研究的问题也非常具体，以纵向的时间轴论，就是明末清初这一段历史，而且尤其是这一段历史中一些过去少人关注的人、事。以横向的领域而言，主要是"农民战争与土地制度史"的范围。纵横两个维度都与当时思想界的"时髦"距离很远。以至于在当时的"文化热""新启蒙"中我似乎是个缺席者或旁观者。那时的同学与同事常常认为我是个"乾嘉派"，而我的恩师赵俪生先生则对我有点担心："知道你很用功，但格局要大一点，不要限于'饾饤之学'。"

赵先生的教诲我是铭记而且努力去做了，但这一段"饾饤之学"对我的锻炼还是很重要的。这也就是先生说的"小问题越做越大，大问题越做越小"吧。

考证，就是要在具体事情上去伪而存真、解谜而求实。但解谜并非"猜谜"，尤其不能无证瞎猜。

当然证据本身不能说话，把证据变成论点是需要推理的。没有推理而完全从字面上"有一分证据说一分话"，那就根本写不成文章。但考证中的推理只可能是逻辑（就是形式逻辑，不是什么"辩证逻辑"）思维，不能是文艺思维或政治实用思维。很多事情能证伪而难证实，那就只有存疑。一度以为证实而后发现疑点，也只能再度存疑而不能强求弥缝。改革前学界曾大肆批判胡适之"大胆假设小心求证"之说，称"大胆假设"

就是"唯心主义"。其实,那时盛行的是"大胆假设,而以'政治正确'为证",这比胡适之所言糟糕得多也"唯心"得多。但应该说那种批判对我们那一代人还是有影响的。改革时期的我们自然不会像"文化大革命"那样用政治正确代替求证,却往往使我"假设"更难大胆,而"求证"更趋小心。例如我在否证"奉天玉是李自成"的胡乱"索隐"时,曾经找到许多材料都指向奉天玉应该是勉强降清后遁去禅隐的南明将领李占春,并据此写了《"奉天玉和尚"之谜》一文。但两年后我看到康熙《黄州府志》有李占春任当地清职并死于任上之说,觉得去时未久的地方志记载本地职官应该可信,就在后来的文章中自我否定了前说。当时研究明末农民战争的权威顾诚先生此前曾经向人推荐过我的前一考证,他看到我的新文章后有点不以为然,来信说我仅以《黄州府志》一书就否定自己曾经多方求证的前说是否太匆忙了。确实今天看来,这件事至少可以存疑。因此本书收入前后两文时根据他的意见略作小改并做了说明。

治学不易,于兹可见。其实不仅细节的考证是如此,宏观的史论更是如此。严谨的学人不仅应该避免迷信成说,而且对自己的以往说法也应该不时反思。无论事实判断还是价值判断,都不能故步自封,当然更不能看风使舵。笔者几十年来心得,以为细节考证宜重前者——不故步自封;而史论史识宜重后者——不看风使舵。本书收入的文章与报刊上初次发表时相比,细节考证略有补充,大部分是初发时限于篇幅而删除,或作为集体著作我撰写的部分、在发表时因统稿而被调整、如今成书时恢复的,也有一两处细节是这次结集时补正的。但是史论部分则完全保持原貌,即便今天有了新的看法,也保留思想史上的真实记录。

除研究生导师赵俪生先生外,这段时期对我影响很大的另一位前辈学者就是前述的顾诚先生,他不仅在"大格局"的眼光下把严谨的考据几乎做到了极致,而且最下功夫的时段也是明末清初。我们在1979年相识后曾经通信很多。我不仅向他求教不少,而且多次与他在北京图书馆(国家图书馆的前身)不期而遇。那时我每次到北京都要拜访他,由于他惯于通宵工作而白天睡觉,几次畅谈都是到下半夜没有公共汽车了(20

世纪80年代北京公交还非常落后,北城一带不仅没有地铁,通宵车也只有寥寥几路),才从北太平庄他的师大寓所步行回旅馆,而他几次都把我送到小西天甚至豁口附近。20世纪90年代我调到北京后,关注点已经不在明末清初,通信也很少了,但仍然有联系。1997年他的代表作《南明史》出版后,我发表过一篇书评。顾先生曾表示这是该书书评中他最喜欢的一篇。2003年顾先生遽归道山时,我正在哈佛大学访问,没能去送别。当时听说有人要出纪念文集,就稍做修改备用,后来文集因故未成。此次收入本书,也是对顾先生的纪念吧。

我研究生时代的方向是"农民战争史与土地制度史",所以对明清之际的研究也是以李自成、张献忠及其后继者的事业为中心的。农民战争史和土地制度史,"文化大革命"前都是马克思主义"新史学",即所谓"五朵金花"的主要领域,20世纪80年代这两个领域也仍然带有浓厚的意识形态色彩。一个突出表现,就是那时中国大陆史学的通例,凡是"农民起义领袖"建立的政权,都要冠以"大"字以示褒扬,如黄巢的"大齐"、李自成的"大顺"和张献忠的"大西"等,而历史上的正统王朝(通称"封建王朝")则只称宋、元、明、清等。他们的军队也有"大顺军""大西军"和"明军""清军"这种称"大"与否的区别。

这看起来与传统史著恰恰相反——那时"本朝"都称大(大明、大清等)或称"皇"——如《皇宋十朝纲要》《皇明经世文编》《皇清经解》等书所云,而对于"流寇"建立的政权则贬称"伪",如"伪顺""伪西"之类。但其实这两种写法都是"价值先行"的"春秋笔法"——尽管价值观似乎相反,而在近代实证史学的价值中立观点看来,这两种相反的"春秋笔法"都是不必要的。明、清、西、顺诸方的好事坏事,实事求是写下来即可,实不必在名称上崇之以"大"或贬之以"伪",但是对于过去的著述,今天就不必改动了。

与此相关的是"正朔"问题。传统史学讲究严守正统立场,站在哪个王朝立场上就要用该王朝的年号系年,即所谓"遵正朔"。近现代犹有此风,如研究太平天国的著述因为同情于"农民起义",就普遍用太平天国纪年。1949年前后的南明史或农战史同样也流行用南明或顺朝、西朝年号纪年。但我从1980年代初开始发文章时就是用清年号纪年的，尽管我也持同情"抗清"的立场。这不是因为我有多么思想解放，而是因为南明、西、顺的年号繁多，且大都非常短暂，唯永历年号行用稍长，却又不行于顺治四年之前。只有清年号便于形成一贯的时间概念。我觉得如今不应再有"遵正朔"的问题，用什么年号就持什么立场是完全不必要的，正如今天使用耶稣降生的"公元"纪年者不必是基督徒一样。至于中国古代史研究著述直接用公元年号，似乎影响"历史感"，当时并不流行，如今一般也只是在中国传统年号后括号加注公元，这本文集要保持原貌，就不再改动了。

20世纪90年代后我的学术和思想都有很大的发展与变化，这些文章的议论部分有的已经不是我今日的看法，但是实证性的历史考据仍然是有价值的。特别是我当时着意以"土地制度"来解释"农民战争"，因此对孙可望等人的各种制度做了大量的考证，这在一直以政治军事为主要叙事内容的迄今南明史研究中，我以为也算是独到的。

至于"联明抗清"之类的提法，在20世纪80年代显然是过去褒扬"农民军"的一种流行说法。前辈的顾诚先生也好，晚辈的笔者也好，都只是沿袭了这一名词。在今天看来，李自成余部显然就是归降于南明朝廷，至于他们后来的"独立性"如我考证者倒也不假，只是南明小朝廷本来就"纪纲不振"，涣散得很，高一功等人的"独立性"与南明多数"军阀"的自行其是其实没什么本质的不同，当然，他们的人品和作为可能有很大区别，但这与是否"农民军"应该说没有什么关系。

但是孙可望、李定国与永历小朝廷的关系则有所不同。在顺治九年孙可望接纳小朝廷并行用永历年号前，他已经称"国主"多年，形成了控制云贵及邻近地区的一个独立政权，而且在官制、军制和田制等方面都与明朝传统多有不同，甚至连官印文字也从明制九叠篆改成了西制八叠篆。永历帝在丧师失地殆尽后避入孙可望庇护下，被孙安置在偏僻小城安龙，随跸的小朝廷"行在"六部其实已经不再运作，而孙可望自己设于贵阳等地的"国主行营"六部才是实际的政权。这时秦王孙可望与永历帝的关系,犹如称帝前在应天府发号施令的吴王朱元璋与其庇护下被安置于滁州的红巾军"宋帝"韩林儿。

把这种关系称为"联合"当然有点牵强——有抬举"农民军"的意识形态之嫌,但称为孙可望"归降"南明同样是牵强的——有抬举正统王朝的另一种意识形态之嫌。其实,过去认为元末延续红巾军正统的"宋"是"农民军",而朱元璋则"蜕变为封建帝王"了,今天反过来,说永历帝是"封建帝王"而"大西军余部"是"农民军",但韩林儿托庇于朱元璋与朱由榔托庇于孙可望不就是一回事吗?唯一的不同不过是朱元璋争天下最后成功了,而孙可望失败了而已。旧史把这种关系既不叫作"联合"也不叫作"归降",而叫作孙可望"挟天子以令诸侯",这倒是庶几近之的。

当年李治亭先生批评顾诚《南明史》继续把孙可望、李定国视为一支独立的农民军政治势力,他认为孙、李就是"降明"。[1]其实这种"正统王朝本位"并不比"农民军本位"高明。孙、李连同其所源出的张献忠是否算作"农民军"自然可以讨论,"农民军"是否就值得肯定也可以讨论,但起码孙可望政权与张献忠政权的政治连续性还是明显的(尽管孙的治国政策大不同于张),这与高一功等李自成余部的情况明显不同,而且直到顺治十三年李定国"迎帝入滇"才发生了大的变化。

其实,从传统史书的"流寇倡乱"到改革前的"农民起义",再到今天我主张的(也是传统史书中的)中性词"民变",无论怎么褒贬,中国历史上一再出现的这种"鼎革之际"的大乱的确是非常值得研究的。这种研究应该摆脱正统王朝本位和"农民军"本位、明本位和清本位的偏见,但摆脱偏见,并不等于视而不见。从改革前视传统为"万恶的旧社会"到今天的"五千年优秀文明",改革前史观的"农民革命+阶级斗争"主线到今日的英明帝王+宫廷倾轧主线,主流史观无论怎么变化,史实并不会消失,我们都不能只见花团锦簇,而不见尸山血海。

---

[1] 李治亭:《南明史辨——评〈南明史〉》,《史学集刊》1999年第1期。

当然，人们对"民变"的研究是在演变和深化的。顾诚先生的《南明史》原初是打算作为《明末农民战争史》的第二卷写的。但从《明末农民战争史》到《南明史》已经明显看出他这一研究在十多年间的发展变化。后学如我，从20世纪80年代初发表的《"联明抗清"的农民军之独立地位问题》，到20世纪90年代初作为集体项目《清代全史》中我撰写部分的《抗清民族运动的兴衰与南明的覆亡》，也可以看到我在史观、史识、史论和不少具体看法上的演进与改变。如果在20世纪90年代后我仍然致力于这一领域，演进和改变也会更大。

1990年后我的主要治学方向发生了很大转变，我此前写作中的《孙可望评传》和《明清易代中的"国主"政权与西南经济社会变迁》也成了未完的两部"半本书"，但是这一时期的研究对我以后学术生涯的各个阶段都有影响。起码，"摆事实、讲道理"即叙述重实证、议论合逻辑的功夫、关注底层和社会而不是只盯着帝王将相的视角，在我以后的各种研究中都是尽量坚持的。

作为民国前最后一次改朝换代，明清鼎革之际仍然是以"皇统"（不是dynasty）不断更迭为特征的中国古代史上一个资料最多、典型性最强的研究对象。倘有余力，我也希望再续前学，即使不如所愿，我的这一阶段探索无论得失，能给后人提供一些借鉴，也是好事。因此当友人刘小磊、尚红科等提出出版本书时，我也很高兴。这个时期我的写作并没有电脑之助，发表的东西散见于各种刊物，时隔二三十年也搜罗不易，这些工作都是他们（尤其是小磊）代做的，我的感谢，岂区区数语可表！

秦晖
2018年岁末于北京清华蓝旗营

目 录

序 言 1

一 从"联明抗清"到"南明史"

"联明抗清"的农民军之独立地位问题 3
抗清民族运动的兴衰与南明的覆亡 30
甲申前后北方平民地主阶层的政治动向 99
南明史研究与顾诚的《南明史》 116

二 西南"国主"政权

沙定洲之乱与大西军入滇 123
后期大西军营庄制度初探 135
大西军治滇时期的农业 175

三　李自成及其余部

"奉天玉和尚"之谜 ································ 219
"禅隐夹山说"及其学风 ···························· 232
奉天玉绝非李自成补证 ···························· 254
"后明韩主"乌有说 ································ 262
"白毛毡"考 ······································ 294
关于贺珍与清初陕南抗清运动的若干问题 ············ 310
高　氏 ·· 330

四　教学参考

李自成归宿之谜 ·································· 337
李岩之谜 ·· 342
"英明"的昏君——崇祯帝 ·························· 345
谈明代中叶的"倭寇"问题 ·························· 349

（一）从『联明抗清』到『南明史』

"联明抗清"的农民军之独立地位问题

明末农民战争后期，由于清军入关，民族矛盾激化，各支农民军先后实行了"联明抗清"（用农民军的话说是"合师勦寇"[1]）的政策。对此，史学界的评价很不一致。其中一个主要的问题就是：在与地主阶级抗清派合作的条件下，农民军究竟能在多大程度上保持自己的独立地位？我的看法是：尽管抗清斗争中的农民军各部素质不完全相同，他们对明政权的态度也有差别，但总的看来，不论是大顺军还是大西军，基本上都遵循了一条"积极联明，独立抗清"的路线。他们坚持独立自主地位的斗争，是当时抗清阵营内部尖锐复杂的阶级斗争的集中反映，其中的经验教训，是很值得我们研究的。

一、"联明抗清"的过程

"联明抗清"一开始就是经过激烈的阶级斗争才得以实现的。

李自成于顺治二年（1645年）四、五月间牺牲后，大顺军各部先后入湘；五月，右营刘体纯部由武昌入平江县北乡。七月，太平伯吴汝义自宁州入平江东乡，据黄龙、幕阜、东阳诸山。泽侯田见秀亦以是月入据平江中洞等寨。县北虹桥乡一带尽为义军所据。[2] 这时刘体纯、郝摇旗联军四五万人已占领湘阴，离长沙仅百里，王进才、牛万才部进至新墙，袁宗第、蔺养成部由平江向浏阳进逼，[3] 长沙已处在农民军包围之中。但

---

[1] 张岱：《石匮书后集》卷5。
[2] 嘉庆《平江县志》卷23《事记》。
[3] 徐鼒：《小腆纪年附考》卷10。

当时农民军鉴于民族矛盾激化的新形势，不想与明军决战，而愿意与明军联合，共同抗清。

当时驻长沙的南明督师何腾蛟，"初至时仅有巡道标兵二千，满目荒墟，调兵不应，募兵不及"，闻义军入湘，惊呼："数十万闯贼奔逸，满山亘水，突如其来。"[1]但他当时并没有想到要与农民军平等合作，甚至当有人提出"抚议"时，他还"力持不可"[2]。在他的授意下，长沙知府周二南匆匆纠集了"铁骑营""燕子窝营"的明军，率黄朝宣等出城攻击农民军。两军战于浏阳城东官渡。农民军"暗以众渡上流，首尾夹击，官兵溃，杀伤无算"，当场击毙周二南，执杀参谋军事吴愉，黄朝宣仅以身免。农民军乘胜占领浏阳城[3]，直下长沙城外的蕉溪岭。何腾蛟"急遣人招安，皆被杀"[4]。正措手不及间，义军"四十八部之哨马已入长沙城矣"[5]。正是在这种情况下，农民军以民族大义为重，乘战胜之威，"逼明抗清"，迫使南明当局接受了"合师北拒"。何腾蛟不得不"以郑公福、汪伯立前往，改'招安'二字为'合营'，（农民军）乃允从而遵节制"[6]。农民军不受"招安"而愿意"合营"，表现了他们"联明"而不降明的原则立场。

当时，大顺军经过一年多的抗清战争，损失很大，而且从西安失守以来，在撤退中一直被分割为几个部分，未能重建统一的指挥系统。自成死后，"众无主"，各部间原有的矛盾逐渐暴露，各驻一方，互不统辖，更削弱了战斗力。而另一方面，隆武政权这时仍控制着长江以南大部分地区，它的军队虽然腐败不堪且派系林立，没有统一指挥，但数量还相当可观。农民军联明后，南明君臣们自以为有些本钱，说话气也粗。如

---

[1]《石匮书后集》卷47。
[2] 同上。
[3] 同治《浏阳县志》卷13《兵防》；《滇南碑传集》卷7《明周节愍公祠记》。
[4] 汪炜：《希青亭集·湘上痴脱难实录》；同治《浏阳县志》卷13《兵防》引《湘潭脱难录》。
[5] 吴晋锡：《半生自记》卷下（上海图书馆藏囊书囊甲集钞本）。
[6] 汪炜：《希青亭集·湘上痴脱难实录》；同治《浏阳县志》卷13《兵防》引《湘潭脱难录》。

金堡就上书隆武帝，提出，"今日天子宜为将，不宜为帝，湖南有何腾蛟新抚诸营，皇上亲入其军，效光武铜马故事，此皆战兵可用"[1]，想效法刘秀"击铜马于鄡""悉将降人分配诸将"的故事，以军事力量为后盾使农民军就范，把这支"健将如云、骁骑如雨"[2]的农民武装控制在自己手中。因此，当时南明当局力图用裁减、改编农民军以及设置监军、督师、"以旧军参之"等各种手段，夺取农民军组织上、军事上的领导权，使之成为自己的"亲军"。

南明统治者的这些伎俩收到了什么效果呢？史学界不少人认为，由于"农民军对南明王朝丧失了警惕"，"故联合以后，何腾蛟对大顺军进行改编，把大批农民军遣散归农，在改编后的农民队伍里安插明军官等等，可是大顺军领导人对保持农民军独立地位缺乏认识，接受了这些措施，使部队战斗力受到影响"[3]。他们的根据不外乎下面两条史料：

> 当是时，降者既众，腾蛟欲以旧军参之，乃奏授朝宣、先璧为总兵官，与刘承胤、李赤心、郝永忠、袁宗第、王进才及董英、马进忠、马士秀、曹志建、王允成、卢鼎并开镇湖南北，谓之十三镇[4]。
>
> 何谕之曰：若等来降，自当题请受爵，为国家建立大功，但苦无粮饷，奈何？贼众曰：我等所储甚裕，毋贻军门忧。何又虞贼众甚夥，狼心未测，于是下令愿归农者听，又分莅其众，贼党散者大半[5]。

但实际情况并非如此。所谓"欲以旧军参之"者，不过是何腾蛟、堵胤锡单方面的愿望。所谓十三镇就是十三支军队，并非混编成一军，

---

[1] 钱秉镫：《所知录》卷2（《荆驼逸史》本）。
[2] 温睿临：《南疆逸史》卷26。
[3] 林铁钧：《清初的抗清斗争和农民军的联明抗清策略》，《历史研究》1978年12期，此外，郭影秋、洪焕椿等同志亦发表过类似看法。
[4] 《南疆逸史》卷21。
[5] 文秉：《烈皇小识》（《明季稗史初编》本）。

既没有拆散农民军原来的编制，更谈不到被"改编"的问题。实际上十三镇中不要说农民军，就是原来的明官军诸镇如刘承胤等也是各自独立的。何腾蛟的副手章旷曾为此抱怨说："与其以有用之金钱，养进止自如之外镇，不如养可予夺遣发唯命之亲兵。"[1]

至于"归农者听""分莅其众""散者大半"，更明显是文秉的记载失实。首先，"联明"后的大顺军确实分为几大股，各自活动，但这不是何腾蛟"分莅"的结果，而是农民军内部固有矛盾在自成死后逐渐暴露的结果，这早在联明以前就发生了。当时有所谓"四十八部"之说[2]，从档案中也可以看出这点[3]。其次，粮饷困难也是迫使农民军分兵的原因。当时"饷缺，降者稍稍解体，贼帅袁宗第及田、高诸部掠舟而去，独郝永忠、王进才留麾下"[4]，"高李十三部散入施州卫，因粮歇马"[5]。这些"掠舟而去"的农民军并非"归农"去了，而是分赴各个战场。相反，正是在联明以后，大顺军各部才得以相对集结起来，改变了过于分散的状况。如原随李自成南下的田见秀、吴汝义、张鼐等就是在这时与李过、高一功率领的大顺军后营合并的。再次，与"散者大半"说相反，大顺军各部联明后总兵力未减少，反而更为增加了。大顺军在联明前的人数，各书记载不一，张岱说"众尚数万余"，王夫之说"不下五十万人"[6]，还有十余万、二十余万、三十余万等说法的。我认为较准确的数字可从档案记载中求得：据负责追击李自成的阿济格称，自成南下时有众"西安府马步贼兵一十三万，并湖广襄阳、承天、荆州、德安四府所属各州县原设守御贼兵七万，共计二十万"[7]。经过沿

---

[1] 蒙正发：《三湘从事录》（《中国内乱外祸历史丛书》本）。
[2] 《半生自记》卷下。
[3] 《明清史料》甲编第2本《总督八省军门佟揭帖》。
[4] 南沙三余氏：《南明野史》卷下《绍宗纪》。
[5] 笨老人：《晴雪斋漫录》后集《隆永余音，乙酉九月条（上海图书馆藏钞本）。
[6] 《石匮书后集》卷47；《永历实录》卷7。
[7] 《清世祖章皇帝实录》卷18。

途几次战败与刘忠、王体忠、郑四维等人的叛变，到自成牺牲后，这部分军队总数不会超过十万。当时负责"招抚"大顺军余部的佟养和曾报称刘体纯、刘芳亮、张鼐、郝摇旗、田见秀、吴汝义、袁宗第等的总兵力共十一万人[1]，实际数目只会更少。而李过率领的自榆林经汉中、达县、夔州南撤的义军在到达当阳、远安时的兵力是"众数万"，与李友、马重禧等"十余股"汇合后总数也不过"近十数万"而已[2]，两者合计，共二十万左右。何腾蛟在《逆闯伏诛疏》中称："此二十余万之众，为侯为伯，不相上下"，这个数字是近乎实际的。而农民军联明后出师北伐时，仅围攻荆州的高、李部就有"数十万"[3]，农民军自己也"号称二十余万"[4]，而围攻襄阳的刘体纯、袁宗第部据说也"拥数十万众"[5]，这些数字虽不免夸大，但阿济格、李可学等奏报的数字也有夸大的可能，故两相比较还是可以看出大顺军兵力消长情况来的。最后，据清湖北巡按马兆煃说，农民军联明后"其势愈大，复立李自成弟，引贼数十万北下"[6]，一些史籍也说是"众益盛"[7]，王夫之还记载了郝摇旗等联明后"各招市井无赖……农甿被迫亦释耒而为兵"[8]。可见"散者大半""战斗力受到影响"之说是没有根据的，而《烈皇小识》的那段记载，恰好说明了农民军从粮饷来源到军事行动都不依赖永历政权，完全是独立的武装。

当然，何腾蛟、堵胤锡都想控制农民军，他们不仅自任"督师"，还派了不少官僚前往农民军中任"监军"，如陈经、郑国元、臧熙如、赵振芳等人，但农民军并不买他们的账。"腾蛟骤节制之，有所号令，多不能

---

[1]《明清史料》甲编第2本《总督八省军门佟揭帖》。
[2] 同上书，丙编第5本《驾臣李可学揭帖》。
[3] 同上书，丙编第6本《湖北巡抚马兆煃揭帖》。
[4] 同上书，《郧阳提督潘士良揭帖》。
[5] 同上书，《郧襄总兵王光恩揭帖》。
[6] 同上书，《郧阳提督潘士良揭帖》。
[7] 徐鼒:《小腆纪传》卷29。
[8]《永历实录》卷9。

从，腾蛟亦无如何也"[1]；"郝永忠……受抚后素不奉约束"[2]，"腾蛟不知所裁"[3]，"督师之尚方，穷于无所施矣"[4]。"督师"尚且如此，小小的监军就更不在话下了。

何、堵为了拉拢农民军将领，给他们中的许多人封爵授官，如给李过、高一功封"左、右军侯"、郝摇旗"恢剿左将军""南安侯"，又封"王进才澧阳伯"、"李来亨三原侯、马腾云高陵侯、贺登云泾阳侯、党守素兴平侯、袁宗第、刘体纯、张光翠等共二十余员，各晋爵列侯"[5]，然而农民将领们对这些东西与南明官僚的繁文缛节很不感兴趣，"胤锡为制进贤冠、袍笏、舆伞、仪仗以宠之，诸将皆轻佻弇鄙，始受命服冠带，皆如负芒刺"[6]。

以上讲的是总的情况，然而具体到各支农民军，则因其素质不齐，独立自主的程度也不尽相同。李过、高一功率领的忠贞营是以原大顺军后营为基础而建立的，原来就是大顺军中的精华。甲、乙之际曾在陕北抗击清军主力阿济格、吴三桂部，直到西安失陷、后路被抄，才绕道经汉中南撤，途中没有受到清军追击，进入荆湖前又在西山进行了短期休整，到荆湖地区后，又合并了田见秀等部，兵力最强，也最为南明当局所重视。联明后，堵胤锡亲驻其军，"就在彼中制师"[7]。但他能够对这支农民军施加的影响十分有限，农民军仍然"至营中，称高氏为太后，及具疏，称自成为先帝"[8]，并公然"立李闯三弟为主将"[9]，"号三千岁"[10]，并

---

[1]《南疆逸史》卷21。
[2] 瞿共美：《东明闻见录》（《明季稗史初编》本）。
[3]《永历实录》卷29。
[4]《半生自记》卷下。
[5]《三湘从事录》。
[6]《永历实录》卷13。
[7]《三湘从事录》。
[8]《东明闻见录》（《明季稗史初编》本）。
[9]《明清史料》丙编第6本《荆州总兵官郑四维揭帖》。
[10] 佚名：《金陵纪事》附《南征记》（《荆驼逸史》本）。

藏有"受命于天既寿永昌玉玺"[1]。李过在军中照样使用"闯贼铸给榆林制将军印"[2]。堵胤锡对这些"桀骜"行为,也不得不"隐忍听之""无如何也"。

顺治三年（1646年）初,在李过、高一功指挥下,忠贞营进行了荆州战役。但由于战线侧翼的何腾蛟率领下的南明军不战而溃,致使清军得以越过何的防区,突袭忠贞营的后方,使农民军遭到了严重挫折,堵胤锡逃到了常德,而大部分农民军则在李、高的带领下退回西山,从此"不相听命"于堵胤锡[3],完全独立地经营起西山根据地了。

刘体纯、袁宗第率领的大顺军右营,是随李自成南撤的义军中最大的一股,联明后,何腾蛟派陈经去"监其营",但刘、袁没有把他放在眼里。顺治二年十二月,右营义军逼近襄阳,"发光山伯府遗牌二面至城下,语殊无状"[4]。当时清方文件也都把刘体纯称为"伪光山伯"[5],而我们知道,光山伯是大顺政权对刘体纯的封爵,右营义军坚持使用这一称号,其意义与李过"称自成为先帝"是一样的。

至于郝摇旗、王进才、牛万才、张光翠等部,问题比较复杂。郝原属白旺所部,而白旺在大顺军南撤时曾有闹分裂的倾向[6]。而王、牛、张三人则是"革左"旧部,分别为贺一龙、马守应与蔺养成的部将,与老"闯营"也有隔阂,由于这些历史上的原因,他们或"与高必正有隙",或"为（李）过等所不齿"[7],因此与南明政权就较为靠拢。联明后不久,高、李等部即分头独立活动,"惟王进才、郝永忠依腾蛟留长沙"[8],何腾

---

[1] 张玉书:《张文贞公集》卷7《纪平定江南事》。
[2] 《明清史料》丙编第6本《郧襄总兵王光恩揭帖》。
[3] 《永历实录》卷7。
[4] 《明清史料》丙编第6本《郧襄总兵王光恩揭帖》。
[5] 《清世祖章皇帝实录》顺治二年三月条。
[6] 吴伟业:《绥寇纪略》卷9。
[7] 《永历实录》卷13。
[8] 同上。

蛟也"自领进才、郝永忠为己属"[1]，荆州战役后，"惟牛万才随胤锡屯常德"[2]，南明朝廷自然大加笼络，"信爱之"了。郝摇旗在这几部中最强，何腾蛟便通过永历把他从"恢剿左将军"、南安伯一直晋封到南安侯、益国公，一时"腾蛟复恩遇过厚，至令永忠等之敬爱反逾旧人"[3]。结果直到顺治四年全州之战前，郝营在抗清军事上无所作为，却屡次听命于何，进行一些无意义的活动。顺治三年夏，郝摇旗受何之命"入赣迎驾"，而"腾蛟以便宜制楚，文武将吏皆出其门，不忍失权藉"，不愿让隆武帝来湖南，借口"上若幸楚，则虏当聚力攻楚，恐未易支也"[4]，使郝营迟迟不进，而南明官僚们却群起攻击郝"逗留钞掠"。顺治四年秋，郝又奉命对"拥乱民数万，称监国"的明宗室崇阳王"进兵征讨"[5]，参加统治者的内讧。何腾蛟曾得意地声称："吾荐拔将帅至王等多矣，能为我效一臂者，郝南安一人而已。"[6]这对于郝来说，自然是不光彩的。但另一方面，这些农民军备受南明官军的歧视，"新营终是响马，性习凌烁，三标呼为蛮子"[7]。而这几支部队也都在一定程度上保持着农民武装的传统，并不是那么服帖的，如郝摇旗就被指责为"素不奉约束"。因此郝、王、牛、张等人在这期间也屡次与南明军队发生冲突，如顺治四年初在长沙，何腾蛟的"亲兵副将姚友兴与王（进才）营争营房，相攻杀"[8]，就是一例。

顺治四年十一月，清军进攻广西，郝摇旗部农民军联合南明官军卢鼎、焦琏部在全州大败清军，将其逐出广西。全州之捷是永历政权成立以来抗清作战的第一次胜利。是役，郝摇旗部起了决定性的作用，"勋

---

[1]《永历实录》卷7。
[2] 同上书，卷13。
[3] 鲁可藻：《岭表纪年》卷1（浙江图书馆藏钞本）。
[4]《永历实录》卷7。
[5] 宋之盛：《江人事》卷1（咸丰乙藜斋刻本）。
[6]《永历实录》卷11。
[7]《三湘从事录》。
[8] 同上。

镇共以首功归永忠"[1]。但郝营回桂林时却受到南明官僚们的排挤，桂林城外地主武装水东十八寨也与农民军为敌，禁止村民与农民军来往，致使农民军的物质供应发生困难。农民军不得不采取措施，"破水东之十八村……诸生为团长者状招立团之意出自守辅（瞿式耜）、旧督（于元烨）"[2]。这些地主团练武装的后台原来就是南明当局！这不能不使郝摇旗感到气愤。此后，郝渐渐认识到过分依附于南明政权的危害，向"自成一军"的方向发展。而王进才则在长沙陷落后即脱离何腾蛟而投奔堵胤锡，后来堵将其与牛万才、张光翠、马进忠合编成了"忠武营"。

二、反对党争与军阀

顺治四年春，清军攻陷湖南，何腾蛟、章旷等的"督标亲军"如满大壮、姚友兴等部土崩瓦解。永历东逃西躲，君权衰弱到了极点。不久永历迁到武冈，成为军阀刘承胤的掌中物。这时"亲兵"既已消灭，"外镇"又专横跋扈，他们内连朝中朋党，相互角逐混战不已，永历被搁至一旁，形同傀儡。

这时农民军虽然损失也很大，但由于依托西山这个根据地，在人民支持下，忠贞营的力量迅速恢复。"李赤心、高必正等十营兵颇强，驻扎楚界，声言欲入湖南"[3]，加上袁、刘、郝等部，农民军在抗清阵营军事力量中所占比重相对增加了。永历政权已不再幻想遣散、改编农民军了。忙于党同伐异、钩心斗角的军阀官僚们，看到农民军的强大，纷纷拉拢农民军，企图用之以倾轧异己，作为党派斗争的工具；一旦目的不能得逞时，又往往恼羞成怒，向农民军寻衅，造成军事冲突。因此，这一时期农民军保持独立地位的斗争，就主要表现为反对党争与军阀混战，粉碎南明各派地主阶级诱使农民军卷入党争的企图，并以军事手段回击他们

---

[1]《岭表纪年》卷1。
[2] 同上。
[3] 计六奇：《明季南略》卷13。

的挑衅活动。

南明一朝，党争不断，最先与农民军发生关系的，是顺治四年到六年间的"朱容藩之乱"。

朱容藩是明楚藩通城王宗室。顺治四年四、五月间，他"奉命以金都御史入蜀经理，先至建始，李赤心等……遂请受容藩节制"。这里所谓"受节制"云云，与联明时"改招安为合营，乃允从、而遵节制"一样，只是名义上的关系，并不影响农民军的独立地位，但只要朱容藩积极抗清，农民军是愿意与他合作的。朱容藩正因为首先取得了农民军的支持，才得以站住脚跟，并以农民军开辟的西山根据地为基地，聚集了李占春、于大海、王光兴与姚黄农民军的兵力，先败清军于忠州湖滩，继占重庆，清将柏永馥北遁，至十一月底，除保宁一隅外，"全川尽附永明王"[1]。

然而没落贵族朱容藩的野心很大。这年八月清军攻陷武冈，永历南逃，川东一时"不知行在消息"。朱容藩便乘机"称监国"，"即楚王位，后改吴王"[2]，并向不肯"推戴己"的南明地方势力李乾德、袁韬等发动进攻。接着永历方面的吕大器、钱邦芑、杨乔然、堵胤锡等纷纷"传檄讨逆"，一场内战爆发了。

川楚边区的农民军，对这场钩心斗角的火并是深恶痛绝的。当朱容藩割据称王的野心一暴露，农民军便收回对他的支持。"李赤心、王友进等不复用容藩号令，容藩亦损威名，而事去矣"[3]。另一方面，当堵胤锡等到川楚边区向农民军游说时，农民军也不理会永历政权对朱容藩的"传檄致讨"，拒不出兵向朱大问"僭乱"之罪。顺治五年内，川楚边区的各部地主武装互相攻杀、火并，只有高、李农民军仍坚持兵锋东向，对清作战，并取得了辉煌战果。这年春，农民军攻破当阳，杀汉奸知县扈

---

[1] 分见彭遵泗：《蜀碧》；顾山贞：《客滇述》；刘景伯：《蜀龟鉴》等书。
[2] 《客滇述》。
[3] 费密：《荒书》（怡澜堂刻本）。

坤[1]；七月一日，农民军"水旱数十万"攻占夷陵，驱走道臣卫之珧[2]，二十六日又大败清郧襄抚标中军程尚俊部于当阳河溶，进占宜城[3]；不久乘胜进军湖南，连克益阳、湘潭、湘阴、衡山、宁乡等城，十一月十一日包围长沙[4]。

这时形势本来很好，但官僚们恶习不改，内讧又起，"朱容藩之乱"尚未结束，又发生了"常德之变"。这次事变真正的原因，是何腾蛟、堵胤锡二人的钩心斗角。

堵、何矛盾，由来已久。据王夫之记载：

> 初，傅上瑞弃黄州，卖武昌城，事坐不测，腾蛟拂拭奏用之，擢监司……戴腾蛟不敢贰；章旷亦以廷议龃龉，腾蛟保任……皆剌署门生如故。胤锡以清望推督学，虽节钺之命自腾蛟奏荐，而朝廷委任不在腾蛟下，雅不欲与上瑞齿，乃据旧章剌以平交相往复，腾蛟不悦。两府幕宾类无赖士，益相构煽，遂成猜离[5]。

农民军联明后，这种矛盾进一步加深，《石匮书后集》卷47记载说：

> 自成众尚数万余，胤锡曰：贼子锦……呼之必来，足以清应伏（？），时腾蛟亦驻节湖南，力持不可……李锦遂奉表入闽，诏赐名赤心，朝论以胤锡功……腾蛟稍忌。

于是何腾蛟便极力笼络郝摇旗，加深了高、李与郝之间原有的隔阂。

顺治四年，忠武营建立，因为"马进忠，故听腾蛟节制者也，胤锡

---

[1] 光绪《湖北通志》卷69《武备志》。
[2] 《明清史料》丙编第7本《湖北巡按王守履揭帖》。
[3] 《文献丛编》第13辑《荆州总兵官郑四维揭帖》。又见：同治《宜城县志·兵事》。
[4] 《所知录》卷2。
[5] 《永历实录》卷7。

姑安插绥抚之，而心不相得"[1]。次年金李反正后，"胤锡以腾蛟分任湖南，而长沙先陷，过在腾蛟，及是，闻腾蛟围永州未下，欲因进忠兵出复长沙以辱腾蛟，遂日促进忠出师"[2]，并声言："督师失之，我为复之，不亦善乎？"腾蛟闻言，"颇懊憾"[3]。而马进忠"固不从……间道遣使至腾蛟所报功次"[4]，这时忠贞营进入湖南，堵的属员郑古爱又"东西唆构，诸将惑之，始各怀疑忌矣"[5]。于是当农民军入常德之际，马进忠竟放火焚城东去，忠武营其他将领也纷纷离开防区东走，湖南州县千里一空，秩序大乱。[6]

这时，忠贞营正在围攻长沙，由于农民军进军迅速，"城内猝无以备，虏镇徐勇立城上，赤心一箭中其骸"[7]，"已挖二窟，城内岌岌"。但就在这关键时刻，何腾蛟为了跟堵胤锡争功，"意长沙自我失之，必自我复之"[8]，竟然声称："湖南郡邑在吾掌握中"，要求忠贞营撤出战斗，"移攻长之兵往援豫章，如是则功各有所属矣"[9]。农民军为避免冲突，顾全大局，撤围东去。清军得知，发兵突袭湘潭，何腾蛟指挥的军队"跟跄走"，何本人被俘死难。由于他以党派成见排斥农民军，不但自食其果，而且断送了抗清战争的大好形势。不久，忠贞营在优势的清军面前，被迫退入广西。经过常德事变与湘潭战败，农民军及其领导人李过、高一功加深了对南明官僚们的认识，进入广西后，"遂与制抚（堵胤锡）贰"[10]，独立自主的决心更坚定了。

---

[1]《永历实录》卷7。
[2] 同上。
[3]《三湘从事录》。
[4]《永历实录》卷7。
[5]《明季南略》卷14。
[6]《所知录》卷3。
[7]《岭表纪年》卷2。
[8] 同上。
[9]《堵文忠公集》同治刊本附《堵胤锡墓表》。
[10]《三湘从事录》。

农民军进入广西之初,南明军阀们如临大敌,李元胤派杨大福驻封川,阻拦农民军,永历并"敕鲁可藻移镇梧州,防忠贞之入"[1]。农民军越过封川西上后,南明的梧州守将总兵叶承恩、兵备道刘嗣宽等竟然派水师往袭,"箭炮交加"[2],但腐朽的南明官军根本不是农民军的对手,忠贞营击败叶、刘后,乘胜进屯浔、梧间,"就铁冶胶角稍治器仗",准备继续抗清[3]。

盘踞在广西的南明军阀们见无法阻止农民军入境,忽然改变了态度,开始争相向农民军讨好起来。原来,此时永历朝廷内部的"吴楚之争"已达高潮,这吴楚两党虽同为腐朽的南明官僚地主阶级的代表,但在对待农民军的问题上,两党有些不同。"楚党"仗着李成栋父子的军事实力,继承了弘光政权对农民军的极端敌视的态度,并以同农民军的关系问题作为攻击异党的口实。如金堡就曾当面指责堵胤锡:"滇与忠贞,皆国仇也,厥罪滔天,公奈何独与之昵?"[4]蒙正发更多次污蔑农民军"虽就戎索,实为祸蛊",是"多害之溪壑"[5]等等。楚党军阀李元胤还曾拦路抢劫忠贞营的饷银[6],与农民军积怨甚深。而比较起来,吴党中由于有堵胤锡一类人物,与农民军关系还不错,于是吴党官僚和军阀们便想借农民军打击楚党,"冀藉其力以倾东勋"[7]。陈邦傅为此甚至不惜"拜李赤心母为母,舅事高必正"[8],"献女于高必正结好"[9]。他们先是"怂恿必正提兵入桂",进攻瞿式耜,结果为农民军所拒绝,碰了钉子[10]。李过死后,顺治七年,高

---

[1]《汜水奈村农夫:《野史志文》卷5;《岭表纪年》卷3。
[2] 瞿昌文:《粤行纪事》卷1(丛书集成本)。
[3]《永历实录》卷13。
[4]《小腆纪年附考》卷15。
[5]《三湘从事录》。
[6]《晴雪斋漫录》后集,《隆永余音》己丑八月条;何印甫:《风倒梧桐记》卷2(《荆驼逸史》本)。
[7]《东明闻见录》。
[8]《永历实录》卷26。
[9]《所知录》卷3。
[10] 同上。

一功、党守素入梧州,军阀们一反去年陈兵相拒之常态,"朝臣皆郊迎四十里,列牛酒犒师,必正大悦,(吴)贞毓等极言朝事坏于五虎,为之主者严起恒也。公今入前,请除君侧奸,不过数语即决,公功在社稷矣"[1]。

面对这些花言巧语,与南明官僚打过多年交道的农民军没有上当,"必正佯诺,退谓其客曰:吾……自磊落行志,安能作此狗彘行乎?"[2] 次日高一功面见永历,严正指出:"皇上重处(金)堡等也是,但处堡等之人看来不如堡等,处堡等之后,也不见有胜于堡等之事。复面质王化澄徇私植党,化澄窘急,申诉不能成语。"这一下大灭了官僚们的威风,"郊迎诸公大失望"[3]。

必须指出,对于农民军这一立场,有的同志颇持非议,认为农民军"卷入派系旋涡而悠然自得"[4]。这种指责未免欠妥。农民军卷入了哪个派系?吴党吗?显然不是。楚党吗?高一功再三说过:"皇上重处堡等也是""五虎是自该处的"[5],显然他并未站到楚党立场上去。楚党与农民军的关系历来极坏,没有理由相信农民军会在楚党崩溃之时莫名其妙地突然加入其行列。从金堡后来对高一功的态度("必正以百金为堡药资,不受"[6])看来,他也不把高看作是党中人。不错,不少史料都说到钱秉镫游说高必正的事。但第一,那些记载均源于钱本人自撰之《所知录》一书,不难发现该书有浓厚的自我吹嘘的成分,同时在朝的其他人如鲁可藻、王夫之的记载,就没有这段事。第二,钱本人也不属楚党,他的书中对"五虎"也颇加指责。就算高一功从他那里了解一些情况,也不能说是卷入了党争。由于"五虎"垮台后,楚党已经瓦解,农民军把斗争的锋芒主要指向执掌朝政的吴党,这也是很自然的。反之,如果认为农民军"卷

---

[1]《所知录》卷3。
[2]《永历实录》卷13。
[3]《所知录》卷3。
[4] 林铁钧:《清初的抗清斗争和农民军的联明抗清策略》,《历史研究》1978年第12期。
[5]《岭表纪年》卷4。
[6]《所知录》卷3。

入派系旋涡",那就势必会把此后农民军与陈邦傅辈的斗争看作是"党争"的继续,这既掩盖了它的阶级斗争实质,又为陈邦傅开脱了罪责,我们是不能同意的。我认为,作为封建时代的农民阶级,又处在与地主阶级抗清派合作的条件下,能不为官僚们的百般诱惑所动,并断然拒绝充当他们倾轧异己的工具,揭露他们"徇私植党"的"狗彘之行",确是难能可贵的。这种形式的斗争在农民战争史上还是首次出现,它充分反映了这些农民将领们在当时所能达到的觉悟程度。

此后,吴党军阀们恼羞成怒,开始向农民军寻衅,由"高必正朝回,陈邦傅嗔其不附己,潜遣标将袭其老营"[1],又"阴使其将姚春登连结土司,以诛流贼为名,会李来亨、马腾云等调兵土司,遂相仇杀"[2]。对此,农民军给予了坚决的回击,"稍稍夺其兵马粮仗殆尽,邦傅乃窘"[3]。经过农民军的坚决斗争,陈邦傅未敢妄动,他"欲犯驾以降"清的阴谋,也因"畏必正,不敢入南宁"而不得不推迟实行[4]。

在忠贞营进行上述斗争的同时,其他各支大顺军余部也对南明官僚们的拉拢与挑衅活动进行了斗争。

"水东十八寨"事件后不久,郝摇旗部在兴安独力抵抗清军,遭受损失,退入桂林。但南明的某些官僚、军阀却企图乘人之危,落井下石。"巡抚于元烨请老以坚壁,闭城弗纳"[5]。焦琏更声称与农民军"势不能两全,愿移师至桂……俟贼乏食,统兵四面击之,贼兵可尽"[6]。这种恶毒的阴谋,激成了顺治五年二月的"桂林兵变"。农民军把南明官僚的各衙门"搜掠且尽""各官无不被劫"[7],地主阶级顽固派受到了应有的惩罚。他们气急败

---

[1]《所知录》卷1。
[2] 冯甦:《劫灰录》卷13。
[3]《永历实录》卷16。
[4]《永历实录》。
[5]《东明闻见录》。
[6]《小腆纪年附考》卷15。
[7]《岭表纪年》卷2。

坏地说："以天子之尊，而不敢一触其凶威，胁之东则东，胁之西则西，彼时时以甲申燕京之事横在胸中，目中且无其主，又何有于大僚？"[1]这正好说明，郝摇旗的部队尽管走过一段弯路，但"甲申燕京"的革命精神仍然保持在这支部队里，在联明过程中，农民军并没有为地主阶级所融化。

"桂林兵变"后，郝摇旗脱离了南明政权的羁绊。这年夏，他率农民军到湘西南开辟根据地。这里的武岗、靖州一带时为陈友龙所盘踞。这个反复叛降于清与南明之间的军阀是个聚敛能手，"派饷一倍十倍，以致百姓迎房"[2]，"残民备遭蹂躏"[3]。"以派饷失人心，土宄勾郝（摇旗）间道至"[4]，忍受不了陈友龙苛敛的群众迎接农民军进驻武、靖地区。陈友龙逃到广西，南明朝廷却封他为远安伯，让他"奉敕仍入黎、靖"。这个军阀自以为有南明地主阶级政权撑腰，"欺郝人少，奋击之"，向农民军发动进攻[5]。郝摇旗在当地人民支持下予以反击，黎平中潮一战，击毙陈友龙，歼灭了这股地主阶级顽固派势力，控制了武、靖地区。

这时何腾蛟已死，郝摇旗"遂自为军，奏报皆绝"[6]，只在名义上仍奉永历，接受封号，坚持联明抗清。不久他回师西山，顺治九年攻占房县，建立了根据地，"僭号益国公，私刻符印，设伪职"[7]，在永历政权名义下独立地治理房、竹地区达十年之久。

三、孙可望的兴衰与李定国的抗清

顺治八年，大顺军的主力忠贞营在李来亨领导下重返西山，原大顺

---

[1] 瞿式耜：《瞿忠宣公集》卷7《戊子又三月二十九日书》（《乾坤正气集》本）。
[2] 《瞿忠宣公集》卷4《恢复宝庆疏》。
[3] 光绪《黎平府志》卷7上何腾蛟传注。
[4] 《岭表纪年》卷2，永历二年八月。
[5] 同上。
[6] 《永历实录》卷15。
[7] 同治《房县志·纪事》；同治《郧阳志·兵防》。

军中的各部，除了参加忠武营的牛万才、张光翠、王进才三部以外，都先后聚集夔东，形成了著名的"十三家"。另一方面，大西军余部孙可望等在与地主阶级顽固派长期斗争之后，于是年派贺九仪率兵入南宁，"逼明抗清"，迫使永历朝廷承认了"秦王"政权，建立了合作抗清关系。这样，抗清阵营内部的阶级斗争进入了又一个阶段。

这一时期，永历政权已经只具有象征的意义了，它的军队，"亲兵"固随何腾蛟、瞿式耜等的败死而瓦解殆尽，"外镇"也在几年来清军的镇压、诱降与军阀间的自相残杀中消灭了。正如时人所说："天子自扈从外，无一卒一民为朝廷有矣"[1]，永历"名虽为君，实与流离琐尾之民无异"[2]。孙可望曾声言："人或谓臣挟天子令诸侯，不知当时尚有诸侯，诸侯亦尚知有天子，今天子已不能自令，臣更挟天子之令以令于何地、令于何人？"[3]这样，农民军就成了抗清阵营中几乎是唯一的武装力量。如果说顺治二年大顺军的联明曾被描写成"闯孽"如何"归降"何腾蛟的话，那么到了顺治八年大西军联明时，事情就倒了过来：张先璧、马进忠"入黔归可望"、胡一青、赵印选"皆相率来归"[4]——不是"献孽"归降明将而是明将归降"献孽"了。

这时南明朝廷内党争仍旧，但如果说在顺治六年的吴楚党争中，陈邦傅还"嗔高必正不附己"的话，那么顺治八年以后，就不是农民军"附"不"附"这些官僚的问题，而是这些官僚们纷纷"党附"孙可望的问题了。

在这种情况下，抗清阵营的领导权完全为大西军所掌握，"秦王权倾内外"，"官皆孙可望、李定国之官而非永历之官，封皆孙可望、李定国之封而非永历之封"[5]，"生杀予夺，任意恣肆，帝在安龙，一不与闻"[6]。永历

---

[1]《永历实录》卷14。
[2] 叶梦珠：《续绥寇纪略》卷3。
[3]《劫灰录》卷6。
[4]《南疆逸史》卷52。
[5] 方孝标：《钝斋文选》卷3《滇游纪闻》。
[6] 李天根：《爝火录》卷22（明季史料丛书本）。

的开支要"皇帝一员、太子一口"地"向秦府开销"[1]；军事上更是"调兵催饷，皆不上闻"[2]，南明政权原有残余武装也必须听命于大西军将领们。

这时的南明地主阶级，既无力量强使农民军"附己"，也无一兵一卒可向农民军寻衅，更谈不上改编和遣散农民军了。这样，地主阶级企图控制农民军与农民军保持自己独立地位的斗争主要地转移到了思想意识领域，地主阶级及其代表人物力图用封建皇权思想、等级思想、名节思想等等来腐蚀农民将领，加速其地主阶级化，从而使农民军也蜕变为地主阶级的军队。

大西军的联明，可以溯源于顺治四年，当时孙可望等人根据张献忠"我死，尔急归明"的遗训，挥师入滇，在以军事手段打败南明地方势力的基础上，与吴兆元、杨畏知、沐天波分别在昆明、禄丰、永昌达成了"共扶明室，恢复江山"的协议，一大批地主阶级分子与南明官员纷纷"降附"[3]。起义军对他们抱有戒心，"以勋旧礼待之，不复假以事任也"[4]，并继续实行保护农民阶级利益的政策，内部组织也仍然保持着联明以前"四将军"议事制与"掌盘子"制度等平等作风。

顺治六年至顺治八年，大西军与永历朝廷进行了"胁改秦封"的斗争。应该说，在当时情况下，尚未完成封建化过程的孙可望作为大西农民军的政治代表，他的"逼允秦封"，不管其主观动机如何，客观上是代表着农民军藐视明王朝"异姓不得封王"的"祖制"，要求南明统治者承认农民军的实力地位，承认农民革命在云南的既得成果，承认农民军在抗清阵营中的独立地位与领导地位，并在此基础上实现合作抗清的斗争。正如孙可望致永历书中所称："今之奏请，为联合恢剿之意，原非有意以求封爵也。"[5]李定国、刘文秀虽与可望不和，但在这一点上当时是一致

---

[1] 查继佐：《罪惟录》纪卷21（四部丛刊本）。
[2] 《爝火录》卷22。
[3] 邵廷寀：《西南纪事》卷12。
[4] 《南疆逸史》卷46。
[5] 戴笠：《行在阳秋》卷下（《明季稗史初编》本）。

的。南明统治者对这场斗争的性质也很清楚,瞿式耜就认为允封秦王等于向"献孽"投降,"可望未我降而我先降之,可望未父师我而我先父师之,可望未纳土请官而我先纳土请官之"[1]。因此,这场斗争就主导方面来说,是抗清阵营内部的阶级斗争。

但在"胁改秦封"的过程中,南明统治阶级中的一部分人看到永历政权的衰弱无能,便力图加快大西军的封建化进程,在其中寻找能比永历更好地代表自己阶级利益的人,并鼓动其取永历而代之。而南明地主阶级中与永历政权命运相连的那部分人,也力图从大西军中寻找保护人。这样,"胁改秦封"的直接结果是农民军战胜了南明统治者,而其间接结果却是大西军封建化的加速。到"秦封"问题解决后,事情就变为站在孙可望、李定国二人背后的南明地主阶级两派的斗争了。

"胁改秦封"起源于胡执恭的"盗宝矫诏"。胡执恭"奉(陈)邦傅之意旨:可望而就抚也,则远交近攻为挟可望以胁朝廷之地,可望而不降也,则执恭且为邦傅纳款之使,暗通可望,外输国情"[2]。为了达到其目的,这一派地主阶级向孙可望大肆鼓吹取而代之。"缙绅附可望,劝进者累累"[3]。"故御史任僎,滇人也,倡议称可望为国主,设六部……乃驻贵州,大造宫殿,署百官,以明臣雷跃龙、范鑛、任僎、程源、龚彝、朱运久、张重任、方于宣等为宰相、九卿、科道、翰林等官……而方于宣尤谄谀,为可望起朝仪,易印章,立四庙,制卤簿、九奏万舞之乐"[4]。孙可望对此本感到"是亦太甚",颇不习惯,但不久便习以为常了。

与此同时,南明地主阶级中的另一派也在对李定国下功夫。原先钱邦芑曾致书孙可望,要他"文武之升降一禀于天子,征伐之行止必请于朝命"[5],但一心想当"国主"的孙可望对此听不进去。于是钱邦芑、范鑛、黄应运

---

[1]《瞿忠宣公集》卷5《纠罪镇疏》。

[2] 同上。

[3]《南明野史》卷下《绍宗纪》。

[4]《南疆逸史》卷52。

[5]《明季南略》卷14。

等人转而拉拢李定国、白文选，怂恿他们"统率黑虎，扫荡不庭……他日分茅胙土，传之奕世，中山、开平不足比也"[1]。对于这些淳朴的农民将领来说，这种忠君爱国的"春秋大义"比任僎的那一套更能迷惑人。如果说孙可望对任僎、方于宣的说教还曾经感到"太甚"，李定国则连这一点不习惯都没有，就决心效法"关、张、姜伯约"，把自己捆在了永历的战车上。

这样，在顺治八年以前，大西军已经发生了一定程度的变化，"流贼之习尚少改，渐明礼义"[2]。云南地主阶级原"只谓不复得见天日矣，谁知复有今日！乃不三四年而孙可望等革故鼎新，一洗前辙，养民恤民，急图善治"[3]。这些"革故鼎新"的措施主要有：

顺治四年八月，四将军具太牢，亲祀孔子于文庙，又命严似祖考试生员，取三十三人，观政选官[4]。

顺治五年二月，"大兴土木，既建四王府……殿宇将台，穷极宏丽，民力甚苦之"[5]。

顺治六年，下令地方"不论绅士军民，有为地方起见，即一得之愚，亦许进言"。"凡政有不便于民者，许地方头人赴诉，立即除之"[6]。

同年大试童生。李定国召见应试者曰："诸生用心读书，不日开复地方，就有你们官了"[7]，于是"文教渐复兴"。

"逼允秦封"后，这种趋势更为明显。南明官僚马吉翔等，认为"今上困处安龙，大势已去，我辈追随至此，无非为爵位利禄耳。揣时观变，当归秦王"。"今秦王权倾内外……我内入作秦王心腹。公等作羽翼，然

---

[1]《小腆纪年附考》卷 17。
[2] 佚名：《明末滇南纪略·倡义讨逆》（浙江图书馆藏钞本）。
[3] 同上书，《悔罪归明》。
[4] 佚名：《滇南外史》（明季史料本）、康熙《云南府志》卷 5。
[5]《爝火录》卷 5。
[6]《明末滇南纪略·政图安治》。
[7] 同上书，《悔罪归明》。

后徐谋尊上为太上皇,让位于秦王,则我辈富贵无量"[1]。早已为孙可望所器重的任僎,更声称"明运已终,事无可为",并借"大乙六壬"之术,宣扬孙可望与永历为"二龙"[2]。孙可望于是"自谓九五之尊,舍我其谁"[3],利令智昏地要建立以他为帝的"后明"国,密谋"择期于五月十六日登殿受百官朝……有不臣者即发兵擒之"[4]。这样,他与李定国等人的关系就一步步走向破裂了。最后,孙可望终于因野心未遂,叛变降清,成了阶级与民族的罪人。

李定国与孙可望不同,他忠于抗清事业,为此不屈不挠,奋斗到最后,是一个杰出的民族英雄,但就阶级地位与阶级立场而言,后期的李定国是不能称为"农民领袖"的,他可以与岳飞、文天祥并列,但他已经用自己的行动,把自己从李自成、张献忠等农民英雄的行列里开除了。

顺治十三年,李定国迎永历帝入滇,次年击败孙可望的叛乱。至此为止,李定国对孙可望的斗争,有反分裂、反投降的进步意义,是应基本肯定的。但必须指出李之反孙,并不是反他的封建化,相反,他是站在封建"忠臣"的立场上去反孙的"鹰眼犹张、狼心未化"。他否定了孙,同时也否定了他本人与大西军的过去。在"迎驾入滇"时,"王命李定国先导,对曰:臣起群盗,恐为远人轻,不如黔国公臣天波。乃使天波导"[5]。孙败后,李定国"回滇大矫可望之失,事帝尽礼,供帝极丰,不以威凌士类……既柄国……群小争趋之,旧人失望,多怨咨"[6]。这时李定国大反孙可望的"旧人",尽改孙可望的"旧制",就与以前的反分裂不同,成为在反孙名义下,扫除"四将军"时期西南地区还残留的某些农民革命痕迹,加速完成大西军及其政权封建化的一种蜕变过程了。

---

[1] 江之春:《安龙纪事》。
[2] 《爝火录》卷22。
[3] 《明末滇南纪略·移黔谋逆》。
[4] 同上书,《悔罪归明》。
[5] 倪蜕:《滇云历年传》卷10(云南丛书本)。
[6] 《野史无文》卷9。

"四将军"入滇之初，实行打击地主阶级的政策，后虽因联明需要对地主阶级实行了让步，但很大一部分西南地主阶级顽固派仍坚持反动立场，与大西军为敌。李定国入滇，干的头一件事就是大力"举逸民"，争取顽固派的支持，恢复他们在农民战争中失去的一切。孙可望败后，李定国立即"望京谢恩，叩头而哭曰：皇上真仁德君，即位以来所行国政，俱法尧舜之道。仰首叹曰：我……有负国家重任，真天地间第一罪人也！……遂出示晓谕各镇地方军民人等知悉。云南地方虽狭小，然山林殊僻，因流（寇）作乱，相连云贵四川两广明朝的乡宦在山林中隐逸者甚多，今见李王将皇上所行仁德之政各省颁示，故此这居住山林隐逸乡宦俱出，助饷的助饷，受官的受官，李王俱以优礼相待，就将来见的乡宦俱官还旧职"[1]。这些在农民军入滇时"惶遽迁蓰村，不一入城市者十年"的地主分子，兴高采烈地"踊跃归旧居曰：不图到今得复觏天日也"[2]。如果说，顺治六年那些地主阶级中赞成"合师北拒"的开明派感叹"谁知复有今日哉"，反映了农民军在抗清的前提下对地主阶级实行"让步政策"的话，那么这时地主阶级中最顽固分子的"复觏天日"，就意味着大西军最终完成了封建化，其领袖已成为地主阶级的一部分，与他们已无什么阶级矛盾可言。无怪乎时人都说：李定国入滇，"朝政一新，衣冠复振"了[3]。

联明初期的大西军，掌着行政、军事、财政等方面的实权，"总统天下兵马钱粮，节制诸文武"[4]。李定国入滇后，变为"一切事物俱称奉天子诏令，不能自如"[5]。尽管永历由于自己无能并出于对"屏翰亲臣"的信任，规定"兵马总归晋王执掌，官员悉任晋王擢用"[6]，然而李定国却仍然"军

---

[1] 杨德泽：《杨监笔记》（王简斋丛书本）。
[2] 梁份：《怀万堂文集·薛大观传》转引自朱希祖平县《南明碑传集录》抄本。
[3] 《明末滇南纪略·迎帝入滇》。
[4] 《罪惟录》传引《张献忠孙可望传》。
[5] 《明末滇南纪略·移黔谋逆》。
[6] 同上书，《蜀王旋滇》。

行进止，一以诏敕从事"[1]。不仅如此，李定国还一改对南明官员"不复假以事任"的传统，把极其重要的京城卫戍部队"禁军"交给沐天波执掌[2]，用以镇压"内贼"，亦即他自己原来的战友。沐天波辈在重大问题上实际已拥有了最后决定权，清军入滇前夕李定国和沐天波在撤退路线上发生分歧，结果是沐拍板定案，李只好说句"毋殆后悔"了事。

李定国不仅"往来权佞之门，蹈秦王故辙"[3]，而且比孙可望走得更远。在孙可望时期，大西军政权循明末农民军"右武轻文"之传统，"所颁仪注，轻文重武，无所不至。又见看守塘拨及刍荛小卒，虽见道府，亦无不通家弟抗礼堂皇者，若值卒骑于道，则旗仗纷纭辟易，惟恐其鞭之或下也。至于参游将领，有事经过地方，每借粮料为词，州县佐贰往往受其鞭仆，亦异变也"[4]。但后来"李定国既奉上至云南，马吉翔复谀附之，与内侍庞天寿用事如故"[5]，又"委朝政于龚铭，金维新"[6]，"吉翔与金维新朋比窃政，定国听其蛊惑，奸党布列"[7]，而农民军的"旧人"则地位日益沦落，纷纷"失职"。李定国还对他们进行进一步的迫害，曾在孙可望专权时期救济了李定国老营的王尚礼被逼死；狄三品、王会、张光翠等一大批人被降职削爵；蜀王刘文秀被无端地怀疑为"暗藏叛逆之意"[8]，不得不交出"一切兵马事务"，终于郁郁而死；他的部将陈建、邹简臣在李定国下令逮捕后被迫逃亡四川。

南明的官僚勋贵们，本来对广大大西军将士都怀有阶级仇恨，在李定国支持、纵容下，他们更为猖狂。被授予"禁军"军权的沐天波，当清兵三路入犯之时，竟声称："目今清兵虽入内地，幸得钱粮有余，我们

---

[1]《永历实录》卷14。
[2]《明末滇南纪略·迎帝入滇》。
[3]《小腆纪传》卷32。
[4] 沈荀蔚:《蜀难叙略》卷4（知不足斋丛书本）。
[5]《南疆逸史》卷27。
[6]《南明野史》卷下。
[7]《南疆逸史》卷56。
[8]《杨监笔记》。

的兵马亦不算少,量也无妨……所虑者,都中有些余贼,恐他内变,臣早已将本部羽林军俱分各处地方防守久矣"[1]。广大大西军将士尤其是前孙可望旧部,无法忍受李定国及南明统治者的歧视、迫害,刘文秀死后只过了两个多月,就发生了王自奇、关有才等人的兵变。他们占领永昌、大理等城,杀死永历政权的官吏与举人、诸生,"朝廷不能制"。这是大西军内部对李定国推行封建化政策的不满的爆发,而李定国则报之以残酷的镇压,置压境之清军不顾,亲率大军"讨平之""诛戮频行"[2]。至此大西军已经完全蜕变成为地主阶级对农民、对"内贼"的专政工具,成为完全的封建军队了。

四、结论与余论

回顾大顺、大西军联明抗清的这段历史,可以得出以下结论:

第一、"民族斗争,说到底,是个阶级斗争问题。"这个马列主义原理在我们看来,至少包含两个方面的意义:一是,民族对立起源于阶级对立,民族斗争本身就是"阶级斗争的特殊形式";二是,在民族斗争这种特殊形式的阶级斗争占主导地位的时候,一般形式的阶级斗争——即同一民族内部剥削者与被剥削者间的斗争决不会消失,并且在某些场合下,如果排除与民族矛盾相比较的意义而仅从绝对量的意义去考察的话,它甚至没有缓和,明清之际的情况就是如此。除了南明控制区内人民群众反对官僚地主阶级的斗争如弘光朝的江南奴变、隆武朝的闽中佃变、永历朝的湖南"矿盗""山寇"等外,就是在"合师北拒"的情况下,农民军与南明统治阶级的斗争仍然进行着,有时并达到很大规模。斗争的焦点,就是南明统治者力图控制、吞并、融化农民军与农民军坚持在抗清阵营内独立自主的矛盾。这场斗争主要表现为下列几种形式:

---

[1]《杨监笔记》。
[2]《劫灰录》卷6。

1. 农民军反遣散、反改编，保持组织上军事上的独立地位。

2. 农民军粉碎地主阶级妄图把自己纳入党派斗争的轨道，利用自己做统治阶级内部各集团间排除异己的工具的阴谋，保持自己政治上的独立地位。

3. 农民军对地主阶级顽固派制造的军事挑衅予以反击。

4. 在意识形态领域，农民军展开反对地主阶级腐蚀、改造、控制的斗争。[1]

大致说来，从顺治二年大顺军余部联明到大顺军在荆州战败退入西山并与朱容藩发生关系时止为第一阶段，这个时期的斗争主要表现为第一种形式。从"朱容藩之乱"发生到顺治八年大西军联明为第二阶段，这一时期的斗争主要以上述的第二、三种形式为主。顺治八年大西军联明以后为第三阶段，这个时期的斗争主要以第四种形式进行。这些斗争形式的变化，是与全国范围内阶级斗争与民族斗争的战略态势相关联的。

第二、明末农民军的联明抗清，与他们的"均田免粮""平买平卖"一样，显示了强烈的时代特征。我国历史上每次民族征服时期，人民群众的阶级反抗斗争都有不同特点。西晋十六国北朝时代是"华夷之民相将为乱"，宋金对峙时期是北方农民武装的"附宋抗金"，到了明末清初，则出现了以农民军"进止自如"为特征的联明抗清运动。明人叶绍袁曾比较南宋与南明的状况说："宋之南也，楚蜀樊邓间皆为盗薮，惟河东、河北著忠义之称，结山水之社，然所以破金人者，有宗留守、岳招讨为之统帅也。"[2] 与南宋抗金战争中的农民武装（如各支八字军、红巾军与梁山水军等）多不能自立，总不免要在抵抗民族敌人的过程中被本民族异己阶级所把持、所吞没，做了"自己人的奴隶"相比，明末农民军各部除个别的外，在一个相当长时期内基本保持了农民武装的独立地位，这无疑也反映了封建社会没落时期农民阶级的成熟程度与觉悟程度。

---

[1] 限于篇幅，社会改革与经济政策方面的斗争拟另文论述。
[2] 叶绍袁：《〈湖隐外史·战功篇〉叙》，国粹丛书版《吴长兴伯集》附录，第42页。

第三、封建时代的农民毕竟是个自在的阶级，其阶级自觉性不能与共产党领导下的无产阶级相比，因而他们的政策也不能与抗战时期我党在民族统一战线中的独立自主地位同日而语。农民阶级的局限性，在联明抗清过程中表现得很突出。虽然他们的积极联明、独立抗清的方针比前代农民在类似情况下的策略要前进了一步，但这仍是自发的，与其说是正确分析了民族斗争和阶级斗争形势后做出的策略，不如说是出自朴素的民族感情。而这种民族感情又难以与封建统治阶级"夷夏之防"的"春秋大义"划清界限，最后往往转化为"忠君爱国"的封建皇权思想。李定国的悲剧就是典型例子。如果说大顺农民军余部在备受地主阶级顽固派排挤、迫害的情况下能够保持自己的独立自主地位，如果说顺治八年前的大西军能够屡次在军事上打败地主阶级顽固派如李乾德、皮熊、王祥者流，那么他们在取得了抗清阵营的支配权后，却很快在地主阶级思想的进攻下败下阵来。"先秦王"张献忠的"世庙"，没有毁于对之痛心疾首的顽固派之手，却为张献忠义子的李定国下令平毁了。大顺军领袖高一功等人虽然在反对吴楚党争的斗争中表现十分出色，但他们对这场斗争的主观认识却是十分糊涂的。针对当时永历朝廷内军阀跋扈、朋党猖獗、君权衰弱、内讧不息的状况，高一功曾向永历提出："请身为诸将倡"，"括兵马归兵部，钱粮归户部，铨选归吏部，进止一听朝廷，诸帅不得以便宜专行"[1]。这个建议固然善良，但想用这种办法来克服抗清阵营内部的危机，则未免太天真了。可以想见：如果不是当时永历慑于军阀们的势力，未敢从其议，忠贞营就会完全丧失农民军的独立性，变成十足的"官军"，而高一功也就变成李定国后来那样的统治者的"屏翰亲臣"了。

可见，时代与阶级的局限，使在民族斗争中的农民领袖们，除了孙可望一类叛徒外，就只有或走李来亨的道路——为阶级和民族而牺牲，或走李定国的道路——转变为本族统治者的忠臣，其他道路是没有的。如同在一般形式的阶级斗争中，农民领袖们除了朱温那样的叛徒外，就

---

[1]《永历实录》卷1、卷13。

只有陈胜的道路与朱元璋的道路一样。农民阶级不能依靠自己的力量赢得本阶级的彻底解放，也不能依靠自己的力量赢得本民族的彻底解放，这些任务只有在有了新的生产力与生产关系、新的阶级与政党的时代才能完成。

原刊于《中国农民战争史研究集刊》第三辑

上海人民出版社，1983年版

抗清民族运动的兴衰与南明的覆亡

一、南明弘光政权与"联虏剿寇"政策的失败

弘光政权的建立

李自成攻占北京后,以崇祯帝为首的明中央政府灭亡了,但南方的半壁山河仍在明朝官绅手中。在清军入关的同时,明朝官绅也在南方重建明王朝,史称南明。

南明的第一个小朝廷以福王朱由崧为首,年号弘光。弘光政权是在南方统治集团内部的激烈党争中建立的。明末东林党与阉党的斗争,在崇祯帝处死魏忠贤以后仍未停止。魏忠贤党羽阮大铖被革职为民后寓居南京,倾资结好官吏,招纳门徒,"谈兵说剑,坐客常满"[1]。宣府巡抚马士英因罪遣戍,也在南京,遂与阮大铖结为死党。当时东林一派的名流周镳、顾杲、杨廷枢、吴应箕等140人曾联名提出《留都防乱公揭》,驱逐阮大铖,轰动朝野。于是双方结怨更深。崇祯末年,马士英为凤阳总督,御"贼"有功,势力渐大,并与阮大铖及南京守备太监韩赞周、诚意伯刘孔昭等相交结,成为一方的实力派。南京六部虽掌握在东林系统的史可法、高弘图等人手中,但并无实权。

甲申之变后,宗室福王、潞王、周王等避难于江淮。他们之中福王与帝系血统最近,但素有昏庸之名,而且明末的党争中东林党曾力阻老福王(朱由崧之父朱常洵)夺嫡继位,结怨于福藩,因此东林系统的大

---

[1]《小腆纪传》卷62。

臣都不愿立福王，而倾向于立"伦次疏而有贤声"的潞王。马士英则玩弄诡计，一面向史可法表示"立君以贤，伦序不宜固泥"，骗得了史可法关于福王继立有"七不可"的信件，一面却串通握有防江之权的刘孔昭、主管内宫的韩赞周和拥兵江北的将领黄得功、高杰等以兵迎福王过江，并移书朝臣，胁立福王。史可法这才发觉上了当。在马士英等造成的既成事实面前，东林诸臣只得认可。顺治元年五月初二（1644年6月6日）福王监国于南京，十五日（19日）即皇帝位。

弘光政权建立时，史可法、高弘图、马士英、姜曰广、王铎均入阁为大学士，朝臣也多是东林一派的官僚。但马士英以拥戴功自居，并有意向福王透露史可法等曾反对立他为帝的事实，因而大得福王信任。不久史可法便被排挤到江北去督师，姜曰广、高弘图也相继被排挤去职，马士英于是独揽朝中大权。不久阮大铖也东山再起，出任右佥都御史、兵部尚书。在马、阮的活动下，阉党中仍然活着的杨维垣、虞廷陛等也都重新起用，已死的刘廷元等20人则得到平反赠恤。而东林系统的大臣张慎言、刘宗周、吕大器等纷纷被罢斥出朝，另一些东林派人士如钱谦益之流则见风使舵，以巴结马、阮来维护自己的地位。这样，与崇祯时期相反，在弘光政权中阉党的势力占了上风。

东林、阉党都是缙绅地主阶级的代表，而且到这个时候政治形势已发生很大变化，晚明党争中原来具有的正直与邪恶对立的色彩已大为淡化。但相对而言，马、阮及其所扶植的阉党余孽仍然是更为腐朽的力量，在它控制下的弘光政权因而也比此前的明王朝更为腐朽。

在军事方面，弘光政权以黄得功为靖南侯，驻镇庐州；高杰为兴平伯，驻镇泗州；刘泽清为东平伯，驻镇淮安；刘良佐为广昌伯，驻镇临淮关，以上号为"江北四镇"，共有军队30余万，是弘光政权的主要支柱。这四镇都是跋扈的军阀，防区内"一切诛戮署置，盐课商税以及正供之赋，俱得便宜从事，俨然藩镇"。[1] 他们各拥兵自重，内讧、纠纷不断，

---

[1] 陈贞慧：《过江七事》。

军纪败坏，又各与朝中权贵拉关系，督师史可法根本无法加以节制。此外，驻军武昌的宁南侯左良玉有兵号称20万，是明末留下的旧军阀。他与东林一派关系密切，后来便成了党争中的重要砝码。所有这些军队在这年七月以前都是为对付大顺农民军而部署的，至于抵御清军，那时还根本不在弘光君臣的考虑之列。

弘光政权的内外矛盾与危机

弘光政权建立后，大顺军为抗清向西收缩兵力，宿迁、归德、开封、汝宁等地相继复为明有。到七八月间其控制区最大时大致包括黄河下游以南、今京广线黄河长江间段以东、武昌上游的长江以南的半壁江山，人力物力资源都是当时中国境内四个政权（清、南明、大顺、大西）中最丰富的。然而它的统治也是最腐朽的。以福王为首的统治集团"清歌漏舟之中，痛饮焚屋之内"[1]，醉生梦死于危急存亡之秋。当时的南京，"秦淮灯船之盛，天下所无。两岸河房，雕栏画槛，绮窗丝帐，十里珠帘。客既称醉，主曰未归，游楫往来，指曰：某姬在某河房，以得魁首者为胜。薄暮须臾，灯船毕集，火龙蜿蜒，光耀天地。扬槌击鼓，踢顿波心……喧闹达旦。"[2] 福王本人在为世子时便以荒淫出名，此时在马士英等人的怂恿下更是忙于兴营造、选淑女、配春方，穷奢极欲，不问政事。执政的马、阮集团则卖官鬻爵、贪污纳贿、横征暴敛。福王即位时，曾许诺蠲免练饷，裁汰漕粮中各种加派，取消崇祯十四年后各项积欠钱粮等等，但实际上一项也未实行。相反地，到五月底下令三饷"仍入考成"，"责成全完，不许拖欠"。[3] 十二月又行税契法，实即加税，"凡民间田土，熟田每亩二分，熟地每亩五分，山塘每亩一厘，给予弘光元年契尾一纸。"[4] 同时又"佃

---

[1]《明季南略》卷2。
[2] 余澹心：《板桥杂记》。
[3]《爝火录》卷3。
[4] 李清：《甲申日记》，《丝集》。

练湖、税洋船、瓜仪契盐、芦洲升课，甚至榷酤，升一文，"[1]百计搜刮，弄得民不聊生。

这样，弘光政权的危机便日甚一日，各种矛盾日益激化了：

首先是缙绅权贵地主集团中的党争愈演愈烈。马、阮上台后，阉党的翻案文章越做越大，甚至企图利用福王对万历、天启年间"三案"的旧怨，重颁《三朝要典》，算东林党人的老账，并彻底推翻崇祯初年清除魏忠贤党羽时所立的"逆案"。阮大铖还造了正续《蝗蝻录》《蝇蚋录》，以东林为"蝗"，复社为"蝻"，和从诸臣为"蝇""蚋"，又作"十八罗汉、五十三参、七十二菩萨"的黑名单，网罗东林、复社人士以及南渡之初主张拥立潞王者千余人，而以史可法、高弘图、姜曰广为首，企图将之一网打尽。在历史上不是阉党的马士英没有阮大铖那样走极端，但出于结党营私、排除异己的需要，他对东林旧臣及其他以"清议"自诩的人士也不遗余力地予以打击。由于崇祯时的朝臣多属东林系统，其中不少人在李自成入京时曾降附大顺政权，于是马、阮之流便在南京大兴"顺案"，以与东林派执政时的"逆案"相对立。"降贼"后逃归的东林名士周钟、光时亨首先被杀，又借题发挥，把周钟之兄、当年草拟《留都防乱公揭》的周镳与复社名流雷缜祚也处死，其他被治罪的不一而足。

面对马、阮势力的威胁，反马、阮的官僚也加紧活动。他们除揪住"逆案"的辫子不放外，还借"南渡三疑案"做文章。所谓"南渡三疑案"即僧大悲冒充崇祯帝案、"童妃案"和"伪太子案"。关于童妃与太子的真伪问题当时是众说纷纭的，但不少东林系统的官僚提出这事显然是为了发泄对马、阮的不满。最后，倾向于东林的军阀左良玉便在这些人的鼓动下借救护北来太子为名起兵东下"清君侧"。于是朝廷中的党争演变成内战，而弘光政权也就在这种混乱局面中灭亡了。

缙绅阶层内部的党争之外，又有整个缙绅地主阶层与平民地主阶层间的矛盾。所谓平民地主是指那些不享有优免特权的"庶民之富者"或

---

[1]《罪惟录》纪卷18。

"豪民"，他们人数众多，具有很大的潜在力量。在明末的动乱中，他们作为国家赋税的承担者反对缙绅权贵当局的横征暴敛，而作为富人，他们又与缙绅权贵一样仇视起义农民，因而其地位"介于似贼似民之间"。[1]当时在明、清、大顺之间的广大地区遍布着这些有"身家"而无"功名""以力雄人"、号召"乡党""族人"，以及所属"诸寨村佃"而起的土豪、寨主，其中有的且由"寨"入城，成为地方上的实力派，如汝宁刘洪起、洛阳李际遇、南阳萧应训等。当甲申之变、阶级斗争白热化、农民军的"劫富"活动达到高潮时，他们都纷纷向缙绅当局靠拢，由"土贼"变为"义师"与"豪杰"，与缙绅合作"恢复地方""杀伪官自效"，从而成为逐鹿天下的各方都必须重视的社会势力。

弘光政权建立后，各地土寨纷纷归附。南京许多官员也极力强调争取土豪。如户部尚书王铎上疏请"合豫郧荆襄诸土寨"，"北拊寇，即鼓舞山东诸城砦豪杰与俱"[2]。中书舍人葛麟也说："大河南北、山东之间豪杰之夫，据土寨而为雄长……国家当急起而收之。"[3]依靠"豪杰"的力量"恢复地方"而发迹的南明河南巡按陈潜夫更是大声疾呼："山东河南皆王土也，其间豪杰结寨自固，大者万数，小者千人，莫不引领以待王师！"[4]南明也确实发布了一些诏敕来笼络这些平民地主势力。

但是，弘光政权腐朽习气极深，它一成立便毫不掩饰地声明"行仁先及缙绅"，[5]对农民固然毫不让步，即使对向它靠拢的平民地主也仍然极为刻薄寡恩。顺治元年十一月（1644年12月），马士英的亲信越其杰巡抚河南，诸土寨"颇有归意"。南阳土豪萧应训遣其子来献捷，这位巡抚大人竟然"倨辞色以见之，诋为贼"。[6]主张笼络土寨的陈潜夫不久就被

---

[1]《晴雪斋漫录前集》卷4。
[2] 王铎:《拟山园选集》卷10、18。
[3] 葛麟:《葛中翰遗集》卷1。
[4]《南疆逸史》卷11。
[5]《拟山园选集》卷9。
[6]《南疆逸史》卷11。

排挤去职，继任的凌駉也主张依靠土寨，但朝廷对他的一再吁请仍然置之不理。弘光初立江北四镇，滥给总兵、将军之衔。但陈潜夫力请予刘洪起挂印为将军，"马士英不听"，只给个副将衔，后来又称为"劝农总兵"，[1]也就是民团首领而已。刘洪起在诸土豪中兵最多功最大，又从未"降贼"，尚且如此，对其他人自然又等而下之了。而南明不仅横征暴敛有增无已，而且因缙绅优免导致的赋役不均也变本加厉。这样，南明缙绅权贵与中原平民地主在镇压农民起义的基础上形成的合作不久便解体了。

相反地，新兴的清王朝不但以高官厚禄来收买汉族缙绅，而且在笼络平民地主上很下了一番功夫。清军进入河南时便倡言"清地亩，均赋役"[2]，下江南时又在南京、无锡等地宣传"新政八款"，而以"均田、薄税"为首[3]。明遗民朱之瑜说："逆闯乘流寇之讧而陷北京，遂散布流言，倡为均田均役之说。百姓既以贪利之心，兼欲趁机而伸其抑郁无聊之志，于是合力一心，翘首僕后。"[4] 所谓"均田均役"显然针对明末缙绅"产无赋、身无徭"而平民"殷实者不胜诛求之苛"[5]的弊端而言，意在争取平民地主的支持。清廷在政治上对土豪的招徕更比南明先声夺人。入关不久，河北一带的许多"土贼"便纷纷拥清，"率乡壮为四路巡缉矣"[6]。这年七月多尔衮又大力褒奖刘洪起、韩甲第、李际遇、李好等土寨首领"杀贼报仇"的"忠勇"，并"各授总兵职衔"[7]。这与南明方面直到十一月才有陈潜夫的请求，最后只给刘洪起一人以总兵衔，还要加以"劝农"二字入为另册的傲慢态度形成了鲜明对比。于是这年冬清军一过黄河，便顺利地"招营头

---

[1] 康熙《西平县志》卷7。
[2] 康熙《河南通志》卷24。
[3] 薛寀：《薛谐孟笔记》。
[4] 朱之瑜：《阳九述略》。
[5] 顺治《鄢陵县志》卷4。
[6] 顺治元年八月五日顺天巡抚宋权奏本。
[7] 顺治元年七月国子监司业薛所蕴启本。

一千五百四十六寨"[1]，中原的平民地主与缙绅在清朝旗帜下站到了一起。

江南缙绅鼎盛，平民地主势力远不及北方。但弘光政权的政策同样导致了"豪民"们的不满。弘光年间浙江东阳的许都起义，便具有平民地主反对缙绅权贵的色彩。弘光一朝江南频繁的"奴变"与"佃变"中，有不少是富有的"豪奴"或"佃棍"（佃富农或二地主）领导的，这实际上也包含着平民地主反对缙绅的成分。

最后，弘光时期的社会矛盾中更深刻的是劳动群众、主要是农民与包括缙绅、豪民在内的整个地主阶级的矛盾。甲申之变后，明、清、大顺三方对峙的局势不仅没有缓和、反而大大刺激了南方人民的反抗斗争，而弘光政权的倒行逆施更使斗争激化。在弘光政权统治中心的苏南地区，甲申之变消息传来，吴江人民"传于市中曰：李自成坐却龙廷矣！"[2] 江阴县"四月三十夜始得都城凶问，市井不逞之徒乘机生乱，三五成群，各镇抢掠焚劫，杀人如草，县主无如之何"。[3] 太仓县"自崇祯帝晏驾北都信确……市井卖菜佣人奴不肖……各置兵器，先造谣言，如鱼腹陈胜王故事，谋于八月中大举"。[4] 昆山县流传着"富家莫起屋，贫人多食肉"的童谣。[5] 嘉定县"时贼陷京师，海内震惊，嘉定沿海不逞之民，多结党伺衅……酒佣灶养皆起为乱"。[6] 在浙江海宁，"燕京信至，金陵未立，邑镇有大家奴乘间煽诸毒怨于大家者，揭竿而起"。[7] 在安徽黟县发生了宋乞领导的"奴变"，奴仆们声言"天之授我，此其时矣"，[8] "皇帝已换，家主亦应作仆事我辈矣。"[9] 在福建，"甲申国变，兴（化）、泉（州）

---

[1] 顺治《襄城县志》卷4。
[2] 张潮：《虞初新志》卷8。
[3] 祝纯嘏：《愚忠录》。
[4] 王家祯：《研堂见闻杂记》。
[5] 吴伟业：《鹿樵纪闻》卷上。
[6] 黄淳耀：《陶庵集》卷1。
[7] 沈起：《查东山年谱》引《耿岩文钞》。
[8] 嘉庆《黟县志》卷7，《艺文》《义烈江伯升雷传》。
[9]《碑传集》卷91。

贼大炽。"[1] "闯贼陷燕京……奸宄飙举,闽中自是苦盗矣。"[2] 甚至连边远的云南,不堪压榨的少数民族也在"已无朱皇帝,何有沐国公"[3] 的口号下联合黔国公沐天波的庄佃发动了起义。当时的南方形势正如一个南明官员说的:"反侧之状,在在有之,大抵乘国变而纷纭,人人有不复君长之意",[4] "都城陷没、帝后蒙难之间至,山河无主,人心易面,昔年革面,今复狼心,四出行剽,动至千百"[5]。社会处在剧烈动荡之中。

这一时期,平均思想在南方农民中广泛传播。江南的闽、赣、湘、粤四省在明代共发生了十一起自号"铲平王"的起义,其中有六次发生在甲申之变后。但是南方农民在斗争形式上却与北方有很大不同。相对地说,北方自耕农与平民地主较多,在明季连年灾荒之下又受到官府的横征暴敛,农民面临的是死里求生的问题。在官逼民反、催科激变的形势下,"官民"对立掩盖了主佃、主奴的对立,"免粮"的呼声淹没了免租的要求。而面对共同的直接敌人——中央集权的官府,也就易于形成大规模的、以政权更迭、改朝换代为使命的农民战争。南方的情况则有所不同,这里的农民主要是佃户和奴仆,自耕农很少,在以土地税为主的时代,他们不是国家征课的主要对象,其中缙绅权贵的奴仆与佃户更可能由于主人特权的荫庇而完全不受官府的征课,但却要受到主人的残酷剥削和压迫。同时南方也没有北方那样骇人听闻的饥荒,农民面临的不是死里求生,而是争取人身地位与经济地位的改善。因此主佃、主奴对立比官民对立更突出,抗租减租、摆脱奴籍的呼声也远比免粮免赋的呼声强烈。由于斗争的直接对象是各自的主人而不是统一的官府与朝廷,因此多表现为分散的行动而不易形成大规模农民战争,也难以提出建立政权的任务。

在南方各省之间,斗争的形式又各有特点。一般地说,江苏、安徽

---

[1] 佚名:《明季杂志》卷2(北京图书馆藏清初钞本)。
[2] 李世熊:《寇变纪》。
[3] 《明季南略》卷12。
[4] 许令瑜:《容庵存稿》卷2。
[5] 许令瑜:《孤臣述》。

多发生奴仆、佃仆要求获得自由的斗争，即所谓"奴变"，而江西、福建发生的则是佃户抗租减租、争取永佃权、废止征租时的各种陋规的斗争，即所谓"佃变"。此外湖南的"矿寇"，广东的"山寇"，也十分活跃。

总之，弘光政权内部缙绅阶层各派之间、缙绅与平民地主之间、整个地主阶级与劳动群众之间关系都极为紧张、危机四伏。然而更严重的威胁来自外部，即与它鼎足而立的清朝与大顺的势力。正是在这里最明显地暴露了弘光政权的腐朽。

"联虏剿寇"与"先西后东"

清军在阶级矛盾尖锐的时刻入主关内，迎来了地主阶级从北到南的一致喝彩欢呼。弘光政权的将领刘泽清曾致书吴三桂，声称："当长安（按：这里指弘光朝的首都南京）未闻此音之先，泽清曾有成议，约结清王入驻内地，共图灭闯。今亲翁此举，正与初议暗合也。"[1]这就是说，即使是三桂不引清军入关，弘光政权也要这样做。吴三桂既然有此大"功"，在弘光朝看来他便是"古今第一人"了。因此弘光政权破格封他为蓟国公，赐诰书表彰他"气壮山河、功格天壤"[2]，甚至明知其"无心本朝"之后还要在自己兵饷匮乏的情况下运米十万石粮饷吴三桂军。

应该说，在清廷尚未表明彻底灭明之图并对南明正式用兵之时，南明这样做还可以理解为一种外交姿态或者弱者的缓兵之计。但当时弘光政权在内部也把吴三桂树为楷模，这就是由衷之举，不仅仅是一种策略姿态了。正如户部侍郎贺世寿所说："今日更化善治，莫若肃纪纲而慎刑赏。如吴三桂奋身血战，乃可言功，若夫口头报国，岂遂干城？"[3]因此，举朝上下充满了对吴三桂"壮节孤忠"，"至割父子之亲，甘夷狄之俗，反仇作援，辱身报主，卒挫狂锋，逐凶逆"的赞誉之词[4]。这时南明缙绅

---

[1]《明末农民起义史料》，第463页。
[2]《拟山园选集》卷4。
[3] 李清:《南渡录》卷1。
[4] 弘光朝刊本《时务权书》，兵部刘泌疏。

的心情，正如时人所云："譬人之父有为贼所杀，度己之力不能报复，忽有义士焉，为我手刃之，则即以此身相报，犹存乎见少，况此身外之长物哉！"[1]

由于弘光政权要臣民以吴三桂为楷模，于是在一个时期内清军所到之处便形成了这样的局面：像吴三桂、冯铨等彻底卖明投清的缙绅固然是大多数，即使那些仍然忠于南明的官僚，也肩负起所谓的"抚东之命"，"勋襄两国而灭闯"。他们同时向明、清称臣，接受双方的官职，用双方年号，与北京、南京间都有章奏批答不绝，一时出现了"天有二日""忠臣事二主"的怪现象。如明官僚凌駉甲申五月在临清"起义"后，南明授他山东巡按，清廷又授他兵科给事中[2]。他一面为清朝监军，镇压山东农民军的抗清斗争，并受清命"招抚河南"，一面又向弘光政权"驰奏急宜恢复"，"出示称顺治元年，然于南京亦发疏不绝"[3]。原明真定知府丘茂华既受清廷任命署保定巡抚事，为清朝抵御山西方面的大顺军，又上疏弘光帝"自称固守臣节"。原明兵部主事叶廷秀在崇祯时因进谏被廷杖问遣，家居濮州，弘光政权起用为光禄寺少卿，是著名的"忠直之士"。然而他又同时当了清廷委任的河南道监察御史，还曾以乡宦身份请清军来镇压家乡一带的农民军。类似情况还有张缙彦、韩昭宣等人，都是同时效忠于二主，"暗通南北"[4]，"但知清、明为一家，不知其有异视也；但知清、明之为一事，不觉其为两界也"[5]。这种局面维持了半年之久。就连弘光朝第一号忠臣史可法，也在致多尔衮的答书中表示，对清朝的功德要"长跪北向，顶礼加额，岂但如明谕所云感恩图报已乎？"[6]

---

[1] 彭而述：《读史亭文集》卷20。
[2] 不少史籍称清以"兵科给事中招駉，駉不受"，但清朝档案中却保存了"钦命招抚河南等处地方兵科给事中臣凌駉"的章奏多件。可见凌駉不但受了，还干得很卖力。
[3] 《爝火录》卷4、卷6。
[4] 张鉴：《冬青馆乙集》卷7。
[5] 张缙彦：《依水园文集》卷2。
[6] 史可法：《复摄政王》。

这时候，在南明方面还无所谓抗清派。弘光政权以"北连虏、西灭闯，则恢复之势成"[1]为基本国策。为此史可法等曾一再致书清廷，要求"合师进讨，问罪秦中"，与清廷联合消灭农民军。当时弘光政权内部一致认为，为了"联虏剿寇"，必须割让统治权益，只是在价码上有争议：有人认为可"以两淮为界"，有人则主张"当界河间"；有人认为弘光应该当儿皇帝，尊清帝为父，有人则说："彼主尚幼，与皇上为叔侄可也。"[2]最后，弘光政权终于决定先试当侄儿，于是在七月下旬派左懋第、陈洪范、马绍愉为使臣，出使北京，要求与清帝结为"叔侄之君，两家一家，同心杀灭逆贼"[3]。然而清廷却不认这个侄儿，把送来的礼物收下后只丢下一句话："无多言，我国不日发兵下江南。"[4]使团在北京受尽屈辱，首席使臣左懋第和马绍愉等被扣押，只有陈洪范因降清愿为内应，才得放回。

清廷之所以如此蛮横，完全是看透了弘光政权软弱无能。本来在入关初期，清朝对自己能否一举夺得全国的统治权没有把握，抱着"得寸则寸，得尺则尺"的心理[5]，对南明的态度还是很有分寸的。

但是，由于入关后进军十分顺利，使清廷对自己的能力有了信心，而弘光政权却败象百出，了无生气，于是清廷的态度很快强硬起来。而仕清的汉族官僚，除了几个人如凌䮵等力劝清廷专心"剿贼"而对南方"勿兴大兵，勿劳大众"[6]之外，绝大多数为了博得新主子的垂青，对平定江南显得比新主子还热心，极力出谋划策，鼓吹早"定东南之局"[7]，进一步促使清廷决策拒和。于是七月间多尔衮便致书史可法，一改前日的审慎语气，骄横地命令南明"削号归藩"，弘光政权"联虏剿寇"的美梦破

---

[1]弘光刊本《时务权书》，兵部刘泌琉。
[2]李清：《三垣笔记》卷下。
[3]《明清史料》丙编第1本《马绍愉致吴三桂书》。
[4]《薛谐孟笔记》卷上。
[5]张怡：《谀闻续笔》卷1。
[6]中国第一历史档案馆藏：顺治元年九月十二日兵科给事中凌䮵启本。
[7]《清世祖实录》卷5，顺治元年六月甲戌。

灭了。

多尔衮的骄横，使臣的被扣，使弘光君臣大为丧气。当时有人提议再次遣使降低条件求为儿皇帝，朱由崧说："我往被拒，只取辱焉，"[1]遂罢其议。可见他们对和议已绝望。但即使如此，弘光政权仍没有抗清的打算。当时的朝中，醉生梦死，不理政事的朱由崧和只知搜刮、党同伐异的马、阮之流可称为偷安派，而以史可法为代表的一些正直官僚可称为进取派。在求和无望之后，这一派中少数人提出了"先东（指东部的清朝）后西（指西部的大顺）"的主张，他们认识到"南下之意，非虏不即来，疑有闯在也"[2]，不能因为清军战胜"流贼"而盲目庆幸，对南明来说清朝比大顺更危险，主张把军事重点放在东线。早在七月间，同时兼仕于明、清的凌駉得知清廷决策南下，便密报南京，要求弘光"名为西讨，实作东防"[3]。八月间，吏部侍郎黄道周更明确提出了"复燕京而后可都钟陵""先理山左而后可复山右""先靖河淮而后可定江汉"[4]的"先东后西"战略。这年冬，清廷集中全部精锐西攻大顺，东部与南明相邻地区兵力极为空虚，御史沈宸荃、总督王永吉以及黄道周、王铎等人纷纷上疏，要求本着"防虏为急，贼次之"[5]的原则，趁清军西顾之机进军山东，以图扩地自强，乃至恢复北京。他们反对出师攻闯，认为"发东南以取西北，力殚于仰攻，志衰于画守"[6]，就像安史之乱时唐军"不先图范阳而急取关中"一样必遭挫折[7]。更何况清军一旦平定了西北，"全副精神总在江南"，南明的灭顶之灾将至！因此"今有势可乘，无时可待"[8]，"不于此时急图

---

[1]《三垣笔记》卷下。
[2] 弘光刊本《经国宏略》卷1《省藩考》。
[3]《石匮书后集》卷33。
[4]《南渡录》卷1，甲申八月乙丑。
[5]《甲申日记》十二月丙寅。
[6]《甲申日记》乙酉正月丙寅。
[7]《拟山园选集》卷18。
[8]《甲申日记》乙酉正月丙寅。

之，他日犯我江北，悔不能及矣！"[1]的确，在当时的形势下，乘虚出击东线，是挽救弘光政权的唯一机会。

然而这种"先东后西"论在弘光一朝始终不成气候。马、阮之流的偷安派自不待言，即使在进取派中绝大多数也是"先西后东"论者，其中陈邦彦的论调十分典型："臣观今之议者，一似虏寇并营，无复次序，又一似先齐鲁而后楚豫，臣窃惑之。夫齐鲁之交，当逆闯伪官布满之日，举朝不争，而今顾与虏争耶！审如此，则将速虏之来，而又以宽闯之罪。"[2]这种对农民军偏激敌视而丧失理智的见解在进取派的头号人物史可法那里尤为突出。北使招辱后，他清楚地知道"和议断断不成也"，然而他由此得出的结论不是加紧抗清，而是"今宜速发讨贼之诏，严责臣与诸镇悉简精锐，直指秦关"。按他的逻辑，清朝之所以构成威胁，正是因为南明"复仇之师不闻及关陕，讨贼之诏不闻达燕齐，晏然以不共戴天之仇置诸膜外，遂使北朝翻得以僭逆加我，羁我使臣，蹂我近境"。因此清廷越是虎视眈眈，南明越应该拼全力去打李自成。否则"以清之能行仁政若彼，而我之渐失人心若此，臣恐恢复之无期，而偏安未可保也"[3]！

于是，弘光政权"联虏剿寇"的美梦未醒，又唱起了"先西后东"的高调。当清军倾巢西攻大顺军的三个月（顺治元年十一月至二年正月）中，弘光君臣于抗清防清一无作为，只是蹲在长江边上，为"逆闯"的失败而欢腾鼓噪，为不能助清军一臂之力、使彼独占"仁义"之名而自怨自艾。直到清军摧毁了西北大顺政权，免除了后顾之忧，调头东向，于顺治二年三月（1645年4月）向南明猛扑过来之时，史可法还在为"受命十月而一旅未西"耿耿于怀。面对必欲置南明于死地的清朝大军，他想的竟然还是"我之大仇在寇，不寇是讨，而敌是防，已非微臣渡江之初愿"[4]！

---

[1]《拟山园选集》卷18。
[2] 陈邦彦：《陈岩野先生集》卷1《中兴政要书》。
[3]《小腆纪传》卷10。
[4]《史可法集》，第55页。按：清朝文禁，南明人言"虏"皆被篡改为"敌"。

扬州之战与弘光政权的灭亡

顺治二年二月，攻占了陕西的清军兵分两路，一路由英王阿济格率领追击李自成，一路由豫王多铎率领进取江南。清军在河南如入无人之境，于三月二十四日占领弘光政权在中原的统治中心归德。明总兵王之纲溃逃，河南巡按凌駉被俘，多铎劝降不屈，自缢而死。

凌駉是南明官僚在北方搞"曲线救国"的典型人物，作为南明忠臣任清朝官职达半年之久，为清廷监军山东、招抚河南，剿"逆闯"，平"土寇"，立下了汗马功劳，也为弘光政权和他本人的墓坑狠挖了几铲土。直到甲申十一月，眼见清朝就要发兵南下，他才逃离清朝营垒，渡河回到南明境内，却已"兵微不得一战"，只有束手待毙。临死时他遗疏南京，自称"辱使命，徒一死塞责，无益国家事。臣负罪于九原"[1]。凌駉之死是一个悲剧，更是对弘光政权曲线救国政策的极大讽刺。

清军攻下归德后，兵逼淮上。南明督师大学士史可法名义上拥有军事全权，但跋扈的将帅并不把他放在眼里。江北四镇中只有高杰被他的忠义所感，还能听调遣，却又在这年正月在睢州为叛将许定国所杀。许定国降清，高杰部众四散，史可法徒唤奈何，只得退保扬州。这时，从陕西败走湖广的李自成逼近武昌，左良玉一方面想躲避大顺军，一方面又受马士英的政敌、东林派官僚黄澍的鼓动，沿江大举东下，声讨马、阮。马士英下令调黄得功等江北诸镇西向抵御左军。史可法见清军来势凶猛，请求和平解决左良玉的兵变，留下江北诸镇堵御清军。马士英却扬言："宁死于清，不可死于良玉手。"于是清军便趁明守军调去打内战时长驱渡淮，四月十八日，把孤立无援的史可法及其所部包围于扬州城。

史可法苦心支撑弘光政权近一年，一心想"讨贼复仇"，对弘光政权的联虏剿寇、先西后东政策负有重大责任，尤其是甲申秋后弘光政权中一些较有远见的人提出"先东后西"的正确意见后，他仍然固执地推行先西

---

[1] 郑廉：《豫变纪略》卷8。

后东的方针，在战略指挥及政治谋略方面，其傲慢、迂腐、短视、偏见，是不能仅用阶级局限性来解释的。但他毕竟与马、阮不同，他为人正直，兢兢业业，为羁縻悍将、调停党争做了不少工作。当清军包围扬州后，他从忠君爱国的立场出发，尽力坚守孤城。总兵刘肇基曾建议趁清军未集，背城一战，史可法未能采纳。清军主帅多铎派降将李遇春来劝降，也被拒绝。城中部将李栖凤等见形势危急，萌生异志，史可法恐生内变，听任其出城投降，于是城内兵力益弱。二十四日，清军调来红衣大炮，在猛烈轰击下发动总攻，次日城陷。史可法被俘后拒绝多铎亲自劝降，壮烈殉国。他以宁死不屈的气节和生命最后时刻的抗清业绩，得到了人民的怀念。

扬州陷落时，南明军队中的内战尚在进行。五月二日，黄得功等在板子矶击败左良玉之子左梦庚（左良玉已在东下途中病死）。左军溃败后投降了清朝，这时清军已打到长江北岸了。而福王尤在醉生梦死中，"以演剧，未暇视朝"。七日，马士英召集他信任的大臣16人商议对策，会上有人公然宣称："便降志辱身，亦说不得了！"[1] 投降活动已在进行。九日，清军自瓜洲大举渡江，明军溃散。次日晚，朱由崧与宦官数十人出奔太平府（今安徽当涂），躲进黄得功军营，马士英挟太后逃往杭州，留下的文武官员以忻城伯赵之龙、大学士王铎、礼部尚书钱谦益为首于五月十五日（6月13日）开南京城降清，历时一年的弘光小朝廷遂告灭亡。一周后叛将刘良佐在芜湖袭杀黄得功，把朱由崧俘献清军。次年五月，朱由崧在北京被杀。

二、隆武、浙东政权与抗清运动的第一次高潮

闽、浙立国与抗清民族运动的兴起

弘光政权覆亡后，原先避居杭州的明潞王朱常淓奉弘光太后之命于

---

[1]《明季南略》卷4。

顺治二年六月八日（1645年7月1日）监国于杭州。但这个被东林派官僚们寄予厚望的"贤藩"却是个软骨头，监国仅五天，听说清军逼近，便不顾黄道周等的劝阻，在浙江巡抚张秉贞、总兵陈洪范的鼓动下向清军投降了。

然而南明的抵抗并未结束。不久，东南地区几乎同时建立了两个南明政权：闰六月七日（7月29日），明福建巡抚张肯堂、礼部尚书黄道周、南安伯郑芝龙拥明唐王朱聿键监国于福州。二十七日（8月18日）即皇帝位，改福州为福京天兴府，以明年为隆武元年，是为隆武政权。次日，明兵部尚书张国维、行人张煌言等拥明鲁王朱以海监国于绍兴，是为浙东政权。

隆武政权与浙东政权虽然也是由缙绅地主建立的，但它们与弘光政权存在着明显不同。首先，唐、鲁二王在个人素质上是不同于福王那样的荒唐王爷。朱聿键出自所谓"高墙罪宗"，自幼因皇族内讧被囚禁达20年，31岁嗣唐王位后不久，又因擅自起兵勤王触忌，被关进凤阳高墙（明代监禁有罪宗室的特殊监狱），直到弘光南渡后才被赦出，是个历经磨难、有志进取的人物。朱以海所在的鲁王府曾于崇祯十五年"壬午之役"中清军攻破兖州城时惨遭横祸，他的哥哥、前鲁王朱以派自缢身亡，他本人也被清军俘获，险些丧生。因此他对清朝原来就怀有国仇家恨。显然，唐、鲁二王从个人来说比福王更倾向于抗清，是不难理解的。

更重要的是：闽、浙立国时的国内社会矛盾与政治形势已发生很大变化，因而这两个政权的基本国策与历史地位自然也不同于弘光政权。

首先，李自成与朱由崧这汉族内部两大对抗阶级的首领都于乙酉五月的两周之内先后被俘杀，大顺与弘光两个敌对政权斗争的结果是在新兴的清王朝打击下同归于尽。从此农民军的反明斗争渐失其意义，而南明方面与清朝妥协的幻想也彻底破灭了。严峻的现实使这两股势力中不愿向清朝屈膝的人们不能不彼此靠拢，造成了农民军联明抗清、南明"抚贼北拒"的政治条件。

其次，清朝占领广大的西北地区和富庶的长江中下游一带后，政治重心与经济重心都为其所控制，弘光政权两大军事力量左良玉部和江北四镇的绝大部分军队以及部分农民军也为其收编，政治、经济、军事力量都已居绝对优势。然而入关后短短一年便取得如此成果，也使清朝统治者忘乎所以，改变了入关初期比较缓和的统治政策，变本加厉地强化民族压迫与野蛮征服。如攻占扬州后，清军纵兵焚杀淫掠，屠城十天，"百万生灵，一朝横死"[1]，造成了"扬州十日"大惨案，繁华城市沦为青磷出没之所，开创了清军入关后大规模屠城的恶劣先例。

而伤害汉族人民心灵最重的，则是重颁剃发令一举。如前所述，清军入关初期，由于顾虑人民强烈的反抗情绪，曾宣布取消"甚拂民愿"的剃发令，允许天下臣民"照旧束发，悉从其便"。清军下江南时，也把"随俗"作为"新政八款"之一，在南京、无锡等地广为宣布[2]，多铎在入驻南京时也曾出示，声明官民无须剃发，"尔等毋得不遵法度，自行剃之"[3]。本来，南方在清军进占后并未发生像北方那样的圈地、投充之风，屠城则多为对抗清斗争的报复，它虽激怒人民，激发了更强烈的抵抗，却不是抗清运动发起的原因。如果没有剃发一举，许多地方的秩序是容易安定的。但清廷得胜后趾高气扬，不仅以军事征服者自居，而且以文化征服者自居，于六月十五日（7月8日）悍然恢复剃发令，而且以极残暴的手段强制推行，"留头不留发，留发不留头"，威逼人民十天之内尽易装束发式以从满俗，甚至连孔府的"衍圣公"和演戏的优伶都不许留发。这对于文明历史悠久而且富于自尊心的汉族人民是极严重的侮辱。

因此，剃发令一下，国内民族矛盾遂严重激化，清军已占领地区秩序顿趋动荡，未占领地区的反抗也显著加强。像江南的江阴、嘉定等地，在剃发令颁布前本已归附并接受了清朝任命的守令，一些不愿附清的绅士也仅以夷齐之节自诩，并未起兵反抗。然而剃发令下，形势顿时激变。

---

[1] 王秀楚：《扬州十日记》。
[2] 云巢野史：《两都怆见录》。
[3] 《明季南略》卷4。

正如江阴军民答清朝劝降书所说："方谓虽经易代，尚不改衣冠文物之旧，岂意剃发一令，大拂人心，是以乡城耆老，誓死不从。"[1] 在无锡，"闰六月十一日闭门剃头，十二日民变"[2]。在嘉兴，清军初来时"从俗不剃发，以故百姓竞引睇北望"，"剃发书突下，急，党间咸激怒……狂呼曰：必去吾发，反奈何"！[3] 当时有诗云："昔迎戎帅至，兵骄马亦疲。三吴望风附，弓矢弃不持……剃发令朝下，相顾为发悲，三吴同时沸，纷纷起义师。"[4] 这是符合实际情况的。

在湖广地区，李自成死后处于涣散状态的大顺军余部大都曾向清朝表示愿意投降，连斗争意志最坚决的李过、高一功等也一度"似有归顺之意"。但他们都不愿剃头。李过甚至表示如能免去剃头之举，愿意为清朝攻取湖南[5]。然而清廷却坚持民族压迫政策，强令大顺军接受剃头令，谈判终于破裂。而一度已经投降的田见秀等也"以不剃发为名"重举义旗。[6]

剃发令之类的民族高压与强制同化政策引起人民和有志节的士大夫的强烈抵制，却给无耻之徒以"乘势渔猎"之机[7]。他们肆意摧残人民以向主子邀宠并借以自肥。洪承畴承认："江南各提督、镇守、总兵等官，多纵兵扰害地方"，"焚烧房屋，掘地挖壁，人烟尽绝"[8]。当时清朝急于寻求走狗，只要率先剃发，往往用一些"少年佻达""素无行"[9]的地痞充任官吏。

---

[1]笪重光：《甲乙史》卷下。据同书载，江阴军民在围城时曾与清军谈判，"剃头数十"做个样子，允许其他人留发，但城上树"顺民旗"，以此换取清朝退兵。可见只要不强迫剃发，江阴不至以死相抗。
[2]《薛谐孟笔记》，下册。
[3]查继佐：《国寿录》卷2。
[4]钱秉镫：《藏山阁集》卷3《三吴兵起纪事答友人问》。
[5]《明清史料》丙编第6本《梅勒章京屯代揭帖》。
[6]同上书，《荆州总兵官郑四维揭帖》。
[7]佚名：《明季海宁殉节始末》。
[8]《明清史料》己编第1本《洪承畴残揭帖》。
[9]《研堂见闻杂记》；朱子素：《东塘日札》。

所有这一切使隆武政权与浙东政权能够打出抗清的旗帜,并在这个旗帜下组织广泛的联合阵线。隆武政权建立后,黄道周即上疏称"宛叶初会平林,遂有昆阳之绩"[1],要唐王学刘秀联合绿林军反莽的故事,利用农民军来反清。唐王也授权臣下"搜罗豪杰,一切草泽、翰科俱得而拔擢之"[2]。有的官僚还主张:"人无分于盗贼,事无分于大小,能发愤而起,与敌为难,斯则义矣。"[3]甚至还有人说服受农民军打击过的地主曰:"绿林青犊古来用,功成不扰理所无。尔不闻诏书久悬晋贤爵,乘舆早晚跸洪都,尔诉所病何区区"[4]!

隆武、浙东政权在人民抗清运动的感召下也坚定了抗清立场,从而使抗清斗争以空前的规模迅速展开。清统治者惊呼:"昔王师所到,率土皆宾,兵不血刃而地方大定,今反侧时见,处处弄戈。"[5]"一年之间,中原归顺,捷于风草;迄今三载,负固弥坚。"[6]

江南人民的反剃发斗争

江南在清军进入后曾平静了一个时期,"适下令剃发,乡民皆惊"[7],轰轰烈烈的反剃发斗争立即在各地兴起。"头可断,发不可剃"[8],"宁为束发鬼,不作剃头人"[9],成为各地人民与有骨气士大夫的坚定信念。一时"义师""乡兵"纷纷而起,重要的有:明兵部主事吴易、举人孙兆奎起于吴江,诸生陆世钥起于苏州陈湖,兵部侍郎沈犹龙等起于松江,前抚治王永祚等起于昆山,行人卢象观等起于宜兴,吏部尚书徐石骐等起于嘉

---

[1] 佚名:《思文大纪》卷1。
[2] 张家玉:《张文烈遗集》卷3。
[3] 屈大均:《皇明四朝成仁录》卷8。
[4] 《藏山阁集》卷4《沙边老人行》。
[5] 《明清史料》丁编第1本《浙闽总督陈锦揭帖》。
[6] 中国第一历史档案馆藏:顺治三年三月一日浙江道监察御史吴达揭帖。
[7] 《南疆逸史》卷36。
[8] 许重熙:《江阴城守记》。
[9] 谈迁:《枣林杂俎》,和集。

兴，等等。其中，江阴与嘉定的斗争最为著名。

江阴是长江下游的商业重镇，有人口28万。六月二十八日（7月21日）清朝知县方亨出示公布剃发令后，全城立即骚动起来。次日，江阴百姓推举代表向方亨请愿，要求留发，竟遭辱骂。于是群情激愤，在诸生许用德、城北民季世美等倡议下，全城罢市，四乡农民十余万人也涌入城内。城乡人民揭竿而起，于闰六月二日逮捕方亨，杀死清朝派来强迫剃发的士卒，据城而守。本县主簿陈明遇被推为领袖。他又推举有军事才能的前任典史阎应元来主持城防。在阎、陈二人的领导下，全城进行总动员，筑工事、修守具，精壮者组成武装，富商捐出财产，距城五六十里内的农民也"荷戈负粮，弃农不顾"，进城参战[1]。清军调兵十万，由降将刘良佐等率领，围攻江阴。阎应元等带领江阴军民在孤立无援的形势下宁死不屈，拒绝招降，坚守了80天之久，击毙清军将佐18名和士卒无数。到八月二十日，清军运来红衣大炮，昼夜猛轰，城墙崩塌。次日，清军李成栋部攻入城内。江阴军民与敌人进行了英勇卓绝的巷战，陈明遇战死，阎应元力竭被俘，壮烈牺牲。清军对江阴人民疯狂报复，"满城杀尽，然后封刀"，被害的据说达17万多人，仅有53名老小幸免于难。

在江阴城守战激烈进行的同时，嘉定人民也发动了反剃发起义。闰六月十七日（8月8日），清朝嘉定知县张维熙逼民剃发，激起众怒，而清军李成栋部驻扎县境，又纵兵淫掠。于是王家宅、石冈镇、南翔等地乡民首先发难，焚烧清军水师船只，清将梁得胜与知县张维熙狼狈逃走。义军进城后，推举复社名士、左通政使侯峒曾与进士黄淳耀等主持其事，树起"嘉定恢剿义师"的大旗，清军前来围攻。由于嘉定是个土城，又遇连日大雨，城墙倾圮，遂于七月四日失守。侯峒曾、黄淳耀自杀殉难，城内人民被杀者达两万余人。清军屠城后退走，义士朱瑛重新入城，收集余众，重举义旗。七月二十六日，嘉定再次被清军攻破，居民又一次遭到血腥屠杀。八月十六日，明把总吴之蕃起兵江东，反攻嘉定，为清

---

[1] 韩菼:《江阴城守记》卷上。

军所败。嘉定第三次惨遭屠城之祸。这三次事件史称"嘉定三屠",它是江南人民反抗民族压迫的又一悲壮事件,也是清军野蛮屠城的又一例子。

九月以后,江南各城镇由士绅领导的反剃发斗争在清军残酷镇压下相继沉寂下去,此后的反清斗争转变为两种形式:一是官绅士大夫外联南明政权(主要是浙东政权)、内联清朝军政官吏中一些策反对象的密谋活动,其中以顺治四年四月(1647年5月)驻守松江的清军提督吴胜兆"反正"事件最为著名。参与策反吴胜兆的有著名士大夫领袖陈子龙、顾咸正等,他们在吴胜兆与鲁王政权间牵线搭桥,策动吴接受鲁王所予的肃虏伯封号,密谋起兵。但因内变事泄,鲁王派来策应的张名振、沈廷扬军又遇台风袭击和清军拦截而溃散,起事遂告失败。陈子龙、顾咸正等均被捕死难,反剃发斗争后幸存下来的江南士大夫抗清势力受到毁灭性打击而基本停止了活动。

二是乡村和山湖地区的人民抗清武装,如太湖、淀山湖一带赤脚张三领导的渔民起义军、"白头军"、各地由反明转为反清的奴变、民变武装如金坛奴仆的"削鼻班""珐琅党"、太仓的"乌龙会",等等。他们中有许多与前明缙绅的抗清活动相结合,如湖区赤脚张三、柏相甫、扒平大王领导的农、渔民武装便接受进士吴易、举人孙兆奎的领导;句容农民"联结七十二村啸聚子弟至八千人",奉明宗室朱谊泍、朱谊汸为主,曾在顺治三年(1646年)三次进攻南京[1],江南震动。而吏部主事钱棅在嘉善发动农民抗清时,曾以放弃地租来号召佃户[2]。但由于明代江南缙绅势大,压迫人民凶,也有不少起义人民在反抗民族压迫的同时也继续打击缙绅地主。如"乌龙会""珐琅党"都是如此;赤脚张三的渔民义军,一方面与吴易等抗清缙绅合作,一方面又"日执富户拷剥之,名为助粮","至若贫家则不犯"[3];吴江一带"义兵飚起,皆闾左垄上耕

---

[1]《张文烈遗集》卷2上。
[2]《藏山阁诗存》卷5《八月十七日哭仲驭》。
[3] 佚名:《逸史残钞》(虞山怀柔清初钞本)。

佣，聚千人至我族索饷，不则一炬焚之"[1]；常熟义军中，泥水匠出身的胡来贡率领其"蓬头赤脚者"组成的队伍，与兵部主事严栻所率地主武装也势同水火[2]；江阴县缙绅与起义奴仆间的冲突在围城紧急时仍然继续[3]。复社首领杨廷枢曾说当时的义军是"忠"（指反清复明）而不"义"（指打击富人）[4]，这反映了当时缙绅地主对人民起义又联合又排斥的双重态度。

"时穷乡隘巷，无不揭竿执田器，自为队伍，保其畔者。北尽苏松，南迄宁绍乌……然众皆乌集，各自以为勤王，不甚受教令，又互寻其仇。"[5]由于抗清队伍中缙绅与人民群众之间、各阶层各派别间矛盾重重，地域上的狭隘、孤立性也十分突出，所以江南抗清斗争尽管声势很大，但未能形成统一的反清力量。各地、各股义军各自为战，与鲁王、唐王政权的军事活动也缺少配合，因此很快为清军所镇压。反剃发斗争退潮后，江南缙绅地主更加动摇。薛寀以为清朝入关剿"贼"固然是莫大功德，即如清军进占江南，如能扶弘光为儿皇帝，正"父子之伦，除君侧之恶，洗贪淫之政，布置既定，委之而去"，亦不失为千古义举[6]。夏允彝更致书清朝，声称"南土卑湿多疫，水险江深，毒蛇匝地，聚蚊若雷，呕吐霍乱，以时而发"，清朝得之无益，不如学金朝"中原之地亦举以授张邦昌、刘豫，而不自有"之策，存明之一系而"责其岁币"，则于清朝更为有利！[7]这些荒唐言论表明江南缙绅的斗志已完全衰竭。顺治四年后，江南仍然"盗贼滋蔓日甚"[8]"太湖震泽之畔，民半为盗"[9]"自吴江至宁国广德，上

---

[1] 叶绍袁:《甲行日注》。
[2] 樵道人:《七峰遗篇》卷上。
[3] 许重熙:《江阴城守纪》。
[4] 南园啸客:《平吴纪略》。
[5] 查继佐:《国寿录》卷2。
[6] 《薛谐孟笔记》上册。
[7] 《南疆逸史》卷14。
[8] 秦世祯:《抚吴疏稿》卷1。
[9] 《明清史料》己编第1本《洪承畴残揭帖》。

下数百里,处处是盗"[1]。但这已逐渐演变为单纯的下层群众的反抗,缙绅已不再参与,反清复明的民族斗争的色彩也日渐淡薄了。

大顺军余部的联明抗清

隆武、浙东政权时期的抗清斗争中最重大的事件,是大顺军余部与南明的联合。

李自成的军队是在明末农民战争后期才由人数不多的"闯营"迅速扩大为百万之众的,在此过程中兼并了其他多支义军,因而内部派系原来便比较复杂。加上他生前并未培养出如大西军中的孙可望那样足以服众的继承人,从西安撤退时又因过于仓促,陕北及西北各地驻军未及相随,直到他牺牲时仍未恢复统一的指挥系统。在兵败过程中,原有战斗序列不复存在,一些"偏裨"拥众自立,俨成巨镇,一些大帅却从者零落,几不成军。所有这一切使得李自成死后大顺军中潜在的弱点暴露出来,虽然余部尚有20余万之众,但群龙无首,四分五裂,彷徨依违于明、清两大势力之间。当时追击李自成的八旗主力阿济格军已北归,坐镇武昌的清朝八省总督佟养和手中既无足以胁降大顺军余部的兵力,又无法满足大顺军余部"不剃头"的要求,且隆武政权驻守湖南的总督何腾蛟、巡抚堵胤锡所恃的只是几个跋扈而毫无战斗力的杂牌军阀,几乎等于"空拳徒手"[2],他们很清楚:"不招降,能张楚乎?"[3]因此对与农民军的合作持较为开明的态度。

这样在全国抗清民族运动要求各抗清力量实现合作的总形势下,湖广的具体条件决定了这种合作的具体形式。

随李自成撤到鄂东的大顺军各部损失较大,部队涣散,处于重新组合之中,一时无法对清作战。他们于顺治二年六月先后进入湘东北的岳

---

[1]《明清史料》己编第1本《浙江巡按王应昌揭帖》。
[2]《烈皇小识》卷8。
[3]《明季南略》卷14。

州、平江、浏阳、湘阴一带，一面向清朝卑辞请降，一面又积极与南明联络。何腾蛟起初对"流贼"犹存敌意，派长沙知府周二南率官军前往镇压，结果在浏阳官渡被农民军打得大败，周二南阵亡。何腾蛟还来不及布防，农民军"哨马已入长沙城矣"[1]。最后经过谈判，何腾蛟"改招安二字为合营"[2]，换取了农民军承认南明的宗主地位，在此基础上实现了联合。最先与何腾蛟达成协议的是刘体纯与郝摇旗二部，此后袁宗第、蔺养成、王进才、牛万才、田见秀、吴汝义相继而至。但何腾蛟以饷乏为理由，只把郝摇旗、王进才留在"麾下"，其余诸部任其自谋发展。于是袁宗第、田见秀等纷纷"夺舡而行"，由水路北上荆州附近，与李过等会合了[3]。

李过、高一功率领的另一大顺军集群是在关中失守、李自成南去后由陕北绕道汉中、川东而进入鄂西的。他们由于没有遭到清军主力的穷追，部队损失较小、编制较完整，战斗意志也较高昂。当时清方在对他们的策略上分为两派：总督佟养和、巡抚何鸣銮、荆州道刘汉祚等以清方实力不足考虑，主张招抚；而荆州守将郑四维是大顺的叛徒，急于向主子表忠，因而主剿，并得到巡按马兆煌的支持。李过等于是一方面就"归顺"问题与清方主抚派进行谈判，提出"请讨地方安插""请旨封爵"和"不肯剃头"等强硬条件，同时先后释放了吴三桂之子吴应桢、总兵郝效忠等清方要员以示和意；另一方面又坚决打击主剿的清军，于七月间发起第一次荆州战役，围攻叛徒郑四维，又于十月间大败来"剿"清军，俘虏总兵郝效忠，清军"折去万人"。

于是，从顺治二年五月至十一月，清朝与李过等所部大顺军之间处于不战不和、亦战亦和的微妙状态。一方面双方通使往来，"待以优礼，似有就抚意"[4]，清朝的使节乃至"私带弓箭刀枪等物，肆行市利"，与大

---

[1]《半生自记》卷下。
[2] 汪辉：《湘上痴脱难实录》。
[3]《半生自记》卷下。
[4]《明清史料》丙编第6本《梅勒章京屯代揭帖》。

顺军做起武器生意来。另一方面由于李过等"所望甚奢"[1]，双方始终不能达成协议，而战争状态从未中止。在这半年间，清朝内部主剿主抚两派之争愈演愈烈。最后郑四维疏劾佟养和"贻误封疆"，清廷将佟撤职，代之以主剿的罗绣锦，并密令勒克德浑率江浙一带的八旗满军溯江而上，准备对大顺军下手。主剿派终于占了上风。

而李过等则在此期间与自长沙北上的田见秀、吴汝义等部会合，声势更大。他们提出"指取湖南，不肯剃头"。佟养和正想利用大顺军去打南明，遂顺水推舟，"许以常德、澧州地方居驻"，[2]怂恿其向南明抢地盘。于是，李过等除留下小部分力量监视荆州清军外，主力得以在无后顾之忧的情况下于八月间大举南进，声言与南明"会猎于湖南"[3]。但是，李过等的真正目的并不是为清朝火中取栗，而是要在比较有利的条件下与南明达成合作。果然，在大势所迫之下，南明的湖北巡抚堵胤锡表现了比何腾蛟更开明的态度，他亲自来到李过等在松滋县草坪的驻地，双方洒酒盟誓，"协力同心，以建立功业"[4]。当佟养和从渔利美梦中醒来时，农民军联明抗清之势已形成，他只能引咎去职了。

大顺军余部的联明抗清，使虚弱的南明骤得"劲助"，形势为之一变，有力地推动了隆武时期的抗清运动第一次高潮。正如时人所说："隆武此举（指"招抚"闯部），诚是鼓励人心，故能使英贤效命，至今保有沅湘，犹留中朝半壁者，卒赖其力也夫！"[5]隆武帝在福建闻知此事也大为振奋，他不顾朝中顽固派的颟顸之言，在顺治三年三月赐李过名赤心，授御营前部左军，挂龙虎将军印，封列侯；高一功赐名必正，授御营前部右军，封伯爵；命李高所部名为"忠贞营"；又封随军的李自成妻、李过义母高氏为贞义一品夫人。郝摇旗前此已被何腾蛟授予督标忠兴龙营副总兵官，

---

[1]《明清史料》丙编第 6 本《驾臣李可学奏本》。
[2]《明清史料》丙编第 6 本《梅勒章京屯代揭帖》。
[3]《明季南略》卷 12。
[4] 同上。
[5] 钱肃图:《遵攘略》。

此时又加援剿左将军,赐名永忠,封南安伯。其他大顺军将领也授官有差。

隆武帝这样做,一方面是对他们抗清的赞赏,另一方面也是为了"羁縻",使之效命于南明。但实际上,多数大顺军部队在联明后仍不同程度地保持了独立地位。他们在很多场合下公然使用大顺政权时的头衔如光山伯刘体纯、淮侯刘国昌、岳侯刘世俊等,李过则不但藏着大顺留下的玉玺与"榆林制将军"银印,而且在奏疏中仍称李自成为"先帝",称高氏为"太后"。他们在行动上往往"去止自任"[1],"兵则听其屯聚,将则无所变更。彼其部曲依然,更假国威,又安能复铃制之哉?"[2]甚至连军装服制也沿大顺军之旧,因而民间有"白毡帽兵"之称。名义上,南明在大顺军各部中设有监军,但他们对军队的行动"不敢出一语"[3],只起联络员的作用而毫无监督功能。到后来各部大都自选监军,视同幕僚,南明官吏往往把到农民军中任监军视为畏途,"惧其藉以加虐也"[4]。农民军还在一定程度上坚持反封建的斗争,如忠贞营驻扎广西南宁期间,"阖城绅士租禾无敢问者"[5]。

但同时也应看到,由于时代的局限性,"农民军的独立性"对大顺军将士来说只是习惯而不是自觉意识。尤其是大顺军余部是在群龙无首的状况下联明的。他们与南明的联盟诚然很松散,但他们自己之间的关系也很松散,甚至更松散。"大顺军余部"作为统一的力量并不存在。从另一方面来说,南明朝廷之不能约束大顺军诸部犹如其不能约束那些跋扈的大小军阀一样,是这个政权腐败无能的表现。对此大顺军将士本身也是不满的,因此后来高一功曾痛切陈辞:"请身为诸将倡","括兵马归兵部,钱粮归户部,铨选归吏部,进止一听朝廷,诸帅不得以便宜专行"[6]。

---

[1]《西南纪事》。
[2]《南疆逸史》卷21。
[3]《半生自纪》卷下。
[4]《岭表纪年》卷1。
[5] 康熙《南宁府全志》卷5。
[6] 王夫之:《永历实录》卷1、卷13。

由于大顺军余部联明后仍然四分五裂，各部的素质、战绩及与南明的关系也就呈现出复杂的状况。当时的大顺军余部主要包括：

（1）忠贞营，这是大顺军余部中最大的一股。其骨干为李过、高一功所率驻守陕北的大顺军后营。联明初期大顺军右营的袁宗第、刘体纯，左营的刘芳亮、刘希尧，前营的刘汝魁和大顺军中央直属部队的田见秀、张鼐、吴汝义等也曾一度合并于忠贞营，使它成为一支几乎包括全部大顺军主力的庞大军队。但不久以上诸人或独立成军，或反目出走，或投降清朝，使忠贞营又成为以原大顺军后营为主的部队。它与南明方面的堵胤锡关系较密切，而与其他各支大顺军余部都有不同程度的龃龉。除在南明后方广西曾驻扎一年半以外，它主要以川鄂边区（所谓"西山"或"夔东"）为活动基地。

（2）忠武营。包括马进忠、王进才、张光翠、牛万才四支部队。其中马进忠是明末农民军前期重要首领之一，绰号"混十万"，后来降明，成为左良玉部将。其他三人均为随李自成撤到湖广的大顺军中非嫡系部队：王进才原是革里眼贺一龙旧部，牛万才是马守应旧部，而张光翠是蔺养成的部将。他们都是崇祯十五年以后李自成兼并"革左五营"等其他农民军时才归附的，与"闯营"旧将有矛盾，"不为高（一功）、李（过）诸部所齿"[1]。在南明方面，他们先依何腾蛟，后依堵胤锡，不久又因与忠贞营的矛盾而和堵胤锡疏远。忠武营内部四家间亦常有不和，其联系比忠贞营内部更为松散。通常四家都各行其是，实际上是四支独立武装。他们主要活动于湖南西部。顺治三年忠贞营荆州战败和顺治六年忠贞营退入广西后，他们曾两度成为湖南抗清战争的主要力量。

（3）刘体纯、袁宗第、塔天宝率领的原大顺军右营，自顺治二年冬脱离忠贞营后也独立活动。顺治三年初这支部队一度分兵，刘体纯北上入陕，参加陕南贺珍等发动的抗清战争；袁宗第则南下澧州，与忠武营等活动于湘西。顺治五年刘、袁再度会师，次年败于清济尔哈朗军，退入

---

[1]《永历实录》卷9。

川黔楚交界的土司地区。这支部队长期活动于敌后，没有到过南明后方地区，与小朝廷关系最为疏远，而与其他大顺军余部关系都不错，但在忠贞、忠武两营的矛盾中仍然偏向后者。

（4）郝摇旗部。郝原为驻湖北中部德安、沔阳一带大顺军白旺部的一名下级军官，在李自成溃退的混乱中掌握了一部分军队，由不知名的偏裨成为颇有实力的一军之主。李过、高一功等大顺军元臣宿将十分鄙视他。他"无所容，倾心附（何）腾蛟以自安"[1]，"遂甘心俯首焉"[2]，在顺治四年前一直是何腾蛟的"督标"亲军。顺治四年他退入广西，与南明官军一起参加保卫桂北的战斗，在桂林、柳州等南明统治区驻扎两年之久，与其他大顺军余部基本上没有联系。在此期间，他受到南明统治集团的排挤，与明将焦琏、留守瞿式耜、军阀陈友龙等多次发生冲突，终于决定离开南明统治区北上。直到顺治九年他进入夔东地区后，才与那里的大顺军余部恢复了合作。

此外，还有从忠贞营中分裂出来的淮侯刘国昌部活动于粤北，李常棠部活动于广东钦、廉沿海地区，等等。大顺军余部的涣散，严重妨碍了其作用的发挥，但是在中南抗清战场上他们仍是一支主要力量。正如瞿式耜所说："今日朝廷所恃者，忠贞营耳！"[3]

湖广战局与荆州之败

大顺军联明后，湖广抗清战争很快形成高潮。顺治二年十一月一日（1645年12月18日），何腾蛟传檄出师，声言"四路进发，恢复武昌"[4]。但诸军多逗留不至，实际出动的只有堵胤锡随忠贞营西路进攻荆州，何腾蛟督官军马进忠、卢鼎、王允成等东路从岳州进攻武昌。

十一月间，忠贞营由松滋渡江，占领荆门、夷陵，包围荆州。城内

---

[1]《永历实录》卷15。
[2]《岭表纪年》卷1。
[3]《瞿式耜集》，第146页。
[4]《明清史料》丙编第6本《梅勒章京屯代揭帖》。

清军"闭城月余不敢一出，以为偷息旦夕耳"[1]。在此声势下，大顺军降将冯养珠反正于荆门。江北寨堡首领如黄冈易道三、王光淑、景陵王启民、蕲水刘时叙、周从勋等原来已降清而不愿剃发者，此时皆起兵反清，原明将王斌也在房县起义响应李过。十二月，大顺军刘体纯部进占宜城，于十八日火烧樊城，围攻重镇襄阳。随后又进攻光化、均州、邓州，攻陷内乡。鄂豫一带原大顺军降将韩榴子、郝如海等纷纷重举义旗。义军猛攻邓州不克，挥师西进，破竹林关入陕，于顺治三年二三月间攻占山阳、商州，兵锋直指关中。刘体纯的用意显然是要与围攻西安的陕南大顺军贺珍部合力收复故地，可惜的是，贺珍等已于一个月前战败退走，西北清军主力定西大将军何洛会得以统率八旗兵扑向大顺军北伐部队。刘体纯部在商洛地区战败入山，后来到陕南与贺珍残部会合，继续坚持抗清斗争。

在刘体纯北伐的同时，包围江汉战略重镇荆州的忠贞营也于正月二十日（3月7日）向守敌发动总攻，连续12日"炮火蝟集攻城，日夜不休，城无完堵"[2]，至二月三日，"城且陷"。守敌陷于绝望，"男女号于陴"[3]。但就在这一天，忠贞营却"垂成而溃"，遭到了空前的惨败。

忠贞营战败的原因很多，如决战之际刘体纯分兵北上，影响了攻城实力。对清朝内部的剿抚之争估计失算，抱着侥幸心理，企图以"阳顺阴叛"的手段不战而"赚"得荆州，因而屯兵城外达两个月之久，迟迟不发起攻击，坐失战机。而此时清方主抚派已失势，坚决主剿的罗绣锦新任湖川总督后，不仅积极增援郑四维，还亲自到荆州督战。而勒克德浑的满蒙精锐则于上年十二月十八日自江宁星夜兼程，扑向湖广。但李过等对此茫无所知，毫无防备。而何腾蛟指挥的东路明军望风先逃，更直接导致了全局的瓦解。

---

[1]《岭表纪年》卷1。
[2] 光绪《江陵县志》卷65。
[3]《金陵纪事》附《南征记》；《岭表纪年》卷1。

原来，尽管此次战事由隆武政权号召，以何腾蛟为名义上的指挥，但清廷心知南明的抗清全依赖农民军，所以给勒克德浑的命令只是"剿除流寇余孽一只虎（李过）等"，并不把何腾蛟放在眼里。然而即使如此，从江宁到荆州要经过何腾蛟的防区，如果他能对来敌略加牵制，或者在败退时通报李过，局势便会大有不同。可是何腾蛟部将观望推诿，直到正月初二，他本人才到达集结地湘阴，半月后（十六日）才从岳州出师，此时忠贞营包围荆州已一月有余。当天明军一入长江，看见勒克德浑的船队，立即掉头南逃。何腾蛟等"相顾诧愕"，随之狂奔。官军逃到长沙犹"不肯驻足"，"马进忠往常德，王允成往湘潭，卢鼎往衡州，各择内地为偷安计，门庭置之不问矣"。这时何腾蛟才知道，"其实贝勒是往西湖袭扑一只虎，非来星沙者也"[1]。然而他在庆幸之余竟然也没想到把敌情向仍在江北作战的忠贞营通报。

结果，清军不费一矢便通过何腾蛟等拱手让出的防区，横渡洞庭，"轻骑潜抄"，突然袭击忠贞营设在江南公安县境内的老营，而李过等"竟不觉，尚尔攻城"。二月三日，荆州城外"大雾，赤心（李过）等蓐食帐中"，突然被清军两翼包抄，城内清军也趁势杀出。李过等万万想不到清军主力会突然从江南、从自己的后方扑来，直到哨兵报告时，他们还"不之信"！结果措手不及，在清军满、蒙、汉精锐的步骑水陆围攻中遭到毁灭性打击。刘芳亮在战斗中牺牲，"兵死者万数"，"其降者几数万，饥困荆州，捆载下石头城，死者十九，僵尸载道"[2]。李过等分头突围，向当阳、远安、南漳、襄阳、夷陵等地溃退，堵胤锡则丢下危难中的义军，逃回常德，途中堕马折臂，"呕血几死"[3]。勒克德浑分军四出，穷追农民军。曾在李自成死后被余部推戴为主的自成三弟李某[4]和昔日大顺军中位高权重的大帅田见秀、张鼎、吴汝义、李友等被清军巴布泰部追及于夷陵道口，

---

[1] 蒙正发：《三湘从事录》。
[2]《永历实录》卷13；《南疆逸史》卷21；《金陵纪事》附《南征纪》；《岭表纪年》卷1。
[3] 堵胤锡：《堵文忠公集》附传。
[4] 史籍中称李孜，据已知李家亲族姓名看"孜"实"自"之误。为"李自×"，阙一字也。

竟率余众5000人向清军投降，并献出了大顺政权留下的玉玺，但清朝统治者并没有放过他们。四月间，多尔衮下令把这批"穷而来归，降叛反复者"5000多人全部处死[1]。

而李过、高一功、李来亨、马重禧（改名马腾云）、张能等率领部分义军也在当阳长坂、远安呼儿洞，以及房县、南漳的喜峰山、关王岭等地几次被清军追堵，"尝两三日不得一食"，[2]但他们艰苦奋战，终于在襄阳界上摆脱了追兵。清军"传其死，师乃归"[3]。李过等遂转至夔东山区，在那里重整旗鼓，图谋再起。

第二次荆州之战是这次抗清运动高潮中最关键的战役。李自成死后历尽艰辛集结起来的大顺军主力又一次遭到沉重打击，其损失之惨重在大顺军战史上只有李自成兵败长江可以相比，"自是忠贞营之精锐耗矣"[4]。大顺军余部从此已无力承担抗清运动所赋予他们的重任。而这次抗清运动高潮也因之急剧退落。荆州败后，江北的抗清武装次第失败，清军立即转为攻势，从荆州、岳州两路南进。虽然这年五六月间袁宗第在西路的草坪、何腾蛟在东路的潼溪获得小胜，暂时阻住了清军攻势。但数月之后，清军再度进攻，半年之内三湘尽失，粤东沦陷。清廷不动用满洲劲旅，仅靠孔有德、李成栋等几个汉将便把南明军从洞庭湖畔压到了广西一隅之地。

隆武、浙东政权的覆亡与闽浙赣诸省抗清斗争

在抗清民族运动兴起之际建立的隆武、浙东两个南明政权都以抗清为己任，在一定程度上也能与下层群众的抗清斗争相合作，"抚赤眉铜马之雄"[5]以御敌。隆武政权不仅在湖广实现了与大顺军的联合，而且在江

---

[1]《张文贞公集》卷7《纪平定江南事》。

[2]《岭表纪年》卷1。

[3]《金陵纪事》附《南征记》。

[4]《永历实录》卷13。

[5] 康熙《长沙府志》卷18《艺文》；陶汝鼐：《哀湖南赋序》。

西战场也采取类似政策。明末大帽山义军"隐田自占","山无赋税……不畏官府,百余年来官不能讨"[1]。清兵入赣,隆武属下的明永宁王朱由㰍招其出山,这些义军与南明"有司抗礼而道路以目,莫可谁何"[2],但在抗清事业上"遂与同事,提兵出湖东,复建昌,乘胜拔抚州及进贤县"[3],"饶、信、抚、建群盗响应"[4]。另一支"峒贼"武装"四营头"也以"受抚不受约"为条件,与隆武政权的杨廷麟等合作保卫赣南[5]。鲁王政权也曾授"故大盗"陈万良、徐龙达总兵衔,不付一兵,令以其"故党"独成一军以攻清。

隆武政权除在湖广联合大顺军抗清外,还在江西抗击清军。弘光政权覆亡时,左良玉部将金声桓和大顺军叛将王得仁降清而据南昌,为清朝取江西。隆武方面吏部主事曾亨应、揭重熙起兵抚州;左庶子杨廷麟、左中允刘同升起兵赣州,联合赣南农民军奋起抗击。顺治二年内抚州、临江、建昌等地得而复失,争夺激烈,曾亨应与右佥都御史、陈泰来、永宁王朱由㰍等均败死。清军沿赣江南下,连克峡江、袁州、吉安等城,杀明江西巡抚旷昭,南明的抵抗中心遂移到赣州。隆武帝改赣州为忠诚府,授守臣杨廷麟兵部尚书、东阁大学士,又命万元吉为总督,入赣协守。杨、万坚守赣州一年多,立"忠诚社",招集民兵2万余人,又联合四营头等农民军4万人,隆武帝又先后派广东、云南援军及广西俍兵(土司兵)数万支援赣州军民。于是原来兵单力薄的赣州成为隆武时期坚固的抗清据点。顺治二年九月至次年年初,明军以赣州为基地先后收复泰和、万安、峡江及吉安全府,声振一时。杨廷麟等并请隆武帝迁都赣州以图恢复。后来由于万元吉等军事上的一些失误和南明各军间的矛盾,形势再度恶化,吉安等城复陷于清。顺治三年四月,赣州被围。杨廷麟、万元吉率军民宁死不屈,一直坚守到隆武政权覆亡后,才以粮尽力竭于这年十月

---

[1]《湖南文征》卷38;杨嗣昌:《洪云蒸传》。
[2] 华廷献:《闽游月记》卷下。
[3] 杨陆荣:《三藩纪事本末》卷2。
[4]《藏山阁诗集》卷4《沙边老人行》。
[5]《罪惟录》纪卷19、传卷12下。

四日（11月10日）被清军攻破，杨、万以及五省督师郭维经、广东巡按姚奇胤等均自杀殉难。

与隆武政权相比，顺治二年下半年浙东鲁王政权面临的清军压力更大。平定江南的满洲八旗军在多铎回京后，由勒克德浑、博洛等率领，沿钱塘江与鲁王政权的方国安、王之仁等对峙。在江南人民反剃发斗争支援下，鲁王政权以浙东一隅之力居然能在一段时间内对清取攻势，所谓"义师初起，人人有直下黄龙之志"，"江上兵每日蓐食鸣鼓，登陆搏战"[1]。从顺治二年七月至顺治三年四月，浙东明军先后渡钱塘江收复过富阳、分水、于潜等县；渡杭州湾收复过澉浦；派陈万良、徐龙达等"大盗"潜袭崇德、桐乡等县，"横行内地十日"[2]，还于顺治二年十月，顺治三年三月、四月三次进攻杭州，虽为勒克德浑所败，但在当时情况下南明军队敢向八旗满军进攻，这本身已属难得。

但是，隆武、浙东政权仍然是明朝缙绅地主的政权，其腐朽习气之深与以前各帝并无二致，其灭亡的命运也就不可避免。

首先是诸王争位引起的内讧。隆武帝初立，便有靖江王朱亨嘉在桂林恃总兵杨国威军，自称监国，拒隆武诏，囚禁巡抚瞿式耜。后来两广总督丁魁楚遣将征讨，瞿式耜内应，朱亨嘉被捕杀。而唐、鲁交恶，隆武政权与浙东政权的冲突更是水火不相容。鲁王监国后，隆武帝颁诏浙东，浙东方面钱肃乐、朱大典主张承认隆武帝，鲁王改称皇太侄；而张国维为维护其开国元勋地位，坚决反对臣事隆武，结果他的主张占了上风。于是闽、浙势成水火。张煌言自请充使赴闽释双方之嫌，结果不得要领。隆武帝遣金都御史陆清源带饷银十万犒浙东诸军，鲁王大将方国安竟杀死陆清源而夺其饷。浙东方面更派张煌言抽调抗清军队去防闽，还发敕封隆武政权的重臣郑芝龙兄弟为公，挖隆武帝的墙脚。隆武帝盛怒之下，也把浙东来使陈谦处死。于是双方仇恨越结越深，清朝得以坐收渔人之

---

[1]《小腆纪传》卷7。
[2]《罪惟录》传卷12下。

利了。

其次是闽、浙政权各自内部的纷争。弘光时那种阉党与东林之间的党争在隆武、鲁王时期已不复见，但朝臣、将领中仍然宗派林立、钩心斗角，尤其是军阀专权、拥兵自重的弊端比弘光时更严重。鲁王以方国安为全军统帅，他专横跋扈、排斥异己，导致诸将离心、纪律涣散，遂有江上之败。后来鲁王逃到福建重建政权时，又落入军阀郑彩的掌握中，重臣熊汝霖、郑遵谦皆被郑彩所杀，钱肃乐忧愤而死，连鲁王本人也被逼得几乎跳海自杀。而隆武帝更是始终为军阀郑芝龙等所左右。朝中一些正直的大臣如黄道周等不愿坐以待亡，要求出闽抗清，却为郑芝龙所制，无兵无饷。郑还散布流言，诬陷黄道周"外交诸藩"。黄道周愤而组成一支千余人的队伍，怀着传统士大夫的死国之志，率领这支毫无作战能力的小部队经江西进至皖南，结果在婺源被清军一举歼灭。黄道周被俘至南京，拒绝洪承畴等人的劝降，英勇就义。实际上，他的死可以说是被郑芝龙所逼的。为了摆脱受制于郑氏的状况，隆武帝一直有心移跸赣州或湖南，但始终未能实现，其原因除他本人优柔寡断外，在很大程度上也是由于某些自专一方的要人出于私心不欢迎他前来。如何腾蛟"以便宜制楚，文武将吏皆出其门，不忍失权藉"[1]，因此暗令前往迎驾的郝摇旗"鹅行鸭步，迟迟不进"[2]，直至隆武帝败死汀州，"迎驾军"尚未出湖南境。号称忠臣的何腾蛟尚且如此，他人更不必言。如此一盘散沙的政权当然不是新兴的清王朝的对手。

顺治三年二月，清廷任命博洛为平南大将军，统兵征闽浙。五月二十五日（7月7日）趁天旱水浅，在富阳渡过钱塘江，三天后鲁王江上诸军皆溃。六月初二（7月14日），清军占领鲁王政权的首府绍兴。鲁王退守台州，不久乘船逃亡海上，鲁王的军事统帅方国安以及马士英等均降清。到八月初，唯一进行了认真抵抗的金华在被围月余后陷落，鲁王

---

[1]《永历实录》卷7。
[2]《半生自记》卷2。

阁臣朱大典自焚死。接着清军又攻占了为隆武政权据有的衢州。三个月内，浙东八府全部陷落。鲁王从此长期漂泊海上，先后依靠郑彩、张名振、张煌言、郑成功等保护。其间虽然在顺治四年登陆占领福建三府一州二十七县，重建政权，但不久又为清军所败。顺治八年九月初二（1651年10月15日），鲁王政权最后的根据地舟山岛在经过12天的激烈抵抗之后被清军攻占，大学士张肯堂、明将阮进等文武大臣与鲁王宫眷皆遇难。鲁王与张名振等因出征崇明在外，得以幸免，遂往依郑成功。郑遥奉永历，侍鲁王"为寓公而已"[1]。顺治十年三月（1653年4月）鲁王自去监国号，浙东政权正式结束。

隆武帝的命运比鲁王更悲惨。顺治三年八月，博洛统率清军在平定浙江之后立即挥师南下，分兵两路经衢州、广信（今江西上饶）扑向福建。这时在隆武政权内掌握兵权的军阀郑芝龙一方面对隆武帝杀陈谦以及企图移跸内地深为不满；一方面也看到清朝势盛，早已暗中准备投降。清朝方面的洪承畴也利用与郑的同乡关系派人来拉拢。于是郑芝龙私下许诺清朝"遇官兵撤官兵，遇水师撤水师"。到清军兵临福建的门户、天险仙霞岭时，郑芝龙的部将施福果然弃关不守。清军从容过仙霞关，八闽望风瓦解。郑芝龙把福京库藏劫掠一空，遁回家乡南安，后来在那里向清军投降。隆武帝闻清军入闽，从延平向西逃走，但他没有料到各府县瓦解得这快，仍带着大量书籍上路，走得很慢。八月二十八日（10月6日）才到达汀州，便为清军追骑捕获，押回福州处死[2]。

当闽浙崩溃的前夕，双方一些官员感到了鹬蚌相争的悲剧，开始合作抗清。如浙东政权的永丰伯张鹏翼与隆武政权的金衢巡按王景亮合守衢州，所谓"诸臣皆仕于闽而兼臣于鲁也"[3]。闽浙沦没后，双方残余力量在海上的合作进一步加强，如隆武重臣张肯堂辅佐鲁王于舟山、鲁王名

---

[1] 徐秉义：《明季忠烈纪实》卷18。

[2] 江日升《台湾外记》说隆武帝在汀州当即被杀，徐鼒《小腆纪年附考》从之。这里依据其他部分记载的说法。

[3] 《小腆纪年附考》卷12。

臣张煌言与唐王遗臣郑成功联军于沿海等。从而使沿海抗清运动能延续20年之久，给清朝以一定的威胁。

闽浙内地的抗清义师在沦陷后也活跃一时。其中缙绅领导的义师以王翊的四明山寨最为有名。余姚生员王翊，鲁王时起乡兵从军，授兵部职方主事。浙东瓦解后他在四明山区的大兰山结寨抗清，曾攻破上虞、新昌等县，坚持四年之久，直到顺治八年才最后失败。浙南、福建的义军则多从明末的民变武装转化而来，明清均称之为"山寇"。如浙南括苍山、仙霞岭地区的"山寇"何兆龙起于明末，顺治七年冬清朝总督陈锦奏称：他"啸聚数万，自鼎革后从未归化……延袤千余里悉被蹂躏，而温州所属尤甚。故地方虽入我版图，其实城郭之外皆系诸贼分割征粮，民非我民而土非我土，以山为巢，以海为援"[1]，其斗争规模远比大兰山寨要大得多。鲁王势力顺治四年在福建一度再起，这些武装实起了很大作用。当时"福州城外营头千种，皆禀监国鲁王令，农夫渔翁，俱认都督，衣穿袄被，腰系印绶。至村坊化僧，亦授职衔掌兵，城中饿夫逃出者悉隶其籍"[2]。当时的"山"（明末民变武装）"海"（唐王、鲁王的海上残部）同盟，是下层群众与抗清派缙绅统治者在闽浙一带合作抗清的特殊形式。所谓"山寇海氛……呼吸相应。山海合为一气，遂至扑灭为难"[3]。"山海并发，四面蜂起""阖郡乡村百姓，剪辫蓄发，乌合从叛""贼众我寡，愈杀愈多"[4]，沉重打击了清朝的统治。

全国抗清民族运动的第一次高潮及其消退

为期仅一年有余的隆武政权，在清初全国的抗清运动中具有突出的地位。尤其是顺治二年秋至顺治三年春的半年内，忠贞营围攻荆州，大顺军右营围攻襄阳、北伐陕西，贺珍、孙守法会攻西安，江南反剃发斗

---

[1] 中国第一历史档案馆藏：顺治朝揭帖。
[2] 海外散人：《榕城纪闻》。
[3] 《明清史料》丁编第2本《福建巡抚朱克简密奏》。
[4] 中国第一历史档案馆藏：顺治朝揭帖。

争尚在延续。而鲁王江上之师屡攻杭州、唐王赣南之师也反攻赣中，连克吉安、抚州、建昌诸名城。再加上华北与山东义军的抗清斗争，形成了抗清运动的第一次高潮。它持续时间虽短，却是清军入关后闪电式推进的终结，是抗清力量在全国战略局势中第一次采取攻势。它显示了人民群众与统治阶级抗清派联盟后的力量。

但清朝充分利用了抗清阵营的弱点，发挥其出色的战争艺术，用汉军维持各地局势，而把精锐善战的满洲八旗骑兵集中起来，作为机动打击的力量，及时投放于最关键的战场。结果豪格、何洛会大捷于西北，勒克德浑大捷于湖广，其他战场的命运也就决定了。

三、永历政权与抗清运动的第二次高潮

永历政权的建立及其初期的危机

隆武帝遇害后，两广的南明诸臣总督丁魁楚、巡抚瞿式耜、巡按王化澄等拥立万历帝的孙子桂王朱由榔，于顺治三年十月十四日（1646年11月20日）监国于广东肇庆，十一月十八日（12月24日）称帝，改明年为永历元年。

永历帝生性庸懦，其嫡母王氏也说他"非拨乱之才"[1]。他即位时正当抗清高潮退落，清军从长江流域向珠江流域进逼；大顺军余部自荆州大败后已难有大的作为；明军更加兵乏饷匮；朝廷威望更加低落，骄兵悍将愈发跋扈；朝政也更加混乱，内批、廷杖、宠信宦官以及朋党之争等明末积弊在隆武时期有所改变，永历即位后又死灰复燃。永历政权初建时所控制的领土已缩小到只有广西、云南和贵州三省以及湖广、广东之一部，其中除湖广、广东的残存州县外大都是边远贫瘠

---

[1]《南疆逸史》卷3。

的少数民族聚居省份，而且多已被大小军阀割据自专。永历朝廷是如此虚弱，以至于清朝曾认为它已不值得满洲贵族去劳神攻打了。与隆武时期满蒙铁骑在浙闽、湖广、陕甘、山东四处奔袭形成鲜明对比，在永历初期清朝有近二年之久没有动用满蒙精锐，只派孔有德、耿仲明、尚可喜、沈永忠等"三王一公"和李成栋这批汉将汉军，便把永历君臣几乎逼到绝境。

面对如此严重的危局，永历朝廷仍然以内讧为能事。当桂王刚被拥立时，以前隆武朝大学士苏观生为首的另一批官僚"欲与共推戴事"[1]而被丁魁楚拒绝，遂另立隆武帝之弟唐王朱聿𨮁于广州，并抢在永历之前于十一月五日称帝，改元绍武。永历帝派军讨伐，于是一年前闽浙相争的闹剧以更血腥的形式重演于南粤。结果，永历帝总督林佳鼎大败于三山口，一军尽歼，肇庆大震。正当桂、唐两家火并之时，清军李成栋部已打进广州。绍武帝和苏观生自杀，40天皇帝梦灰飞烟灭。永历帝也吓得西逃梧州，成立才两个月的小朝廷便踏上了逃亡的路程。

顺治四年正月十六日（1647年2月20日）李成栋再陷肇庆，永历帝又从梧州经平乐逃往桂林。清军西上追击，势如破竹，高、雷、廉三府同日并陷，梧州也于二十九日被清军占领。永历诸臣作鸟兽散，丁魁楚走岑溪，王化澄走浔州，李永茂、晏日曙走博白，只有瞿式耜随永历帝到达桂林。丁魁楚因资财太多走不快，被李成栋追上杀死，搜刮来的金子84万两都落到李的手中。清军一直追击永历帝到平乐，只因这时明都御史张家玉和兵科给事中陈邦彦起兵于东莞、顺德，威胁广州，李成栋率部回救，永历帝才得以在桂林喘了口气。但他仍觉不安全，二月十五日又由桂林北走全州，说是要"亲征入楚"[2]！三月间，清军一支小部队进攻桂林，瞿式耜督部将焦琏将其击退，清军死伤数百人，南明称为"奇

---

[1]《小腆纪传》卷3。
[2]《瞿式耜集》第61页。

捷""南渡以来武功第一"[1]。人们都认为永历帝应该还驻桂林了，岂意他反而于四月间被军阀刘承胤挟持北走湖南武冈去了。于是改武冈为奉天府，封刘承胤安国公，以为偷安计。刘承胤把永历帝当傀儡，专擅朝政，甚至企图谋杀何腾蛟，永历帝在武冈实际上处于软禁之中。

三个月来，永历帝被李成栋追赶着从肇庆一直北逃到武冈，可是北面也不太平。就在李成栋攻入广西时，孔有德等率清军从岳州攻入湖南。三个月内湖南明军全线崩溃，湘阴、长沙、衡山、衡州、永州、常德等重镇相继失守。明将董英、王允成投降，黄朝宣降后被杀。到六月间清军已从北面打到广西的大门口。而此时南面的危局却有所缓和。瞿式耜、焦琏于五月二十五日再次在桂林击败来犯清军[2]。并乘李成栋在广东同义军作战、清军东调之机收复了阳朔、平乐、梧州等地。这样，永历帝又要向南逃跑了。

这年八月，孔有德军进逼武冈，刘承胤投降。永历帝险些被他作为献给清朝的礼物，幸有人报信才得以逃脱。刘承胤一直追击到古泥（今广西三江县），永历太子及宫眷臣僚多人被俘。永历帝本人徒步出奔30里，两日不食，宫眷狼狈泥淖中，饥无人色。十月一日，永历逃到柳州，十日又奔象州。不久又要南逃南宁，道阻不果。但他仍命大臣王化澄、吴贞毓等护送三宫从小道往南宁以为狡兔之窟，自己只带着马吉翔等几名宠臣于十二月三日回桂林。

此前，清军在扫荡了湖南后已进入桂北，耿仲明、佟养和与降将董英围攻全州。而南明方面何腾蛟及郝摇旗、卢鼎、胡一清、赵印选等从湖南退保桂林，会合原有焦琏一军，力量增强，遂于十一月十三日进援全州，击败围城清军，歼敌数千，耿仲明等退屯60里外的黄沙镇。这就

---

[1]《瞿式耜集》第58—59页。关于是役规模各书多有夸张，《小腆纪年附考》卷14谓"斩首数千级"即一例。实际上当时李成栋东归，留桂清军为数很少，瞿式耜本人的奏报是比较平实的。

[2] 瞿共美：《东明闻见录》及诸书多谓此次所败者为孔有德兵，恐有误。此时桂林以北诸城如全州等均未陷，而南面清军逼屯阳朔，攻城者必南面之军也。

是所谓全州大捷。[1] 在北线危局稍缓之际，南线广东方面的清军却再陷梧州，明将陈邦傅逃走。因此永历帝才又北奔桂林，但是不久北线局势再度恶化。在全州之捷中立首功[2]的郝摇旗因受到排挤，与焦琏发生矛盾，又与瞿式耜支持的水东十八寨团练发生冲突。清军趁南明诸军不和，再次南下，十二月十七日取全州，顺治五年二月又攻下兴安，南明诸军不战而走，致使郝摇旗派驻兴安的部队被歼。郝摇旗大愤，于二十二日在桂林哗变。此时永历帝听说清军南下，又要逃走，郝摇旗遂与之同行。[3] 郝有意奉永历帝于军中以自重，并借以与南明诸军阀抗衡，但永历帝却不愿接受大顺军余部的"护驾"，竟在雒容（今广西鹿寨县）甩掉郝摇旗径奔南宁去了[4]。

总计永历帝自顺治三年冬至五年春，17个月间逃遍粤桂楚3省，行程近6000里，其中除在武冈4个月、在桂林两个月外，其余各地都只待了月余乃至几天。在清军由广东、湖广南北夹攻广西的情况下，他是南面吃紧则奔北，北面吃紧则奔南。随着两路清军的进展，他逃跑的余地是越来越小了。然而这时国内形势突变，小朝廷于山穷水尽之中又出现了生机。

降将"反正"与抗清高潮的复起

清朝能够在短期内取得从山海关直到北部湾的广大国土，在很大程度上是依靠汉族统治者拥清派的支持。但清朝内部满汉民族矛盾仍然存在，而这种矛盾又与降清派的争宠紧密相关。争宠中的得逞者往往利用清廷对汉臣的戒心来整自己的对手，而失意者则在抗清运动的影响下往

---

[1]《瞿式耜集》，第77—79页；《岭表纪年》卷1；《三湘从事录》。
[2]《岭表纪年》卷1说："勋镇共以首功归（郝）永忠。"
[3]《明季南略》、黄宗羲《永历纪年》、何仰甫《风倒梧桐记》、(伪)方以智《两粤新书》等书均谓郝摇旗"劫驾"，其实瞿式耜、鲁可藻等当事人的记载都表明是永历帝自己执意要南下的。
[4] 雷亮功:《桂林田海记》；《岭表纪年》卷2。

往产生故国之思以及投机心理。顺治五年的"反正"之风就是这样发生的。

率先"反正"的金声桓，原是左良玉的部将，弘光政权覆没时降清，并请"收江西郡邑以自效"。大顺军叛将王得仁与其深相结交，所部原是久历战阵的大顺军精锐，战斗力较强。金、王二人沆瀣一气，为清朝平定江西，残酷镇压各地的抗清武装。尤其是赣州之役，摧毁了南明苦心经营的抗清基地忠诚府，万元吉、杨廷麟以下上万的官绅军民死于金、王的屠刀下，沉重打击了抗清势力，为清朝立下了汗马功劳。

但是，清廷先后派驻江西的封疆大吏孙之獬、章于天都倚仗朝廷的宠信，对这两位草莽武夫很是傲慢，双方关系紧张。在孙、章的影响下，清廷只授予金声桓提督总兵官，"仍（明朝）旧衔耳"[1]，这使企望改换门庭大捞一把的金声桓大失所望。王得仁只得到参将衔，尤为怨恨。失意之余，遂生归明之念。他们暗自穿戴明朝衣冠，在府中上演郭子仪、韩世忠的剧目。一些明朝遗臣也与他们来往密切，劝其反清。巡抚章于天有所觉察，一面上奏朝廷，一面乘机勒索。金、王愤怒，"反正"之志遂决。

顺治五年正月二十六日（1648年2月20日），金、王起兵杀巡按董学成，追擒巡抚章于天，反清归明。"警报至江宁，守臣皆震恐失色，江南北人心岌岌可动"[2]，由此引发了一系列降将"反正"事件：

广东提督李成栋，原为高杰部将，降清后镇压江南反剃发斗争，出征浙闽，俘绍武，追永历，从苏南一直打到广西。他原以为清廷会封他两广总督，然而清廷却把这个要职给了没什么战功而出身与清室关系密切的辽东佟氏家族成员佟养甲。李成栋遂生怨心，其养子李元胤与降臣袁彭年也劝他归明。于是他继金声桓之后，于四月十日（5月2日）据广东"反正"，为其挟持的佟养甲也被迫附从。

同月，清辰常道戴国士、黎靖总兵陈友龙以沅州、靖州、黎平"反正"归明，并进据武冈、宝庆等地。于是湘西大片领土复归南明。

---

[1]《明清史料》丙编第6本《江西总兵金声桓残启本》。
[2] 黄宗羲:《行朝录》卷5。

这年冬,"反正"之风刮到北方。大同总兵姜瓖于十二月三日举兵反清,晋北、晋中一带望风降附。原清朝青州道韩昭宣、华州乡绅虞胤、平陆乡绅李虞夔也在晋南平阳、蒲州、运城一带起兵响应,山西全境大半为抗清势力所控制。姜瓖自称大将军,虞胤自称六省总督,姜建勋据汾州自称巡抚,用永历年号。与此同时,清朝在陕北的驻军也纷纷倒戈,王永强起于榆林,杀清延绥巡抚王正志;刘登楼反于延安,杀清靖边道夏时芳。陕北全部为"反正"军所据。王永强称招抚大将军,进兵关中,攻至富平、蒲城等县,西安震动。刘登楼称总督,西征宁夏、陇东,兵逼灵州。蒙古酋长札穆素也据贺兰山响应陕北反清势力。在此之前,清军中的回民将领、甘州副将米喇印与丁国栋、黑承先等于顺治五年三月在甘州起兵"响应东南"[1],杀清甘肃巡抚张文衡、总兵刘良臣等,甘肃各地各族群众纷起响应,米喇印军很快控制了河西走廊与甘肃中部,一直打到巩昌,"众十万,号百万,关辅大震"[2]。他们奉明宗室延长王朱识𨨥,打出反清复明旗帜,直到顺治六年十一月才最后失败。这样,在顺治五、六年间,东起五台山、西至嘉峪关的北方高原大都曾被自清朝营垒中"反正"出来的力量所占领。

除了已成事实的"反正"外,当时还有不少被清朝挫败的"反正"密谋。刘泽清顺治五年在京潜通山东义军"反正"未遂一案即为典型,在这种形势下关于"反正"的传闻纷纷而出,南明方面甚至纷传吴三桂等亦将"反正"。而一些忠于清朝的要员也有意放出"反正"空气以愚弄、麻痹南明,如清朝湖广总督罗绣锦等便借与南明商议"反正"为缓兵之计。

在已"反正"的诸人中,不乏纯属政治投机而毫无民族立场可言的野心家。如辰常道戴国士本南昌举人,降清后"诋本(明)朝、搜求(反清)绅士特甚",金声桓起事后,"其家人到沅,知反正事",遂回署"坐堂上,取帽视良久,曰:'冠此何为?取乌纱来!'"他"反正"后在永历朝中大

---

[1] 慕寿祺:《甘宁青史略》卷17。
[2] 魏源:《圣武记》卷7《国朝甘肃再征叛回记》。

肆钻营，先想掌翰林院，后又求为兵部尚书。及至金声桓败亡，他又再次降清，"更缚解（明）督学冯珧以为贽"[1]。当然，"反正"者中也有像米喇印那样具有明显民族意识、反抗清朝压迫的志士。至于主要的"反正"者如金声桓、李成栋等，一方面确有个人野心与官场私怨；另一方面也不能否认他们受到当时高涨的抗清民族情绪的感染。否则便难以理解他们何以在永历政权极为窘迫的情况下"反正"来归。当时，反清的人民起义已不能独立地掀起高潮，但他们不屈不挠的斗争精神仍有很大政治影响。例如直到顺治五年，广东仍"义兵四起，征战无虚日，虽广肇属县，日为对垒"[2]，这对李成栋的归明起了很大作用。姜瓖的"反正"更是如此，史称"姜瓖部下多骁勇，久蓄异志，及见交山乱，愈心动思逞"[3]，姜瓖自己也说："大同兵民忿怨不胜，胁臣起事"，"众心反侧，不肯轻放臣出"。可见尽管"反正"诸人或出于个人动机，但在民族矛盾尖锐的当时他们的行动客观上顺应了抗清民族运动的需要。

农民军与南明在逆境中坚持抗清，为"反正"之风创造了条件，而"反正"又反过来促成抗清运动的又一次高潮。金声桓"反正"后，孔有德等"三王"军队被迫退出桂北、湖南，堵胤锡统率的忠武营与大顺军右营刘体纯、袁宗第部乘势从湘西土司地区出山反攻。顺治五年四月底，王进才克桃源，袁宗第克澧州，马进忠、张光翠与杨国栋三营攻占常德，连同陈友龙等"反正"后归附的地区，湖南洞庭湖以西除辰州孤城外都复为明有。五月间，长沙清守将徐勇遣军反扑常德，在龙阳牛皮滩为马进忠所败。六月，清偏沅巡抚、梅勒章京金廷献率八旗汉军自荆州南攻常德，又为忠武营大败于麻河、"斩首七千余级"，[4] 清将拜他拉布勒哈番董廷伯、宗尚勇、马汝弼、牛录章京高捷等多人被杀。南明方面获得"数年未有之奇捷"。

---

[1]《岭表纪年》卷2。
[2]《岭表纪年》卷2。
[3] 夏骃：《交山平寇始末》卷中。
[4]《所知录》卷3。

李过、高一功率领的忠贞营自荆州大败后在西山经过两年多的休整，元气有所恢复，也在这年六月对湖北清军展开攻势，于七月一日攻占鄂西重镇夷陵，并进军荆门、远安、当阳，在远安击毙清将吕腾蛟，在当阳大败清郧襄抚标军队。十月六日，忠贞营渡长江进入湖南，与刘体纯等会合于澧州，"人马约三日三夜未停"[1]，军势很盛。十月下旬，忠贞营自常德东进，连克龙阳、益阳、湘潭、湘乡、衡山、宁乡等城，并于十一月十一日起围攻长沙。

广西方面的明军由何腾蛟统率，在孔有德北退后于五月收复全州，进入湖广。但此后进展极慢，围攻永州数月不能下，直至十一月一日才因守军哗变而攻克。此时忠贞营已进至衡山，衡州清军南北受敌，不战自溃。于是何腾蛟也于是月到达长沙城下。至此，除长沙至岳州一线及辰州一点外，湖南全境都已收复。

此时南明军在四川也取得了进展。先是，顺治三年大西政权覆灭后，四川成了各军阀、土豪混战的场所。清军乘机进取，从川北占领重庆及川中、川东各地，南进至遵义。永历政权成立后，把四川各军阀合并为与忠贞、忠武并列的"忠开营"，并派宗室朱容藩为兵部侍郎、金都御史、经略四川。朱容藩入川后，在一定程度上扭转了四川明军的无政府状态，以永历朝的名义把李占春、于大海、袁韬、谭弘、谭谊、谭文、王光兴以及姚黄诸家维系起来，增强了抗清能力。顺治四年夏，清军由重庆东下，企图打通长江，联络川楚。朱容藩督李占春、于大海及姚黄诸家军于七月十一日迎战于忠州湖滩，大败清将卢光祖，十月十五日又率以上各部会同袁韬、王祥军攻占重庆，清将柏永馥败奔保宁。这样到顺治五年，除保宁一隅外，全川尽入永历朝版图。

由"反正"引起的第二次抗清高潮，在顺治五年年终时，永历政权先后控制了广东、广西、贵州全省，四川、湖南、江西的绝大部分。北方还有大片土地被"反正"力量控制，山东榆园军的活动也达到最

---

[1] 中国第一历史档案馆藏：顺治朝揭帖。

大规模。山西的虞胤等部奉永历年号，使小朝廷的影响首次达到黄河以北。反清复明不仅是汉族各阶层抗清力量普遍接受的口号，而且也被米喇印、札穆素等回、蒙各族起义军所接受。清朝的统治再次面临严重挑战。

第二次抗清高潮的衰落与永历帝入黔

面对风起云涌的抗清浪潮，清廷以坚定的态度，再次出动满蒙八旗精锐予以镇压。顺治五年四月，多尔衮命其亲信固山额真谭泰为征南大将军，固山额真何洛会副之，统正黄、镶白两旗满洲军和大批汉军开到江西，收拾金声桓、李成栋。次月，又以贝子屯齐为平西大将军，与宗室固山额真韩岱统率满洲及外藩蒙古兵，进攻米喇印领导的回民军[1]。九月，又命郑亲王济尔哈朗为定远大将军，率顺承郡王勒克德浑、固山额真阿济格尼堪等统率满洲精锐，先扑灭山东榆园军，再前往湖广对付何腾蛟、堵胤锡领导的明军与大顺军余部。后来又命英亲王阿济格在济尔哈朗南下后继续镇压榆园军。十二月又改命阿济格为平西大将军围攻大同姜瓖所部，敬谨郡王尼堪、端重郡王博洛、礼亲王满达海、郡王瓦克达以及屯齐、韩岱也先后赴援山西，最后多尔衮本人也亲自出马，坐镇雁北督战。一度休兵就藩的吴三桂也被再次调赴前线，与多尔衮的侍卫汉军统帅李国翰一起镇压陕北的"反正"军。总之，顺治五、六年间，清朝能出动的满洲军队几乎倾巢出动，能上阵的元勋宿将也几乎都披挂上阵，包括多尔衮入关后唯一的一次出征。

清朝如此全力以赴，而反清阵营依然涣散如故，而且矛盾丛生。首先是"反正"诸将为保全实力，据地自雄，不愿远征，战略上十分保守。金声桓起兵攻下九江后，人多认为他应顺江而下，攻占江南要害之区。但他毫无远略，又为罗绣锦放出的"反正"空气所惑，置长江于不顾而屯兵赣州城下70余日，结果谭泰大军开到，金声桓只有困守南昌，坐以

---

[1] 该军后因陕西总督孟乔芳之请求，没有出动。

待毙了。当南昌被围时,永历政权催李成栋率军北援,而李成栋兵至梅关,即观望不前。结果南昌被围八个多月,粮尽援绝,于顺治六年正月十九日(1649年3月1日)被清军攻破,金声桓自杀,王得仁被俘斩。谭泰迅即移师南下,把李成栋所率援军包围在赣南信丰。二月二十六日(4月7日)李成栋在溃逃中因甲重堕马溺死,余众由杜永和率领退回广东。北方的姜瓖在起兵次日就被阿济格围困在大同城内。当时山西全境大半已为反清军控制,姜瓖不与他们作内外夹击的进取之计,又不断然拒绝清朝招降,在讨价还价中坐困孤城,结果到这年八月二十八日(10月4日)城中内变,杨振威等袭杀姜瓖,投降清军。大同军民除杨振威等所属600余人外都惨遭屠杀。山西各地被清军次第平定。甘肃回民军与陕北王永强、刘登楼也于是年失败,山东榆园军的活动转入低潮,北方的抗清高潮退落了。

在"反正"军相继败亡、北方义军迭遭大挫的同时,小朝廷的内讧再度加剧。四川方面,朱容藩在忠州、重庆之捷后自恃势力已成,竟在夔州自称楚王,后改吴王、监国天下兵马大元帅,改忠州为大定府,置行台,封授六部侯伯等官爵。永历朝廷对此最初的反应只是"诏以大将军与之,去监国"[1],但四川督师吕大器等却以私怨蓄意把事情闹大,不待"讨逆诏"下便与朱容藩打了起来[2]。战争从顺治五年秋断续至六年七月,最后朱容藩众叛亲离,败死云阳。在"朱容藩之乱"的同时,李占春攻袁韬,王祥袭李占春,李乾德杀杨展,李占春、于大海又起兵为杨展报仇,纷纷仇杀,四川人民饱受蹂躏。而清军乘势再次扩地,到顺治七年又占领了全川之大半。

湖广方面,何腾蛟、堵胤锡的矛盾虽未致萧墙之祸,也使湖广抗清功败垂成。原来,何腾蛟招忠武营马进忠等,而堵胤锡则依忠贞营自重。荆州败后忠贞营入西山,堵胤锡又往湘西依长沙退下来的忠武营。顺治

---

[1]《岭表纪年》卷2。
[2] 张斐莽:《苍园文稿余》,《吕文肃公传》。

五年的反攻中，何腾蛟受阻永州数月，忠武营却攻取了大半个湖南，于是堵胤锡令马进忠"出复长沙，以辱腾蛟"[1]，声言："督师失之，我为复之，不亦善乎？"[2]但马进忠因与何腾蛟的旧谊和保存实力的考虑拒不从命。于是堵胤锡便请忠贞营来湖南。在这之前，何腾蛟与马进忠也曾要求忠贞营支援湖南战场，[3]但忠贞营来了之后，何、马却狐疑起来，认为忠贞营是堵胤锡请来与己为难的。于是马进忠焚掠常德，与忠武诸营皆退走湘西，致使湖南州县千里一空。忠贞营大愤，决心独立恢复湖南，从十一月十一日至十六日猛烈围攻长沙，清军守将徐勇中箭，城墙崩塌，守臣哀鸣："虽良、平复起，韩、白更生，不能措手矣！本院呼天抢地，无可奈何"[4]。就在长沙城陷在即、清军陷入绝境之际，何腾蛟赶到前线与堵胤锡争功，声称"湖南郡邑在吾掌握中"，强令忠贞营撤出战斗，前往江西去援救金声桓。忠贞营为顾全大局，撤围东去。而何腾蛟倚恃的军队却畏葸不前。清军得知，发兵突袭湘潭，孤家寡人的何腾蛟被俘死难，湖南抗清战局急剧恶化。不久济尔哈朗所率八旗精锐开进湖南，在湘南击溃忠贞营，迫其退入广西，在湘西击溃忠武营与刘体纯、郝摇旗诸部，迫其退入土司地区。整个湖广又重为清有。

随着前线将帅钩心斗角，永历朝廷中的党争也愈演愈烈。李成栋"反正"后，迎永历帝还跸肇庆，把持朝政。朝中以丁时魁、蒙正发、刘湘客、金堡、袁彭年等"五虎"组成的"楚党"依恃李氏庇护，权势颇张。李成栋死后，清军进攻广东，永历帝又从肇庆逃到梧州，落入广西军阀陈邦傅的势力范围，由陈所支持的"吴党"朱天麟、吴贞毓等因而得势，攻倒"五虎"。但这时李成栋义子李元胤仍拥有重兵，楚党因之仍有一定

---

[1]《永历实录》卷7。
[2]《三湘从事录》。
[3]《瞿式耜集》，第98—99页载何腾蛟塘报，称忠贞营是应何"屡次檄师"前来。《文献丛编》第13辑所载顺治五年十月二十一日郑四维揭帖，亦称"马进忠等请党贼往常澧"。《永历实录》卷7与《堵文忠公集》卷末附传，都说忠贞营是堵、马二人商议决定的。
[4]《清代档案史料丛编》第6辑，第160页。

影响。吴党看到入驻广西的忠贞营尽管新遭挫败，实力仍强于地方军阀，便多方拉拢，"郊迎四十里"者有之，献女结好者有之[1]，极力鼓动忠贞营入朝"除君侧奸"，或与支持楚党的李元胤、瞿式耜火并，"夺桂、平、肇、广"[2]。忠贞营虽然受到过楚党的刁难与排挤，又与吴党中的堵胤锡等人关系较好，但他们生性耿直，对朝臣结党营私和军阀跋扈称雄的腐败状况极为不满。顺治七年五月，忠贞营首领高一功、党守素到梧州面见永历帝，在朝中谴责诸臣"徇私植党"[3]，"外忘压境之仇，内残所恃之地，殊非计也"[4]，并要求他们"和衷为国"[5]，"化异为同，不必挟私报怨"[6]，要求朝廷采取措施改变军阀割据、将帅专横的局面。高一功既斥责了吴党，也抨击了楚党，"东击西攻""怒形于色"[7]，群臣"皆俯首汗出不能语"[8]。但麻木不仁的官僚们依然无所反省，朝政腐败如故，高一功等深感失望。

忠贞营入驻广西一年半，因不服水土，疫疾流行，李过、田虎、张能、刘世俊等领导人相继病逝，部队减员严重，加上由于内部不和与官僚们的挑唆连续发生两次严重分裂，实力大为削弱，又因不附朋党多次受到军阀们的挑衅。高一功等对永历朝廷失望之余，决计离开广西，自谋发展。顺治七年十一月底，忠贞营余部从南宁北上，经白山、罗城、融县、保靖等地，在顺治九年回到夔东地区。

忠贞营离桂后，永历政权的状况急剧恶化。顺治七年十一月间，清平南王尚可喜在十个月的围攻后占领广州；定南王孔有德长驱入严关，陷桂林，明军如鸟兽散。南明大学士瞿式耜、总督张同敞被俘，孔有德劝降不从，被囚禁40余日后慷慨就义。永历帝逃往南宁，从者零落，"饥

---

[1]《所知录》卷3。
[2]《永历实录》卷28。
[3]《所知录》卷3。
[4] 沈佳:《存信编》卷3。
[5]《岭表纪年》卷4。
[6] 钱㧑禄:《钱饮光先生年谱》庚寅年条。
[7]《岭表纪年》卷4。
[8]《永历实录》卷13。

冻无人色"[1]。次年春，清军攻陷柳州、梧州。南明军阀庆国公陈邦傅于九月谋杀宣国公焦琏，以浔州降清，永历政权的武装力量至此基本消灭。永历帝逃出南宁，几乎被清军追获，在山穷水尽后，终于不得不接受大西军的保护，经数月跋涉，于顺治九年二月六日（1652年3月15日）到达贵州安龙，开始了他政治难民的生涯。

四、孙可望"国主"政权与抗清运动第三次高潮

"国主"政权的建立与"胁改秦封"

顺治八年九月，永历帝逃离南宁，领土、军民扫地以尽，鲁监国失陷舟山，文武、宫眷同时殉难。南明东西二主同时成了难民，一依郑成功漂泊海上，一附孙可望困居安龙，抗清斗争进入了一个新阶段。以大顺军联明抗清为标志的第一次抗清浪潮和以降将"反正"为标志的第二次抗清浪潮过去了，内地的反清缙绅与农民军迭经大挫，已无力再掀高潮，抗清的重担，主要落在崛起于西南一隅的大西军余部身上。

大西军余部领导人孙可望，是张献忠四个义子即孙可望、刘文秀、李定国、艾能奇"四将军"中的年长者，他不仅参加义军最早，成名也最早，而且有义化，大西军中的外国人曾形容他"博学、谨慎、勇敢、待人和蔼可亲"[2]，"幼年英俊，知识出众，颇有能为，亦得民心"[3]，因而深为张献忠器重，早在入川前已是"威亚于献忠"的第二号领袖。四川立国时，他被授予柱国太师、兵部尚书、监军、节制天下文武、平东将

---

[1] 《小腆纪年附考》卷17。
[2] 安文思：《中国新史》巴黎1689年版，第44—45页，转引自《中国农民战争史论丛》第5辑，中国社会科学出版社1988年版，第578页。
[3] 《圣教入川记》。

军的崇衔，四将军中的其他三人"皆为之下"[1]。张献忠称帝，改可望名曰张化龙，并在出征时命他监国[2]。不少史籍记载说张献忠败亡前已正式立他为继承人并予以宣布[3]，看来并非虚语。军队的统一要靠权威，人数比大顺军余部少得多的大西军余部之所以没有像前者在李自成死后那样陷入群龙无首的涣散状态，之所以能在比前者所面临的更为险恶的形势下生存下来并重新崛起，创立了比大顺军余部及大西军据川时期更辉煌的业绩，这不能说与孙可望的威望、才干及其领导权的确立无关。

顺治三年冬西充大败、张献忠阵亡后，孙可望率余部突围南走。当时后有清军左勷、柏永馥部紧迫，前有明曾英、王祥等军凭渠江、嘉陵江、长江、乌江天险阻截。大西军在危局中英勇奋战，于十二月间击毙曾英，占领重庆，渡江南下，初步脱离险境。当月二十七日攻克綦江，整训数日，孙可望等总结了四川失败的教训，处死了怂恿张献忠滥施镇压的大西丞相汪兆龄，整编部队，安定军心，申严纪律，号召全军继承张献忠的遗志，"为天下除残去暴，开万世不拔之基"[4]。一时全军"欢声满营"，失败后的沮丧一扫而空，又成为一支充满信心的精锐之师。

整训后，大西军继续南下，击溃军阀王祥，于顺治四年正月十二日（1647年2月16日）占领遵义。"可望所过，民皆安堵"，人民壶浆载道，"远迎十里"。[5] 在遵义，孙可望见军心已固，开始调整全国战略，放弃綦江整训时提出的"共扶幼主（虚构的张献忠之子）"口号，加强联明抗清的宣传，[6] 到二月间便在黔南的定番宣布"扶明讨逆"，放弃大西国号。孙可望、李定国、刘文秀、艾能奇各复本姓，但仍保留平东、安西、抚

---

[1] 欧阳直：《欧阳氏遗书》。
[2] 中国第一历史档案馆藏：顺治朝题本。
[3] 见《客滇述》、《续编绥寇纪略》、王源鲁：《小腆纪叙》、《明季北略》、《爝火录》、《鹿樵纪闻》等书。
[4] 佚名：《蜀记》。
[5] 孔昭民：《郑益显行略》。
[6] 《郑益显行略》。

抗清民族运动的兴衰与南明的覆亡　79

南、定北四将军的称呼和全部大西官制[1]，并在盟誓中宣布"尊可望，受约束"[2]。然而这种转变只是就全国形势而提出的总方针，当时云贵统治者尚未感到清军的威胁，对大西军敌视如故，在此后一个时期内，农民军与缙绅地主、大西余部与南明间的战争并未停止。大西军在贵州两个月，一直与"官军"及缙绅地主的乡兵团练频繁作战。南明的贵州布政使唐勋、按察使张耀、贵州都司都指挥使陈瑞征等大批官绅在战争中被镇压，巡按胡峣在大西军入贵阳时自杀，只有巡抚米寿图逃走。

到三月中旬，农民军已占领了包括贵阳、镇远、定番、安南卫等在内的贵州大部地区，准备"入黔固守"[3]，在贵州建立根据地。但这时云南事变消息传来，孙可望当机立断，弃黔入滇，开始了一个新的发展时期。

明代的云南为多民族聚居区，经济、政治、社会结构复杂，不仅汉族与少数民族之间、土官与流官之间、各土官之间矛盾不断。甚至在代表明王朝的汉族政权内部，也存在着其他省份罕见的体制性冲突——即不仅是个人性的官场倾轧，而且还有"诸侯"制与官僚制并存造成的冲突。

我们知道明初因为藩王拥兵造成"靖难之变"的大祸后，永乐帝在全国层面革除了藩阀拥兵之制，但云南却是例外：由于边疆的特殊性，全国唯一的一家拥有军政大权的世袭勋贵——世镇云南的黔宁王—黔国公沐氏家族在永乐以后继续存在。云南既为朝廷行省，又是沐氏领地。沐氏为维护其领主权益，在有明一代与代表中央集权的云南抚、按、三司衙门经常冲突。明末国势日衰，这种冲突也逐渐发展以致失控。

早在天启年间，刚袭爵的黔国公沐启元就与云南巡按金玠闹翻，一度濒临兵变：

> 黔国公沐昌祚卒，子启元嗣爵。邑诸生往祭其父，中门启，一

---

[1]《存信编》卷1。
[2]《南疆逸史》卷52。
[3]《蜀记》。

生翘首内望,门吏杖簦通捶,用棒打之。多士怒,亦簦其人,反为众桀奴所伤,遂诉于直指金公。公讳瑊,将逮诸奴,奴耸启元先疏诬多士。事下御史,金逮奴如故。启元益嗔,征兵祭纛,环直指门,发巨炮恐之,金不为动。沐遂掠多士数十人,毒痛之,橐其首于木。金戒多士毋与争,急疏闻。下黔督张鹤鸣勘,张奏以实。时魏珰专政,下调停旨,而启元愈猖狂不可制。母宋夫人惧斩世绪,泣三日,以毒进,启元陨,事乃解。宋夫人疏请,孙稚未胜爵服,乞权署名,俟长赐袭。会今上登极,怜之,辄赐敕实授。即今嗣公沐天波,时仅岁一周支也。[1]

沐天波幼龄袭爵,成年后也是少爷脾气。这时适逢"甲申之变",朝廷权威削弱,父辈的冲突再次激化。顺治二年,沐府又因"索饷公帑"与云南地方政府发生冲突,沐天波并派家丁公然查封三司府库,劫夺官产,还把布政使唐勋绑架,拖到巡抚吴兆元的衙门前"百般殴辱","赫赫之势,已目无天子矣"。[2]

云南抚按三司忍无可忍,但在当时体制下他们的兵权又远不如沐家这一"世镇云南总兵官"。恰好按明朝体制,各级土司千百户都归都指挥使司、而非归国公管辖,流官们遂下决心指使驻昆明的阿迷州土官沙定洲军于十二月一日发动政变,攻入沐府,控制全城。吴兆元下令抓捕沐氏("传抚军令:擒国贼沐天波"),并"遍谕军民,始安堵如故"。[3]消息传到福建,南明隆武政权也宣布"扫除沐天波业有成命"[4],支持云南地方政府与沙定洲的行动。可见,沙定洲本人虽是土官,但这次事件并无民族矛盾色彩,更不是"反明"起义,而只是南明云南省政府借助土司兵力搞的一次政变。或许假以时日,同样是世袭的土司沙定洲与朝廷"流官"

---

[1] 徐宏祖:《徐霞客游记·滇游日记》"随笔二则"。
[2]《滇寇纪略》卷1,《沙酋谋叛》。
[3]《滇寇纪略》卷2,《坚守楚雄》。
[4]《思文大纪》卷5。

发生冲突的可能不比沐氏小，但至少在当时，省城流官们与隆武小朝廷中央都是与沙氏，而不是与沐氏站在一起的。也没有任何记载表明政变后的沙定洲曾经更换过各级流官政权。

然而，这次政变却使云南陷入一片混乱。沐天波逃到滇西后不甘失败，纠合一批土司及若干汉族官僚与沙定洲及抚按三司对峙，全滇战祸连绵，统治者的力量在内讧中严重削弱。

孙可望抓住这个时机，率军于顺治四年三月中旬自贵阳进军云南，在交水、曲靖、蛇花口诸役中击溃沙定洲军与缙绅地主武装，四月二十四日占领昆明，沙定洲逃归阿迷。大西军于五六月间平定滇中及迤南府州，八月西征，沐天波及拥沐派官僚、金沧道副使杨畏知在兵败、被俘后相继"计穷顺贼""叩谢可望而归降焉"[1]。至九月基本上统一了云南。次年沙定洲巢穴佴革龙也被李定国攻破，全滇大定。

大西军虽然放弃了反明口号，入滇时打的是讨沙扶沐的旗号，但此举实际上是对南明缙绅地主统治的沉重打击。南明新任云南巡抚、宗室朱寿琳与布政使喻思伟被大西军处死，巡按罗国瓛被俘自杀，只有新任总督吴兆元自杀未遂，隐逸而终。各府州县政权原来在沙定洲政变后仍"行法自如"，"符印官库俱无恙，百姓仍奉我约束"[2]，此时也被大西军摧毁。各官抗拒的及"隐避不缴札符"的均被镇压，迎降的也一律免职候勘，另行委任。任命后"各官皆换伪印"，以大西传统的八叠篆文新印取代明制九叠篆文旧印[3]，官制、军制也一仍大西之旧。

显然，孙可望等人入滇是推翻了明朝云南省政权，而不是什么"平息土司叛乱"。而明朝在云南的统治也不是被"叛乱土司沙定洲"，而是被"流寇余孽"取代的。在已放弃反明旗帜而"联明"又尚未实现的情况下，孙

---

[1]《滇寇纪略》卷3《沐公顺贼》。
[2] 姚文燮：《无异堂文集》卷6《刘梅坞先生传》。
[3] 康熙《新平县志·名宦》；康熙《云南府志》卷5。此种印制在四川大西政权时所造而遗留至今者甚多，云南所造者则可见永历十二年方之贵《试百户承袭供状》上所钤"云南左卫中千户所管军印"印鉴。

可望采用"建国不建统,纪年不纪号"[1]的方式,以干支纪年。民间行文有于干支前加以"大明天王"四字者,似亦听便,但不许用南明年号[2]。四将军入滇后各称王:孙可望平东王,李定国安西王,刘文秀抚南王,艾能奇定北王。而孙可望又称"国主",行文曰令旨,所委曰钦命,改云南省为云兴省,建"行营"为中央政权,[3]设六部、寺、院等官。大西军领导人公开宣布其政权继承自张献忠,声称"受命先王","恪遵先志","王绳父爵,国继先秦",[4]并改文庙为"世庙"以祀张献忠[5]。平时"呼张献忠皆曰老万岁"[6]。后来这个政权所修的国史中还"称张献忠为太祖高皇帝,作太祖本纪,比献忠为汤武,崇祯帝为桀纣"[7]。可见"国主"政权完全是大西政权的继续。孙可望称国主,既体现了对张献忠事业的继承和大西军政权的独立性,又留有承认明朝宗主地位以便将来与南明合作抗清的余地。这样在神州大地上,一时出现了清、南明与西南"国主"政权三足鼎立的局面。

"国主"政权在云南进行了一系列具有鲜明的农民革命色彩的改革。入滇初期,"流寇倡乱,田亩尽为豪强侵隐"[8],"丁亥之变,田租无收"[9]。缙绅地主受到沉重打击,"匿于穷巷,贫贱且长,乡间小儿,得而呵斥"[10]。"缙绅降为编户,衿裓等于仆隶","妻孥辱于系累,田舍没于营庄"[11]。在

---

[1]《永昌府文征》文卷9;陈洪图:《鸣冤录》。
[2] 今存《玉龙山木氏宦谱》有"大明天王岁次戊子"朱桂林序。
[3] 可望称国主于入滇之次年,国主行营亦随之开始工作,今存永历十二年方之贵《试百户承袭供状》有"永历三年内蒙行营兵部尚书任□(僕)具题,奉令旨通行部道在令袭职"等语。诸书有称孙可望为国主乃联明以后的"僭逆"行为者,均误。
[4]《鹿樵纪闻》卷中《孙李构难》;《明季南略》卷14。
[5]《云南备征志》卷17;《云南事略》。
[6] 方孝标:《钝斋文选》卷3。
[7] 佚名《施滇见闻随笔》。今北京图书馆藏有佚名钞本《黔纪》,当即该"国史"的残篇为后人移录者。
[8] 康熙《澂江府志》卷13。
[9] 康熙《建水州志》卷5。
[10] 永历五年晋宁州《重建学宫记》碑。
[11] 赵廷臣:《赵清献公集》卷2。

此基础上,"国主"政权曾企图建立一种军事化国有经济制度——营庄制。他们把"军民田地尽占为皇庄",其出产号为"皇粮",甚至一草一木也号称"皇草、皇柴",严禁百姓私自取用,而须由农民军派人临田分配。矿厂、盐井也收归国有,由农民军派"营官"管理。同时设立"杂造局",把"各行匠役"均编制在其中,实行军事化生产。并废除货币税,"一切额银俱改征本色米谷",在商业方面除对许多商品实行专卖制度或特许制度外,对一般贸易也严加管理,打击投机,规定物价,"法令烦苛,市二价斩",还在社会风俗方面实行了一系列旨在崇本抑末、崇贫抑富、崇俭抑奢的"农民诸禁"。这些政策反映了农民的平均主义和反对剥削的倾向,但它充满乌托邦色彩和逆历史潮流而动的宗法保守性,实际上是行不通的。所以不久就在普遍的反对下纷纷"弛禁"而回到"改行民粮"之类的封建制轨道上了。[1] 但由于在这一过程中阻碍生产力发展的大地产制和农奴制成分被严重削弱,所以一旦"弛禁",农民经济以至整个社会经济就在更广大的基础上发展起来。加上"国主"政权注意兴修水利、扩大耕地、植树造林,吏治又比较清廉,因此不久它管辖的地区便出现了"农勤岁稔""民安物阜"的兴旺景象。而"国主"政权废贝行钱,实行铜币权银而行的银本位制,更大大促进了商品经济的发展,使"国主"政权形成了维持抗清斗争所必需的经济实力。

在政治方面,随着入滇初期严厉的军事管制的取消和社会生活军事化趋势的逐渐结束,"国主"政权也进行了一系列改革:裁撤冗官赘员,废除繁文缛节,节约开支,提高效率;厉行法禁,奖廉惩贪,澄清吏治;疏通言路,使民情上达;调整民族关系,在一些地区实行"民举"土官之制,一些地区则"将土司而改为流官"[2],并把土司兵纳入大西军的军事系统;等等。改革之后,一些县的行政费用减少了80%,当时号称:"全滇

---

[1] 见本书所收《后期大西军营庄制度初探》一文。
[2]《滇南文略》卷5,王弘祚《滇南十议疏》。

之官，无一人敢要钱者"[1]，"鼠雀无讼，囹圄空虚"，[2] 一片"讼庭飞鸟闲来往，沃野耕牛狎雨晴"[3] 的治世景象。

在孜孜求治的同时，"国主"政权依托稳定的后方和人民的支持，扩充军队，厉兵秣马，准备抗清。为此"国主"政权建立伊始，便积极联络南明。早在大西军未入滇时，就在贵州截获了隆武帝派往云南召沙定洲勤王的太监孙兴祖，向他表达了联明抗清之意，并于顺治五年冬让他随大西军使团赴肇庆，"赍南金、名马入贡"[4] 并寻求联合的途径。在此之前，孙可望还与南明四川方面的官员钱邦芑多次信使往还，商谈联合问题。顺治六年至八年间，"国主"政权与永历政权共进行了七轮谈判。"国主"方面为谈判定的基调是："联合恢剿"[5] "合师剿寇"[6] "合师北拒"[7]；南明方面的有识之士也认为此举是"合以拒敌""同力北抗""乞一旅合向洞庭"[8]。但是，由于永历政权的决策者心怀偏见、鼠目寸光，朝中各派又心怀鬼胎，各行其是，彼此攻讦，措置乖戾，以致迁延不决达四年之久，而正式谈判也拖了两年以上。当时争论之点主要有三：

一是封秦王的问题。顺治六年春，孙可望致书永历帝称："先秦王荡平中土，扫除贪官污吏……孤守滇南，恪遵先志，合移知照。王绳父爵，国继先秦"[9]。"先秦王"即张献忠。孙可望在这里"知照"南明，表明自己的地位继承自张献忠，希望朝廷予以承认。在孙可望而言继承张献忠的事业是其明志，在南明而言秦乃诸藩之首，其不欲轻与人亦在情理之中。但这件事本来是可以商量的，之所以弄成僵局，以至成为最大障碍

---

[1]《滇寇纪略》卷4《政图安治》。
[2] 康熙《余庆县志》卷8上。
[3]《滇诗拾遗补》卷4，龚彝：《为王公祖缙观插赋寄》。
[4]《存信编》卷1、卷2。
[5]《行在阳秋》卷下。
[6]《石匮书后集》卷5。
[7]《罪惟录》纪卷21。
[8] 查继佐：《东山国语》，《西粤语》卷2。
[9]《明季南略》卷14。

抗清民族运动的兴衰与南明的覆亡　85

而毫无转圜之余地，完全是因为南明方面朝政混乱，先"遣武康伯胡执恭以侯爵往封"[1]，而胡执恭出于私利，"伪封"可望为秦王；后又派杨畏知等封可望景国公，而杨不敢以此复命，又与堵胤锡商议"矫封"可望为平辽王；楚党的一些官僚更玩弄小聪明，"敕谕但曰：王孙朝宗，不云何王"[2]，"敕铸印篆，俱似王而非"[3]。结果，胡执恭于七月先到云南，孙可望隆重相迎，宣告就封秦王并接受庆贺，且已上疏"请出师何方，称秦王，称臣，尊正朔"[4]。九月杨畏知到，忽又封平辽王。接着又听说秦王、平辽王都是假的，朝议不过封景国公而已。孙可望受到如此愚弄，自然十分愤怒，而秦王之封既已公布，出于起码的尊严也不能改来改去。然而迂腐颟顸的永历君臣既不自责措置乖戾，也不考虑既成事实，却群起攻击孙可望"胁封"，非要抹掉他的秦王封号不可。这样，双方当然谈不到一起。

二是领导权问题。孙可望拥明的基础既是"为联合恢剿之意"，自然不愿俯首听命于腐朽虚弱的永历政权，因此他拒绝了钱邦芑提出的"文武之升降一禀于天子，征伐之行止必请乎朝命"[5]的条件。但他并没有反过来要求凌驾于永历君臣之上。然而胡执恭在"伪封"孙可望为秦王的敕书中为了借大西军的势力以行私，却写有"朕率天下臣民以父师事王""崇之以监国""许之以九锡""推之以总理朝纲，节制天下文武兵马"[6]的内容。永历君臣明知这并不是孙可望提的要求，却借题发挥，以此迁怒于孙可望在联明未实现前的"启而不奏，名而不臣"，借口可望上书"词旨桀傲"而"寝其说"[7]，致使谈判中断。

三是改革积弊问题。在顺治七年八月的第五轮谈判中，大西军方面

---

[1]《永历纪年》。
[2] 文安之：《滇缅录》。
[3] 方孝标：《钝斋文选》卷3《滇游纪闻》。
[4]《岭表纪年》卷4。
[5]《明季南略》卷14。
[6]《瞿式耜集》，第108页。
[7]《滇缅录》。

对永历政权提出了几点要求：1. 把敌视农民军的"寡廉鲜耻之徒""尽数清革"，任用有志抗清的"正人主持国事"。2. 禁绝党争，严惩那些"结党营私"，大搞"朋比之奸"的"邪小"。3. 澄清吏治，清除"惟利是视"，"行聚敛剥削之术""赂遗鸎爵，恣意害民"的贪官污吏，裁革冗官赘员，改变"都督、总兵、监军、督饷、部卿等摩肩接踵、不可胜数"的状况，扭转"征派日繁，民生日蹙"的局面。4. 改革军事体制，废除那种"以一官带数省之虚衔，彼此牵制，漫无实效"的督师制度，以保证抗清战争顺利进行[1]。这些主张切中时弊，而且也是使联明卓有成效、不致重蹈大顺军余部覆辙的重要前提，但它直接触犯了永历政权的官僚、军阀们的利益，自然要受到强烈抵制。

于是，"国主"政权与永历政权的联合便在孙可望"胁改秦封"、永历"不允秦封"的表象下拖延下来。然而时间对永历政权不利，南明的崩溃与"国主"的崛起都是那么迅速。顺治七年间，大西军分两路扩地川黔，开入抗清前线。孙可望率白文选、冯双礼进军贵州，击败军阀皮熊、王祥，南明总督范鑛与军阀张先璧、莫宗文、侯天锡等皆降，活动于湘西的忠武营残部马进忠、张光翠、王进才等也纷纷入黔降附孙可望。刘文秀率卢名臣等进军四川，连克黎州、雅州、叙州、重庆、涪州等地，当年镇压大西军起家的曹勋、余飞、马亭等被消灭，武大定、袁韬被俘投降，挑动四川军阀混战的罪魁、南明四川巡抚李乾德自杀，李占春、于大海战败后逃入湖广降清，进攻嘉定等地的清军也被击退。大西军一直顺江推进到三峡地区。这样，几年来在川黔一带自相攻杀、混战不休、祸国殃民的大小军阀全被消灭，"国主"政权控制了云、贵全境及四川南部，声威大振。而永历政权则土崩瓦解，丧失了全部地盘，"无一卒一民为朝廷有矣"[2]。这时已既不存在什么"联合恢剿"的问题，更不存在什么"招抚流寇"的问题，而只有永历君臣托庇于"国主"政权卵翼之下以存

---

[1]《存信编》卷3。
[2]《永历实录》卷14。

身的问题了。这时,永历帝才于顺治八年四月"实封"孙可望为秦王,并表示"前此葛藤斩断"[1],把自己的命运托付给大西军。

顺治九年,永历君臣一行50余人被安置在黔桂交界的小城安龙,永历帝"名虽为君,实与流离琐尾之民无异"[2]。他颁诏"允许"孙可望主持一切军国大政,但实际上孙可望的国主行营六部等中央机构以前就存在,此后依然存在,它与安龙的"行在"六部始终是两码事。所以与其说孙可望主持了永历的朝政,毋宁说"国主"政权取代实际上已不存在的永历政权成了南明辖区的主宰。贵阳的"国主"与安龙的皇帝之关系,有似于当年应天的朱元璋与被安置于滁州的"宋帝"韩林儿,仅是奉其年号而已。此后五年间,"蒙行营某部尚书具题、奉(国主)令旨通行部道在令"[3]云云,成了清朝未控制的大陆地区公文的通行形式,"启国主御前""封进御览,以慰圣怀"云云成了当时奏报中的套语[4]。联明抗清的关系只有在"国主"政权与郑成功、张煌言等海上力量之间还是名副其实的存在。

大西军东征、北伐与抗清运动的新高潮

顺治九年至十三年间,抗清运动的形势与以前相比有了很大变化,弘光时期互相敌对、隆武及永历初年又十分涣散的反清力量第一次被"国主"政权统一为一个整体。不仅大西军余部、南明残余军队和忠武营中的一些大顺军余部已编成统一的武装,就是以大顺军余部为主体的"夔东十三家",也不像一些书中描写的是什么"孤悬"敌后的独立集团。事实上,当时夔东西南两面都与"国主"政权在川黔楚三省的辖区连成一片,并通过长江水路与施州经酉阳至思南、湄潭等地的陆路与"国主"政权的统治中心保持密切的章奏、信使、物资往来。十三家军实行了大西军

---

[1]《永历纪年》。
[2]《续编绥寇纪略》卷3。
[3] 云南省博物馆藏:永历十二年云南左卫中千户所试百户方之贵《承袭供状》。
[4]《明清史料》丙编第9本《抄白伪恢讨左将军等伪启》。

传统的编制[1]，接受"国主"的军政调动，包括调离夔东[2]。十三家的首领党守素、塔天宝、王友进等都曾亲自到云贵入觐[3]。可见大顺、大西军余部这时已合为一体。这是抗清以来乃至明末起义以来都没有过的。除此以外，西南抗清力量与郑成功、张煌言的沿海抗清军间的联络、合作，在这一时期也大为加强。

因此，这一时期抗清力量能在疆土更蹙、清朝更强的形势下再一次掀起高潮，使清朝统治再次面临挑战。

顺治九年，孙可望下令三路出师，向清朝大举进攻。安西王李定国率马进忠、冯双礼以步骑8万东征，五月间连克沅州、靖州、武冈与宝庆，大败清续顺公沈永忠及总兵张国柱，歼敌5000余。旋即乘虚突入广西，克全州，破严关，于七月四日一举攻克省会桂林，清定南王孔有德自杀，所部被歼。不久广西全境皆被收复，清将马雄、全节退入广东。李定国又回师再入湖南，九月克衡州，沈永忠逃走。李定国分军四出：马宝一军入粤北，克阳山、连州等地；高文贵一军入江西，占领永新、安福等县，包围吉安；马进忠一军北上，进至湘阴、岳州。七个月内收复十六府、二州，军声大振。

长期以来，清朝主要是靠孔有德、耿仲明、尚可喜等"三王"的汉军平定中南，而孔有德又是"三王"之首。他的败死使清朝官员"号天大恸：自国家开创以来，未有如今日之挫辱者也"[4]。清王朝震惊之余，又一次出动满洲精锐，派敬谨亲王尼堪为定远大将军，率贝勒屯齐等悍将与八旗军扑向湖南。在满洲骑兵的凶猛攻击下，李定国所部连弃湘潭、

---

[1] 十三家后期编制，每家下有某某将军、某某营总兵多名，见永历九年兴山县《圣帝行宫碑》题名，李国英：《李勤襄公抚督秦蜀奏议》卷21等。营设总兵，系大西军军制，明、清总兵称镇，营仅设参将、游击。

[2] 如十三家之一的王友进，原驻秭归，"后调贵州，分镇湄、龙"。（道光《遵义府志》卷38）刘体纯驻施州，有牟文绶者"诈秦王檄，檄之去"。（同治《施南府志》卷17）可见刘体纯平时是奉孙可望之檄而行动的。

[3] 《存信编》卷5。

[4] 《明清史料》丙编第9本《吏部题本》。

长沙等城，从潼溪一直退到衡州。尼堪骄兵气盛，轻骑冒进，一昼夜疾驰230里，结果于十一月二十四日在衡州城下被李定国设伏痛歼。不可一世的尼堪刚向清廷发出衡州"大捷"的奏报，就成了大西军的刀下鬼。

在明清之际，满洲八旗确系中国最精悍的军队。清朝入关后把它集中作为一只铁拳，关键时刻一击制胜，每出必捷，所杀敌方将帅不可胜数，自己却从未在阵上损失一名中高级将领。这次满军遇挫，亲王授首，其影响之大难以估量。南明方面人心大振，认为李定国"两蹶名王，天下震动，此自万历戊午（指萨尔浒之战）以来全盛天下所不能有"[1]。清廷则十分沮丧。据当时朝鲜在京使臣说：尼堪"南征败死，余军舆尸而归，上下忧虑，不遑他事"，"右真王请勿劳师于新丧之余，清帝不从"。这些使臣甚至认为清朝"危亡之兆已见"，建议李朝政府预防清朝退回关外后再次威胁朝鲜安全[2]。然而衡州之役在军事上的意义却远没有它对人心的影响之大。尼堪虽冒进而死，清军主力并未被歼，而且仍保持攻势，占领了衡州，李定国则退守武冈。此前的桂林之役也只是乘虚击杀了孔有德本人及其亲军，孔部主力右翼全节、左翼马雄及提督线国安仍有相当实力。李定国北上后他们又夺回了梧州、平乐、桂林等广西东半部。由于这时孙可望与李定国的矛盾已开始暴露，孙对李多所掣肘，李定国东征军中的冯双礼、马进忠部因孙的影响也不能与李定国密切配合。因此李定国未能利用桂林、衡州两捷所造成的声势继续夺取军事上的决定性胜利，反而渐趋被动，进攻的锐气消失了。

衡州之役后，李定国为避免与东进的孙可望发生冲突，率部南下，顺治十年二月在永州被接替尼堪任清军统帅的贝勒屯齐击败，退入广西。次月他又攻入广东，于四月、闰六月两次围攻肇庆，均未得手。七月间回师广西，再攻桂林，也被清将线国安击退。顺治十一年春，李定国第二次进取广东，连克高、雷、廉三府和整个广东西部地区，进至珠江三

---

[1]《永历纪年》。
[2]《朝鲜李朝实录中的中国史料》，第9册，第3836—3837页。

角洲，并在高州建造王府作持久计。广东义军纷纷起而响应，郑成功也遣人致书，约期会师广州。这是李定国在衡州之役后声势最大的时期。

这年十月，李定国率其全军号称20万围攻新会，准备以之作为进取广州的跳板。清军坚守两月，李定国大军阻于小小的县城之下，渐入困境。十二月，清廷再次出动满洲军，由靖南将军都统朱玛喇统率来援，朱玛喇会同广州清军平南王尚可喜、靖南王耿继茂部于十日、十四日连续大败李定国军。李定国全线崩溃，在清军追击下丢掉广东所有地盘与广西东南部，一直退到南宁，余部只剩下6000人。东征之役至此失败。

在李定国东征的同时，抚南王刘文秀率讨虏将军王复臣等6万军队北伐四川，这时清平西王吴三桂、定西将军李国翰恰巧也大举南征，两军在川南大战。大西军旗开得胜，顺治九年八月九日收复叙州，俘清总兵南一魁，二十八日又追击自重庆北逃的清军于停溪，杀清都统白含真、白广生。吴三桂等溃退至保宁，还想放弃全川，逃回陕西。但这时大西军已包围保宁，并占领了川陕间各隘口。吴三桂等退路已断，只得硬着头皮做困兽之斗。由于刘文秀轻敌，清军得以反败为胜，大破大西军，俘杀北伐副帅王复臣。刘文秀退走。清军虽胜，也已无力再战，于是全川大半仍为"国主"政权所据有。

继李定国、刘文秀出师后，孙可望也亲统"国主驾前军"会同白文选等部攻入湖南，顺治九年十一月攻克沅、辰二州。辰州是清朝在湘西最重要的据点，顺治五六年间的第二次抗清高潮中，洞庭以西唯此一城始终未被南明占领。此时的守将徐勇又是当年坚守长沙、俘杀何腾蛟的清军著名悍将。大西军拔掉了这个钉子，击毙徐勇后，辰州便成了此后六年间南明在湖南的统治中心。

辰州之役后，清续顺公沈永忠率部东逃，"驾前军"遂进至宝庆一带。这时李定国因避孙可望而南走两广，原来对付李定国的清定远大将军贝勒屯齐便转而来攻孙可望。这时"驾前军"汇集了白文选、冯双礼、马进忠各部，号称10万，但因屯齐的前任尼堪刚被李定国击毙而低估了满军的战斗力，十分轻敌。屯齐乘机猛攻，于顺治十年三月十七日在宝庆花街子、周家堡一带击败了"驾前军"。孙可望退回宝庆，屯齐鉴于尼堪冒进而亡的前辙，也没有继续进攻。此后数年里宝庆、武冈一带便成了两军对垒的分界线。

周家堡之战后，孙可望把进攻的矛头指向常德，先后派张光翠、杨国栋、莫宗文往攻，还檄调夔东十三家顺江东下配合，均未成功。顺治十二年五月，孙可望重新起用刘文秀统冯双礼、卢名臣二将，率师6万，水陆夹攻常德。清宁南靖寇大将军陈泰自荆州派满军来援。二十三日，大西军因水陆两军配合不当，遇伏大败，卢名臣战死。此后大西军在湖南战场再无力发动攻势。

总计自顺治九年至十二年，大西军在四川、两广、湖南三路连续出征，先后占领过广西全省、保宁一隅之外的四川、常德一隅之外的湖南、广东西部和江西数县，击毙清朝总兵、统领以上将领之多，为清军入关以来所仅见。在大西军带动下，其他抗清力量也活跃一时，夔东十三家在此期间北跨汉水、东击彝陵、西窥兴安，屡败清军。海上的郑成功除致书李定国会攻广州外，还于顺治十年四月遣使至靖州见孙可望，约定海上之师从长江口、大西军从长江上游会师南京。七月间，张煌言复遣部将仁武伯姚志卓到达贵阳国主行营，联络会师[1]。从顺治四年至十六年间，张名振、张煌言曾五次由海入江，其中三次都在大西军大反攻时期。顺治十一年正月，二张联军按照与孙可望的前约由长江口进占镇江、泰兴、仪真等地，"以接济秦藩，师泊金山"[2]，直至五月才因"所期终不至"[3]而撤退。

但是，这次抗清高潮不久也退落了。保宁、新会与常德三次重大失利后，大西军在川、粤、楚三条战线上都已改处守势。然而与前两次高潮退落后即出现大崩溃的情况不同，"国主"政权改居守势后仍然控制着云贵两省及四川之半、湘西、鄂西、桂西等地，沿绵州、顺庆、达州、

---

[1]《存信编》卷4。
[2]《明季南略》卷16。
[3] 李聿求：《鲁之春秋》卷14。

白土关、汉江、夷陵、常德、宝庆、柳州、浔州一线以西与清军相持数年之久。只是在大西军内部同室操戈之后，相持局面才被打破。

孙、李内讧，永历政权的再起与覆灭

大西军的成功得益于团结，其失败则起于这种团结的破坏。孙可望对此起了"成也萧何、败也萧何"的作用。

封建社会的农民军不知集体领导为何物，大西军的团结也从来不是建基于所谓四将军"平等"之上的。张献忠死后，孙可望是唯一能为全军拥戴的首领，他的权威也得到了将士的普遍尊重。入滇不久，他在演武场借故杖责了不服约束的李定国，虽然方法十分粗暴，但主要将领如刘文秀、艾能奇、白文选、王尚礼、冯双礼等都支持孙可望，其原因正如白文选所言："不然，从此一决裂，则我辈必至各散，皆为人所乘矣"[1]。事实上，李定国后来也认识到这一点，因而上下一心，开创了可观的局面。

但是在事业有成之后，孙可望便忘乎所以，不满足于当"国主"了。本来，孙可望在南明已有"善治国"的声誉[2]，连清朝官员也说"孙可旺者志不在小，亦行煦煦小惠，结纳民心。民固易愚，而我师患民之愚，数行戮杀，蚩蚩之众，惶惑彼此，莫知所从"[3]。如果他完成了抗清大业，则他废黜那庸懦无能的永历帝正如朱元璋抛弃小明王那样是顺理成章的事。然而当时孙可望的声威不及朱元璋，他的抗清事业距成功比朱元璋的反元事业更远得不可以道里计，而作为300年正统象征的永历帝的号召力却远大于白莲教的小明王。从孙可望拟国号曰"后明"、自改"赐姓"，并在宗庙中奉祀朱元璋于自己父祖及张献忠之上的做法看，他也知道朱明的号召力。为了与这种号召力相抗衡，他急于强化自己的威望，于是对其他有功劳的将领便产生强烈的嫉妒。顺治九年，他借保宁战败之机，

---

[1]《明季南略》卷16；《皇明四朝成仁录》卷12。
[2]《滇考》卷下。
[3] 王命岳：《耻躬堂文集》卷7。

把刘文秀革职解兵，令其闲住。刘文秀遭此打击，心灰意冷，钻研佛理以求解脱，"益悟世缘不足芥蒂"[1]，其实，这正表明他与孙可望之间已有严重的"芥蒂"了。

李定国"两蹶名王"，战功最著。孙可望对他的嫉妒也就更强烈。衡州之战后，他不顾屯齐的八旗军仍在开展攻势，竟要骗李定国来沅州议事以诱杀之。刘文秀之子派人密告李定国，李定国为避免冲突，退入广西。孙可望又派冯双礼前去追杀。李定国在来宾设伏，擒冯双礼而以大义释之，于是双礼转而倾心于李定国。在这期间，孙可望又克减李定国部的饷银，还企图迫害李定国部将士的留滇家属。顺治十二年，李定国在新会惨败后仅余6000之众退守南宁，孙可望不仅不救援，反而令关有才、张明志率军4万切断李定国的退路，使李定国处于极其危险的境地。

李定国与刘文秀关系本来并不很好。入滇之初刘还与孙可望共同策划过杖责李定国的"演武场事件"。但孙可望的猜忌与打击却造成了"刘、李之交必合，众志皆与孙离"的结果[2]。而同样受到孙可望威胁的永历帝，与刘、李的关系自然也密切起来。

永历君臣自到安龙后，实际上处于孙可望的软禁之中。孙可望派其心腹范应旭为安龙知府，张应科为总理提督，他们给永历君臣的待遇既十分菲薄，态度更骄横无礼。孙可望图谋称尊的消息不断传来，更使永历帝害怕落得小明王一样的下场。当时有人说孙可望挟天子以令诸侯，孙上疏嘲讽说："不知彼时尚有诸侯，诸侯亦尚知有天子；今天子已不能自令，臣更挟天子之令以令于何地、令于何人？"[3]然而，正因为当时已无"诸侯"可令，"天子"不再奇货可居，其命运就更岌岌可危了。为了生存，永历帝授意大学士吴贞毓等密谋派人给李定国送去密敕及"屏翰亲臣"金印，请求他来保驾。不料被孙可望察觉，一怒之下，从永历帝

---

[1]《存信编》卷4。
[2]《存信编》卷5。
[3] 珠江旧史:《劫灰录》卷6。

50余名随臣中处死了吴贞毓以下18人，史称"十八先生之狱"。然而，孙可望逼人太甚的结果却走向了自己的反面。顺治十三年正月二十二日（1656年2月16日），李定国设计冲破关有才军的封锁，到达安龙，救永历帝出险，并在白文选、刘文秀配合下，于三月一日护送他到昆明。这样，李定国、刘文秀与孙可望实际上已分裂了。

永历帝从来就不是个乾纲独断的帝王。入滇后他封李定国为晋王，刘文秀为蜀王，而"内外大权尽归李定国"[1]。然而李定国专权的性质却不同于孙可望，这不仅因为李定国在礼仪上对永历帝远比孙可望要尊敬，更因为李定国的权力机器是以"行在"为基础的，而孙可望的权力机器是独立于"行在"之外的行营。永历政权的国家机器在李定国的保护（和控制）下恢复了运转，所以"迎帝入滇"实际上意味着永历政权的再生，而国主与皇帝、行营与行在、秦王与晋王的对立随即形成。

孙可望对李定国迎帝入滇恨之入骨，但他家口还在云南，一部分精锐部队（如驻澂江的张胜所部）也留在云南，因此尚不敢发难，并于顺治十三年四月、十四年正月先后派白文选、朱运久、程万里入滇议和[2]。永历帝与李定国本意是不愿同室操戈的，也为滇黔修好做了努力，但他们也有不少措置失宜之处：他们一方面把孙可望的家口和张胜统率的西盛营精锐部队都送回贵州，使孙可望实力增强，并消除了投鼠忌器之虑；另一方面则对亲孙可望的、受"国主"知遇的官员进行清洗[3]，甚至用武力解决忠于孙可望的地方官守。顺治十三年内攻占了寻甸、毕节等城，杀死"伪"寻甸知府杨如补等[4]。同时在议和时提出了"令可望赴滇保驾，将钱粮归之永历，兵马交定国"[5]的苛刻条件，等于要剥夺他的一切权力，罢职赋闲。在遣送西盛营官兵家口、收回其营庄时又伤了和气，事实上

---

[1]《存信编》卷5。
[2]《存信编》卷5；康熙《云南府志》卷5。
[3]《存信编》卷5。
[4] 康熙《寻甸州志》卷2《沿革》；同治《毕节县志稿》卷16《艺文》；罗英：《乡征记》。
[5]《明季南略》卷14。

等于把他们驱逐出滇[1]。加上所派议和使者如张虎等委非其人，实际上成了挑拨煽乱者，等等。以上种种有些可能是势所不得已。国主与皇帝之间、孙李之间的积怨有深刻的根源，已难以缓解。永历帝与李定国可以对孙可望个人不计前嫌，但不能容许再有"国主"；孙可望既难以放弃皇帝梦，更清楚交出"钱粮""兵马"与权力对他意味着什么。他既有叛志，又有叛力，且无后顾之忧，终于在顺治十四年八月举兵14万大举攻滇，发动了其豆相煎的内战。

孙可望本以为十几万"驾前军"加上部署在云南的内应，打败李定国、刘文秀的数万残军易如反掌，却不料他的部下早已对他不满，不愿为他同室操戈。九月间两军决战于交水，"驾前军"在白文选、马惟兴率领下阵前倒戈。孙可望一败涂地，狼狈逃回贵州，冯双礼闭城不纳。众叛亲离的孙可望于十一月间逃到湖南宝庆，背叛抗清事业，向清朝投降了。

李定国虽然取得了胜利，但经此次打击，西南抗清基地已是人心涣散。孙可望的旧部遭到歧视打击，李定国与刘文秀之间也貌合神离，重建后的永历朝廷腐朽如前。顺治十五年四月，刘文秀在忧郁中病逝，临终遗表请求永历帝有急时北依夔东十三家，显然他已对滇黔局势不抱什么希望。果然他一死，他的部属和遗嘱委托人陈建、邹简臣等便在李定国下令逮捕后被迫逃亡四川。这时候，清朝对滇黔抗清基地的总攻势已开始了。

顺治十五年三月，清朝遣贝子罗托为宁南绥寇大将军，与经略洪承畴由湖南进攻贵州；平西王吴三桂、侍卫李国翰从四川进攻贵州，靖南将军卓布泰与提督缐国安从广西进攻贵州。七月间三路清军在攻陷遵义、贵阳、独山后会师，而李定国此时刚刚在滇西永昌平定了孙可望旧部的叛乱。十月间，清廷派信郡王铎尼总统三路清军，向云南大举进攻。到十二月间，中路铎尼军败冯双礼、祁三升于鸡公背，进抵曲靖；北路吴三桂败白文选于七星关，进抵乌撒；南路卓布泰军败李定国于罗炎、凉水井，

---

[1] 康熙《澂江府志》卷3。

由普安州入滇。明军全线崩溃，昆明即将被围。李定国遂于十二月十八日护送永历撤离昆明西走。

顺治十六年二月间，李定国退到滇西边境的磨盘山（高黎贡山），设伏邀击追军，与清军作了最后一次决战。由于叛官泄密，伏击失败，李定国退走腾越。在此之前永历君臣已于正月二十八日奔入缅甸，从此永历帝与李定国失去联系，被困缅境近三年之久，备受凌辱，失去自由。李定国、白文选为救永历与缅甸数度开战，终未得手。白文选见大势已去，于顺治十八年十一月降于吴三桂。次月，缅人在将永历随臣几乎杀光之后把永历帝本人及其家眷交给了清军。康熙元年四月八日（1662年5月25日）永历帝被吴三桂缢杀于昆明，李定国闻讯，悲愤发病，六月二十七日（8月10日）在猛腊逝世，临终遗命其子及部将："任死荒徼，勿降也！"[1] 李定国矢志抗清，至死不渝的精神、百折不挠的意志和赫赫战功，使他作为抗清民族英雄而彪炳于史册。

至此，抗清运动后期的主要力量大西军余部完全失败。国内仅存的最后两支抗清力量（已东渡台湾的郑氏除外）夔东十三家与东南沿海的鲁王旧部，也到了最后关头。

滇黔分裂后，"国主"政权的夔州巡抚邓希明不奉永历帝调他入滇之令，在开县降清。清朝势力自此进入川峡地区。顺治十五年重庆和贵州失陷后，夔东地区已与云南隔绝而孤立了。在南明统一指挥下，十三家在顺治十五、十六年间多次在入滇清军背后发起进攻，企图援救云南并重新打通与永历政权的联系。谭文、谭诣、谭弘的水师联合刘体纯、郝摇旗、袁宗第等大顺军余部由水路两次进攻重庆，曾一度迫使吴三桂从前线回救。后因"三谭"内讧，谭诣，谭弘杀谭文降清，攻渝之役失败。王光兴、王光昌、王友进之军也从陆路自施州、酉阳地区进攻贵州，连克务川、湄潭、余庆等地，几乎与冯双礼等正面战场上的大西军在余庆会师[2]。清军中路主帅罗托曾为此留黔而不参加入滇作战。到顺治十六年

---

[1]《小腆纪传》卷37。
[2] 中国第一历史档案馆藏：顺治朝揭帖。

春，十三家军的攻势完全失败，云南也已不救。此后数年清军在川、黔向峡区外围步步进逼，谭文余部在骡子城被歼，胡明道、莫宗文、杨光谦、王友进、牟胜等降清。于是只有大顺军各余部及王光兴仍据守夔东中心地带。康熙元年冬，清军调集重兵组织"三省会剿"，这时贺珍已死，其子贺道宁降清，袁宗第、刘体纯、郝摇旗战败后全部退至湖北境内。康熙二年七月二十三日，大顺军各部合力突袭湖广清军于兴山县七连坪，获得大胜。清军分别退至彝陵、巫山，战局一度缓解。但不久大顺军各部会攻巫山失败，清军于这年冬再次增兵，向这边远数县之地派出了以靖西将军穆里玛、定西将军图海为首的满洲八旗禁旅和以西安将军傅夸蟾、副都统杜敏为首的西安驻防八旗，会同原有的三省会剿军共10余万人大举进攻。在最后关头，夔东剩下的唯一非大顺军的抗清武装王光兴与永历政权的总督毛寿登、大顺军余部马腾云、党守素、塔天宝先后投降；刘体纯战败自杀；郝摇旗、袁宗第被俘牺牲。最后只有李来亨一家被10万清军重重围困于兴山茅麓山，他宁死不屈，又坚持八个月之久，终于在康熙三年八月五日（1664年9月24日）寨破自焚，为明清之际长达38年的农民战争史写下了悲壮的最后一笔。

原刊于《清代全史》第二卷第二章，
辽宁人民出版社，1991年版

甲申前后北方平民地主阶层的政治动向

崇祯十七年甲申，是大顺农民军从胜利的顶峰迅速跌入失败的深渊的一年。为了解释这一急骤的逆转，人们提出了种种原因，诸如：流寇主义、腐化变质、骄傲轻敌、战略错误以及八旗剽悍，农民军并非敌手，等等。但只要研究一深入，人们就会发现这些原因有的（如腐化变质、流寇主义等）未必是事实，有的（如八旗剽悍）虽然是事实，却未见得能起决定性的作用。不久前顾诚先生撰文，认为导致甲申之败的基本原因，是由于大顺政权实行了一系列农民革命的政策，沉重打击了一度转向这个政权的北方地主阶级，把他们驱赶到了清朝方面，因而造成力量对比的逆转，这种分析是有说服力的。[1] 但他的论述主要着眼于所谓缙绅阶层的政治动向。然而北方缙绅之倒向大顺，并非农民战争达到胜利顶峰的原因，而仅仅是它的结果。既然崇祯十六年以前北方缙绅一致与农民军为敌并不能阻止农民战争走向胜利顶峰，那么崇祯十七年春夏北方缙绅的背顺投清，何以会使大顺军一蹶不振呢？因此，笔者认为有必要进一步研究缙绅以外的地主阶级中更为广大的阶层的政治动向。

一、地主阶级的两个等级：权贵与平民

中国地主阶级自始以来，就分为两个明显有别的集团，即权贵地主与平民地主。随着封建社会的发展，等级关系日趋模糊而阶级关系日趋明朗，明清时代权贵地主与平民地主的矛盾已没有前代那样引人注目，

---

[1]《论大顺政权失败的主要原因》，见《北京师范大学学报》1983年第6期。

而农民与整个地主阶级的矛盾则空前尖锐,但毕竟明清(尤其是明代)还不是阶级对立简单化的资本主义社会,因此这种冲突仍然存在,并且对农民与整个地主阶级间的斗争产生很大影响。

明代的权贵地主包括贵族(宗室勋戚等)与缙绅(即所谓官绅地主,包括现任、在籍官僚与他们的后备军——广大有"功名"的地主阶级知识分子)。明代宗室勋戚是位尊而无权的食税者,他们是最腐朽的一个集团,但在政治上作用不大。明代权贵地主的主流是缙绅集团,这是在中古官僚等级占田制度废除后兴起的以免税为主要特征的特权阶层。明初为了强化中央集权的需要,大力扶植科举出身的官僚队伍,扩充学校,进士而外,对举人、监生、贡生乃至一般生员都行优待,而且逐渐加码。据《皇明世法录》:当时最普通的功名——生员,除本身优免粮差外,还可荫免二丁、粮二石。而到明后期,实际优免的程度往往大大超过规定,虽田连阡陌,只要"一青衿寄籍其间,即终身无半镪入县官者。至甲科孝廉之属,其饱更不可胜计,以故数郡之内,闻风猬至,大僚以及诸生,纷纷冒寄"[1]。

这样,就使这一免税的特权阶层大大膨胀起来。中晚唐享受优免的"衣冠户"原则上以进士出身者为限,而唐之进士每科不过数十人。到了明代,进士每科多至三百余,最多达四百余人,举人每科每省在数十至百人之间,全国达千人以上,加上百倍于此数的监、贡、生员及其荫庇户,这个阶层以惊人的速度在扩大着。在明后期赋税加派各种科敛愈来愈重的同时,免税特权阶层的膨胀必然导致纳税者状况急剧恶化,以致投献之风盛行,大量自耕农乃至平民地主的土地向"产无赋、身无徭、田无粮、廛无税"的"缙绅之家"集中。"每见青衿之中,朝不谋夕者有之,一叨乡荐,便无穷举人,及登甲科,则钟鸣鼎食,肥马轻裘,膏腴遍野,大厦凌空。"[2]投献之风造成人身依附关系的强化与世仆制度盛行,"缙绅多

---

[1] 佚名:《研堂见闻杂记》。
[2] 陆世仪:《复社纪略》。

收投靠而世隶之，邑几无王民矣！"[1]

缙绅地主不但经济力量庞大，而且垄断了政治权力，明代科举入仕发迹之快，为历代仅见。唐代中进士科者往往要从县令入仕，而明代后期举人授至知府、主事者并不罕见，进士且有不到三年而为首辅者。

由于上述特点，缙绅地主的政治动向，就比较引人注目。然而，明代地主经济发展的最深刻而且最难被人洞察的表现，恰恰是权贵缙绅以外的平民地主经济的发展。这是由地主占有土地最低限量的下降决定的。在明代商品经济的刺激下，没有贵族身份与功名特权的"庶民"地主比前代有了空前的发展。据张居正说，南方一户豪民"田至七万顷"，福建的一个"庶民"方南川有田租一万二千石，这些数字足以使一般缙绅权贵乃至宗室藩王瞠乎其后。然而平民地主中为数众多的还是中小地主，"富家数亩以对，百计什六七，千计什三四，万计者千百中一二耳"[2]。平民地主力量在明末究竟有多大，很难用确切的数字表示，有人曾以清初康熙年间一本不明地址的《本色统征仓米比簿》为依据，算出该地区地主阶级总户数已经增加到比自耕农还要多三倍以上。[3] 其中主要是平民地主（有优免特权的缙绅是没有什么统征仓米可比的）。清初当战乱之后，土地分配不均的程度应该多少缓和，以此推及明末，平民地主的人数超过自耕农（当然更超过权贵地主）的一般趋势恐怕是事实。这就是说，平民地主是当时社会上人数仅次于贫苦农民的第二个大阶层。

从地域上说，由于明代江南缙绅相对的要比北方多，同时从明初起在江南厉行打击"豪民"的结果，使江南苏松等地几乎除了缙绅之田就是"官田"，因此北方地主阶级中平民地主力量的比重，也显著大于南方。

明代平民地主与权贵地主之间的界限不如前代士族、庶族之分那样严格，然而比起清代盛行捐纳制度，富户随时可以用钱购买功名、官衔

---

[1] 孙之𫘧：《二申野录》。
[2] 《明史》卷251《钱士升传》。
[3] 孙达人等《从封建经济和农民战争剖析中国封建社会历史的特点》，见《中国农民战争史论丛》第4辑，第307页。

的情况来,"绅民两歧"的界限却要清楚得多。

"富民"在当时社会尖锐的贫富对立中,与富绅是站在一起的,这是它社会属性的主要方面。富民与缙绅勾结与广大贫苦农民为敌,这是明代通常的情况。

然而富民作为"庶民"等级中的成员,在尖锐的官民矛盾中又有与官绅地主对立的一面。明代的政治法律制度是歧视平民地主的,"律称庶人之家,不许存养奴婢……至若缙绅之家……不可下同黎庶,存养家人,势所不免"[1]。缙绅"家人"仗势欺压平民地主的情况很普遍,著名的《张汉儒疏稿》就是突出的例子,"家人"如此,缙绅本人更不必言。但最令平民地主无法忍受的则是明末沉重的赋税与负担不"均"。由于"免差之地愈多则应差之地愈少,地愈少则出钱愈增",明后期的纳税者的负担随着缙绅势力的扩张本来就有增长的趋势。到了明末,三饷加派以及随之而来的种种额外横征越来越多,加上摊逃赔累,不但造成广大贫苦农民与自耕农的深重灾难,也使纳税的平民地主陷入了空前的困境。

当然,明末重赋的负担不均不仅存在于绅、民之间,也严重存在于"庶民"中各阶级之间。平民地主总是力图倚仗财势,勾结官府,把赋税"飞洒"给贫苦农民。"富豪者种无粮之地,贫弱者输无地之粮。"[2]但由于一条鞭法下赋税征收基本上以田地为依据,明末无数的加派、横征、召买等也都是计亩加征,在平民地主占有绝大部分的纳税田地的情况下,他们中的许多人尽管可以"种无粮之地",但作为整个阶层来说这样做是不可能的。此外,北方平民地主还面临一些比南方平民地主更为不利的因素:首先陕、豫两省明末都曾封王建藩,这除了直接兼并了部分自耕农乃至平民地主的土地外,还由于原来藩庄已过多,无地可拨,新建各藩的庄租只好通过加征该地正供田赋的办法来解决。这样,这些地区的田赋就又高了许多。其次,崇祯末年在三饷之外,北方的北直隶、河南、

---

[1] 万历《明实录》卷191。
[2]《皇明经世文编》卷359《清理延绥屯田疏》。

山东等省又搞了主要勒索平民地主的"召买"。"拘摄富户充召买之役,又勒运至天津交纳,一切车辆驴骡及衙役使用勒索之费,赔累困苦,未易缕指。闻贼中鼓惑愚民,皆指加派,而加派之害,莫甚召买。"[1] 再次,明末的加派是计亩加征,不分肥瘠的,这样,亩产较低的北方,尤其是贫瘠的陕晋诸省负担相对而言就大大加重了。最后,南方相当多的平民地主本末兼营,在重赋之下尚有"以末致富"一条退路,北方工商不发达,平民地主多系单一经营,回旋余地很小。

在这种情况下,平民地主自然会十倍残酷地剥削佃农以转嫁自己的损失,从而加剧了阶级矛盾。但地租率毕竟受生产力水平限制,不能无限提高,而当时北方有些地区的赋税率不但逼近、超过了地租率,甚至超过了田地的总产值。如河南一些地区"计亩所出,丰穰满籝,不足一石,卖银三钱,而官租则重五钱矣。除牛饭买粪镰镈诸费,皂隶里正,大略一亩又不下一两矣"。[2] 陕西一些地区"地之所入,曾不足办粮之半。"[3] 而一般农民骨竭髓干,逃亡殆尽之后,明廷也不得不转而加紧勒索"富民""催课先免大户",[4] "殷实者不胜诛求之苛",[5] 以致"富家有田旋复弃,减直吞声泪背垂",[6] 甚至"欲以地白付人而莫可推""地之价贱者亩不过一二钱,其无价送人,而不受者大半"。[7] 终于弄得"富者皆贫,贫者皆贼",[8] "所不俱死者,止一二缙绅素称有余之家"。[9]

这样,在明末北方地区,不但农民阶级与地主阶级的矛盾已极度尖锐,而且地主阶级中平民地主与权贵地主的矛盾也日益加深。当时河南

---

[1] 《三垣笔记》卷下。
[2] 《拟山园集》卷13。
[3] 康熙《三水县志》卷4艺文。
[4] 康熙《襄城县志》卷10。
[5] 顺治《鄢陵县志》卷4。
[6] 蔡道宪:《蔡忠烈公遗集》卷3。
[7] 吴甡:《柴庵疏集》卷7。
[8] 康熙《三水县志》卷4艺文。
[9] 顺治《开封府志》卷31。

一个地主阶级士子曾上书说:"或又曰:弗以累贫不能自存者,素封是诛。不识素封者初无神输鬼运之术也,徭赋繁急,家无一年之余,计地输饷而外,乘城者非束刍也,加至数十人;捐助者非点金也,多至数十百两。动曰某某富,诛求无艺,有是理哉!诚由斯道,势不驱富悉贫,贫悉盗不已。登丘夜呼,竟成齐谶,骊山狐鸣,卒夭秦祚,兽穷斯攫,人穷斯乱,此往事之明验也。"[1]这份措辞激烈的上书反映了"素封"即平民地主对明朝权贵统治者的极端不满。明王朝中一些比较开明的人士看到了这一点,崇祯九年在议征剿饷时,卢象升就提出要"大小文武乡官","各省直举监生员及武举、武生、吏员、承舍以至各衙门快壮皂隶,凡有衣冠职役者",即几乎整个缙绅集团,都掏掏腰包,而豁免包括平民地主在内的"乡民百姓"[2]。然而在权贵地主主宰一切的当时,他的这一计划是无法实行的。这样,地主阶级的政治分裂就不可避免,而这种"上层危机"则为农民战争的扩大创造了条件。

二、"土贼"与"土流交讧"

北方平民地主以一种独特的方式显示了自己的力量,这就是北方各省尤其是河南山东两省的土寨早在崇祯初年,与"流贼"的兴起同时,在山陕各地出现了许多"据险肆掠"的"土贼",最初的大多数"土贼"与"流贼"在性质上没有什么不同,即所谓"饥民为土贼,逃兵为流贼",但也有一些"土贼"与平民地主有关,如环县铁角城"何家老寨"的寨主可天飞何崇渭,就是一个拥宗党结寨"耕牧"自守的地方土豪。然而当时的军事形势是不容这些土寨存在的,在优势明军的攻击下,它们或者被消灭,或者放弃地盘而汇入"流贼"的洪流中。

崇祯六年"渑池渡"以后,农民战争中心移到了河南。这时"流寇披猖,土寇因而蜂起",形成了"土流交讧"的局面。这些"土贼""啸

---

[1]康熙《河南通志》卷40。
[2]《明大司马卢公奏议》卷4。

聚萑苻，各霸一方……互相雄长者数十家，或称副将，或称游击，或称参将，或称都司，或称守备，五营四哨，旌旗号令，一仿总镇行事"[1]。形成了北方"土贼"活动的第一个高潮。这时的"土贼"是鱼龙混杂，五花八门的。其中有些是农民起义，有些是杀人越货的土匪，而相当一部分是一些有"身家"而无"功名"，"以力雄人"，号召"乡党""族人"而起的"豪杰"，显然这是一些平民地主的寨堡武装。

到崇祯十二年春，当"流贼"由于军事失利与招安之风而一度沉寂之际，"土贼"却在灾荒与明政府催征剿饷的情况下突然活跃起来，"是时大旱蝗……土寇大起如猬毛，黄河南岸上下千里中营头不下百余"[2]。从这时到崇祯十六年，"土贼"的构成起了很大变化。不少小股土匪被消灭了，农民起义队伍除被镇压者外都向"流贼"转化，如"土寨诸渠，惟张杨尤残暴……杨，裕州人，世为铁工，其徒甚众，附于流贼罗汝才"[3]。《豫变纪略》在谈到这一时期的"土寇"时指出："其公然离巢穴而肆剽掠者如老当当、一斗谷、宋江、一条龙、袁志山、张判子之属不与焉。"这样，"土寇"就逐渐成为一批地头蛇的专称。"其尤大且久者，西则有李际遇、申靖邦、任辰、张鼎；南则有刘洪起、周家礼、李好；梁宋之间则有郭黄脸、张长腿、王彦宾、宁珍、王文焕；其东则有李振海、房文雨、徐显环、程肖禹、戚念梧等，皆拥众以为雄，凭栅结寨，彼此割据，相攻杀"[4]。其中如登封李际遇，"幼读书，曾应童子试，不就，去而耕，好交结"[5]，是个未能跻身入缙绅行列的土豪。西平刘洪起是个大盐贩，与其弟洪道、洪勋、洪礼等聚"族人"起兵，"结乡井以自保"。后来另一土豪"利洪勋之财，杀而夺之"，可见刘氏之富[6]。按明代"贩盐之获利五而无劳，豪

---

[1] 张枅：《流土记》，见康熙《郑州志》艺文。
[2] 《豫变纪略》卷1，卷7。
[3] 同上。
[4] 《豫变纪略》卷1。
[5] 《晴雪斋漫录》卷4；《绥史》卷2；康熙《西平县志》卷10；民国《西平县志》卷39。
[6] 同上。

猾之民为之"[1]，这种"豪猾之民"与平民地主属同一类型。邓州丁如浣，有"田百余顷"，"慕荆卿剧孟之为人"，"宾礼豪杰文章之士"[2]。汝宁沈万登，"大侠也"，"聚乡勇万人"，"自称顺义王"[3]。襄城刘铉"幼学书既成，去而学剑，酷好武侯新书"[4]，都是没有功名的土豪，西华金高则是"捕役"出身的地主[5]。总之"诸贼皆里甲良姓"，都拥有土地、"诸寨村佃"与家丁[6]。他们的"身家"财产与他们在地方的宗法关系与封建利益，是他们之所以"土"而不"流"的基本原因。显然他们既不是农民起义，也不应被简单地视为"土匪"。从社会关系的实质上看，他们应该被认为是平民地主阶层的政治代表。

大批平民地主称兵作"贼"，割据一隅，损害着缙绅集团的统治秩序。崇祯十三年以后，农民军迅速地首先在中原打开了局面，与这种"流土交讧"的形势是分不开的。所以，他们也是缙绅地主统治集团"剿抚"的对象。在明廷镇压并以"土"制"土"打击下，他们中如盛显祖、张五平、侯鹭鹭等被消灭，李际遇也曾大挫，妻孥皆为官军所杀。但他们的阶级性质决定了他们不可能与缙绅地主彻底决裂，所以他们与明朝的关系是微妙的。"郡县从事率为其耳目，有司不敢过而诘焉。或反寄室帑，托腹心，依狐凭鼠，而听其穿鼻苟且夕者，所在皆是……或诛或抚，或抚而后叛，甚或有籍丛于当道，托窟于缙绅，名谓招安，而攻掠如故，而有利其赂遗，为之夤缘禄仕而幸存者，不可胜数。"[7]因此，在统治集团看来，这些土豪"介于似贼似民之间"[8]。正如清初官僚金之俊所说："寇名为土，本皆土著之民也，乘流贼煽乱之余，一时地方无官无法，恃强

---

[1]《天下郡国利病书》卷16，常熟县。
[2] 乾隆《邓州志》卷2。
[3]《晴雪斋漫录》卷4汝宁沈贼。
[4] 康熙《襄城县志》卷8。
[5] 顺治《西华县志》卷7。
[6] 康熙《汝阳县志》卷10。
[7]《豫变纪略》卷1。
[8]《晴雪斋漫录》卷4。

雄长，勾连啸聚，以致焚劫淫杀，祸与流贼等。其实皆有姓名可指，有住址可稽，有亲族邻里可访。或一村之内而良奸居半。或一姓之中而贞慝悬殊，或一人之身而始邪终正，前后两截。"[1]

在这个阶段中，农民军与这些地头蛇之间基本上是井水不犯河水，客观上遂有"流土交讧"互为呼应之势。这除了双方军事上的需要外，还有更为深刻的原因。"崇祯末年，缙绅罪恶贯盈，百姓痛入骨髓"[2]，农民对缙绅权贵、朝廷官府的横征暴敛最为切齿，起义首先是冲着他们来的。尽管江南地区也曾出现过直接反对地主与地租剥削的"佃变"，但北方农民军如张献忠、李自成等在这一时期所提出的纲领口号，强调的都是官民对立而不是贫富对立，是赋税压迫而不是地租剥削。例如李自成克洛阳后提出的"王侯贵人剥穷民，视其冻馁，吾故杀之"；破宜阳时称"不杀平民唯杀官"；进攻黄州时布告痛斥"明朝昏主不仁，宠宦官，重科第，贪税敛，重刑罚"；直到进京途中传檄称"利擅宗神，闾左之脂膏贻尽"；进京后还一再强调"卿相所有非盗上则剥下，皆赃也"，"衣冠所畜皆赃耳"，等等，所有这些指斥都是针对缙绅权贵与朝廷的，而没有泛指富人。大顺军谴责明末重赋与"免粮"的宣传家喻户晓，深入人心，但却从没有谴责地主的重租，并下令减免。在不危及整个封建关系的前提下，打击缙绅、免除赋税也是平民地主可以接受甚至欢迎的。当然，从农民起义最初阶段的打粮就食到后来李自成"搜掘河南富室窖藏俱尽"，平民地主实际上也受到农民起义的沉重打击。但第一，这种行动当时主要还是以解决军需的面目出现，没有如后来"以割富济贫之说明示通衢"那样纲领化。第二，更重要的是当时明军军纪败坏，烧杀淫掠，"无贫富，涓毫贻尽"[3]，甚至以富室（权势者例外）为奇货，"一家有银钱则虏杀一家，一村有富室，则虏杀一村"[4]，贫苦农民自然对之切齿痛恨，就是一般

---

[1]《谨陈剿抚实着疏》，《皇清奏议》卷1。
[2] 朱文瑜：《阳九述略》。
[3] 张自烈：《芑山文集》卷3。
[4] 赵吉士：《寄园寄所寄》卷9。

平民地主也认为"流贼"比官军还要好些，所谓"贼梳兵篦之谣"就是他们的呼声。后来南明的一个官员还说："豪杰之夫据土寨而为雄长，其苦我兵之杀掠久矣！……抢掠如故，无异于贼之所为，安保豪杰不变而为逆贼乎？"[1]

总之，在这一阶段中，北方平民地主阶层在农民军与缙绅地主的搏斗中基本上是中立的，甚至在客观上与农民军相呼应。这就造成缙绅集团的彻底孤立，使阶级力量对比逐渐有利于革命农民。

到崇祯十六年前后，平民地主的土寨武装在农民军与明军的对垒间隙又有发展，河南巡抚秦所式奏："自永城至灵阆，白宛汝抵河岸，方千里之内，土贼大者数万，小者数千，栖山结寨，日事焚掠"[2]，山东、湖广与畿辅也出现了这类土寨。在河南，这些土寨经过互相兼并，逐渐形成了刘洪起、李际遇、萧应训等几大势力，他们多接受了明廷的"招安"，但实际上仍然保持割据，甚至由"寨"入城，成为颇有实力的地方军阀。如刘洪起自崇祯九年受"招安"后，兼并了张五平、郭三海、赵发吾、沈万登等部，"有众十万"，"南至楚颖，北抵大河，无不奉其约束"，"自称受敕书进宫保，州县已下悉听其署用"，明分巡道韩煜惧其气焰，"知事不可为，与推官伍之秀避之固始"。[3] 李际遇"受朝命为总兵，寇掠如故"，先后控制了密县、登封、禹州等豫中数邑。崇祯十六、十七两年，在缙绅势力"诛残几尽"，而农民军主力西进、北上的形势下，豫鲁二省许多州县都先后出现过"土豪擅命"[4]的情况。如上蔡县崇祯十六年"本地营头中有志暂理县事"[5]。山东长清县同年夏为地方农民军攻陷，"城破之日，官僚无存，乡民胡鼎铉以力雄人，庄众将奉之为乱，胡晓以大义，且曰：若为身家计，作贼何如御贼乎？率众入守，得旧印以号令，严明有

---

[1]《葛中翰遗集》卷1。
[2]《平寇志》卷6。
[3] 民国《西平县志》卷14。
[4] 乾隆《鹿邑县志》卷6。
[5] 康熙《上蔡县志》卷12。

法"[1]。商水县自崇祯十五年后亦无官佐,"乡民顾养敬率众以守"[2]。此外鹿邑、襄城、光州、息县、郾城、仪封、新县等,也都在土豪的控制下。

总之,崇祯十六年后,中原平民地主势力进一步扩张,从"土寨"发展为"据地分民、交相攻击"的军阀实力派,成为逐鹿中原的顺、明、清三方都必须重视的力量。但是封建社会后期的政治经济条件决定了平民地主不能像前期的庶族地主那样可以作为相对独立的政治力量出来收拾残局。随着阶级斗争的发展,它的中立是不能持久的。

当时明王朝与农民军都在争取这股"介于似贼似民之间"的力量。崇祯十六年,朱由检专门下诏招抚河南土寨,声称"土寨人等结众抗贼,保守地方,屡报投招,均能用命……虽间有迹似弄兵,原非得已,而实则义存报国,不乏同心"云云[3]。为了争取那些仍在"弄兵"的土寨,明王朝针对平民地主的利益许诺"尽免河南五府田租三年"。这显然是与大顺的"三年免粮"唱对台戏。然而这不过是个空头人情,因为这时"河南五府"早已不为明有了。与此同时,农民政权也抓紧了对中原土豪的招抚。

在农民军势如破竹、明统治土崩瓦解的形势下,部分地也由于农民军"免赋"政策对平民地主的影响,各地土寨逐渐倒向大顺政权。最初是一些在与明军和其他土豪的斗争中失势的寨主来投,如"汝宁盛之友……屡战屡北,遂窜入流寇中"[4]。到崇祯十五年后,农民军"遍满河南,土寇纷起响应",这年三月,"土寨沈万登以众数万附于闯贼",十月,"闯曹既破秦师,收裕州土寇李好为军锋,乘胜攻南阳府";十六年四月,大顺军克汝宁,"各土寨如马尚志、苏青山等皆受自成伪官";"东寨韩华美投降受伪职,出屯信阳";宝丰、郏县之战后,李际遇也归附了大顺军。此时"列寨皆请降",中原土豪中除了刘洪起逃亡湖广外,几乎全部归附。农民军遂得以长驱西向,统一西北,进军北京。到了这时,缙绅地主开始抛弃明王朝转

---

[1] 道光《长清县志》卷10。
[2] 顺治《商水县志》卷2。
[3] 《谀闻随笔》。
[4] 《绥史》卷2。

而向大顺朝投靠了。农民战争至此达到胜利之巅。可以想见，如果农民革命就此刹车，大顺政权迅速蜕化，李自成是可以在平民地主与缙绅地主的一致拥护下稳定他在中原乃至整个北中国的统治，并进而统一全国的。

三、"土寇"受招安打"流寇"

然而崇祯十七年初以后农民阶级反对地主阶级的斗争不仅没有退潮，反而在大顺政权的领导下进入了一个新阶段。如前所述，大顺政权在崇祯十六年以前提出的纲领，除了不杀、不掠、平买平卖这类社会各阶层都可以接受的内容外，主要就是两条：一为打倒缙绅权贵集团以"救民水火"，一为三年免征赋税。大顺政权定鼎长安后开始制度化的"追赃比饷"政策，就是这两条纲领的实践。

"追赃比饷"政策有个刑逼乡官，渐及富户"[1]，即从专门打击缙绅渐渐发展到打击一切富人的过程。崇祯十六年冬这项政策在陕西提出时，是专门施之于缙绅权贵的，即所谓"禁锢诸绅""系而笞掠之"[2]；"掠缙绅拷饷"[3]；"多械致士大夫攫其金"[4]；"劫诸乡大夫饷军"[5]；"搜缙绅金"[6]；"有檄征金，执绅累累入长安"[7]；"邑绅多受其祸"[8]；等等。都没有涉及庶民中的富人。当时规定："布政注饷十万，光禄自闲曹，讯其先为某官，注五万……太守之子注三万"[9]。"九卿五万，中丞三万，监司万两，州县长吏半之"[10]。显然追赃比饷政策最初的打击面是较严格地限制在官绅的范围

---

[1] 顺治《邹平县志》卷4。
[2] 李楷：《河滨文选》卷5。
[3] 乾隆《泾阳县后志》卷4。
[4] 雍正《陕西通志》卷57、卷61。
[5] 屈大均：《翁山佚文辑》卷上，诸死孝者传。
[6] 雍正《陕西通志》卷57、卷61。
[7] 乾隆六年《同州府志》卷17。
[8] 康熙《朝邑县后志》卷6。
[9]《河滨文集》卷5。
[10]《怀陵流寇始终录》卷16。

内的。

但随着革命的深入发展,到崇祯十七年春大顺军占领山西时,虽仍以官绅为主要打击对象,史称"拷全晋之缙绅,登之鬼录"[1],"征饷于仕宦"[2]。但同时个别地区也开始对富户不分绅民一体追比,如在绛州"搜刮富人及乡绅财,名曰助饷"[3];在汾阳,"搜括富室,桁夹助饷","细民之家,无一免者"[4];在黎城,令里胥"报县民富户骡马,数日,乡遂拷掠,官追银"[5],等等。到北京以后,这种情况更为普遍,如在畿南,"将缙绅生员并百姓之家计少给者即用脑箍夹棍,炮烙拷打,衙役乘机报复,不富者亦谓之富人,莫必其命"[6];在高阳,"逼索乡民助饷"[7];在涿州,"大索官僚拷掠","括富室金"[8];在北京城内更把向富商大贾追饷作为制度,从他们手里追到银一千四百万两,相当于万历时全国一年的正额钱粮总数。南下山东以后,"州县升堂,但求富户"[9]。"凡绅衿大户、乡绅、举、监、生员、富民,按籍拘追"[10]。这时追比的标准已从按官阶品级为主变成按家产多少为主:"乡绅富户,皆追赃助饷,视其家资十欲得七"[11]。"孝廉与庠生,按籍唤到,与富户一同剥取。富户先有开报之单,据之十取三,其实家千金者必开万金,家万金者必开数十万,性命与身家同尽"[12]。在平民地主武装活动中心的河南地区,大顺政权也开始"勒绅民助饷"[13]。崇祯

---

[1] 《明清史料》丙编,第253页。
[2] 乾隆《忻州志》卷2。
[3] 康熙《绛州志》卷3。
[4] 顺治《汾阳县志》卷7、卷4。
[5] 《甲申传信录》卷6。
[6] 《漕抚路振飞上总督张国维书》,见上海人民出版社《甲申纪事》附录,第25页。
[7] 《石匮书后集》卷23。
[8] 《甲申传信录》卷7;乾隆《涿州志》卷14。
[9] 《明季南略》卷8。
[10] 陈济生:《再生纪略》。
[11] 程正揆:《沧州纪事》。
[12] 冯梦龙:《中兴实录·难民确报》(上海图书馆藏书钞本)。
[13] 郭景泰:《流寇纪事》;民国《重修滑县志》卷20。

十七年四月，大顺政权派往豫东六县的县令到任，"下车即追比助饷，凡有身家，莫不破碎"[1]。最能反映这一发展趋势的，莫过于《出劫纪略》里那条人所共知的记载："闯官莅任……以割富济贫之说明示通衢。"这个"明示通衢"的纲领是大顺军对地主阶级斗争发展到最高阶段的产物。它直接宣布了贫富之间的阶级对立，扬弃了原先掩盖着它的官（绅）民等级对立的外衣，明确地把打击矛头从缙绅官府扩大到整个地主阶级，原先解决军需问题的"助饷"政策变成了明确的社会改革纲领："割富"不仅仅为"饷军"，更重要的是为了"济贫"，为了建立一个平均主义的小农社会。因而斗争方式也从单纯由政府来追比，变成了发动"穷棍"们"瓜占"地主财产。

在这种情况下，不仅缙绅要叛乱，平民地主也无法忍受了。如果说大顺政权的"免粮"政策最初对纳税的平民地主还有吸引力的话，那么追饷"渐及富户"就使这一政策对他们失去了意义，而"割富济贫之说"更成了悬在他们头上的达摩克利斯剑。于是"各产文契俱焚"，"大家茫无恒产"了，地主的"巨室膏田"被"穷棍认为祖产"了！

这样，随着农民革命的深入，阶级斗争的格局发生了变化，在"割富济贫"的幽灵面前，"富民"与缙绅权贵的矛盾变得不足挂齿，整个地主阶级空前一致地勾结起来，很快把农民革命浸在了血泊里。

大顺军西入潼关后，豫中、豫东一带尽委归附的土寨武装驻守，如韩华美守信阳，马尚志守汝宁等。李际遇、李好、韩甲第等则仍然据守各自起家的地区。这不但是为了军事上集中兵力的需要，也是对平民地主的一种妥协。这种办法自然有弊病，但如果大顺政权能顺利地封建化，这些平民地主为了自己的利益，也不会轻易叛乱的。事实上清军占领之初，在一些战略地位不十分重要的地区也曾采用这种办法，可见它并不一定是"流寇主义"，也未必就决定了当地大顺政权的倾覆。然而大顺政权的农民革命政策却越来越激烈，这就决定了这些地区局势的不稳定。早在崇祯十六

---

[1]《豫变纪略》卷7。

年冬，投靠明朝的平民地主沈万登、刘洪起就从安徽、湖广潜入豫东，利用他们在当地的势力，窃有鄢陵、扶沟、汝宁、真阳等地，击败了投靠大顺的土寨主马尚志等。崇祯十七年五月，大顺军兵败山海关，平民地主立即与缙绅勾结，在中原发动了大规模叛乱。五月五日，刘洪起勾结缙绅、明开封府推官陈潜夫攻陷杞县，"尽俘杞伪官"[1]。大顺河南节度使梁启隆弃开封逃走。十六日，明官僚桑开第等在归德发动叛乱，豫东六县大顺守令皆被俘。大顺军陈德从豫北赶来镇压，为刘洪起叛军击败于柳园口。大顺在豫东的统治全部瓦解。六月，大顺军主力袁宗第部从湖广入豫东平叛，刘洪起逃走。但大顺军对当地盘根错节的土豪势力无法肃清，袁宗第一走，刘洪起又回来了，豫东从此为大顺完全放弃。

继豫东后，豫中豫南的平民地主势力也纷纷称兵叛顺，信阳韩华美"弃伪职来投"[2]，登封李际遇"杀伪官自效"[3]。许州韩甲第、裕州李好、襄城刘铉等"久有歼寇大志，闻贼败北，皆奋臂疾呼，思截击以杼凤愿，愤张旗帜，直书杀贼报仇四字"[4]。大顺军收复登封后，李际遇、申靖邦反扑，"率众攻城二十昼夜未下"，申靖邦被击毙于金店寨，但大顺军终因兵力不敷而撤退，八月八日李际遇最后占领了登封[5]。豫南南阳府及泌阳、舞阳、桐柏等县亦为土豪萧应训所据。

与此同时山东一带平民地主也纷纷叛乱，"东阿、汶上、阳谷一带土寇窃发，遇贼（指大顺军）即互相斫杀"[6]。豫北一带，缙绅张缙彦五月下旬叛顺逃入太行山，八月间依靠"太行诸雄"并"南勾土寨"，发动叛乱[7]，于是"河北亦皆擅于土寇"[8]，大顺军被迫退至山西境内。

---

[1] 民国《西平县志》卷14；郑二阳：《日省录》，见民国《鄢陵县志》卷1。
[2] 康熙《汝宁府志》卷10。
[3] 《晴雪斋漫录》卷4。
[4] 第一历史档案馆，顺治启本第52号。
[5] 乾隆《登封县志》卷8。
[6] 《爝火录》卷2。
[7] 张缙彦：《举义疏》；乾隆《新乡县志》卷8《兵防》。
[8] 魏源：《圣武记》卷1《开国龙兴记》。

总之到是年秋，中原要害之地大半已不为大顺所有。明清双方当时都没有多少军队进入这一地区，许多地方由于农民军多次镇压与强迫迁徙，缙绅势弱，与农民军作对的主要是平民地主。"开封汝宁间列寨百数，（刘）洪起最大，南阳萧应训、洛阳李际遇，列寨亦各数十"[1]；"山东河南士民皆结寨屯聚，杀贼所置伪官，以望王师"[2]。河北、山西、山东等地缙绅发动的叛乱也得到平民地主的有力支持，各地材料中经常出现的与缙绅合作的"义士""义民""邑人""百姓""大侠"等一流人物，大抵都是平民地主的代表。否则，仅仅一些腐儒昏官与他们的仆隶，绝成不了那么大气候。

崇祯十七年秋后，平民地主仍是镇压农民军的重要力量，大顺军重要将领平南伯刘忠这时调驻河南，他的主要任务就是对付刘洪起、李际遇等平民地主武装。从这时到次年初，双方多次激战于郾城、叶县、汝州、襄城、郏县等地[3]。《明季遗闻》记述南明方面迄崇祯十七年冬的战况云："（张）缙彦联络寨勇，鼓励进取，乃分宁陵以东至归德属王之纲，宁陵以西至兰阳属许定国，祥符以西至汜水属刘洪起，河洛属李际遇。总兵王之纲斩贼都司卢世杰，巡按陈潜夫获太康伪知县安中外等，副将刘铉、郭从宽等杀贼六百余级，擒鄢陵伪知县王度、许州伪巡捕王法唐，总兵刘洪起获汝宁府伪官祝永苎、上蔡伪知县马世遇，斩三百七十级，又于襄城斩贼二千二百七十六级，擒贼二百三十一名，总兵许定国获陈州伪官惠在公等，以洪起斩获独多。"除王之纲、许定国外，这里提到的都是平民地主武装。直到陕西沦陷，李自成南撤途中，还在邓州一带为土豪寨主海成、明光世、丁如浣等纠缠了二十余日。[4]最后李自成本人亦死于九宫山平民地主武装程九伯等之手，虽事出偶然，但也隐喻着必然性。

[1] 民国《西平县志》卷 23。
[2] 《南疆逸史》卷 5。
[3] 《怀陵流寇始终录》卷 18，附录《甲申剩事》。
[4] 乾隆《邓州志》卷 24。

四、结论

平民地主,即无优免特权的纳税地主,是明代地主阶级中人数最多,具有很大潜在力量的阶层。它在明清之际的政治动向,经历了四个阶段:1.农民战争早期与中期,它在农民军与缙绅地主的斗争中保持中立,是"介于似贼似民之间"的一股力量;2.明末农民战争后期,它转而投向大顺政权,加速了明王朝的覆灭;3.随着农民革命的深入,到大顺军进京后,它因自身利益受到损害,又与缙绅地主站到一起来镇压起义;4.清军控制北方的过程中,极力拉拢这一阶层,而南明缙绅当权者却予以歧视,于是北方平民地主又背明投清,最后在清王朝统治下完成了整个地主阶级的合流。

平民地主是地主阶级中的在野阶层,它的潜在作用往往为人所忽视。然而如不了解它的作用,明清之际的风云变幻就不可能得到圆满的解释。明末缙绅地主集团的彻底孤立,是农民战争得以发展扩大的重要原因。而平民地主的倾向大顺,又是农民战争走向胜利顶峰,并迫使缙绅地主不得不改换门庭的一个要素。最后,平民地主之与缙绅合流加上新兴满洲贵族的撑腰,则是甲申之变后农民军在地主阶级的反扑面前几乎无还手之力的重要原因。

原刊于《陕西师范大学学报》1986年第3期

南明史研究与顾诚的《南明史》

在中国史学传统中，鼎革之际的历史总是因其借鉴作用而备受关注，而这种时代的历史由于事涉两朝多方，立场之异引起的忌讳与扭曲又特别多。明清之际作为古代史上距今最近的一次易代，上述两点尤其明显。这就使"南明史"这一研究领域处于一种说热也热、说冷也冷的特殊状态。

说它热，是因为由于时代与社会的原因，南明史曾在清末民初及抗战前后两度（在台湾则1949年后也有一度）成为学术界论述的热点，1949年后这段历史由于涉及当时新史学的"五朵金花"中的两朵（农民战争、民族关系），并与第三朵（资本主义萌芽）也沾些边，因而，也属于受关注的时段。由此积累下来的论著可谓浩繁。

说它冷，则是由于清末、抗战（以及台湾1949年后）时的几度"南明热"具有太多的感时抒怀色彩，学术水平并不高；而1949年后这段历史的研究又受到"金花"史学局限性的影响，难免论重史轻之弊。改革以前这一领域真正能够传世的主要成就多属于史料整理与考释方面。谢国桢先生的《增订晚明史籍考》可称为代表这一时期最高水平的里程碑，其影响要比同时期的述史之作（包括谢老本人的《南明史略》在内）大得多。

而我们面前这部77万字的巨著《南明史》（顾诚著，中国青年出版社1997年版）堪称新时期南明史研究的新里程碑。与前一时期相比，这一时期国内的南明史研究形式上是"冷"得不能再冷了：带有感时抒怀色彩的"南明史热"已风光不再，基于"五朵金花"的理论背景而对这一时期的关注也已基本消退。向市场经济转轨时期的学术（主要是非"应用"

性的传统学术）不景气也影响到这一研究领域。

更重要的是，新时期明清之际的研究出现了一种"主流"改变的趋势，具体表现为三个"本位"：其一，评价明清斗争时史家的立场从传统的明本位改变为盛行"清本位"。在"清统一是历史必然"的名义下一种"识时务者为俊杰"的历史观渐成主流，只要是为了"统一"，似乎什么伤天害理、残暴血腥的手腕都成为合理，而"不识时务"的反抗则被看作负面的东西。其二，对改革前史学强调"人民性"的矫枉过正而形成了"帝王本位"。尤其是清代帝王传记，这些年来可谓滚滚而出，从努尔哈赤、皇太极直到顺康雍乾嘉，连同多尔衮与孝庄文皇后这对摄政夫妇，人人奋发有为，个个雄才大略，圣明君主之多开历朝未有之盛，明朝固然是瞠乎其后，与传统的农民战争研究之萧条更是形成鲜明对比。其三，近年来兴起的明清社会史、日常生活史固然开一代新史学之风气而成就斐然，但与法国年鉴学派后来的状态相似而日益形成"微观本位"。案例型研究过分排挤宏观进程研究的结果是，为纠空疏之弊又陷入了饾饤之弊。这几个"本位"尽管有一定的历史合理性，但毕竟不是一种正常的学术范式。在这种氛围下《南明史》的问世，就显得尤为难得。

在当代史林，顾诚先生素以学风严谨、精益求精著称。所谓"十年磨一剑"，所谓"板凳要坐十年冷，文章不写半句空"，已不足以形容本书的研著过程。作为20世纪80年代初问世的《明末农民战争史》的续作，自前书付梓起本书的撰写即已历时十余寒暑，而研究历时又不啻倍之。本书后附的征引书目即达24页，列书500余种，而其中所列的"第一档案馆藏档案原件""其他图书馆博物馆藏档案原件"两项本身即已浩瀚惊人。据笔者所知，这些都还只是书中称引其文者，顾先生在写作此书的研究工作中曾查阅过，但书中未引其文的文献其实大大超出了这个目录。本书之旁征博引、广罗群籍，在今日史学著作中已属罕见，而作者在史料上下的功夫又何止征引之博而已，在史料考辨甄别方面的工作更是务求细致。在这方面顾先生所做的工作足可再成一《史籍考》类之书。诸如考定《过江七事》作者为姜曰广，《江阴城守记》非韩菼所撰，诸如在福、唐、鲁三朝史事中摒除浙东学派所著史书中为该学派价值观而编造的种种不实之词，在永历朝方面指出过去人们常引的王夫之、蒙正发诸书之虚妄和对过去人们注意不够的钱秉镫、沈佳诸书的重视，都可以看出作者驾驭史料、考辨史实的深厚功力。语云：尽信书不如无书。而我们读了《南明史》后的感受则是：尽览书方知何书可信。书不可尽信，但不可不尽览。而能做到这一点又极为不易。顾先生受老校长陈垣前辈"竭泽而渔"之教诲，他虽然并未说他的南明史研究做到了这一点，但至少他在这一领域的同仁中最接近这一点则是无疑的。

在坚实的史料基础上，《南明史》的史识史论都有鲜明的特色。该书以明为本位而肯定抗清斗争，以人民抗清运动为本位而不把南明仅视为"南明诸帝纪"或小朝廷史，以宏观历史进程为本位而没有流于琐碎化的"史事丛考"，这三点使它超越于当前明清史研究的主流，尤其是对这一主流的前述三个"本位"趋向形成了矫正。但本书也并未局限于过去的"金花"史学或以明为正统的传统王朝史学之窠臼。本书作为《明末农民战争史》的续篇，但并没有仅仅写成"农民军余部抗清斗争史"；同样，本书以《南明史》为名，但并不以南明小朝廷的是非为是非。对改革前"金花史学"重论轻史的空疏学风，乃至以经代论的教条习气，对于传统史学的明王朝正统观念和华夷之分的偏见，本书同样体现了批判与超越的态度。改革以来我国史学界固然是硕果累累，像这样对传统史学、改革前史学与当前流行史学范式都体现了超越的著作应当说是罕见的。因此在一定意义上说《南明史》本身便可能预示着一种新的史学范式的出现，这使得本书出版的意义显然已经超出了南明史研究的范围。

《南明史》的范式创新并非建立在时髦理论，而是建立在朴素的实证研究基础上的。这些实证研究破除了南明史中长期流行的种种"神话"，其新论卓识、真知灼见之多，令人有山阴道上目不暇接之感。诸如本书破除浙东学派东林史学的神话，基本上重构了弘光一朝的信史，如对以山陕抗清运动为主体的南明北方斗争史的开创性的系统叙述，如对永历朝党争错综复杂史实的清理及有"楚党"而无"吴党"的论点，如在人物评价上对何腾蛟、史可法、郑成功等人不光彩行径的揭露以及在破除歪曲史实吹捧史、何、郑的种种神话基础上形成的观点："在南明历史上，最杰出的政治家有两位，一位是堵胤锡，另一位是张煌言，"等等，皆是发人之所未发。而这些新见解之密集于一书，也是当前史林及学林中罕见的。可以说，从南明史开场的弘光之立，到南明史终结时的所谓"后明韩主"之证伪，顾诚先生经过去伪存真之后展示的这段历史，与过去传统观念中的"南明史"已经全然是两个面貌。而这一切都在仔细的考据中形成，绝无故作标新立异之嫌。我们知道，近年来明清之际历史研究中以新闻炒作方式炮制出来的"新发现"时有所闻，所谓李自成"夹山为僧"之说就是一例。而《南明史》倡导的实证精神对这种恶劣学风实在是一种最有力的抨击。

恐怕顾先生本人也未必完全估计到他的一些清理工作具有多么大的潜在意义。例如顾先生对浙东学派神话的破除，其价值就远远超出了南明史乃至明清史的范围。长期以来，以黄宗羲为代表的浙东学派被视为明清之际"启蒙思想"的最杰出的代表，尤其是当今盛行的"新儒家"，正是以黄宗羲作为连接儒学与近代民主思想的桥梁的。而浙东学派的政治、社会观与其历史观联系极为密切，《明夷待访录》中对君权的著名批判正是以弘扬东林式的"学校"之权为对应的。然而顾先生所揭露的浙东学派"以史谋私"及东林派人士在南明政坛上那种偏狭而不宽容的阴谋行径却令人怀疑：这种"学校之是非"究竟能比"天子之是非"好多少？这样的"学校"之权真能有效地制衡君权，并使这种制衡不同于传统的朋党倾轧吗？《南明史》全书并无集中的理论阐述章节，但它不仅寓论于史，而且这些议论的学理价值是不可低估的。

当然，《南明史》作为南明史研究的里程碑无论有多大的成就，也不可能终结这一研究过程。与任何一部名著一样，它也有其局限性。例如它对"明本位"（尽管不是明王朝本位）立场的理论论证应当说是不够的。顾先生没有从传统的华夷之分，而是从清初统治的黑暗与残暴，尤其是超出统一大业需要而仅仅为满洲贵族统治者狭隘心理和私利导致的残暴来进行批判，并指出明代的一些正面历史进程入清后未能继续，这些都是事实。但当今不仅国内，国外汉学界关于清代"进步"的种种描述也已经洋洋大观，甚至连"鸦片战争前已经落伍"的旧时定论都被动摇。顾先生生前也曾与笔者谈到他对这些说法的不苟同，但是在本书中却未能有所申论，而在先生仙逝后留下遗憾。

顾先生对整个南明史的描述详于政治军事进程而很少论及典章制度方面，尤其是由于张献忠余部带来的"国主"政权体制与郑氏海商军政权体制的影响，南明在典章制度方面是颇有特点而异于明朝常规的。作为"抗清斗争史"，不谈这些自然无妨，但作为"南明史"来说，无论从传统断代史应有的"志"类内容看，还是从现代新史学所倡导的"整体历史"看，缺了这方面的内容就不能不说是个很大的遗憾。

再者在体例方面，虽说如今国内学术著作中"学术规范"不完善是个普遍现象，但像《南明史》这样一部里程碑式著作，如能配上索引、参考书目（而非征引书目）、研究史概述等内容，则体例会更加完善。再有，顾先生在这部巨著中提出了许多新观点，自不免带出对旧论的驳议。但除对古人（如黄宗羲等浙东史家）外，凡今人之论均系虚指，而未明言何人何文，就顾先生的本意讲，这自然是一种不轻言人非的谦谦君子之风，不过从学术角度讲，这却给欲查询出处的读者，尤其是研究者造成不便，愚意以为还是注明为好。相信顾先生之后学高足今后在整理师学、再版此书时是会在这方面更加完善的。

原刊于《北京日报》1997年11月16日第四版
2003年顾诚先生去世后稍有增改

（二）西南「国主」政权

沙定洲之乱与大西军入滇

张献忠牺牲后，大西农民军在孙可望、李定国等领导下，挺进滇南，并以此为基地，在此后十余年间横扫半个中国，"两蹶名王，天下震动"，揭开了清初历史上辉煌壮烈的一幕。对这样一场无论从深度或广度、时间或空间来说都是规模浩大、影响深远的斗争，很少有人从农民战争史的角度加以研究。这是因为除了对清初社会矛盾的总的看法有分歧外，很重要的一个原因，就在于大西军入滇是打着为明黔国公沐天波"报仇"、讨平"沙定洲之乱"的旗号。

笔者认为对沙定洲之乱和大西军入滇有必要加以探讨。

一、沙定洲之乱的真相及其实质

明代的云南，是个多民族聚居、多种经济形态共存的地区，阶级矛盾、民族矛盾与统治集团内部矛盾相互交织，并常常以"土司叛乱"的形式表现出来，"明朝三百年号曰全盛。然两迤土司无十五年不用兵之事。"[1] 明末云南各种社会矛盾激化，"土司叛乱"就更为频繁了。然而，这些叛乱的社会背景与性质却差异很大。表面上是"土司叛乱"，实际上却是以汉族为主体的云南地主阶级统治集团内部两派的斗争，具体地说，是明中央政权在云南的代表机构"三司"（布政司、按察司、都指挥使司）"两院"（巡抚、巡按）官僚集团与云南土皇帝、世袭贵族沐府之间矛盾激化的产物。

明代的云南，封建地主经济已占主导地位，但历史上遗留下来的领

---

[1] 刘昆：《南中杂说》。

主制、奴隶制的土司经济仍有相当比重。经济上的多元化决定了政治上的多元化，明代云南不但在土司经济与地主经济并存的基础上建立了"土官"与"流官"并存的制度，而且在汉族地主经济的"领主化"色彩的基础上形成了"沐府"与地方行政当局相抗衡的二元化局面。

云南的沐氏家族，是有明一代权势最大的异姓勋贵，其始祖沐英明初开滇后以平蛮总兵官世守云南，由于地处边陲，沐氏手握重兵，居然成为朱元璋大杀功臣后的硕果仅存者。自沐英至沐天波，这个家族出了二王、一侯、一伯、九国公、四都督。

明王朝站在中央集权的立场上，对沐府既存戒心，又要利用，对双方矛盾总是采取表面上的平衡政策。放纵沐府鱼肉人民，而对其中有"异志"者则予以打击。明末三司两院为了对抗沐府，"倚普名声为卫"，求助于土司武装，这样就把汉族统治者内部的矛盾扩大到了土司中间。

明代云南土司可分为两种类型，一类是元代以前传下来的根深蒂固的旧土司，如"三宣六慰"及"三大土府"等，这些土司割据已久，常常互相攻伐，发动叛乱，对明朝中央集权统治威胁较大，是明廷全力防范、压制的对象，明中叶的改土归流主要是针对他们而来的。另一类原来仅是一般的"土舍""目把"（村长、保甲长之类），由于战功或其他原因被明政府提拔，授予种种世职或成为土司，他们是明朝扶植起来的、在云南推行以夷制夷政策的主要工具。"初为马者哨哨头"，后来被提拔成为阿迷州土知州的普名声就是其中之一。沙定洲也属于这一类，他的父亲沙源，原来只是王弄山地区的一个土舍，万历三十八年以"击贼有功，委掌王弄山"，[1]不久，沙源就逐渐兼并了蒙自附近的诸土司。天启间，杨、安之乱发生后，沙源积极参加平叛，在嵩明、杨林间大败水西安效良军，于是明廷又提升他为宣抚司，加宣慰使衔。[2]并把一些已改流的地区也划

---

[1] 雍正《临安府志》卷11《土司》。
[2] 乾隆《开化府志》卷8；《明熹宗实录》卷56；陈鼎《滇黔土司婚礼纪》。

归沙氏。不久，阿迷州土知州普名声死，沙定洲入赘普妻万氏。当时云南土司中"普、沙二兵最劲"，[1]沙普合流后，"兼有（王弄山、教化、安南）三司及阿迷地"，西至元江、南连交趾、东抵广南、北达广西，"亘绵数千里，称兵二十万"，"诸土司中沙氏最强"。[2]

顺治二年，大西军占领四川，滇黔大震，为调兵防御，三司二院联合要求沐府"助饷"，遭到拒绝。沐天波不但声称"迩年多费，不能助一缗，奈何！"[3]而且反过来敲三司的竹杠，指使其管事"索饷公帑"，这些人"恣肆贪婪，索饷藩司过急"。[4]这种劫夺国库的行为等于公开宣战，于是抚按三司结沙定洲为援[5]，形势一触即发。顺治二年"吾必奎之乱"发生，沐氏调土司兵往平，沙定洲因于十月间率兵到昆明。沙定洲到省后，目睹沐氏之腐败、沐府与行政当局关系之紧张以及沐府内部众叛亲离之状，才起了异心。他只不过想发一笔横财而已。只是在云南缙绅地主反沐派的策动下，他与沐天波的矛盾才变成你死我活的政治斗争。

十二月一日，沙定洲假称辞行，闯入沐府，发动兵变，"传抚军令，擒国贼沐天波"。[6]

云南地方当局对这次兵变的态度是明确的，变起之时，昆明城内外驻有为平定吾必奎而调集的各卫所各土司的"胜兵数万"[7]，而沙定洲军只有五千，可见，没有地方当局的支持，沙定洲是无法占领省会的。

明王朝对沐氏的"跋扈"历来有猜疑之心，因此隆武帝得到吴兆元、王锡衮等人的奏报后，立即承认了沙定洲的势力，"升逆酋为副总兵官，敕印并下，有节制汉夷之语"。沙定洲便正式使用南明敕印、年号与署衔，

---

[1] 天启《滇志·土司志》。
[2] 乾隆《开化府志》卷8。
[3] 《明季南略》卷12。
[4] 《滇南外史》。
[5] 崇祯十二年昆明《重修圆通寺观音阁碑记》。
[6] 乾隆《开化府志》卷8。
[7] 《滇南外史》。

发布文告对沐天波"声罪征讨"。[1]以后南明王朝又多次颁布诏谕，重申对沙定洲的支持，此外，南明王朝还对沙定洲的军事力量寄予厚望，多次派人调其"入卫""勤王"。其中已抵滇者如太保军门孔师程[2]、监军耿廷篆[3]等，而太监孙兴祖则在赴滇途中被大西军截获[4]。大西军后来曾指斥南明"以征兵奖乱"。[5]

总之，"沙乱"既不是农民起义，也不是汉族、少数民族统治者之间的斗争或反明的土司叛乱，而是在云南社会危机深化的情况下明地方行政当局借助土司兵力而发动的一次政变。目的在于驱除沐氏势力，加强南明政权对云南的控制，以挽救缙绅地主阶级在云南的统治。沙定洲虽是土司，这场动乱却没有什么民族矛盾的色彩。

二、大西军统一云南的真相

"沙定洲之乱"标志着明代缙绅地主阶级在云南的统治已腐朽到了极点，然而统治集团的内讧削弱了自己的力量，为大西军入滇创造了条件，席卷神州二十年之久的农民战争风暴，终于刮进了这个"偏安"的一隅。

前期大西军与大顺军一样，是在满、汉统治者的联合反扑下失败的。但大顺军主要败于清朝八旗军队之手，而大西军却主要是在汉族地主武装进攻下失利的。如果说大顺军在山海关之战前正处在胜利的顶峰，那么大西军在清军入川前却已经在地主阶级打击下丢掉了包括成都在内的几乎全部根据地，不得不重当"流寇"了。同样，张献忠死后大西军的再起，也是与汉族地主阶级残酷较量后才得到实现的。重庆一役，大西军以少胜多，消灭了猖狂一时的南明军阀曾英，从而转危为安，重新取

---

[1]《滇寇纪略》卷2《坚守楚雄》。
[2]《滇南外史》一作"孔师臣"。
[3]《小腆纪传》卷33。
[4]《存信篇》卷1。
[5] 同上。

得了战争的主动权,接着在濛江桥击溃明军王祥部;活捉明遵义兵巡道监军谢琯,"官军如鸟兽散"[1]。大西军遂进入贵州,打算"入黔固守"[2],建立新的根据地。大西军经营贵州两个多月,农民军与缙绅地主阶级又展开了一场较量。仅在定番、平坝、威清、永宁四地,因负隅顽抗被杀或自杀的知县以上文官(包括在籍者),守备、千户以上武官、卫官以及诸生以上"青衿",姓名见于记载的就达60余人。贵州三司两院的高级官僚,除巡抚米寿图逃到湖南外,布政使唐勋、按察使张耀、都指挥使陈瑞征、巡按胡峪等全部毙命。可见尽管大西军在进入遵义后从全国形势出发提出了联明抗清的口号,但当时当地的阶级矛盾并未因此有任何缓和。

这时"沙定洲之乱"的消息传到贵州,使大西军领袖改变了"入黔固守"的计划。云南比起贵州来,具备更好的建设根据地的条件;云南地处边陲,西南北三面是土司与境外各国,只有东面与南明对峙,而且地势险要,进可攻,退可守,不像川中与贵州那样处在地主武装四面包围中,云南经济虽也陷于危机,但幅员广阔,土地肥沃,自然条件远胜于贫瘠的贵州,具有建设根据地所需的经济潜力。云南统治阶级内部分崩离析,社会危机成熟,更是个重要的有利条件,因此大西军断然放弃贵州,全师入滇。

大西军确是打着拥沐讨沙的名义入滇的。然而当时南明的政策是扶沙讨沐,大西军恰与之对立。其实,拥沐讨沙只是个策略。计六奇云:"孙可望驰入贵州,据定番州休息士马,意欲入滇南取沐府三百年厚藏耳。至是闻为沙亭[定]洲所取,大惊,击案曰:此吾几上肉也,亭洲小寇,何得袭我囊中物乎?遂宵夜启行,疾入云南。"[3]这可以算是说出了拥沐讨沙的真正内容。

---

[1] 道光《贵阳府志》卷59。
[2] 《蜀纪》。
[3] 《明季南略》卷18。

大西军统一云南的过程大致可以分为三个阶段。

第一阶段：占领滇东与昆明。顺治四年三月中旬，大西军向贵阳、定番出发，抵达盘江，明永宁知州曾异撰与出使云南过境的明兵部职方司郎中程玉成纠众顽抗，企图凭盘江天险阻止大西军西进，大西军挥师强渡，在西岸与永宁州城歼灭该敌，曾、程以及安南卫指挥寻鼎、乡绅张一熊、卫训导黄元正、贡生龚茂勋、儒学教授黄士正、在籍兵部主事陈某等被镇压[1]，大西军进入滇境。蛇花口之战是大西军入滇的关键一仗，沙军精锐丧尽，余众"无不殷栗胆丧，逃散思归"。沙定洲闻败，于四月十八日仓皇弃昆明南走，于是寻甸、嵩明、宜良皆降大西军。

总之，在这个阶段中，沙定洲军队是抵抗农民军的主要力量。但此时，"称兵二十万"的沙军中土司兵只占小部分，大部分都是南明委任沙氏"节制汉夷副总兵官"以后由沙定洲指挥的明朝地方军队。

第二阶段：大西军入昆明后，即扩大战果，五月间派刘文秀北攻武定，李定国、冯双礼、王自奇进军滇南，此阶段的重点是争夺迤南农业区（云南、澂江、临安三府的产粮坝区），滇南是沙定洲巢穴所在，然而在这一阶段中沙定洲的土司军却基本未参战，大西军对之也不加理会。汉族缙绅地主组织的"义师"成了本阶段大西军主要打击对象。

在这一阶段起来对抗大西军的缙绅地主武装中，既有"奉总镇沐天波命"的拥沐派，又有受吴兆元札的拥沙派，而且在共同对付农民革命的过程中二者渐有勾结的趋势。如南明派来"调兵勤王"的孔师程，"沙逆以流寇入滇，请入宅中，同据险地"[2]，是个拥沙派，但沙军撤走后，他又与拥沐派迟光启勾结起兵，"奉沐天波命"发动叛乱。江川知县周柔强原与沙定洲驻军合作，沙军撤走后又与拥沐派土司串联，等等。可见地主阶级这两派尽管平时狗咬狗，但在对抗农民革命这点上两者并无二致。

---

[1] 莫友芝：《黔诗纪略》卷22；谢圣伦：《滇黔志略》卷17、卷20、卷25等。
[2] 《滇南外史》。

值得注意的是当滇南缙绅的反抗平定后,大西军即收兵凯旋,并未到土司地区去征伐沙定洲,而仅以缙绅地主为打击对象。因为,只要缙绅地主的抵抗被粉碎,沙定洲本身是惹不起大麻烦的。事实上沙定洲坐困穷山直到顺治五年才势穷出降。

第三阶段:顺治四年八月,大西军开始进军滇西。滇西在"沙乱"时期大部为沙军所据,拥沐派仅保有楚雄孤城与永昌府,大西军入滇后,沙军东调,滇西尽为拥沐派所有,其势力一度伸到离昆明不远的安宁,沐天波也由永昌返至洱海卫(今祥云)。然而,地主阶级拥沐派并不因大西军声言拥沐反沙而减少对他们的敌视,沐天波并传檄昆阳、晋宁等地缙绅地主,要他们起兵讨伐"流寇"。大西军曾试图和平解决滇西问题,直至八月初二日还"遣人与沐、杨(畏知)二公谋和"[1],但遭拒绝。然而这时,大西军已巩固了自己在滇东的地位,平定了缙绅叛乱,部队进行了休整,遂发动西征。八月上旬,刘文秀由富民过武定,孙可望由安宁逼禄丰,合击明金沧道副使杨畏知率领的拥沐派武装万余人于禄丰县狮子口,大败之,杨畏知退至启明桥,全军溃散,杨"中一矢,被执"[2],遂"计穷顺贼"了。

禄丰之战后,大西军进占楚雄,招降沐天波,沐天波不应,从洱海卫遁归永昌。但这时拥沐派已土崩瓦解,土司龙在田、许名臣迎降,大西军"兵不血刃"而入大理[3]。沐天波成了丧家之犬,"跟随惟亲信十余……余皆溃散。"[4]大西军再次"命杨畏知以书招之"[5],沐天波只派他儿子到大理,还想讨价还价,拖延时间,大西军采取断然措施,派刘文秀抢渡澜沧江,突入永昌,"执沐天波回省"[6],这个土皇帝终于"叩谢可望

---

[1]《滇南外史》。
[2]《滇寇纪略》卷3;康熙《武定府志》卷1;《禄劝州志》卷上及《滇南外史》。
[3] 康熙《大理府志》卷3。
[4]《滇寇纪略》卷3;康熙《武定府志》卷1;《禄劝州志》卷上及《滇南外史》。
[5] 嘉庆《楚雄县志》卷5。
[6] 康熙《云南府志》卷5。

而归降焉"。[1] 大西军开进边境，永昌人民"争焚香迎之"[2]，统一云南的过程至此完成。

大西军的西征比前两个阶段要顺利些，但这并非由于大西军与拥沐派达成了什么妥协，而是因为拥沐派的实力远不及拥沙派。

总之，大西军在滇东面临的是缙绅地主拥沙派与沙定洲土司势力的反抗，在滇南遇到的是缙绅地主拥沙派与拥沐派的联合叛乱，在滇西则粉碎了拥沐派的绝望挣扎。一句话，大西军不是从"叛乱土司"的手中，而是从明统治者、从缙绅地主阶级手中夺取云南的。

三、后期大西军政权的建立及其性质

大西军镇压了缙绅地主阶级的反抗后，建立了自己的政权。当时无论农民军本身、他们的敌人或一般人的心目中，这个政权都是张献忠大西政权的继续。它"受命先王"[3]，"恪遵先志"，"王绳父爵、国继先秦"[4]，它为张献忠立"世庙"，"军中呼张献忠皆曰老万岁"。[5] 它"撰国史，称张献忠为太祖高皇帝，作太祖本纪，比崇祯帝为桀纣"[6]，人称"又一张献忠也"。[7] 因此在它不再使用大西国号的情况下，称它为后期大西军政权更为合适些。

这个政权有许多措施制度直接沿袭四川大西政权，如实行军事管制，设"四城督捕"，以中军都督总管首都军政，严门禁；官制、军制，甚至政权中各人的地位与分工，都基本上保持了四川时的安排。然而最能体现其阶级性的，是这个政权经济等方面的关键性政策。

---

[1]《滇南外史》。
[2] 康熙《永昌府志》卷 19。
[3]《鹿樵纪闻·孙李殉难》。
[4]《明季南略》卷 14。
[5] 方孝标：《钝斋文选》卷 3。
[6]《旅滇见闻随笔》。
[7] 董含：《三岗识略》卷 1。

大西军是打着拥明的旗号入滇的，然而却完全否认原明各级地方政权的合法性，除在入滇过程中镇压了大批反抗的缙绅并"骈戮定洲（实为云南明地方当局）所置官吏"[1]外，还下令一律"追各官印"[2]，把明王朝颁发给官吏们作为权力象征的印信符札全部收缴，连颁发给土司的"牒物并敕诰俱被罄尽"，[3] "隐避不缴付"者俱"受刑殒命"。[4]然后农民军再根据自己的标准重新任命官吏，"各官皆换伪印"。[5]以后大西军占领区扩大，但这项规定长期未变，如顺治七年大西军消灭南明军阀皮熊、王祥，再克贵州后，也"令黔属文武各官呈缴滥札"，"会勘平越各官，戮奸（恶）蠹民者"[6]，于是"滇黔二省地方官皆可望委任"。[7]通过这种方式，大西军摧毁了旧政权，建立了新的国家机器。

当然，与历代农民政权一样，大西军委任的文官仍然基本上由地主阶级知识分子组成。但他们除了必须执行农民军制定的各项方针政策外，其权力还受到种种限制，例如杨畏知虽被任命为云南巡抚[8]，但实际上"巡抚衙门久为逆贼裁革"[9]，省政大权掌握在义军弓匠出身的巡按王应龙手中；丁序琨为户部尚书，但财政大权却掌握在大西军后军都督、"总理云兴全省盐政税务总兵官"史文手中；雷跃龙任刑部尚书，但实际上司法工作依然沿四川大西政权之例，由王尚礼主持的"中军都督府"全权处理。在各府州县也是农民军驻镇"营官"说了算，"知县、典史备员而已"。[10]加之大西军"所颁仪注，轻文重武，无所不至。

---

[1]《爝火录》卷1。
[2] 康熙《云南府志》卷5。
[3]《玉龙山莫氏宦谱·知府阿寺阿春》。
[4] 康熙《新平县志·名宦》。
[5] 康熙《云南府志》卷5。
[6]《黔纪》。
[7] 金钟：《皇明来造录》卷上。
[8] 王金堡：《岭海焚余》卷中；《爝火录》卷17。
[9] 第一历史档案馆藏：顺治朝揭帖448号。
[10] 光绪《续修罗次县志》卷1。

又见看守塘拨及刍蘖小卒,虽见道府,亦无不通家弟抗礼堂皇者。若值卒骑于道,则旗仗纷纭辟易,惟恐其鞭之或下也。至于参游将领,有事经过地方,每借粮料为词,州县佐贰往往受其鞭扑,亦异变也。"[1] 因此在一定时期内,一些地主阶级知识分子加入这个政权并不改变其性质。

在这个政权的打击下,云南缙绅地主遭到一场他们称为"丁亥之变"的"大劫"。

首先是"搜海之役"。大西军入昆明后,滇中缙绅纷纷避入滇池、抚仙湖一带的岛屿芦荡中筑砦自固,妄图逃避农民军的清算,因此大西军进城以后立即发出第一个"招民复业"令。这个命令与五月份发布的第二个招民复业令[2]不同,后者主要针对农民,是招抚流民恢复生产,前者却主要针对地主,是勒令他们回来接受清算。此令云:"凡赴海内、山内躲避者,限三日内回家复业,如不回者发兵剿洗。不论官绅士民,有小心者急速回家,得免离散。""果三日外贼搜海。"[3]五月七日大西军水军都督王自奇"掠舡"入滇池,冯双礼入抚仙湖,攻破各砦。

与"搜海"同时,大西军按明末农民军对付缙绅地主的常例开始了"劫富","大抢三日,省中尽劫一空,大家……莫必其命"[4],分驻各"大家"宅第的农民军"挖本家窖,开本家夹墙,凡可用之物,悉为贼有"。[5]在昆明附近的安宁,"流寇入滇,遣伪将曹名臣驻州城,纵兵搜掠,凌虐士大夫。"[6]这个"劫富"过程可分两个小阶段,大西军入滇时正"饥困",

---

[1] 沈荀蔚:《蜀难叙略》。
[2]《滇寇纪略》卷3谓搜海之后"始出令招抚百姓回家务业,不足者借给牛种,而惊鸣始渐枭矣"。
[3] 同上书,卷2《坚守楚雄》。
[4]《滇南外史》。
[5]《滇寇纪略》卷3谓搜海之后"始出令招抚百姓回家务业,不足者借给牛种,而惊鸣始渐枭矣"。
[6] 康熙《安宁州志》卷4。

缺粮，[1]因而以"打粮"为主。"打粮至四月终，约可供一年之食"，[2]因而从五月份起转为以"追比饷银"为主。"可望初入滇，追乡绅，拿大户"，"访拿乡绅富户子弟，重刑夹拷责饷，死者无数"。[3]大西军为此成立了类似李自成在北京设立的"比饷镇抚司"那样的专门机构，由王尚礼主持，在昆明以外各地同样实行了这一政策。一些最富有的土司也被剥夺。农民军从"劫富"中所获的金银数量巨大，以至于次年便在云南实行货币改革，首次在中国历史上实行了事实上的银本位制。[4]

尤其值得指出的是，后期大西军政权对封建生产关系的基础——封建土地私有制的冲击，是我国农民战争史上极突出的典型。在统一云南的过程中，农民军到处有意识地焚毁文契税籍。如在河阳县，"孙可望遣伪将张胜分镇河阳，凡衙舍、仓库、寺观及版籍碑刻拆毁焚劫，占民之居，夺民之食"[5]。该县所在的澂江府"三百年典册之遗，碑刻所记……无不芟毁殆尽，以致事多阙失，文献无证，亦澂郡之不幸也"[6]。在晋宁州，"凡简册、谱牒、碑碣、金石可以征文考献者，兵燹无复存之"。[7]在临安府，"丁亥兵燹，田籍湮没无查"[8]。而云南巡抚衙门"久为逆贼裁革，册籍散失无存，节制事宜全无可考"[9]。其他大西军控制区"册籍无稽"[10]"赋籍散佚"[11]"旧籍尽失"[12]之类比比皆是。广大农民群众乘机而起，澂江府"流

---

[1] 何暄：《古越州志》卷1。
[2] 《滇寇纪略》卷3谓搜海之后"始出令招抚百姓回家务业，不足者借给牛种，而惊鸣始渐臬矣"。
[3] 《滇南外史》。
[4] 参看拙稿《论后期大西军政权的币制改革》。
[5] 康熙《河阳县志》卷2。
[6] 康熙《澂江府志》卷3。
[7] 《晋宁诗文征》文卷7，朱治文：《晋宁州志序》。
[8] 嘉庆《续修建水州志》卷13《艺文·北义仓碑记》。
[9] 第一历史档案馆藏：顺治朝揭贴488号。
[10] 《明清史料》中编，第411页。
[11] 《滇南文略》卷34，王思训：《昆阳李老子登传》。
[12] 康熙《贵州通志》卷27。

寇倡乱，田亩尽为豪强侵隐"；[1] 建水州地主阶级的"学田""义田""贡田"等或因"丁亥之变，田租无收"[2]，或因"丁亥流寇屠城，出贡无人"而"为佃氓干没"[3]。在这种"典籍沦于灰烬，更张习为成例"[4] 的情况下，大西军实行了"军民田地尽占为皇庄"的营庄制度，它虽然终于斗不过封建土地私有制而成为一现的昙花，却为我们提供了一个封建时代农民试图按自己的面貌改造世界的范例。

后期大西军政权存在了十余年，控制过广大的地区，最后主要由于自身矛盾的运动完成了向封建地主政权的蜕变，这在我国农战史上是个难得的范例。大西军入滇后的斗争不仅是明末农民战争的继续，而且在某种意义上可以说还是这场农民战争的更为高级、更为成熟的阶段。

四、总结与余论

沙定洲之乱不是人民起义或一般意义上的土司叛乱，而是云南缙绅地主阶级在社会危机中发动的一次政变；沙定洲控制下的云南并不是土司的天下，而仍然是明朝的天下，大西军不是从土司手中而是从缙绅地主阶级手中，或者说是从明朝手中夺取云南的，大西军平定"沙乱"的斗争与其说是"农民军与土司头人的矛盾"，不如说是农民军与明政权，即农民阶级与缙绅地主阶级的矛盾；在这场斗争中建立的后期大西军政权是四川大西政权的继续和发展。

原刊于《中国农民战争史论丛》第五辑，中国社会科学出版社，1987年版
又载《张献忠与李自成》（论文集），四川人民出版社，1989年版

---

[1] 康熙《澂江府志》卷13。
[2] 康熙《建水州志》卷5。
[3] 嘉庆《续修建水州志》卷2、卷13。
[4] 赵廷臣：《赵清焰公集》卷2《滇省真切情形疏》。

后期大西军营庄制度初探

在农民战争中，封建社会的革命农民是怎样按照自己的面貌改造世界的？对这个问题，《天朝田亩制度》等文献提供了理想的范例，而历代农民政权的社会经济改革提供了实践的范例。在这方面，明末农民战争后期大西军西南抗清政权的实践具有极为典型的意义。本章试对后期大西军政权经济政策的核心——营庄制度进行剖析，以期抛砖引玉。

一、明末云南的社会危机

营庄制度的产生不是偶然的，它既是明末大规模农民战争的产物，也是西南地区尤其是云南当时深刻的社会危机的结果。

明末的云南与全国一样，陷入了社会危机的泥潭中。除了与内地相同的内容（土地兼并、赋税苛繁等）外，云南还有其自身的特点，即生产关系相对落后与经济发展不平衡。元以前，云南先后处于南诏奴隶制、大理领主农奴制统治下。元以后特别是明初，汉族移民迅速增加，商品经济也有发展，使地主所有制下的封建租佃关系成长为占主导地位的生产关系。但落后的领主制乃至奴隶制经济仍在各土司地区占有重要地位。当时，云南农业中主要有四种成分，即土司庄田、寺院庄田、屯田与勋庄。它们之间"井闾相望，阡陌相错"[1]，"兵民相参，畛畔相入"[2]，"营兵与土司杂处，自相凌轹，屯田皆土司故业，每

---

[1]《永昌府文征》文卷9，刘彬：《永昌土司论》。
[2] 万历《云南通志·兵食志序》。

每修隙"[1]，彼此影响，进行斗争和渗透。

土司庄田即所谓"司田"或"夷田"[2]，大部分仍盛行着以古老的村社土地制度为躯壳的领主制。封建领主们通过村社共同体控制着劳动者的人身，并将其束缚在世袭的份地上。如武定府"土官专制，设曲觉三人，分管地方；遮古三人，管理庄田；更资三人，管理喇误（差役），一应调遣，各领步兵从征；扯墨一人，管六班快手；管家十二人，管庄田租谷，皆头目也，藉土衙之势索取，夷民畏之如虎，故土官亦借头目之为爪牙攫噬，其势益张"。[3]这些"头目"系从村社职员演变而来，他们成为土司领主附庸后，村社成员也就成了向领主提供租谷、"喇误"的庄园农奴。另一些地区领主制则处在初级阶段，尚未形成农奴制大庄园，领主对农民实行早期斯拉夫型的剥削方式，即"索贡巡行"。这些领主"无仓廪之积，无租赋之输，每年于秋冬收成后，遣亲信往各甸，计房屋征金银……承行者象马从人动以千百，恣其所用，而后输于公家"。[4]这种方式下村社组织形式就保存得更完整。无论哪种方式，其共同特点是土地私有制尚未深化（仍为共同体的躯壳所掩盖），对劳动者的超经济强制极严酷，劳役地租（"喇误"等）与作为暴力征服后果的"索贡"占有重要地位。劳动者的地位是非常悲惨的，"彼之官，世官也，彼之民，世民也；田产子女，唯其所欲，苦乐安危，唯其所主，草菅人命如儿戏然，未敢有咨嗟叹息于其侧者"[5]。"土司一取子妇，则土民三载不敢婚，土民有罪被杀，其亲族尚出垫刀数十金，终身无见天日之期。"[6]这种黑暗统治严重地破坏了生产力的发展，如明末旅行家徐宏祖记载：

---

[1]《永昌府文征》列传二《腾越州志·周嘉谟传》。
[2]《新纂云南通志》卷138。
[3] 檀萃：《农部琐录》。
[4] 钱古训、李思聪：《百夷传》，此记傣族地区情况，又滇东北彝区亦类似，天启《滇志》谓："每酋长有庆事。令头目入村寨，计丁而派之。游行所至，阖寨为供张，邻寨在数十里内者，皆以鸡黍馈。"
[5]《永昌土司论》。
[6]《圣武记·雍正西南夷改流记》。

当时"迤东"(云南东半部)地区"县以江川为最凋,州以师宗为最敝,堡聚以南庄诸处为最惨,皆为普(土司普名声)所蹂躏也。土司糜烂人民,乃其本性……诸夷种之苦于土司糜烂,真是痛心疾首"[1]。在汉族地主经济的影响下,明末大部分地区的土司领主经济已衰落,土地买卖逐渐盛行,庄园制与农奴份地制瓦解。这一时期留下的碑碣文约中,有大量的土司及土舍、目把等"头目"向土客籍地主出卖田产的记载,如北胜州土官高世昌,自万历四十六年至崇祯四年,先后十次向丽江木氏与鸡足山僧人释禅等出卖"祖遗庄田",价值白银共3965两之多;邓川州土官阿氏,自万历六年至十七年间,也先后多次出卖田产,面积达千亩以上[2];各土官、土舍间也出现了土地兼并,村社土地与领地逐渐转化为"置买"的"私庄"。"各庄……公务杂派下程年例等项折算作实租"[3],农奴制劳役剥削也转化为租佃关系下的实物地租。农民的世袭份地更成为兼并的主要对象。弘治间白族诗人杨南金的《土著变》说:"溪田三五双,祖父遗孙子,笠裳事耕牧,衣食甘粗鄙……坟宅经数世,等闲不更徙。年来混军商,逐末远未耟,狡伪善刀笔,大坏昔仁里,恒产如沃雪,饥寒四顾起。"[4]深刻地反映了洱海地区客籍地主兼并土著农民份地的情况。而商品经济与军屯的发展对此起了重要作用。如太和县"水土之利,皆归客商",宾川州"佃租之利,皆为江右商人饵诱一空"[5],邓川州"罗颐川百夷后田产多卖与军商,知州周文化丈将本里田尽同十一里编差"[6]。在军屯影响下,明末"云南……之土军已为编入里甲之

---

[1] 徐宏祖:《徐霞客游记·滇游日记二》。
[2] 木增:《敕赐悉檀寺常住碑记》,此碑天启、崇祯各一,同名异文。按:此类材料在方国瑜:《明代云南碑钞》;白族社会历史调查组:《大理白族自治州碑文辑》《大理州明清文约钞存》及云南省图书馆所藏金石拓片中多见,兹不列举。
[3]《敕赐悉檀寺常住碑记》,此碑在土舍高世昌出卖"私庄"项下注曰:"此庄系祖先置买,原无家伏杂派",以示与承担"家伏杂派",即"喇误"的土司领地不同。
[4] 咸丰《邓川州志》卷15《艺文》下。
[5] 嘉靖《大理府志·风俗》。
[6] 隆武《邓川州志》卷3。

粮户","既属编氓"[1]了。

值得注意的是，在明代后期土司地区的土地买卖中，已经普遍地出现了地价多元化与地权多层次的现象，地价分"典"价、"活卖"价与"绝卖"价，"活卖"后买主对田地只有占有权，无权更改田界，不能将其"绝卖"给他人，不允许"买主安置坟墓"，卖主则保留随时"取赎"或向买主索取"加添""加找"地价的权利，且此权利可世袭，即所谓"父卖子绝"（父亲"活卖"出去的田产子孙还可以再"绝卖"一次）。只有"绝卖"后，买主才拥有完整的地权，可以在其上"安置坟墓"或自由分割、转让，卖主"不得异言取赎"[2]。这种现象是土地私有权高度深化并分解为多层次的结果，它为"田底"权与"田面"权的分离、永佃制与押租制的发展创造了条件。这种现象即使在租佃关系高度发展的江南一带也是直到明代才普遍化的。[3]云南封建租佃经济直追内地的发展势头于此可见。

但在另一方面，明代云南的地主经济也受到地方传统与领主制残余的影响，在许多方面呈现出不同于内地的野蛮落后的农奴制色彩。这在云南农业上的两个大头——屯田与勋庄上表现得最明显。

云南是明初推行卫所屯田制度的重点地区，明代全国卫所屯田约占全国各类田地量的10%左右，云南则高达43%。[4]万历年间国家屯租收入占屯租田赋总收入的14%，而云南高达73.3%。[5]所以正德《云南志》说"云南屯田之制……其利最善，而视内地相倍蓰"[6]。石屏州《宝

---

[1] 崇祯二年鹤庆《院道禁革土军事宜碑记》，见《大理州碑文辑》。
[2] 杨神祜《实卖山地契》，杨豪《杜绝加添盖字地契》，杨二月保《加添地契》（均见《大理州明清文约钞存》），悉檀寺常住碑、万历四十二年宜良《报国寺置常住田碑》，等等。
[3] 谢肇淛：《五杂俎》卷4："俗卖产业与人，数年之后，辄求足其值，谓之尽价，至再至三。"今存江南一带明代契约证明了这一现象。
[4] 万历《云南通志》，《兵食志》《赋役志》有关数字统计。
[5] 万历《大明会典》卷18、卷24、卷25，茅元仪《武备志》卷135有关数字统计。
[6] 正德《云南志》卷1。

秀新河碑记》亦称："我国家方制万里……凡卫所峙列之处，分置营屯，滇更倍之。"[1] 永乐以后，明代屯田出现了《云南通志》所说的"豪者诬私为公，贪者卖公为私"[2] 的现象，就全国来说，当时主要的趋势是"卖公为私"，屯田逐渐私田化，而屯田军则由国家军事农奴逐渐转变为私家佃农，以致屯田额"日耗一日"[3]，"自正统后，屯政稍弛，而屯粮犹存三之二"[4]，到万历年间，"计屯田之数六十四万四千余顷，视洪武时亏二十四万九千余顷"[5]，到明末，屯田已"尽归于富室，没于士大夫"[6]。而云南则不同，虽然"卖公为私"现象也很严重，但主要趋向却是"豪者诬私为公"，屯田额与屯粮额一直是增加的：洪武年间为4350.36顷[7]，到明中叶为10877.43顷[8]，嘉靖四十一年为11171.54顷[9]；到万历初年更增加为13206.42或12632.04顷[10]；天启年间又有"加增"[11]。然而，这些数字并不意味着云南的屯政办得比全国其他地方更出色，而仅仅意味着云南官豪地主一方面侵占屯田而不减其额，逼令屯丁赔纳；另一方面又利用落后的传统，在"军屯"的招牌下以超经济手段强占民田，如永平县"近处边境，诸种夷民刀耕火种，先被本司官舍旗军倚势骚扰，逼民逃窜……夷民愈贫，实为大患"[12]；嵩明州"人少地多，被云南左等五卫豪强官舍军余占种，不办粮差"[13]；"云南都指挥同知李福为部所奏，

---

[1]康熙十二年《石屏州志》卷9。
[2]万历《云南通志·兵食志序》。
[3]顾炎武：《天下郡国利病书》册11"凤宁徽"条。
[4]《明史》卷77《食货志》。
[5]《明会要》卷53《食货一》。
[6]《耻躬堂文集》卷7。
[7]《明太祖实录》卷194，洪武二十一年十月壬寅。
[8]王圻：《续文献通考》卷14。
[9]万历《大明会典》卷18。
[10]万历《云南通志》，《兵食志》，前者为各卫所分数之和，后者为都司册载总数。
[11]庄祖诰：《厘正屯粮经制公移》，天启（滇志）卷7附。
[12]《英宗实录》卷150，正统十二年二月乙亥。
[13]同上书，卷162，正统十三年正月庚戌。

强占官民田地"[1]，这样，云南卫所侵夺民田，就成了当时的一个严重问题，"屯饷多于田赋"[2]是普遍现象。附郭、近水的腴田更是卫所地主兼并的对象，如石屏州"环城数舍，强半屯田"[3]；河西县"邑田为屯军所占者三有其二，丁三千七百口有奇，大半无产之家"[4]；通海县更是全部土地均为卫所霸占，全无民田[5]。由于"屯田皆土司故业"，军官地主因袭土司领地原有的"聚则为军，散则为民"[6]的部落兵制传统，把当地农民变为"土军"即军事编制下的农奴来加以役使剥削，这就延续了军事农奴制度。明代许多地区随着屯田的私田化与卫所组织的废弛，屯丁的军事农奴色彩已大为消退，但云南却不然，正如清初刘昆所说：明代"屯丁……数传而后化为农桑。故于谦处景泰之间，改卫兵为团营，是亦变府兵为骑之法矣……至于云南之地……卫所屯丁尽是庄农，仍俨然以一守备一千总一经历司以领之"[7]。在卫所机构"催督严明"[8]的超经济强制下，这些"庄农"的处境十分悲惨，当时云南"至轻之屯额比至重之民赋尚有四五倍之数，若较轻额，则屯赋之于民赋竟有十倍之重"[9]。万历初，云南屯田约为布政司所属在籍官民田的百分之七十，而前者的屯租收入竟为后者的田赋收入的近三倍[10]，"所以屯军终岁勤动，所收之谷不遑赡顾父母妻子，惟事纳粮"[11]。明末屯粮又有增加，"有未履亩径，照加粮者，有委官报册之后，各军刁悍赴告加增，覆委各州县就近覆丈，

---

[1]《英宗实录》，卷218，景泰三年七月丙辰。
[2] 康熙十二年《石屏州志》卷9《艺文》，杨忠亮：《宝秀新河碑记》。
[3] 同上书，卷9，萧廷对：《三社仓记》。
[4] 康熙《河西县志》卷5《艺文·周公生祠记》。
[5] 康熙《通海县志·艺文》。
[6]《百夷传》。
[7] 刘昆：《南中杂说》"卫所"。
[8]《滇文丛录》卷1，俞汝钦：《条陈屯田粮议》。
[9] 道光《晋宁州志》卷12《艺文》，石文晟：《请减屯粮疏》。
[10] 同上。
[11] 万历《云南通志》,《赋役志》《兵食志》。

而就覆丈中反缩原数者"[1]。这些档册上的屯田实际上早已为官豪缙绅与卫所军官兼并或私卖，而屯租不减反增，这等于让屯军交纳两重地租，从一头牛身上硬剥下两张皮来！结果使屯军"每军赔至十余石或二十余石者有之，情岂能堪"，"或卖产业，或鬻子女者多，无卖无鬻，即以逃为上矣"。[2] 滇西金齿卫洪武时共有屯军二万一千以上，到明中叶就"逃亡大半"，仅余三千余人。[3] 统治者的对策是"并抛荒逃亡之田派使（未逃屯军）赔纳"，致使"逃者不复思归，而在者亦欲就逃"[4]，"千家止有十家存"[5]。到大西军入滇前夕，屯田上的农业生产几乎完全破坏了。

沐氏"勋庄"是云南封建经济中的另一个恶瘤。《明史·食货志》说："明时……为民厉者，莫如皇庄及诸王、勋戚、中官庄田为甚。"云南没有王庄，但是却有明代异姓勋庄中规模最大、形成最早的"沐庄"。早在明初沐英镇滇时，就"禄俸之外听置田庄，国家所为优待也"[6]，到正统年间沐晟袭爵时，沐庄已"置田园三百六十区，资财充牣"[7]。万历十六年，沐庄"田自钦赐外，多至八千余顷"[8]，万历三十九年云南巡抚周嘉谟引述上述数字后说："推而上之，西平入滇尚未有此。其后岁积代累，乃及此数……自（万历）十六年迄兹仅二十四年，又复增加于旧。"增加了多少？周嘉谟不知道，他只知道"环滇村内，莫非总庄"[9]。六十年以后到明末沐庄之田更不知凡几了。这还只是"钦赐"以外另行兼并的"册税民田"，

---

[1]《厘正屯粮经制公移》。

[2] 俞汝钦：《条陈屯田粮议》。

[3] 同上。

[4]《明英宗实录》卷92，正统七年五月甲辰。

[5]《永昌府文征》诗九，高桂枝：《卫军行》。

[6]《滇系》艺文系第二册，周嘉谟：《庄田册疏》。

[7]《明史·沐晟传》。

[8]《明神宗实录》卷480，万历三十九年二月戊寅。据周嘉谟《庄田册疏》是8031.37顷，所承税粮3419石。

[9]《庄田册疏》。

至于作为沐庄主体的"钦赐"的不在册不纳粮的庄田更不知多少,据《黔宁王沐氏世袭事略》,沐氏田地达一百零一万三千亩之多[1],"视他勋戚不啻倍之"[2]。云南之外最大的一些异姓勋庄如驸马都尉李和二千八百余顷,成国公朱希忠千三百余顷,都无法望其项背。就相对量而言,明代庄田总额从未达到全国田土总额的十分之一,而沐庄却占云南总耕地面积的三分之一以上,比之豫、楚的王庄毫不逊色。

沐氏是"握兵符,世守兹土"[3]的土皇帝,"开门节度、闭门天子",其威势是其他勋戚乃至明代那些位尊而无权的亲王所无法相比的。沐氏又是"云南土司共主","沐氏支子"分镇各土司地区,"其田远及夷地"[4]。宁州土司、滇南边境的傣族"十五猛"地区、腾越边境的户撒长官司等处都是"其地为沐氏庄"。因而沐庄带有与内地贵族庄园不同的、很浓的领主制色彩。首先就土地兼并方式而言,明代勋庄多系"钦赐",且有退田之制,除亲王庄田可永远世袭外,"赐"给皇戚、勋臣的庄田都规定了传袭代数,到时除留小部分"祀田"为世产外,其余大部分还官。并明令禁止逼民"投献"(实行得如何又当别论)。而对沐庄,则是"称钦赐者仍从免科,以广皇仁于无穷;宽投献者姑不例遣,止令认纳差粮,以开法网于大宥;新垦置者一体齐民,亦弗尽依会典,以昭作贡于任土"[5]。承认沐府对"钦赐"与"投献"的土地均有"例"外的"无穷"权利。对所谓"新垦置者",虽让沐府交纳一点象征性的田赋,但亦非真的"尽依会典"而把其当作"齐民"田产看待。沐庄土地构成中,"钦赐"的少,"自置"的居多。但所谓"自置"并非用经济手段买来,而是"或受投献,或勒契券,问徒遣戍",公行霸占[6]。如"黔国公沐绍勋庄田……奸恶管庄之人凭借声势,始而侵占投献,终则劫掠乡

---

[1]《庄田册疏》。
[2] 参见《云南各征志》。
[3]《明穆宗实录》卷37,隆庆三年九月己卯。
[4] 光绪《腾越厅志》卷5《田赋》。
[5]《庄田册疏》。
[6]《明神宗实录》卷485,万历三十九年七月庚子。

村"[1],"沐绍勋任千户经营管庄,诱引投献,混占民田"[2];还有"倚仗权豪",霸占水源,"以致民田不通水利"而后强行兼并的[3]。沐庄还有几种内地王庄都没有的兼并方式,如军事征服。许伯衡《荞甸记》:"荞甸在昆阳、新兴、易门、三泊、嶍峨数州县之间……方五百里,其地宜荞,故谓之荞甸。各夷自相雄长……万历荞甸反,太师武僖公沐璟讨平之,令其地尽为沐氏庄田。"[4]明末吾必奎之乱平定后,沐天波也曾出示"大兵进剿……但入勋庄寄住者免死"[5],赤裸裸地用武力强勒人民为庄户,这完全是土司领主的行径。沐府还用世袭云南总兵官的权力,以军屯的名义兼并土地,"任千户经营管庄""云南六卫千百户,尽为总兵田牧私人,倚势害民,无所不至"[6]。因此在明末,屯田与"总庄"之间的界限是很模糊的。[7]这些屯田上的屯丁实际上也成了沐府农奴。此外,"沐氏支子"分镇的"夷地"庄田与土司经营的"沐寄庄",就更是领主庄园化了。

明代王庄、勋庄的佃户,大抵来自"钦拨"与投充。而沐庄除此二者外,还有"大兵进剿"的军事征服,"问徒遣戍"以勒逼契券以及军事强制下的屯丁转化而来的大批"庄民",他们的人身依附关系比内地庄佃更为强烈。明代的诸王食租而不理民,对佃户没有直接统治权,而沐庄却是"庄民不隶有司"[8],被视为沐府的"家人"。沐府统治者"弃国法如弁髦,视人命如草菅,通夷占军,谋财夺产"[9],因而后来吴三桂继承了沐庄后有"庄民乎直

---

[1]《明世宗实录》卷109,嘉靖九年正月庚戌。
[2] 同上书,卷108,嘉靖八年十二月辛巳。
[3] 万历元年昆明县《石鼻里水利碑》。
[4] 康熙《昆阳州志》卷10《艺文》。
[5] 康熙《元谋县志》卷4《艺文》。
[6]《明世宗实录》卷98,嘉靖八年二月乙亥。
[7]《黔宁王沐氏世袭事略》等书均把屯田数视为沐庄数,《庄田册疏》则谓沐庄中有"税粮屯地",而吴三桂入滇,请括沐庄七百顷为藩庄后,又将原卫所田千余顷亦作为前明勋庄并入,事见《康熙元年云南屯政赋役全书》。又乾隆《碑嘉志》称全县六里,民二军四,而军里中有归正里,"此即勋庄,明属沐氏",可见勋庄与军屯的关系。
[8] 曹树翘:《滇南杂志》卷9。
[9]《明神宗实录》卷4,隆庆六年八月壬申。

藩王之奴仆耳"[1]之说。沐庄管理体制吸收了土司"把目"制与军屯中的军事编制形式，豢养了大批各级附庸、奴才充当代理人，如参随、管庄、火头、佃长、千户、百户等[2]，形成世袭的等级制依附关系，并从中出现了一批权势赫赫的世袭家族。有的如明末以阮呈麟为首的阮氏家族竟至于威重震主，但沐氏对他们仍操有生杀之权。[3]至于被压在最底层的广大庄民的人身地位就更不用提了。沐庄的剥削残酷非常，就连明政府也认为"总庄横征暴敛"[4]。明制庄田租"亩税三分"，略高于国家征收的田赋，而"沐氏使人收租，数常三倍"[5]。明制，勋庄籽粒由州县代征，不许自行收租。只是到了明后期才有一批势大的藩王为便于苛敛，争取到了自行管业收租之权利。而沐庄早自沐英始一直是自行征收的。[6]明制，勋庄之田"除国赋为籽粒"[7]，庄民不需另纳赋税，而沐庄之田大部分是"钦赐"之外的"册税粮屯田地"，田既归沐，而赋税不除，于是"正供之外复有勋庄，人民既纳额粮，复纳勋庄籽粒干租"[8]，加上沐府各级附庸层层剥皮，"无名之科派，下乡之骚扰"，"正征之外有杂派，杂征之外有亡名，虐焰所加，不至膏见髓干不止。"[9]此外沐庄庄民还与土司统治下的人民一样，要为主人服徭役、兵役[10]，其苦难可想而知。

元明两代，在内地移民与土著各族人民的共同努力下，云南社会生

---

[1]《新纂云南通志》卷6，大事记六。
[2]《庄田册疏》。
[3] 佚名：《滇南外史》。
[4]《明神宗实录》卷485，万历三十九年七月庚子。
[5] 康熙《昆阳州志》卷10《艺文》。
[6] 万历末年，在巡抚周嘉谟、巡按邓渼坚持下，曾将沐庄部分土地（"新垦置者"）归"有司"代征，但天启年间沐府"谓庄租起解迁回市政司非便，欲径赴该镇交收"，于是这些庄田又"仍归营业"了。（周嘉谟：《庄田册疏》，道光《宣威州志》卷6，闵洪学：《条陈滇黔事宜并庄田照旧归有司疏》。）
[7]《滇南杂志》卷9。
[8] 民国《姚安县志》卷17《田赋》引旧志。
[9]《庄田册疏》。
[10] 乾隆《丽江府志略》卷下："沙定洲之乱"时，迤西沐庄"管庄"王鸣凤率领"庄兵"往卫，又《滇南外史》称当时"荞甸庄兵现屯城外"。可见庄民有为沐府充当私兵的义务，有类于两晋时代的部曲。

144

产力有了很大发展，元代前期滇中盆地一般亩产可达两石[1]，到明后期，滇池洱海地区民田亩产已达三石以上[2]，已赶上了国内农业先进地区江南一带的水平[3]。以矿业、盐井业为中心的商品经济更是发展，"凡银……合浙江等八省所生，不敌云南之半"[4]，"铜，独盛于滇南"[5]。在这种情况下，云南封建生产关系的落后状况便与生产力的发展要求产生了尖锐矛盾。如当时军事农奴制下的屯田，耕作粗放，亩产只有七八斗[6]，远低于民田的水平。因而云南卫所的侵夺民田，就使农业的整个生产水平趋于下降。沐庄的情况也是如此，在沐府压榨下，庄民无法维持简单再生产，许多人只好以"劫掠"所得来补纳庄租[7]；更多的则"弃田远窜"[8]，"饥寒既迫，相率寇盗，抑何惮而不为"[9]。以至于天启年间的巡抚闵洪学惊呼："以庄田一事遍骚，而骇乱之鼎已沸而加薪焉，兽已惊而又为殴焉，此茕茕茧茧者，非转死沟中，则群噪揭竿耳"，"滇祸已烈矣！夫庄田为滇民苦患，其博噬楚毒……何堪再驱于鼎镬？"[10]在这种生产关系制约下，农业中的商品经济得不到起码的发展，全国最大的银铜产地云南，直到大西军入滇时，原始的贝币"海肥"仍是主要的流通手段，钱法"格不能行"[11]。而在畸形发达的矿业手工业基础上形成的货币资本则转化为泛滥成灾的高

---

[1] 张洪：《南夷书》："赛典赤行省云南，询诸夷民：度亩收若干？夷曰：可得稻二石。"
[2] 民国《大理县志稿》载大理阳和庄农民杨儒佃田四亩，年纳租谷九石，亩租二三石。这只有亩产不低于三石才可能交纳。
[3]《日知录集释》卷10，谓苏淞一带"每亩之收不过三石，少者一石有余"。
[4] 宋应星：《天工开物》卷下，"银"。
[5] 檀萃：《滇海虞衡志》卷5。
[6] 清初云南巡抚石文晟《请减屯粮疏》(见道光《晋宁州志》卷12)：云南屯租最高额为七斗二升／亩。而已"不能以一亩之出全完一亩之额数"了，《明太祖实录》卷194记洪武二十一年云南都司屯统435036亩，产粮336007石，平均亩产7.7斗左右。
[7]《明神宗实录》卷480，万历三十九年二月戊寅："沐昌祚……横征暴敛，以致庄户劫掠公行，该镇庇之。滇民如在水火。"庄户劫掠，系为交租，所以沐府"庇之"。
[8] 民国《姚安县志》卷17，引旧志。
[9]《庄田册疏》。
[10] 道光《宣威州志》卷6。
[11] 康熙《平表县志》卷3《风俗》。

利贷，这就是所谓云南风俗"称贷权子母，而不好贾"[1]。当时云南高利贷利息之高冠于全国："一岁而子钱之人等于母也，逋息再岁后责之子母犹初。"[2] 它无助于商品经济的发展，却有利于自然经济的破坏。"永平千户所官舍旗军放债取利，准折子女田产"[3]，云南五卫军官"强以私债，准折民田，不听归赎"[4]，大大加速了小农的破产。

上层建筑与经济基础的矛盾也加剧了社会危机。臭名昭著的万历年间"矿监税使"大骚扰，云南因其为矿业中心而受害尤重。明代封建国家政权对云南的"正额"征敛亦属惊人，据万历《明会典》载：万历六年云南民田平均每亩承担税粮额居全国第二位，为全国平均数的百分之二百零九，甚至高于号称"奇重之赋"的南直隶。云南屯田平均每亩承担屯租额更为全国之冠，为全国平均数的五倍多。[5] 连明朝官员都说云南"赋尤偏重"[6]。加之"膏腴半属巨室，征输独烦编户"[7]，"顾徭外之役，则有土军，赋外之征，则有银课，劳已极而役不休，人已贫而敛愈急，此乃中州所无，而云南独苦者"[8]。早在万历间，宁州等地人民就因"赋繁"而"逃徙强半"[9]。明末在"三饷"加派下情况就更不用说了。但是，在云南明末社会危机中，上层建筑与经济基础的矛盾所起的作用还是次要的。就中原地区而言，当时生产力发展水平尚未达到封建租佃制生产关系所无法容纳的地步，社会危机在很大程度上是因封建国家机器消极作用的恶性发挥（如三饷加派等）阻断了社会再生产过程而引起的。而在云南，尽管如上所述封建国家的苛政有过于内地，但生产关系不适应生产力发

---

[1] 嘉靖《大理府志·风俗》。
[2] 康熙十二年《石屏州志》卷9《艺文》，萧廷对：《三社仓记》。
[3] 《明英宗实录》卷150，正统十二年二月乙亥。
[4] 同上书，卷162，正统十三年正月庚戌。
[5] 梁方仲：《中国历代户口、田地、田赋统计》表乙三六、乙四九。
[6] 康熙十二年《石屏州志》卷9《艺文》。
[7] 天启《滇志·赋役志》。
[8] 万历《云南通志·赋役志》。
[9] 《滇南文略》卷19，王元翰：《送李怀劬之马龙序》。

展需要的矛盾却更为突出。北方农民战争围绕"免赋"而展开，均田、抗租的色彩相对淡薄[1]，而在云南却出现了直接针对现存生产关系的营庄制；大西军前期在内地讲"免赋三年"而未直接触及地租，后期在云南讲"田主十与一"，而不再强调免赋，其根本原因就在于此。

对于云南社会基本矛盾的尖锐与社会危机的先兆，统治者中并非无人察觉。自嘉靖年间起，不少人用内地封建租佃经济的眼光看云南，试图对云南的生产关系进行调整，如欧阳重、周嘉谟、俞汝钦、闵洪学等人都曾针对屯田、沐庄的问题提出改革方案，明中叶以后在瓦解土司领主经济基础之上的改土归流和明后期闵洪学等推行的钱法改革也与此有关。但这些努力结果都是一事无成：查勘庄田，"管庄之人凭借声势，驾言阻挠，有司惧变束手"[2]。部分庄田"归有司代征"也只维持了几年。清理屯田，"纂修经制至今十余年竟未成书"[3]。明末"军种民种，一照民田起科"[4]之法，在云南也行不通。改土归流进行到明末，云南各地又纷纷出现了土官复辟甚至"改流为土"的现象。钱法改革则在统治者"将银撤去"之后终告流产。万历一条鞭法时，由于租佃经济的发展，各地纷纷实行了部分摊丁入亩[5]，而周之相等人在云南试行则碰了一鼻子灰，结果还是"一输诸地，一取诸丁，无古今，一矣"。[6] 有的改革者如欧阳重等还落得革职为民的下场。地主阶级的本性决定了他们不可能认真消除领主农奴制及其在地主经济中的残余，相反他们还要利用这些残余作为

---

[1] 关于明末大顺军"均田"口号问题，史学界意见存在分歧，笔者对是否提出过这个口号是持怀疑态度的。
[2]《明世宗实录》卷109，嘉靖九年正月庚戌。
[3] 天启《滇志》卷7《兵食志》。
[4]《明史》卷256《毕自严传》。
[5] 江南是"丁居四分之一而粮石居四分之三"（《天下郡国利病书》册14），陕西是"丁六粮四"（万历《自水县志》卷2），广东是"户口固有定额，大约以计亩而均分"（康熙《四会县志》卷7）。
[6] 康熙《河西县志》卷5《艺文·周公生祠记》；乾隆《河西县志》卷1。按：云南有的州县到清乾隆年间全面摊丁入亩后很久仍"例不编丁于条银内，有地有丁"（檀萃：《华竹新编》卷5《丁赋志》）。

加强剥削的手段，如土司地区的沐寄庄与屯田那样。因此他们的"改革"最后都流为对人民的大掠夺，改土归流中客籍地主与流官政权对农民份地与村社土地的兼并就是最好的例子。这势必引起人民的反抗，而村社组织形式常成为他们进行反抗的工具。以兵农合一的"公产主义"方式出现的营庄制与此也是不无联系的。

从嘉靖年间开始，云南阶级矛盾已有激化趋势，到万历末年已是"室室空虚，人人喜乱"，当时刑部主事、云南人王元翰疏称："近闻临安、澂江、新兴、嶍峨一带群盗蜂起，劫抢城市，烧掠村屯，晋宁与河西等州县至土封城门，出入几断，大小凛凛，莫必生命。"[1]"现今滇中干戈满地，骨肉涂野，民不因避税而成盗，则必由办金而附贼。"[2]至崇祯年间，人民反抗斗争有了进一步发展，新平、元江、石屏、嶍峨四县间的"鲁魁山寇"与易门、晋宁、宜良、嶍峨境内的"荞甸贼"都屡蹶屡起。历时数十年乃至百年之久，"聚众数千人，几为大变"[3]，且开始攻打州县，先后击毙了明军都司余坤、张印正、守备普为仁、把总沈可新等[4]，逐渐发展为武装割据。这期间斗争的特点是：1. 沐庄佃户反抗地租剥削、争取摆脱农奴地位的斗争，占有突出的地位，所谓"诸贼皆黔国庄丁"[5]，"向为总镇之佃民"[6]。"昆阳、易门、宁州、嶍峨等数十处，大盗公行，惨于夷虏，无非总镇庄户。"[7] 2. 汉族庄户的斗争往往与少数民族人民斗争融合，采用村社、部落的组织形式，亦兵亦农，阻险自守。久之，他们也被统治者视为"别种夷贼"，而其首领亦被视为"酋长"了。如荞甸军原是汉族庄户李向阳"以征粮太急为词，遂聚众并纠易门夷以叛，号混天大王"[8]，但

---

[1] 王元翰：《王谏议全集》疏草《滇患孔殷维桑虑切疏》。
[2] 同上书，《滇民不堪苛政疏》。
[3] 康熙《昆阳州志》卷10《艺文》。
[4] 《新纂云南通志》卷215。
[5] 《滇系·事略》。
[6] 《明清史料》乙编第一本，天启元年兵部题行残稿。
[7] 《明神宗实录》卷485，万历三十九年七月庚子。
[8] 胡蔚增补《南诏野史》卷下《续纪事》。

后来遂被视为"荞甸夷"或"荞甸贼夷"[1]。所谓"鲁魁山寇"也是"多年自成种类，遂于土司之外另有此种野贼"[2]。3. 尽管当时阶级矛盾尖锐，但在多民族聚居、多种经济形态与政治形态共存的云南，人民反抗斗争难以汇合成为足以冲垮明末腐朽统治的洪流。这样，这个任务就落到了入滇的大西军身上。

二、营庄制度的实行和演变

顺治四年，大西军在张献忠牺牲后重振旗鼓，于三月下旬攻入云南，四月占领昆明，在消灭了云南地主阶级两派（拥沙派与拥沐派）的主要军事力量并镇压了各地缙绅地主的反抗后，于九月统一了云南，建立了一个"以张献忠为老万岁"的"国继先秦"的农民政权。这就是地主阶级所谓的"丁亥之变"。

当时就全国范围而言，由于清军入关，民族矛盾已上升为主要矛盾，但就西南诸省尤其是云南来说，阶级矛盾却仍居主导地位。大西军入滇，人民"延颈望其来"，原来就已揭竿造反的群众更是欢欣鼓舞，"流寇入滇，沐氏勋庄之人趋附入山，贼党愈炽，剽掠乡村"[3]；原来被逼入深山"多年自成种类"的起义者纷纷出山，扬眉吐气地"沿途赶集"[4]；有名的"鲁魁山寇"自动为大西军维持地方治安，"为各村保固无他"[5]。而各地豪绅却纷纷"倡义受吴公（拥沙派官僚、云南巡抚吴兆元）札，提兵御寇"[6]，"奉黔国公（沐天波）檄守"[7]，发动叛乱，因而受到大西军的坚决镇压。而且，云南当时面临的深刻的社会危机与经济破产、民不聊生的衰败状况，

---

[1]《明清史料》乙编第一本，天启元年兵部题行残稿；万历《云南通志》卷1《沿革》。
[2] 民国《新平县志》卷3《戎事》；倪蜕：《滇小记·鲁魁山》。
[3] 同上。
[4] 康熙《通海县志》卷1《沿革》。
[5]《滇小记·鲁魁山》。
[6] 康熙《昆阳州志》卷9；道光《昆阳州志》卷11。
[7] 乾隆《晋宁州志》卷7。

也决定了大西军必须在打击地主阶级的基础上实现生产关系的调整，否则就无法建立稳固的斗争基地。最后，大西军入滇时已陷于"饥困"[1]，军粮问题是燃眉之急，大西军占领昆明后所以不能立即进军滇西，就是因为缺粮，不能不"俟秋成"[2]。而云南在严重的社会危机下，"是岁大饥"[3]，农民军不仅不能在"官仓"中找到现成的军储，而且还要赈济饥民。在这种情况下，依靠恢复生产、征收赋税来解决问题固然是根本之策，但毕竟远水不解近渴，因此以"打粮""拷掠逼饷"等方式进行"劫富"的农民军传统做法一时还难废除。所以，大西军虽然从全国大局着眼，早在入滇之前就已提出联明抗清口号，但云南的地主阶级却在"丁亥之变"中受到了沉重打击。经过"搜海""掠舡""打粮""追饷"，缙绅地主们"大家身无完衣，仓无颗粒，吞声忍气，莫必其命"[4]；"庠中弟子，日谋生不暇，荐绅之徒，又匿于穷巷，贫贱且长，乡间小儿，得而呵斥"；"屡世衣冠"的人，不得不"朝供负载、暮则息肩"[5]。正如清初官僚赵廷臣所哀叹的："伤哉，此方绅衿也！幸生为天地间明理识字人，沦于贼手，不得早沾王化，妻孥辱于系累，田舍没于营庄，而复派粮派饷派马匹派器械，惧其逃避也，锁桎之，疑有余囊也，炮烙之。缙绅降为编户衿袱于仆隶。"[6]

"丁亥之变"严重冲击了封建土地所有制。农民军到处有意识地焚毁文契账册，在河阳县，"孙可望遣伪将张胜分镇河阳，凡衙舍、仓库、寺观及版籍碑刻拆毁焚劫，占民之居，夺民之食"[7]，该县所在的澂江府"三百年典册之遗，碑刻所记……无不芟毁殆尽，以致事多阙失，文献无

---

[1] 何喧：《古越州志》卷1《附事记》。
[2] 《滇寇纪略》《盘踞滇城》。
[3] 同上。
[4] 佚名：《滇南外史》。
[5] 宋祖光：《晋宁州重建学官记》（拓本）。
[6] 《赵清献公集》卷2。
[7] 康熙《河阳县志》卷2《沿革》。

征，亦澂郡之不幸也"[1]；在晋宁州，"凡简册、谱牒、碑碣、金石可以征文考献者，兵燹无复存之"[2]；在临安府，"丁亥兵燹，田籍湮没无查"[3]。而且"云南巡抚衙门久为逆贼裁革，册籍散失无存，节制事宜全无可考"[4]。其他大西军控制区"册籍无稽"[5]"赋籍散佚"[6]"旧籍尽失"[7]之类记载不胜枚举。广大农民群众趁机而起，在澂江府，"流寇倡乱，田亩尽为豪强侵隐"[8]；在建水州，地主阶级的"学田""义田""贡田"等或因"丁亥之变，田租无收"[9]，或因"丁亥流寇屠城，出贡无人"，"为佃氓干没"[10]，这就是所谓的"典籍沦于灰烬，更张习为成例"[11]。在这些"更张"中，最令地主们痛心疾首的就是作为大西军经济政策核心的营庄制度了。

顺治四年五月，大西军于"搜海"之役结束后，"始出令招抚百姓回家务业，不足者借给牛种"[12]，同时宣布"将云南府属军民田地分为营庄，各设管庄一人"[13]。这是营庄制的开始。所谓"府属军民田地"是什么？这是正确理解这种制度之关键。郭映秋同志认为它仅指"官田"而言，不包括民田[14]；张贡新同志亦以"军民田地"解作军屯与民屯田地，从而认为营庄制就是把被隐占的屯田收归国有[15]。苟如此，则营庄制就与明代历

---

[1] 康熙《澂江府志》卷3《沿革》。
[2] 《晋宁诗文征》文卷7，朱治文：《晋宁州志序》。
[3] 嘉庆《续修建水州志》卷13，《艺文·北义仓碑记》。
[4] 第一历史档案馆（以下简称"档"）：顺治揭帖第448号。
[5] 《明清史料》甲编第五本，第441页。
[6] 《滇南文略》卷34，王恩训：《昆阳李孝子澄传》。
[7] 康熙十二年《贵州通志》卷27《事记》。
[8] 康熙《澂江府志》卷13。
[9] 康熙《建水州志》卷5《学校》。
[10] 嘉庆《续修建水州志》卷2、卷13。
[11] 《赵清献公集》卷2《黔省真切情形疏》。
[12] 《滇寇纪略》"盘踞滇城"。
[13] 康熙《云南府志》卷5《沿革》。
[14] 《论李定国坚持西南抗清斗争的历史作用》，载《南京大学学报（社）》1962年第3期。
[15] 《大西农民革命军在云南的十年斗争》，载《民族与地方史研究》1975年第1期。

朝清理屯田、厘正屯额的"改革"无甚区别了。这完全与事实不符，其实，明代的云南并不存在"民屯"这种土地类型[1]。而作为营庄制推行对象的"军民田地"，其军田指卫所屯田，民田即指私有土地。这从各种史料中的"孙可望分据民田"[2] "田主十与一" "民以无田为庆"（见下文）等记载可证。清军入滇时，总督赵廷臣曾奏："云南……自罹寇患……广设伪庄、滥兴营造……有上农之田者，一被其占，即无用锄之地。"[3] 何谓"有上农之田者"？他的另一个奏议说的就更清楚了，"伤哉！此方绅衿也……妻孥辱于系累，田舍没于营庄"（见前引）。可见营庄原来多是地主的私有土地，其中很大一部分即原来的"沐庄"。所谓营庄只是当时俗称，大西军这种土地制度的正式名称叫"皇庄"（有些记载讹为"王庄"），[4] 其出产则称为"皇粮"，连田里的稻草、山上的柴禾也有"皇草、皇柴"之称。[5] 而大西军的领袖们既未称帝，亦尚未承认南明诸帝，这"皇庄"之"皇"实际上是个虚拟的"天王"。[6] 在他们理想中，所有土地都属于这个"最高权威"，即所谓"军民田地尽占为皇庄，各营设立管庄"[7]。这与两百年后太平天国的"但百姓之田皆天父之田"的思想一脉相承。如前所述，云南当时土地集中程度惊人，全省耕地中，沐庄占三分之一以上，屯田占43%，余下的也多为寺院庄园、土司庄园与大小缙绅、地主所有，而广大"（农）民之有身者大率无田者也"[8]。因此营庄制一实行，"民以无

---

[1] 所有云南方志、政书与现存屯政赋役全书均无此栏目。实际上一些研究者所谓的明初云南的"民屯"，不过是一般性的移民垦荒，垦出的土地就是民田，不属于《明史·食货志》列为"官田"之一的民屯的范畴。故万历《云南通志》卷7云："汉之屯田以兵，唐之屯田以民，历代屯田，或兵或民，未尝划一。国朝使兵自为食，不以烦民。"
[2] 康熙《云南府志》卷5《沿革》。
[3] 《赵清献公集》奏议卷1《甲兵穷苦疏》。
[4] 嘉庆《宁州志·官师志·宁州土官考》。
[5] 杨明吾：《谱序》；道光《遵义府志》卷41。
[6] 大西军当时不奉南明正朔，以干支纪年，但有时亦在干支前冠以"大明天王"之号，如现存《丽江木氏宦谱》顺治五年序文就署曰："大明天王岁在戊子。"
[7] 《滇南外史》。
[8] 康熙《河西县志》卷2《户口》。

田为庆"[1]。可见它是针对封建土地私有制，尤其是缙绅地主的大土地所有制的、革命的土地政策。

但是，这种农业社会主义的"公有制"是建立在小农个体生产的基础上的，大西军"分据民田""田亩分庄、委官管理"[2]，然而并不组织集体生产。它的"公有"性主要在于：一，耕作、收获均由农民军实行监督，派管庄"踏看田地所出"，"征输运省"[3]。营庄出产的"皇粮"不准私自收获，就连"皇草皇柴"亦属公有。"民私用草一束者，或斩或杖"[4]，据说在澂江，营庄制实行后，有人"视自种之稻仍如己物，以为可以任意攫取。有城内民刁小二者偶于己田内摘去熟稻数穗，宁（大西军管庄宁某）拿获，以偷盗皇粮，详请枭示"[5]。二，在产品分配方面，实行军事共产主义的余粮收集制，"是时征谷斗石尚无定数"[6]，大体上是除留下维持简单再生产所需外，其余所有剩余产品均上缴公库。至于"田主"的收入（地租），在这种营庄制的最早模式中是不加考虑的。这种公有私耕、"管庄"监督耕获并实行余粮收集制的模式，与两百年后《天朝田亩制度》中"收取籽粒，全归天父"，"凡当收成时，两司马督伍长，除足其二十五家每人所食可接新谷外，余则归国库"的模式可以说如出一辙。

但是这种模式只是一种乌托邦，实际上很难实行。因此在"征谷斗石尚无定数"的同时，就有人提出了变通办法："又有四六同分之议"[7]，即改"无定数"地收取所有剩余产品为按收获分成，这就有了一定的标准。这个办法被采纳，使营庄制从一种理想模式发展到正式实施。顺治

---

[1] 马之鹏：《谢石生先生墓表》，康熙《禄劝州志》卷下《艺文》。
[2] 光绪《续修罗次县志》卷1《沿革附往事考》。
[3] 康熙《澂江府志》卷3《沿革》。
[4] 同上。
[5] 同上。
[6] 康熙《云南府志》卷5《沿革》。
[7] 康熙《澂江府志》卷3《沿革》。

四年秋,大西军"括近省田地……之利,俱以官四民六分收"[1],具体办法是"通差'贼众'踏看田地所出,与百姓平分,田主十与一焉"[2]。这里的"百姓"而非"田主",显然是指佃农,大西军撇开"田主"直接与佃农"平分"收获,然后再由大西军所得的一半中拨出"十与一"给田主,这样大西军、"百姓""田主"间的分配比例就是4:5:1。如以"百姓""田主"合而为"民",就是"官四民六分收"了。在河阳,这种办法被称之为"分取民间稻谷"[3]。在石屏则有"分田租,增税课"[4]之说,意即把原来归"田主"所有的田租分出一部分加到赋税上。顺治七年,大西军在贵州初行营庄制时也沿用了这种形式,即"遣营官临田征租,以十之三给民"[5]。无独有偶,两百年后太平天国也实行过类似办法:"汝百姓要割稻不许私割,叫乡官临田踩四六均分,东二股佃二股公家六股。"[6]1853年底,太平军在安徽太平宣示的这个办法与大西军所为异曲同工,都是在农民军的"公有制"理想无法实现的情况下出现的。我们知道,在早期实行"劫富"的农民军中多存在过"军民分成"制,如大西军在谷城时"征之民间,十取其五"[7]。大顺军崇祯十六年在荆州"下乡打粮,随其多寡半分之"[8],它主要是军队与"百姓"分成。而上述的"四六同分"或"四六均分"则变为军队、"百姓""田主"(或"公家""佃""东")三方分成了。显然,这是由"劫富"向征赋过渡的形态,它承认"田主"有权分享土地收益,亦即承认封建地租的存在,但又与"佃户完租、业户完粮"

---

[1]《滇考》卷下,时间据《滇寇纪略》。
[2]《滇寇纪略》《沐公顺贼》。按最后一字浙江图书馆藏本(《明末滇南纪略》)作"马",误。北京图书馆藏本(又名《后三藩纪事》)作"焉",是。
[3] 康熙《河阳县志》卷2《沿革》。
[4] 康熙十二年《石屏州志》卷1《沿革》。
[5] 田雯:《黔书》卷上,"定黔"条。
[6] 周公楼:《劫余生弹词》。
[7] 方孔炤:《抚楚公牍》。
[8] 康熙《荆州府志》卷40。

的封建赋税制度不同，主要不是在保护封建土地私有制的基础上向地主分割一部分地租，而是"着佃交粮"，"百姓""交长毛粮，不交田主粮矣"，"田主"只是间接地从农民军手中得到收益，不能直接向佃户征租，而且在"田亩分庄委官管理"下更无法直接过问土地经营。同时"十与一"，实际上已把地租率降低到了赋税率的水平，这种把"大租小赋、赋从租出、佃户交租，业户完粮"改为"大赋小租、租从赋出、着佃交粮"的制度，实际上造成了土地所有权的多元化与"田底"私有、"田面"公有的状况。它一方面固然是对地主土地私有权的部分承认，但另一方面更重要的是对这种权利的强制干预、限制与部分剥夺。

从方志中看，这种营庄只行之于"近省"地区与澂江、临安二府的少数地区，可见其推广不易。地主阶级固然难以容忍"田舍没于营庄""田主十与一"，而农民尽管对打击地主大土地私有制是拥护的，但对"私用草一束者或斩或杖"决不会感兴趣。"官四民六"尽管不像"斗石无定数"那样取尽剩余产品，但由于要核实产量，需在管庄"临田""踏看"的监督下收获，否则就有"偷盗皇粮"之嫌，这势必严重地脱离群众。顺治五六年间，地主阶级趁机又一次在滇中地区掀起叛乱狂潮，"晋宁、呈贡、新兴等处各举义，杀贼管庄"[1]，其中以明姚州知州何思、姚安举人席上珍在两姚，晋宁知州冷阳春、"民团首"举人段伯美等在晋宁发动的叛乱，东西呼应，影响很大。何、席之众曾达二万，一度进逼离昆明只几十里的草铺。姚安土司高泰、寺院庄园主杨和尚皆应之。[2] 许多对营庄制不满的农民也卷了进去，顺治五年十一月发生的澂江事件就很为典型：由于大西军将领澂江营庄管庄宁某对"偷盗皇粮"者打击面过大，"里民愤极，十一月，有河涧铺赴比乡民勾约野贼五十余人，爬城而入，谋劫宁"，

---

[1]《滇南外史》。
[2] 康熙《云南通志》卷3；乾隆《晋宁州志》卷7、卷8；康熙《晋宁河阳段氏族谱》《滇寇纪略》《沐公顺贼》。

宁某遂被害。此事是"乡练把总夏竹泉数人合谋"的反革命叛乱，但耐人寻味的是明末因反抗苛征而入山、与地主的"乡练把总"历来为"仇"的"河涧野贼"也参加了[1]。同时，莽甸佃户也卷入了晋宁、昆阳的叛乱。[2] 这表明当时如果不及时调整经济政策，不仅地主阶级会拼死反抗，而且会因为违背客观经济规律而失去农民群众的支持，从而重蹈前期大西政权在四川的覆辙。

但是，大西军吸取了四川失败的教训，同时全国范围内民族矛盾的上升也为大西军调整政策创造了外部条件。戊子年的云南终未变成乙酉年的四川。这年冬，大西军张虎平定两姚、李定国平定晋宁，他们镇压了发动叛乱的缙绅地主，而对被裹胁的群众"不忍复杀戮"[3]，并"善抚"了莽甸佃民[4]。澂江事件平定后，大西军也否定了"屠城"的错误主张，"仅戮数人"，并镇压了策划叛乱的夏竹泉等，而因叛匪"诬攀"被捕的无辜群众都"获全释"。阳宗县当时也发生杀害管庄的事件，大西军亦做了正确的处理，该邑"遂不大伤"[5]。就这样，大西军一方面坚决镇压了各地缙绅煽动的反营庄制的叛乱，并防止了镇压扩大化；另一方面对客观现实做了让步，进一步调整了政策。顺治六年起，大西军逐渐停止实行"官四民六"制，改为定额租制："军田每亩市斗谷六七斗，民田八斗至一石二斗不等。"[6] 值得注意的是，明制军田国有、民田私有，故屯田之租远远超过民田之粮，而大西军却相反，民田的"营庄租"[7]高于军田，显然这仍是"与百姓平分，田主十与一"的衍变，表明这时被划为营庄的农田仍带有公有的色彩，至于其租重于军田，是因为如前所述，明代云南民田

---

[1] 康熙《澂江府志》卷3。
[2] 许妆霖：《昆阳果峰先生传》称"内甸傈民"参与戊子之乱，按"内甸傈民"即"莽甸夷贼"。见嘉庆《昆阳李氏族谱》卷下。
[3] 同上。
[4] 《新纂云南通志》卷193。
[5] 康熙《澂江府志》卷3。
[6] 同上。
[7] 同上。

产量一般均高于军田之故。但分成制既取消，农民军临田踏看，与"百姓"分粮的制度也就随之消亡，"皇粮""皇草"等名目也从营庄全部产品逐渐变为专指"营庄租"。而且随着商品经济的发展，到大西军治滇末期已逐渐变成货币化的赋税。据永历七年《万华馆常住田碑记》，当时皇粮折色"每石征银七钱"；据遵义人杨明吾所记，当地"皇草皇柴折价至黔中上纳"，云南的情况当亦类似。到了这时，"民私用草一束"的禁令自然已经毫无意义，而"田主十与一"也不可能实行了。特别是从本文末章所引的几个碑文来看，顺治八年以后随着大西军统治区迅速扩大与经济状况的好转，"营庄租"在屯制改革"变赋额"后显然已大为降低到与明代"民粮"大体相等的水平，而"田主"的收入比重则相应地大为提高。他们所得的净租在租赋总额中所占比例，在"征谷斗石尚无定数"时为零，在"田主十与一"时为20%，在顺治八年已达96%，[1]到顺治十年更达98%以上。[2]这类田地至此已完全私有化。

与此同时，大西军还发展了另一种形式的营庄，即"随部分庄"[3]，"与民分田而耕，为久屯计"[4]。实际上就是农民军屯田，它是继前期农民军武装屯耕的传统而来的。早在崇祯初年，一些起义军就在战斗间隙里阻险屯耕以充军食，如崇祯五年郝临庵等部在子午岭山区"据铁角城，耕牧其中为持久计"[5]；崇祯十一年，罗汝才等部伪降后，"分屯群贼于房竹诸县"[6]，与"房竹百姓分居互耕"[7]。崇祯十五年后，农民军中的屯

---

[1]《重修宝峰山佛殿碑记》载顺治八年刘一龙所置田，年租谷30箩，秋粮2.25斗。按京斗米1石时合谷4箩左右。
[2]《万华馆常住田碑记》载是年胡鲤等置田一，年租谷312箩，秋粮1.5石。按：当时除秋粮外还有其他征收项目，故这里计算的两个百分数并不是实际净租率，而只是反映了一个大概的趋势罢了。
[3] 康熙《南宁府全志·祥异附寇变》。
[4] 乾隆《柳州府志》卷39《纪事》。
[5]《烈皇小识》，《明季稗史初编》卷3。
[6] 同上书，卷6。
[7]《罪惟录》传25"熊文灿"。

田更为活跃，如大顺军在北京已设立了"工政府屯田清吏司"，并把屯田制度化，在晋北实行"三丁之中抽军一名，其余二丁供田三十亩、银十二两"[1]。大西军也早在崇祯十年就曾在大别山区"据险种田"[2]；四川建国后，也曾在成都附近兴办屯垦。[3] 这些农民军的屯垦最初大都是军事共产主义性质，但一旦制度化，就不可避免地要吸收封建屯政的经营方式了。如大顺军在晋北搞的那套，实际上就是明代的旗军、军余制度。大西军屯田在营庄制初期也吸收了明代云南军屯的一些东西。如"军田每亩市斗谷六七斗"，很明显就是沿用明代屯赋之额，（据石文晟《请减屯粮疏》，明代屯赋每亩为4.5—7.2斗）但它仍有军事共产主义色彩，因为这些屯租并非单纯的剩余劳动，还包括了必要劳动。屯军及其家口的口粮均从其中开支，即所谓"贮本处仓，支放家口食米"[4]。故这时的"军田每亩市斗谷六七斗"，还只是一种劳动定额，不是完全意义上的屯租。而且当时似乎也没有从农民军中分化出专业的屯军，因此这时的屯田，是从军事共产主义向完全意义上的封建屯政过渡的产物。

顺治六年，因"官四民六"制推行困难，而大西军兵力已增至二十余万，同时入滇的大西军此时大都已在滇成家，为了解决"兵食不足"的困难并安置农民军官兵家口，大西军政权决定把屯田制营庄从"近省"或"云南府属"推广到其他地区去。"是岁，将各府州县田地分与各营头，即令彼处住坐就食"[5]；"云南各府州县尽安置营头家口"[6]。这个"住坐就食"令是营庄制普遍推行的开始。所谓"住坐就食"，并非要这些军队自己去屯耕，而是仿明"屯七练三"之制，把这些农民军作为三分练

---

[1] 第一历史档案馆：顺治题本114：1。
[2]《小腆纪年》卷2。
[3] 佚名：《劫余传信》卷下。
[4] 康熙《通海县志》卷1《沿革》。
[5] 同上。
[6] 同上。

军,把一般百姓都看作七分屯军,"照粮点兵"[1]、军农合一,就地解决军饷,这等于是把全省土地都变为屯田了。

但是,如果说"田主十与一"尚难推行的话,要把"民田"全部改为屯田制的营庄更是不可能有的。顺治七年五月朔,大西军政权下令"行征迤西田法",要在滇西地区推行营庄制,结果是障碍重重,不得不于是月下旬"撤回迤西(田法),议发殷实行钱委官"[2]。所谓"行钱委官"很明显是继承明代通行于滇西土司地区的"纳米袭职"之制而来的,即使在封建统治下这种制度也被许多人认为是一种弊端。因而"行钱委官"也在大西军内部招致强烈反对,"议"了一个多月,终被否定。七月朔,又宣布"改行迤西民粮,免米,求征谷"[3]。这两个月间的政策演变表明大西军政权原来的改革方案仍带有乌托邦色彩,在客观经济规律面前,经过多次探索后,不得不退回原处。

"改行迤西民粮"就是按明代民田税粮科则征收赋税,它与太平天国的"照旧交粮纳税"性质类似。这一"改行"使云南经济发生了与大西军领导人原定计划完全相反的大变革。"住坐就食"令实行到此,与其说把民田变成了营庄,不如说是把营庄民田化了。由于在"军民田地尽占为皇庄"的观念下,"改行民粮"后的土地仍被视为营庄,名义上仍有"营庄之禁"与"照粮点兵"之制,因此原来的军屯也向它看齐,"改行"的范围超出了迤西,甚至超出了民田,这就是顺治七年至八年间的屯制改革。"辛卯年(顺治八年)……云南各府州县尽安置营头家口,改屯制,变赋额,免征夏税。凡军民粮皆征谷,每石谷以一百升为准,每粮一石,征谷二石。贮本处仓,支放家口食米。"[4] 从各种资料看,这次"改屯制"的内容是:

1. "变赋额""改行民粮"。原来的"屯租"至此也变成了"秋粮",

---

[1]《滇寇纪略》《政图安治》。
[2] 佚名:《黔纪》(长恩阁丛书本)。
[3] 同上。
[4] 康熙《通海县志》卷1《沿革》。

从而导致"经制纷更而体统莫辨，军民混杂而赋役不清"[1]，实际上把屯田与民田拉平了。

2."军民粮皆征谷""应征银两尽改粮米本色"[2]，从而取消了一条鞭法后赋税一律折为货币的规定。并按早期营庄制传统，"随部分庄""住坐就食"，从而免除了农民折纳、运输之苦。

3.逐步废弃原来独立于省府州县之外的卫所体系，使营庄管理系统与地方行政系统融合为一。顺治七年起，大西军控制下的各地纷纷"改卫为县"[3]"纷更旧制"[4]"变乱成规"[5]"不用军屯"[6]"不知建置军屯之古制""纷更良法"[7]。这种改革分两种方式：在军户聚居屯地连片的地区，是废卫所而设立新的州、县、里。如新安所改为乐新县新河泥里（后并入蒙自县）[8]、平彝左所为民安里、右所为物阜里[9]、木密所为隆丰县[10]，贵州的兴隆、清浪、平溪等卫均改为同名县[11]，等等。而更多的情况是卫所"与州县错杂相间""田地人户向来原系散寄于各州各县境内"[12]，屯制改革后，卫所撤销，田地人户"各为各境"，分划入所在各州县。通海的情况很为典型，据清初知县魏荩臣说："前明设通海御……御建于通海，屯分于河西、宁州、建水，声援相结，受制于通……至顺治丁亥流寇入滇，不用军屯，凡通海屯田，逾通海而近于河西、宁州、建水之远者，始名[各]为各境。

---

[1]《明清史料》甲编，第441页，户部尚书王弘祚揭帖；《滇南文略》卷5，王弘祚：《滇南十议疏》。

[2]《赵清献公集》卷2。

[3] 嘉庆《黄平州志》卷3《名宦》。

[4] 康熙《蒙自县志》卷3《杂录》。

[5] 王弘祚：《滇南十议疏》。

[6] 康熙《通海县志》卷7《艺文》。

[7] 牟崇鑫：《通海备征志·文征志》。

[8] 康熙《蒙自县志》卷3《杂录》。

[9] 康熙《平彝县志·图说》。

[10] 康熙《寻甸州志》卷2《沿革》。

[11] 乾隆《沅州府志》卷2《沿革》；嘉庆《黄平州志》卷3《名宦》。

[12] 康熙《昆阳州志》卷10《艺文》。

如河西之东渠、碌碑、宁州之前右两所，建水之曲江、东山是也。彼时龙火之七军营烟户差役照辖于通海，以其七军营在通海之城西十五里封疆之内，非比东渠碌碑等处地方，越河西之县城而过之，可以附河西营管摄也。"[1]

必须指出，在顺治六年至八年营庄改革后，大西军在形式上并未统一规定废除卫所制度，因而在"不用军屯"的同时，一些地区仍设有指挥佥事千百户一类官职。[2]但是更多的则是大批卫所世职停袭。如景东卫指挥使王某、指挥使纪达道、千户王宪、百户朱永昌、右所指挥佥事马负图、千户刘绶、百户马世袭等，均于"丁亥后失袭"，"二百七十余年之世职于兹替矣"。还有的则被降级，如景东卫右千户所千户即被降为百户。[3]因此，这次改革引起了卫所官豪地主的强烈反抗。顺治六年至七年云南发生了被废黜的卫所军官掀起的叛乱风潮，如顺治六年五月，姚安中屯所所属铁索箐军官张儒"起兵谋泄，全家被戮，几罹大祸"[4]，中屯所即被废为苴却乡营庄[5]。同年九月二十五日，腾冲卫都指挥佥事陈梦熊与其子陈宾，串联干崖、南甸等土司势力发动叛乱，为大西军将领杨武平定后"加以逆弁之名，抄家没产"[6]。因参加这次叛乱被诛者还有顺宁府"废千户蒋朝臣等"[7]，次年，永昌"废弁"（被废黜的卫所军官）李忠武再次叛乱，又一次包围永昌府城，又为农民军所镇压[8]。在滇东，顺治六

---

[1] 康熙《通海县志》卷7《艺文》，魏荩臣：《通海县通详龙火七军营原案》。
[2] 如雍正《马龙州志》卷4《古迹》。马龙守御千户所："永历十年孙垂统袭职"，同年建昌白塔寺碑记题名亦有建昌卫指挥使俞忠良、宁番卫指挥使方允升等卫所掌印指挥千百户多人。（《邛嶲野录·职官类·题名》）永历九年宜良知县杨祖植所立《东岳庙立常住碑记》题名有宜良所指挥陈得华等三人，该县永历五年《重修法明寺碑记》上此三人亦有名，谓之"本所世荫官"。
[3] 嘉庆《景东直隶厅志》卷17《秩官·世职》。
[4] 黄向坚：《黄孝子寻亲纪程》，此次事件又见于《赤水堕叛重修城垣公署记》碑拓片。
[5] 康熙《大姚县志书》，《乡里》《职官》。
[6] 陈洪图：《鸣冤录》。
[7] 乾隆《顺宁府志》卷5《土司》。
[8] 康熙《永昌府志》卷3；光绪《永昌府志》卷28《戎事》；康熙《顺宁府志》卷1；乾隆《顺宁府志》卷2。按：此事《永昌志》系于壬辰年，《顺宁志》系于庚寅年，今从后者。

年,"旧总兵赵登云"在寻甸、富民发动叛乱[1],一时有"全滇干戈鼎沸"之势[2]。在云南以外,顺治七年大西军在贵州"改卫为县"时,也遭到军官地主的顽强抵抗,"是役也,绅士死者甚众"[3],大西军"诱指挥千百户杀之",屯军"远徙"而成为"居民",仅在兴隆卫一地,被杀的卫所世职就有"十余人"[4]。这些卫所地主咒骂大西军"胁王、改制、加赋诸不法事"[5],所谓"胁王"即指"胁改秦封",而"改制、加赋"则显系指大西军的"改屯制、变赋额"。可见大西军的营庄改革对卫所军官地主大土地所有制是一个沉重的打击。这次改革后残存的一些卫所性质也起了变化,成为维持地方治安的准军事机关,不再有屯田的职能了。如顺治六年蒋朝臣叛乱后,大西军"于右甸建城设所,令移督捕弹压边围,团练护守兵五百名,以通判而名为督捕"[6]。这是大西军新设卫所的唯一记载,但此右甸所既无千百户指挥等,又无屯田,而仅以督捕为首,团练守边而已。

大西军企图以农民军的公有制取代卫所军官地主的"国有制",结果却是发展了真正的私有制,营庄制度也在屯制改革后发生了很大变化。早期的营庄是田制、军制、税制与乡政制的结合。大西军入滇之初,"每府每州安贼一营,以张声势"[7],以后"将各府州县田地分与各营","各营设立管庄""随部分庄""照粮点兵",军政与民政合为一体,"管庄"一般是驻镇当地的某营主将兼任,所以又称为营官[8]、营弁[9]、营头[10]或"收粮

---

[1] 道光《寻甸府志》卷16。按"旧总兵"误,明云南沐氏世为总兵官,并无别设总兵,赵登云当为寻富地区的卫所官。当时记事往往如此,如黄向坚《寻亲纪程》谓"己丑,迤西土司结连边将,拥一女主起义",即指前述陈梦熊、蒋朝臣之乱,而误以卫官为"边将"矣。

[2]《黄孝子寻亲纪程》。
[3] 莫友芝:《黔诗纪略》卷22。
[4] 嘉庆《黄平州志》卷3《武备》《名宦》。
[5]《黔诗纪略》卷22。
[6] 康熙《顺宁府志》卷3《艺文》。详枯柯均谣。
[7]《滇寇纪略》《盘踞滇城》。
[8]《黔书》卷上。
[9] 康熙《禄劝州志》卷下《艺文》。
[10]《滇寇纪略》《政图安治》;康熙《通海县志》卷1。

将官"[1],多带有总兵的头衔[2],但顺治八年后,营将与管庄渐渐分开。如总兵刘玉田顺治六年驻澂江,兼该处管庄,负责征"营庄租"[3],但顺治八年至十三年间,刘玉田调任驻通海总兵时,就不再兼管庄,而由石屏州土官龙世荣任管庄了[4]。

营庄的命名也有变化,早期营庄以所属农民军各营得名,如安宁的抚左营、晋宁的天威营等,屯制改革后,营庄"各为各境",即以所在州县乡里得名了,如河西县的河西营、大姚县的苴却营(得名于苴却乡)等。早期的"营头"既是驻镇武将,又是地方首长,军政民政财政司法样样都管,类似于太平天国《天朝田亩制度》中从军师旅帅到两司马的"乡官"。顺治五年,大西军总兵杨某运粮行经安宁草铺,有兵误伤百姓小儿,"草铺管庄报与刘文秀,及杨总兵押粮至省回话,刘文秀大骂,要责杨总兵一百棍"[5],可知这时的管庄是直接对"四将军"负责而不受州县制约的,当时"几无有司之政"[6],"田亩分庄,委官管理,知县典史备员而已"[7]。因此永历五年宜良《重修法明寺碑记》题名,把管庄阎钟纯、杜屏山之名置于知县典史之前。但改革以后州县文职官员职权渐重,乃至于可以监制驻镇营将,如顺治十三年武定守将贺九仪甚"横",李定国"请以(知府)谢公监之"[8],而管庄更公然被视为州县官的下属了。如康熙《大姚县志书》文职官一栏中,就在知县一员、典史一员等之后,书以"苴却乡营官一员,顺治十六年(即清军入滇时)裁汰"等语,可见营庄管理已

---

[1] 赵士麟:《读书堂彩衣全集·李仲澜明经传》。
[2] 康熙《宜良县志》卷10《杂记》"戊子年,孙可望悉贼党魏流,阁臣征收粮米。"据宜良《东岳庙立常住碑记》,阁臣有"驾前总镇"头衔。
[3] 康熙《澂江府志》卷3。
[4] 《通海备征志·文征志》(康熙三十一年)"覆核龙火七军营详"称:"自伪管庄龙占踞之后……"而康熙《通海县志》卷1:"甲午年……石屏州土官龙世荣点通海六村夷人并西屯百姓为兵",龙世荣当即"伪管庄龙"。
[5] 《滇寇纪略》《政图安治》。
[6] 李蕃:《明末清初雅安受害记》。
[7] 光绪《续修罗次县志》卷1。
[8] 《滇系·典故系》第七册《谢秉铉传论》。

完全民政化。

总之,"改屯制"的结果是营庄制进一步适应了当时封建生产方式的发展水平。大西军政权掌握下的"国有"土地,除一部分分给了农民军官兵家口外,其余的也按民间地主的经营方式向百姓出租,永历七年腾冲《万华馆常住田碑记》有"职租田米一石五斗……每年收租三百一十二箩"的记载,说明当时"国有"土地租、赋也已分开,与"民地"靠拢,这时营庄制初期农民军屯田的色彩几已完全消失了。

除"四六同分"制与屯田制外,早期营庄制还存在着第三种形式,这种营庄实际上不是一种土地制度,而只是一种征税方式。早在顺治四年冬,大西军宣布"官四民六"时还有另一项规定:"条编半征,人丁不论上中下全征。"[1] 它与"官四民六"分别施之于不同对象。明后期之条编(鞭),名义上是"量地计丁,并为一条",实际上很多地区仍是地丁分开,条编就是田赋,云南就是如此,如前所述,"田主十与一"是针对地主大土地所有制的。在这里,"与百姓平分"实际上包括了田赋,"十与一"的田主是无法承担交纳条编义务的。"条编半征"的对象,应是"田主"以外的、主要是自耕小农的土地,实际上就是对小农的减赋政策。由于这时征收条鞭的不是州县有司而是"营头","照粮点兵"的制度也可能适用于他们,在军民田地尽为皇庄的观念下,在当时军政民政合而为一的情况下,这些实际上仍是私有的小农土地也就被视为营庄的一部分了。

由于明末社会危机对商品经济的破坏,由于一条鞭法规定的"一律征银"增加了农民折色变纳之苦与胥吏作弊之机,因此"条鞭半征"一开始就有改交实物的趋势。例如顺治五年在宜良就是"每额粮一石,科谷八十八斛有奇"[2],按斛同石,若谓增赋至88倍,情理必无。疑斛为觔(斤)之误,当时云南仓斗谷每石130觔左右,考虑税粮额原为米数,折谷半征,正合88觔之数。顺治六年至八年"改屯制"后,"军民粮皆征

---

[1]《滇寇纪略》《沐公顺贼》。
[2] 康熙《宜良县志》卷10《杂记》。

谷"。条编半征遂渐渐变为"变赋额、免征夏税"。由于秋粮远多于夏税，故此时之"半征"，实已不止半数，但仍比明末为轻。后文将引述的几种碑刻资料中均有粮无税，可见此制度直至永历末年未改。在屯制改革后新开辟的地区，大西军主要也是推行这种制度而不再搞"官四民六"。现存大西军镇左营总兵王显明于顺治七年平定元谋县缙绅叛匪张毓秀后所出告示云："为恳恩赏示以凭归土复业事……边邑元谋，屡遭张毓秀蹂躏，以致人民逃散，田地皆荒……今命生员杨兆凤持示前来招抚，我民速速归家耕种，纳办税粮，岂久逃山谷可是长久之计？……尔等小民各归隶业，其乐升平，毋得潜隐失时，以致留荡饥寒。"[1] "归土复业""纳办税粮"，就是大西军对新区的主要经济政策。

"条编半征"在初期无疑体现了大西军对自耕小农的保护，但是随着"官四民六"制营庄逐渐消亡与屯田制营庄的民田化，使这种不改变土地关系原貌而只是"以营办征租赋"的"营庄"成为后期营庄制度的主要成分，"条编半征"的意义就发生了变化。因为它固然对防止小土地私有者在田赋的重压下破产有一定作用，但轻征地税、重征丁税的做法同时也有利于地主们扩充土地。随着营庄内"田主"势力的增长，土地兼并势必要在"条编半征、人丁全征"的政策鼓励下发展起来。

这种形式的营庄的另一个重要成分，是边疆地区的土司庄田。顺治七年夏"改行迤西民粮"后，"营庄"也普及到了土司地区，这里的很多土司早在明代就把土地"投献"给了沐府，成为"沐氏勋庄"的一部分，但实际上土司仍基本保留着对土地的控制权，仅仅"除国赋为籽粒"，即把原先上交布政司的田赋改为向沐府交纳的"籽粒银"罢了。因为沐府不直接控制这些土地，故名"寄庄"。丁亥之变，沐氏失势，农民军兵威所及，土司纷纷以其自有庄田（即"司田"）与原"沐寄庄"转投于大西军政权，因而也成了"营庄"或"王庄"。大西军则照"条编半征"之例向其征收"籽粒银"，如建水州境内的"十五猛"傣族地区，

---

[1] 康熙《元谋县志》卷4《艺文·镇兵左营示》。

"纵横四百余里,极为险要之区,明初为沐氏勋庄……猛梭寨长刀金率,顺治九年以庄田归附,岁纳籽粒银五十两"[1]。顺治九年,西南为大西军控制,"以庄田归附",无疑是归附大西军政权。大西军对这类地产的控制当然不能与"近省田地"上的营庄相比,但初期在"营庄之禁"影响下,土司也难以像"沐寄庄"时那样完整地保有他们的权利,大西军政权有时甚至可以"收其家产",取消对庄田的世袭继承权。到了后来营庄制发生蜕变后,这种情况遂消失。如宁州土司禄永命于顺治五年死,值"流寇孙可望入滇,禄氏目把立永命叔祖,加勒。而族人复立(禄)溉,可望因授溉土知州,加江通河浪参将,未几而卒。可望收其家产为伪王庄,时(禄)昌贤代溉领兵在外,可望授以游击,加参将,给还产业,复袭土知州"[2]。后来宁州土兵被编为大西军的武英营,禄昌贤任副总兵(顺治十四年升总兵),大西军政权原来"给还"的"产业",也就算作武英营的营庄了。雍正《临安府志》卷3大事考有清军入滇后"以土官禄昌贤养兵庄粮隶宁州"的记载,指的就是这批田产。

三、"清田""弛禁"与营庄制的废除

如前所述,营庄制最初的理想模式是农业社会主义乌托邦,在现实社会中无法存在,因而必然在客观经济规律的制约下走向它的反面。大西军为实行营庄制所进行的斗争打击了缙绅地主大土地私有制,促进了生产的发展与商品经济的活跃,但这种状况反过来却加速了营庄制本身的蜕变。这首先反映在大西军对云南以外新开拓地区的政策演变中,如果说,顺治七年大西军占领贵州时,还曾在局部地区实行营庄制,使"此方绅衿"颇受打击,那么在顺治九年(这时云南的屯制改革已经完成)大西军进占四川后,就已看不到营庄制的痕迹了。在这里实行的是"奉

---

[1] 民国《续修建水县志》卷2《户口》。
[2] 嘉庆《宁州志》,《官师志·宁州土官考》。

文丈田"[1]，向"田主"征收赋税，并且还向在农民战争的风暴中"世守田园，抛若边陲赤地""连云甲第，堪嗟灰烬之余"的地主们发出"速整归装"的呼吁，担保他们"何难积千仓而盈百室"[2]。这时，营庄制在云南也日薄西山了。

营庄制度的瓦解是通过两条渠道进行的。其一是"管庄""营头"们的侵吞。营庄制规定"以营弁征租赋"，而如前所说，这些"营弁"在军政民政合一的情况下，权力很大，这就为他们截留"营庄租"以自肥，甚至额外横征开了后门。《谢石生先生墓表》记载说："滇田先为可望所夺，名曰营庄，以营弁征租赋。弁制扁斗高五六寸，稍盈尖即盛粟两倍，民病之。"[3]营弁这样做，无非是因为妄增之赋可入己囊。大西军政权对这种行为是严加制裁的，"其尤甚者"要处死刑，但既然制度本身造成了这种特权，行政惩罚的效果也就有限了，到营庄制晚期，上述现象已在"全滇"范围内出现[4]。因此，晚期营庄制下农民负担普遍加重，"流寇遣官坐澂（江），澂粮加数倍"[5]，"田产科租、差繁赋重"[6]，"无艺之征派，每岁加至十余倍"[7]，这类记载恐不全是清初人的诽谤。久之，这些"营弁"们所妄增以自肥的那部分租赋已成了实际上的地租，而营庄也就被视为他们的私产了。如"河西营管摄"下的营庄土地，被管庄龙世荣"占踞"后，逐渐成了"龙氏叛产"，而农民也成了他的"庄佃"了[8]。

其二是土地流通的增加，如前所述，在早期营庄制的第三种形式中，大西军政权对部分小农采取了轻征地税、重征丁税的政策。即所谓"条

---

[1] 傅吉迪：《五马先生纪年》。
[2] 康熙《泸志》卷12《艺文》。
[3] 康熙《禄劝州志》卷下《艺文》。
[4] 同上。
[5] 《滇南碑诗集》卷13《赵玉峰先生集传》。
[6] 康熙《禄劝州志》卷下《艺文》，《荀母孺简人墓志铭》。
[7] 《滇南十议疏》。
[8] 康熙《通海县志》卷7《艺文》；《通海备征志·文征志》：康熙三十一年"覆核龙火七军营详"；康熙三十六年《通海学宫祭田碑记》。

编半征，人丁全征"，这已潜藏着对大土地所有制有利的因素。但当时营庄有"禁"，这禁令的详目今虽不可得知，但从"民私用草一束者或斩或杖"看来，营庄上的稻草尚且是"皇草"而严禁"私用"，"皇庄"的土地哪能私自买卖呢！后来营庄制在实行过程中虽然发生了很大变化，但顺治十三年以前营庄之"禁"并未明令废除，然而随着营庄的日益民田化，这禁令也就渐渐流于具文了。今就笔者所见到的材料，把大西军治滇时期云南土地流通的记载按时间顺序编次如下：

年月 (均折为顺治)	地点	内容	出处
五年孟冬	顺宁	"钦命永顺总戎刘批据如缘手本，将辉四舍田立定四至界牌匾额为常住田庄。"	《凤仪寺常住勒石小引》(拓片)。
八年	寻甸	"守官某置祭祀田一段……秋粮二石九斗九升，又试卷田一段……秋粮四斗五升三合。"	康熙《寻甸州志》卷6。
八年	腾冲	"善士刘一龙……又建桂香阁于寺之右……置有常住田一分……秋粮二斗二升五合，每年收租三十筥。"	何小泉：《滇事拾遗》卷5《重修宝峰山佛殿碑记》。
九年四月	宾川	(钦命守备洱源等处都指挥曹应时)"将叛清理没官田产敷入寺庙屋宇"，"建报恩禅院，置买常住"。	《赤水堕叛重修城垣公署记》(拓片)。
十年三月	腾冲	(游击胡鲤、抚夷指挥陈大猷、知州叶调元、鲁舜中等共捐俸银"以四十八两买田一分，当给银见价……秋粮一石八斗三升……又职租田米一石五斗……每年收租三百一十二筥，此俱炤原契时值，并非强取在官"。	《永昌府文征》文卷9《万华馆常住田碑记》。
十一年	阿迷	(知州方逢圣)"建义仓于县治东，未及置田而去"。(未及置田，说明有置田之计划)	康熙《蒙自县志》卷4《艺文·文昌宫义仓碑记》。

续上表

年月 (均折为顺治)	地点	内容	出处
十二年	楚雄	(镇左营总兵都督王显明捐建青莲寺)"置常住田租九十余石"。	嘉庆《楚雄县志》卷2、卷4。
十二年秋	黑盐井	黑井提举司林启杰以"龙门寺官田常住岁入多余……并将官田租谷年分二十石永入真武硐玉皇阁供奉香火"。	康熙《黑盐井志》卷6《玉皇阁碑记》。
十二年孟冬	宜良	"邑人黄佐、张维宗等施田于庙,以为常住之资。"	《东岳庙立常住碑记》(拓片)。
十四年	黑盐井	"陕西籍盐商桂联捷,将自己备价买到本井灶民王富妻胡氏、男王拱北母子名下水田六、地四段……其价之数目、田之四至悉载在文券,施入常住……随将田契舍约备录于后。"	康熙《黑盐井志》卷6《万春山宝光明殿新增常住小引》。
十四年①	顺宁	知府王缙建太平寺,"提附近山产为布施……产业之广为全郡各寺之冠。"	民国《顺宁县志初稿》卷2。
十四年四月	晋宁	"贡生杨龙玉,备价银十二两、典王毓元民田四工……纳常六甲秋粮一斗二升,□同原主奉宝严寺永充常住,其田一丘,原系五工,外一工,秋(粮)三升,毓元敬送。"	《创建金砂山宝严寺记》附刻(拓片)。

①原文作"顺治六年",误,考顺宁历修志书及《黔诗纪略》卷23,王缙于永历入滇后方入仕,永历入缅时为顺宁知府,故此事不早于顺治十四年。

从以上材料可见:最先破坏营庄之"禁"的,正是大西军政权中的各级文武官吏。在顺治十二年秋以前的八条材料中,只在滇西边境僻地有"善士刘一龙"置田一条属平民的土地流通,其余皆为官吏所为,且土地流通频率也在提高,大西军入滇头四年(顺治四年至七年)只有一例,第二个四年(顺治八年至十一年)就增加到五例,此后顺治十二年一年就有三例。从流通形式看,顺治五年,凤仪寺常住原系别人"舍田",但这种施舍必须经过大西军驻镇总兵即"营头"的批准;顺治八年起始有"置田"的记载，且不必经"营头"同意了。这以后的材料大都记有随田秋粮若干，这是顺治八年屯制改革后"改行民粮""免征夏税"的反映，也标志着田地"过割"（田赋负担随土地转移）合法化。顺治九年都指挥曹应时、十年游击胡鲤所捐的田都是"置买"而来，尤其值得注意的是，后者"置买"的总税额为三石三斗余的田地中，有一石五斗即百分之十四五为"在官"的职田。碑文解释说，这叫"给银见价"，"并非强取在官"，可见这时大西军政权手中的公田正迅速地私田化。但是，所有这八条材料无一发生在营庄制推行重点的滇中盆地（云南澂江二府），而且这些田地"置"来拨给寺院、义仓后，也还被看作"官田"，大西军政权有权进行调拨。如顺治十二年，黑井提举林启杰就以龙门寺"官田常住岁入多余"，拨出一部分分给玉皇阁。

但这种状况不久就有变化，这就是李定国的"清田""弛禁"。清初，元谋县令马之鹏记载说："滇田先为可望所夺，名曰营庄……民病之，以无田为庆，是时（顺治十三年）犹沿旧例。公（武定知府谢秉铉）以状上之（定国），于是毁斗弛禁。"[1] 这"毁斗"好解，"弛禁"何指？清前期的云南学者师范解释说："定国……知贺九仪之横，请以谢公监之，清田毁斛，诛贪弁七人"[2]，可见"弛禁"与"清田"是一回事，即废除大西军田制"旧例"，解除营庄之"禁"，清理地产。作为"清田弛禁"的一项重要工作，云南各地纷纷"复丈田亩"[3]，并给田主发放田契。顺治十四年，即"清田""弛禁"后第二年，黑盐井《宝光明殿新增常住小引》就第一次在大西军时期土地流通记载中出现了"随将田契舍约备录于后"等语。

"清田弛禁"正式确认了封建土地私有权，敲响了历时十年的营庄制度的丧钟，它是李定国"迎帝入滇"后发动的"矫可望之失"的改制

---

[1] 康熙《禄劝州志》卷下《艺文·谢石生先生墓表》。
[2]《滇系》典故系第七册《谢秉铉传论》。
[3] 谢圣纶：《滇黔志略》卷1；康熙十二年《石屏州志》卷1。

运动中的关键措施。与此同时，贵州的营庄制度也被废除，顺治十三年"孙可望遣使丈量土田"[1]，同年，大西军将领高升所立的贵阳南郊《观音寺碑记》[2]，就有把"绝田一分""上缴税契"的记载，贵阳以西的安平县"邑民间田契多有伪号（指永历年号），是时盖未奉正朔故也"[3]。值得注意的是，自李定国"迎帝入滇"之后，他与驻在贵阳的"国主"孙可望关系就已破裂，后期大西军历史进入了滇黔对峙时期。两地政令并不统一，然而却几乎同时进行了"清田弛禁"的工作。可见，这不仅仅是某个人的"背叛"所致，营庄制的结局，归根结底是由客观经济规律决定的。

营庄制的废除打开了土地流通的闸门，上表中记录的土地流通事例中，大西军治滇的最后四年占了六例，等于前八年之和。更重要的是，顺治十二年冬以后的四例中，有三例是平民买卖、典押与赠送土地，而且都发生在营庄制摇篮的滇中地区，可见土地流通在这时已深入民间；土地转移的方式也已多样化，"田契舍约"的法律地位得到确认；盐商桂联捷买田一事，更说明商业资本投入了土地，商业利润在转化为地租；如以这批事例中记载了地价的二例（顺治十年胡鲤等买田与顺治十四年杨龙玉典田）比较，更可知"清田弛禁"后地价大涨，四年之内，每承担秋粮一石的田价，由14.5两（买价）增至100两（典价），如果说由于地区之间与官民之间的差异上述对比的说服力还不大，我们还可以用同为滇池盆地民田田价的材料与之对比：元代昆明郊区田价每亩为1.75—2.55两[4]，明万历二十二年宜良《重修法明寺碑记》载徐纯等以海贝3500索，"买置腴田得七亩"，按万历间成书的《滇略》，海贝"一索仅值银六厘耳"的折率，则明代全盛时滇池地区一亩"腴田"的买价是银三两左右，而杨龙玉以银十二两典田四工（每

---

[1] 道光《贵阳府志》卷2《大事纪》。
[2] 拓片存北京图书馆。
[3] 道光《安平县志》卷7。
[4] 泰定二年《太华山佛岩寺常住田地碑记》，《新纂云南通志》卷93。

工约合三分之一亩），即每亩典价九两左右，买价当更高。可见，大西军治滇末期云南田价已明显地高于元明全盛期。地价在本质上不是别的，而是资本化的地租。从营庄制初期"民以无田为庆"到"清田弛禁"后地价大涨，我们可以看到当时社会面貌改变的一个缩影。

封建制度下地价的涨落是有规律的。一般地说，王朝末世和农民战争期间以及战争以后不久是低地价时期，而所谓的"盛世"中，随着地租收入的稳定，土地兼并的发展，人争置产，一般是高地价时期。因此上述材料中所反映的高地价，是永历末年云南封建经济繁荣、封建生产关系复原与土地兼并发展的一个标志。

随着封建生产关系的复原，地主阶级开始在蜕变了的大西军政权支持下对"丁亥之变"中产生的地权变化进行反攻倒算。例如腾越州地主于明隆庆年间置办了"年收租谷二千余箩"的所谓"义仓田"，它以"因便利民"为名，实际上"绅衿亦可自己为政"，完全是他们剥削农民的工具。大西军入滇后，将其没收"以为火夫工食"，但后来在大西军政权中任太仆寺卿兼工部右侍郎的乡绅胡璿"出而讲理"，结果是"此田仍归绅士公管收放"[1]。元谋县龙翔寺明末兵燹后常住"田租为李姓（佃户）侵蚀，顺治初（即永历年间）邑茂才王佐国访知其事，约同人白于官，追清田租"[2]。宜良宝洪寺常住田，丁亥之变后为大西军营官王国章没收，顺治十年七月，寺院"恳质公庭"，在大西军所委知县杨祖植支持下索还了这批田产。寺院地主为此勒石，得意扬扬地说："且自开辟以至于今，世务经几成除，人事经几变迁，夫孰知世间有不常之变（指农民战争中土地易主）而……复见有不变之常也。信乎！"[3] 丙申改制后，许多在丁亥之变中"惶遽"逃入山林的地主缙绅纷纷"踊跃归旧居，曰：不图到今得复睹天日也"[4]。同时，一批新的官僚地主也在兴起，如大西军治滇末期的晋宁

---

[1] 段铨璋：《义田说》，《永昌府文征文》卷10。
[2] 檀萃：《华竹新编》卷3《寺院》。
[3] 永历七年宜良《宝洪寺常住碑记》（拓片）。
[4] 梁份：《怀葛堂文集·薛大观传》。

知州谢桢，在其家乡石屏"置别业于北山，躬耕自乐"[1]。余庆知县张锜，"家颇富"[2]。御史陈启相的诗集中，有"七弟来索金买田"一首[3]，据集子编纂年序推测，这也是丙申之后的事。

这样，在经济基础的制约下，大西军政权完全蜕变成了地主阶级专政的工具了。

总结上述，营庄制作为后期大西军经济政策的核心，从顺治四年提出到顺治十三年废除，历时十年，它典型地反映了封建时代农民力图按自己的农业社会主义理想来改造现存封建关系，主要是用农民政权的国家权力对封建土地私有制进行干预的努力。但在封建社会客观规律的制约下，结果是这种努力的失败与封建土地私有制的胜利。营庄制的演变过程可简示如下：

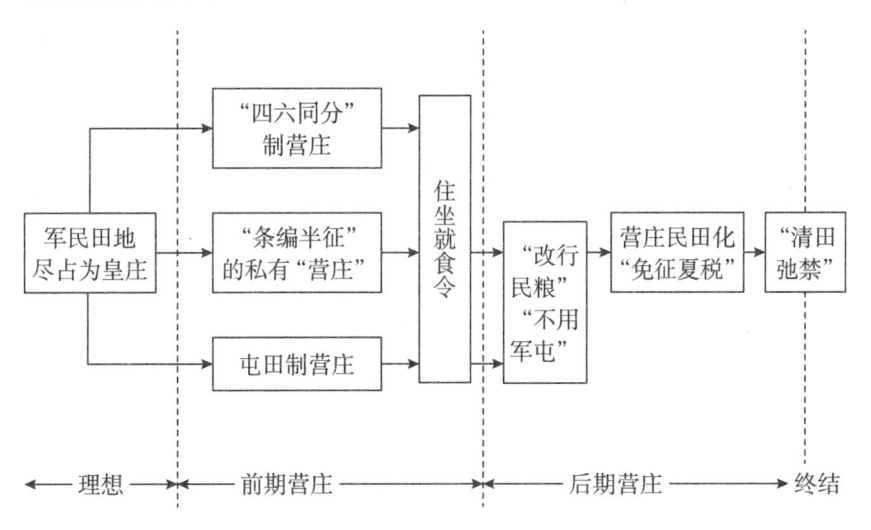

```
军民田地          "四六同分"
尽占为皇庄   →   制营庄           住
                                  坐      "改行    营庄民田化     "清田
             →   "条编半征"   →   就   →  民粮"  → "免征夏税"  →  弛禁"
                 的私有"营庄"     食      "不用
                                  令      军屯"
             →   屯田制营庄
    ←理想→    ←   前期营庄   →    ←       后期营庄       →   终结
```

顺治八年完成的屯制改革与十三年的清田弛禁，是营庄制演变过程的两个关键。

---

[1] 康熙十二年《石屏州志》卷7。
[2] 康熙《云南府志》卷5。
[3] 《黔诗纪略》卷25。

这里必须谈谈联明抗清对营庄制演变的影响。从时间看来，顺治八年屯制改革与"胁改秦封"斗争胜利、以孙可望的贵阳"国主行营"为政治中心、以农民军为支配力量的抗清政权的建立恰在同时。联明后对地主阶级让步的需要以及联明过程中地主阶级对大西军领袖的改造，对加快营庄制蜕变过程无疑具有很大作用，但这只是个外因，营庄制演变与大西军蜕化的根本原因还在于云南封建经济的内在发展规律。如所周知，张献忠、李自成时代的农民政权也已走上了蜕变的道路，但他们没有完成蜕变，而孙可望、李定国则完成了。就这一点而言，联明抗清的外界因素确实提供了条件，但根本的问题在于他们都在走向蜕变，这却不是联明所致的，正因为如此，本文认为联明抗清的特殊环境不会影响营庄制演变在农民战争史研究中的典型意义。

营庄制与大西军斗争的历史作用，是个十分复杂的问题。明清之际云南的经济社会发生了很大变革，它与大西军经济政策的关系，涉及面很广，笔者拟另作专文论述。这里只想说一点：从经济学角度上说，营庄制作为宗法式小农的农业社会主义理想模式，是逆历史潮流的，它的革命性及其在历史上的进步作用，与其说体现于它本身，不如说体现于它的实行结果正是对它的经济原则的否定。大西军为实现宗法小农的"公有制"而进行斗争，结果却是使云南的封建私有制朝着摆脱领主制残余与落后的宗法共同体天然羁绊而向前迈进了一步。这就是历史的辩证法。

原刊于《中国农民战争史论丛》第五辑，
中国社会科学出版社，1987年版

大西军治滇时期的农业

顺治四年，大西农民军占领云南，地主阶级受到了沉重的打击，"缙绅降为编户，衿裾等于仆隶""田舍没于营庄""田籍湮没无查"，封建制度遇到了前所未有的"不常之变"。

然而农民阶级并没能在滇池洱海之间创造出个新天地来，现存封建关系废墟上建立的营庄制度只是一现的昙花。"清田弛禁"与丙申改制，实际上结束了大西军作为一支农民军的历史，历时十年的"不常之变"终于为封建制度的"不变之常"所取代了。

但是历史的发展正是在这否定之否定的过程中实现的。从经济学角度看，营庄制是一种"反动的"宗法小农的农业社会主义理想模式，它的革命性及其在历史上的进步作用，与其说体现于它本身，不如说体现于它的实行结果正是对它反动的经济原则的否定：农民军没能实现宗法小农的"公有制"，他们为此进行的斗争却使云南的封建私有制朝着摆脱领主制残余与落后的宗法共同体天然羁绊的方向迈进了一步，从而推动了生产力发展与社会进步，本篇将从农业的角度对此予以论证。

一、"丁亥之变"后的农业生产关系

明末云南社会危机的根源，在于生产力发展已达到内地发达地区水平的情况下，生产关系仍然保留了元以前乃至大理南诏时代的许多落后传统，两者发生了尖锐矛盾。其中就农业而言，领主化的贵族大土地所有制——勋（沐）庄、军事农奴制的卫所屯田与继承奴隶制或农奴制传统的土司经济，是阻碍生产力发展的主要的"天然羁绊"。那么在"丁亥之变"以后，尤其是在营庄制度瓦解后，它们的命运如何？试分别述之。

1. 一蹶不振的"勋庄"

一些论著往往把云南勋庄的崩溃划到了清康熙中叶三藩之乱以后，[1]这不能算错。然而必须指出，康熙时勋庄之废除，只是一个回光返照的垂死者的最终死去，在此之前它的命运早已决定了。实际上，沐庄在"丁亥之变"中命运如何是关系到大西军最重要的经济制度——营庄制是否实行过的问题。因为营庄制首先是在滇中盆地即"云南府属"地区开始并以这里为重点推行的，而占全省耕地三分之一以上的沐庄又恰以这里为最集中，即所谓"环滇封内莫非总庄"。以"军民田地尽占为皇庄"为原则的营庄制是无法避开它的。清初总督蔡毓荣《筹滇第四疏》称：

> 故明沐氏世镇滇省，置买田庄。厥后沐氏沦亡，凡据滇者，必贪之以为利。本朝开滇之始，拨给逆藩。[2]

这里"沐氏沦亡"以后"本朝开滇"以前的"凡据滇者"，显然指孙可望、李定国而言。《永历实录》亦云，大西军击败沙定洲后，即以"还天波邸第庄田"为饵，"遣使诱天波令附己"，可见当时沐府庄田已为大西军所有。但由于沐氏态度顽固，这次招降并未成功[3]。直到大西国在禄丰消灭拥沐派军队后，追到永昌，"执沐天波回省"[4]，沐才终于顽而不固，"计穷顺贼"[5]了。因此，"邸第庄田"实际上并未归还。大西军对沐的安置是"使居民舍、月给粟以赡之"[6]，这与永历帝在安龙"月支银米，称皇帝一员，娘娘几口"一样，是一种供给制，至于庄田，沐府自然不能问

---

[1] 王毓铨先生的《明黔国公沐氏庄田考》(《历史研究》1962年第6期)；江应梁先生的《明代的沐庄》(《云南日报》1963年3月7日)以及一些关于云南史、明清史、经济史的论著大都持这种观点。
[2] 康熙《云南通志》卷29《艺文》。
[3] 《滇南外史》。
[4] 康熙《云南府志》卷5《沿革》。
[5] 《滇寇纪略》。
[6] 《永历实录》卷14。

津了。

　　《永历实录》纪云贵事多传闻致误，然而上述记载按诸他书却是大体可信的。《滇南外史》云沐天波"归降焉，可望仍以礼相待，安置于察院衙门内居之"。《爝火录》也说：沐"被执回滇，可望据沐府，骈戮定洲所置官吏……即以天波为报门官"[1]，这是"邸第"未还之证；上述蔡毓荣的奏疏则是"庄田"未还之证。顺治九年，临安十五猛沐氏勋庄寨主"以庄田归附（大西军政权），岁纳籽粒银五十两"[2]，更表明当时土司地区沐寄庄也脱离沐府而成为大西军政权的"营庄"了。丁亥之变后，尽管大西军政权出于全国范围内联明抗清的考虑，仍予沐氏一定的待遇，但沐氏与大西军之间并不是合作关系，而是"降附"关系，沐氏势力已基本消灭。在政治上，沐必须"听可望指示"[3]；"天波自还省城，一筹难展，但佩征南旧印委蛇而已"[4]；"可望等以勋旧礼待之，不复假以事任也"[5]；所谓"用天波为报门官""羁縻之……门置兵，锢其往还"[6]"天波……虑祸……独与杨畏知燕语而泣"[7]等记载充分反映了这位黔国公的窘态。在经济上，沐府在滇中滇东的产业原已落入沙定洲之手，大西军平定"沙乱"，这些产业遂转归农民军。在滇西丽江木氏土府与永昌等地的沐府库藏，也于沐天波被执回省后为大军所查封，"可望分兵入丽江，悉取其（沐府）数代所蓄"，[8]"累世库藏，罄劫无余"[9]。对沐府的库藏如此，其庄田的命运也就可想而知了。

　　丙申改制以后，在李定国的支持下，沐天波的势力有所恢复，在迫

---

[1]《爝火录》卷17；又见何是非：《风倒梧桐记》。
[2]《续修建水县志》卷2《户口》。
[3] 马玉：《征行纪略》。
[4] 倪蜕：《滇云历年传》卷10。
[5]《南疆逸史》卷46。
[6]《永历实录》卷14。
[7]《西南纪事》卷8。
[8] 冯苏：《滇考》卷下。
[9]《滇南外史》。

害大西军"旧人"的过程中他居然成为权势炙手可热的禁军统帅、永历小朝廷的台柱。同时,"清田弛禁"后沐庄也得到了恢复,但由于"丁亥之变,田籍湮没无查",沐庄土地或为"奸徒欺朦隐匿"[1]"豪强侵隐""佃氓于没",或成为营庄后再通过顺治六年至八年间的屯制改革转化为民田,再也不可能完璧归赵了。沐庄中"钦赐"土地所占比例不大,大部分土地系吞并"册税民田"或通过以卫所军官为"田牧私人"以及土司庄田投献为沐寄庄等方式而来,它们在官簿上仍属民田、屯田或司田,只是为沐氏凭政治势力所隐占。沐氏失势,这些土地自然失去,如前述的临安十五猛就是一例,沐氏想要再夺回来已不可能。就是所谓"钦赐"土地,由于不载有司册籍,历来其顷亩万位惟有问之"沐府经管旧员"[2],而这些管庄头人在"丁亥之变"中早已非死即逃,扫荡几尽。[3] 因此,大西军治滇末期虽有沐庄这一名目,但其数量已缩为原来的一个零头。如前所述,明末沐庄田地超过二万顷,占云南各类耕地总数的三分之一以上,[4] 其中册税粮田地在万历初年即达 8031.37 顷,占同时期布政司在册田地总数 17993.58 顷的 44.6%。然而清初尽管根据户部尚书云南人王弘祚的建议,清军一入滇就着手"确察"沐氏庄田,"务令尽数开报,毋得纤毫遗漏",[5] 但直到顺治十七年把它拨归吴三桂时也只有"七百顷",[6] 不及明末二十分之一。与此同时,民田额却从明末的不足二万顷猛增为七万余顷,这就使沐庄在田地总额中所占比重从 40% 左右下降到了 1% 以下。

必须指出,清初田赋统计中前明藩勋庄田严重失额是一个普遍现象,

---

[1]《明清史料》甲编,第 44 页。
[2]《耻躬堂化集》卷 4《议滇饷疏》。
[3] 乾隆《丽江府志略》卷下:迤西沐庄管庄王鸣凤等在"丁亥之变"中被杀。此类例子甚多。
[4] 数详见前文《后期大西军营庄制度初探》及本篇第二节,按:从一些微观材料亦可看出沐庄的比重,如万历元年《石鼻里水利碑》载该里有田一千六百亩,其中沐庄占五百余亩,亦占三分之一。
[5]《明清史料》甲编,第 441 页。
[6] 康熙《云南府志》卷 8《沿革》。按这一数字见于清初多种方志并有赋役志中开列之细目可证。今人或诧其太少。有擅改为七千顷者(见《云南各族古代史略》第 156 页),殊为不妥。

相对而言，沐庄失额还不是最厉害的。但其他各省在庄田失额同时民田额亦比明末严重亏减，而云南却是例外，在沐庄失额的同时民田额剧增（这里仅指三藩之乱以前而言，三藩之乱后则云南与各地一样各类田地都有亏减）。因此这种失额不能仅用战乱来解释。

为了利用清初统计数字来考察明清之际云南的社会经济变化，需要做一项基础工作，即弄清清初云南方志中所谓"原额"数字的含义。清代方志、政书与册籍中，常有"原额""见存"等名目，其含义颇为混乱。其中清中叶以后方志中的"原额"，有的是照抄旧志的"原额"，而有的却是旧志中的"现额"，[1]不可一一穷诘，故本篇除个别确知其含义者外，一般不用这类数字。

那么清初的"原额"又是什么？按理这是不成问题的，清入关伊始就宣布"地亩钱粮俱照前朝《会记录》（按：指《万历会记录》）原额"[2]。顺治三年以后又多次下令据万历册籍编赋役全书，规定"钱粮则例俱照明万历年间"，"地丁则开原额若干，除荒若干，原额以明万历年刊书为准"[3]。但实际情况并不那么简单，试查清初各省方志中之"原额"，不难发现其中固然有据万历会计录列入者，但有的却是"明末"之额，有的是顺治初编制赋役全书时的实征数，更有个别的是"仍沿寇（明末农民政权）例"。而清初云南的"原额"更为特殊，它与万历《通志》、天启《滇志》、万历《明会典》、《万历会计录》与陈仁锡编的《皇明世法录》卷34所载天启初年户科钱粮总册的数字都不同。而且在康熙《云南通志》的赋役、户口等志中，除"原额"以外又开列了"明时额"[4]；取"原额"数

---

[1] 例如光绪《腾越厅志》卷6《田赋》云：该地沐庄"原额田"79.46顷，但考乾隆《腾越州志》卷5，此数乃"照现在全书并老额新额"合计者，其中只有所谓"老额"可能是清初原额。据康熙《永昌志》，当时全府沐庄原额田仅33顷多，腾越仅为该府之一邑，当更小，可见清中叶后之原额并非清初原额。
[2] 《清世祖实录》卷9。
[3] 同上，卷112。
[4] 系据天启《滇志》赋役等志抄录。

与现存康熙元年、九年两种《云南屯政赋役全书》以及康熙年间的云南民田赋役全书[1]数字之比，亦无一合。可见清初云南方志中的"原额"地丁数字，既非明额，亦非清初全书额。那么它究竟是什么时代之额呢？

康熙《寻甸州志》卷3《户口》有云："本朝开滇，寻甸原额户口上中下共三千八百二十一丁，至康熙二十三年，除逃故人丁，实在两千一百六十七丁。"这就清楚了："原额"系清军入滇时额，"实在"系三藩之乱后额。但本朝"开滇"时的数字又从何而来呢？笔者在前文中曾指出，"丁亥之变"后云南各地"册籍散失无存，节制事宜全无可考"，明代赋籍已荡然。但大西军政权封建化以后，在"丙申改制"中普遍进行了"清田"即"丈量土田"的工作，建立了册籍。清军入滇时，当时已融合于南明小朝廷的大西军政权望风瓦解，大批文武官吏出降，其册籍大都基本完整地落到清朝手里。随军入滇的清督赵廷臣说："贼踞以来……本地应征银两，尽改粮米本色，典籍沦于灰烬，更张习为成例……大兵征进，需食紧急，经略辅臣燎毛救焚，权照本色量征"[2]，所谓"权照本色量征"，就是按照大西军治滇末期的"成例"征收。在更早的一封奏疏中他还说："滇黔两者，先为伪政科敛，富者畏差徭之重，贿赂夤缘，贫者无终岁之入，甘心弃掷，等于石田。我朝开辟以来，有司据原报荒熟田册，除荒征熟，窃恐隐者仍遂其隐，荒者日任其荒"[3]。可见当时征赋依据是"伪官"呈缴的册籍。一些方志中还有更明显的例证，如康熙间巡抚石琳《进呈编辑全书疏》[4]中引用"投诚伪总兵官史文（按此人为大西军后军都督、"总理盐政税务总兵官"）开报"的数字：黑井课银96000两，琅井9600两等，而这些数字就是康熙《楚雄府志》卷3《课程》中

---

[1] 后一种全书未见，但刘大钧《中国农田统计》（《中国经济学社社刊》第1卷，1927年）曾引用，称云南民田原额3376.89顷，实存27656.78顷。
[2]《赵清献公集》奏议卷2。
[3] 同上，奏疏卷1。
[4] 见乾隆《新兴州志》卷10《艺文》。

所载的原额，通海县则有"投诚知县邓崇文报通海荒芜民粮为全熟……刊在全书，至今为累"[1]，等等。凡此，足证清初所谓原额，大体上即大西军治滇末期之额。而所谓"原额沐庄"之数，则应为"清田驰禁"后实有的沐庄数。

下表是清初"原额沐庄"的大体情况：

府	州县	民地（顷）	沐地（顷）	民田（顷）	沐田（顷）	沐田地占民沐总数（%）	出 处
云南府	昆明	669.99	9.48	1037.97	45.40	3.1	康熙《云南府志》卷6《赋役》
	富民	190.89	2.87	143.11	1.48	1.3	
	宜良	462.13	3.83	481.17	23.58	2.8	
	罗次	86.39	0.88	398.40	45.99	8.8	
	晋宁	246.14	5.74	355.38	22.45	4.5	
	呈贡	138.52	16.78	264.73	9.63	6.4	
	归化	178.08	20.37	222.96	2.05	5.3	
	安宁	168.32	0.31	511.98	5.29	0.8	
	禄丰	175.58	2.79	377.78	38.76	7.0	
	昆阳①	1190.71	0	612.82	73.87	4.0	
	三泊①	164.54	0	145.88	12.48	4.1	
	易门	114.27	0	317.89	44.22	9.3	
	嵩明	794.14	15.18	1108.42	11.08	1.4	
	合计	4531.70	78.23	5978.49	336.33	3.8	
大理府	太和	699.61	0	805.23	0	0	康熙《大理府志》卷8《田赋》
	赵州	991.79	0	912.28	0	0	
	云南	1267.42	0	1144.90	0	0	
	邓川	612.00*	5.98	339.54*	12.01	1.7	
	浪穹	598.12*	0.97	845.36	0	0.07	
	宾川	865.72*	13.17	0	0	1.5	
	云龙	43.40	0	270.97	0	0	
	合计	5708.06	20.12	4378.28	12.01	0.3	

---

[1] 牟崇鑫《通海备征志》沿革志。

续上表

府	州县	民地（顷）	沐地（顷）	民田（顷）	沐田（顷）	沐田地占民沐总数（%）	出处
澂江府	河阳	260.35	0	202.76	0	0②	康熙《澂江府志》卷7《赋役》
	阳宗	86.46	0	105.26	0	0	
	新兴	190.95	5.04	299.76	33.98	7.3	
	路南	3746.51	0	—	0	0③	
	江川						
临安府	河西	118.60	1.85	442.95	20.31	3.8	康熙《河西县志》卷2《田赋》
永昌府		164.09	0	2328.15	33.71	1.3④	康熙《永昌府志》卷3《田赋》
广西府		4915.35	0	1190.68	3.74	0.06	康熙《广西府志》卷3《赋役》

标记*的数字是民沐合计数减沐庄数所得。
①康熙《昆阳州志》卷5《民赋》载；昆阳民田515.22顷，沐田无，三泊民地145.54顷，民田153.02顷，沐田10.11顷。沐庄耕地数及所占比例均远较此表为小。
②本行系康熙七年实存数。
③本行系田地合计数。
④本府勋庄田"比他处为多也"（乾隆《腾越州志》卷5）。

从表中可以看到，一方面"清田弛禁"后沐府经济实力有所恢复，沐庄首先在滇池盆地最富饶的坝区卷土重来，占据了大片最好的土地（水田）。但另一方面它毕竟元气已伤，一蹶难振。表中沐庄集中的几个府县"原额"田地中，沐庄比重平均只有3%—4%左右，最高也不过9.3%。而大部分州县的"原额"数字中已没有沐庄而只有民田，"环滇封内莫非总庄"的局面一去不复返了。如所周知，明代的沐庄是"免查勘"的，"有司册籍"与方志中从不载其数。而大西军治下"原额沐庄"赫然在籍，这本身就是勋庄衰微的表现。

清军入滇后，吴三桂继承了七百顷"原额沐庄"，犹嫌不足，想重温沐氏旧梦，遂沿其满洲主子的圈地陋习，于康熙六年扩大藩庄，"圈拨近省州县卫所田地给吴三桂兵丁口粮"[1]次年"吴三桂请将原赐以沐氏庄田七百顷并入圈数"[2]，此即"平西官庄"，云南册籍中在三藩乱前称为"王庄"，吴氏败亡后则按明例称为"勋庄"或"沐庄"[3]。于是除"原额"沐庄七百顷外又出现了"额外增出"或"新增沐（勋）庄"。这些土地大多为"丁亥之变"后为大西军没收、屯制改革后成了民田的沐庄，如碌嘉县"原额"民田51.41顷，全熟"无荒"且无沐庄，到了康熙六年，民田"实在成熟并新增沐庄共田"仍为51.41顷[4]。镇南州原额民田605.94顷，"俱实在成熟"无沐庄，到康熙六年"民田并新增沐庄"变成601.99顷，其中民田比"原额"减少18顷，同时"新增"了沐庄近15顷[5]。类似情况很普遍（见下表，单位：顷）。大体上，康熙六年后各地民田并新增沐庄总面积或小于清军入滇时的"原额民田"，或两者不差分毫。这表明所谓"新增沐庄"是从大西军治下的"原额民田"中划出的：

府	州县	原额民地	实在民地	新增沐地	原额民田	实在民田	新增沐田	出处
楚雄	镇南	320.61	313.35	0	605.94	587.34	14.64	咸丰《镇南州志》卷4
	南安	120.49	117.77	0	335.01	共297.50		
	碌嘉	0	0	0	51.54	共51.54		康熙《楚雄府志》卷3
	广通	394.6	394.6	0	612.78	—	32.22	
	定边	126.18	126.18	0	194.52	共194.52		

---

[1] 康熙《澂江府志》卷3《沿革》。
[2] 康熙《云南府志》卷5《沿革》。
[3] 参见康熙十二年、三十八年两种《石屏州志》等书。
[4] 康熙《楚雄府志》卷3《田赋》。
[5] 同上，并咸丰《镇南州志》卷4。

续上表

府	州县	原额民地	实在民地	新增沐地	原额民田	实在民田	新增沐田	出　处
姚安	大姚	126.99	126.99	0	490.89	465.69	25.20	康熙《大姚县志书·赋役》 道光《大姚县志》卷5
曲靖	马龙*	—	—	0	849.0	共 849.0		康熙《马龙州志书·赋役》 雍正《马龙州志》卷5
临安	宁州	167.86	—	5.93	584.04	584.04	0	康熙《宁州郡志·贡赋》
临安	蒙自	789.14	—	1513	443.14	—	39.27	康熙《蒙自县志》卷4
临安	石屏△	102.3	97.1	5.2	2185.38	2085.77	99.70	康熙十二年《石屏州志》卷1
顺宁府		887.0	881.71	5.29	761.38	共 761.38		康熙《顺宁府志》卷2

＊本行为田地合计。
△本行为税粮数，单位：石。

由于吴三桂的倒行逆施，勋庄在云南一度回光返照。三藩之乱时，云南沐庄分布如下表（单位：顷）：[1]

---

[1] 第②列数字已见于上文，其余数字见康熙《云南通志》卷10《田赋》。

府	民田地①	原额沐田地②	"又额外增出沐田地"共③	$\frac{③}{②}×\%$	$\frac{③}{①+③}×\%$	备注
云南	10780.31	—	413.89	—	3.7	
曲靖	5865.02	0	410.57	—	6.5	包括寻甸州
临安	8808.28	—	211.01	—	2.3	
澂江	5299.41	38.72	84.99	21.95	1.6	
武定	3974.76	—	87.23	—	2.1	
广西	6081.98	3.74	292.89	7831.3	4.6	
开化	759.35	0		—	0	康熙初年新设府
大理	11608.62	32.13	275.80	858.4	2.3	
永昌	2366.59	33.71	125.64	372.7	5.0	
楚雄	5487.01	—	96.05	—	1.7	
姚安	2065.63	—	25.20	—	1.2	
鹤庆	2977.58	—	0.40	—	0.01	
顺宁	2085.11	—	20.76	—	1.0	
蒙化	2585.68	—	6.01	—	0.2	
景东	127.31	0	0	—	0	
全省	70937.81	约7000	2050.50	292.9	2.8	

这时勋庄面积已较大西军治滇末期扩大近二倍,且多集中于富饶的云南、曲靖、大理诸府,显然这是对"丁亥之变"的反动。然而即使这样,吴三桂的勋庄土地比起明代沐庄来仍只有十分之一,仅占当时民沐田地总额的2.8%。可见他并不能挽救腐朽的勋庄制度的没落,事实上,勋庄在吴三桂时期的回光返照只是短暂的一瞬。三藩之乱后,清政府眼见勋庄制度已难以为继,不得不于康熙二十四年下令把勋庄土地变价归并于所在府县的民田中,康熙三十二年又进一步宣布免收勋庄地价以鼓励人民垦耕。至此,这种严重阻碍生产力发展的领主化贵族大土地所有制终

于成了历史的陈迹。

2. 军事农奴制卫所屯田的崩溃

明代云南生产关系中又一个最腐朽的制度就是以卫所军屯为形式的国家军事农奴制。由于沐氏世为总兵官,"云南六卫千百户尽为总兵田牧私人",故云南卫所屯田与沐氏勋庄往往互为表里,甚或是一而二、二而一的。"丁亥之变"后,这两者的命运也差不多。

由于清初方志、册籍中关于卫所田地的许多记载湮没了"丁亥之变"对封建军屯制度的打击,不少学者都认为云南卫所屯田一直保持到康熙时,有人甚至认为大西军治滇时还恢复和发展了这种军事农奴制。这是不符合事实的。

应该说,当时的农民阶级不可能认识军屯制的封建实质,因此大西军入滇初期,虽然镇压了大批反抗农民军的军官地主,但主观上并未打算废除屯田制度,相反的还试图利用这种形式实现其兵农合一、公产均耕的宗法共同体——农业社会主义理想模式。但"军民田地尽占为皇庄"的结果,并没有产生乌托邦,只是造成"体统莫辨、军民混杂"。随着营庄制在经济规律制约下的演变,通过顺治六年至八年间的屯制改革,"照粮点兵"的民田与"改行民粮""不用军屯"的卫所田事实上已合而为一,从而实际上废除了卫所屯田制度(尽管还保留了部分卫所的名称)。在这一过程中,云南的卫所官豪地主也受到了沉重的打击。

"丙申改制"前后,营庄制度彻底瓦解,这时已完成封建化的后期大西军政权曾在局部地区重新启用被黜革的卫所官豪地主,恢复卫所屯田。例如景东卫左所千户程氏"丁亥后失袭",至"永历九年守巡洱海道张某行文以(原千户之子程)文俊为舍人,责其督耕。十一年兵部行文,以程氏旷年久不承袭,例降一等,准袭原卫左所试百户"[1]但这只是个别情况。总的来说,直到清军入滇时,卫所屯田制度在云南几乎是不存在的,这从清初册籍中清楚地反映出来。

---

[1] 嘉庆《景东直隶厅志》卷17《秩官·世职》。

如上所述，清初册籍中的"原额"数字基本上是大西军治滇末期"清田"之后编制的数字，然而康熙元年首次编纂的《云南屯政赋役全书》中，却没有"原额"的记载。此前不久的清朝户部尚书云南人王弘祚为清军入滇后面临的经济问题上过一道《滇南十议疏》[1]，里面列举了有关云南田地人丁等方面的一系列数字，其中大多不同于明代会典、会计录、方志与户科钱粮总册，显系所谓"原额"，[2] 唯独屯田数字11171.54顷显系抄自万历《大明会典》、王圻《续文献通考》等书所载嘉靖四十一年额。[3] 更有趣的是，以康熙元年《云南屯政赋役全书》中各卫所屯、职田数与天启《滇志》卷7《兵食志》所载相比较，可以看出屯田数字除了云南右、后卫与景东外都完全相同，而职田数字则相差很远：

卫　所	屯田（亩）		职田（亩）	
	A	B	A	B
云南左卫	57326	57326	6180	6180
云南右卫	50142	41643	4904	4904
云南中卫	49608	49608	5589	5589
云南前卫	45820	45820	537	4197
云南后卫	39813	26602	3470	3933
广南卫	35507	35507	571	5608
安宁所	8267	8267	210	234
宜良所	10459	10459	1219	1160
易门所	8066	8066	402	708
杨林所	12310	12310*	772	772

---

[1] 见《滇南文略》卷5；《明清史料》甲编，第441页。
[2] 此疏作于顺治十六年正月，时清军入滇不久，所获册籍似尚不及运至北京，王弘祚所举数字可能是孙可望叛降时"献云贵图籍"而为清所得者。
[3] 康熙元年《云南屯政赋役全书》与兵科给事中王命岳的《论滇饷疏》（《耻躬堂文集》卷4）也都使用了这一数字。

大西军治滇时期的农业　187

续上表

卫　所	屯田（亩） A	屯田（亩） B	职田（亩） A	职田（亩） B
十八寨所	17500	17500	1096	1162
武定所	21729	21729	835	846
木密所	12529	12529	979	979
凤梧所	4663	4663	0	0
大理卫	76777	76777	12272	12297
鹤庆御	30368	30368	1176	1484
洱海卫	50838	50838	8780	8780
大罗卫	16009	16009	2362	2362
临安卫	47942	47942	53168	8849
新安御	2280	2280	504	504
永昌卫	73443	73443	8190	8190
永平御	15436	15436	1914	1914
腾冲卫	39425	39425	15609	15609
楚雄卫	66426	66426*	8350	8350
定远所	25847	25847	1190	1190
姚安所	40106	40106	944	944
中屯所	27180	27180	916	916
曲靖卫	59779	59779	7966	7966
马龙所	11152	11152	1008	1008
平夷卫	29689	29689	1962	2046
越州卫	23946	23946	2984	3021
陆凉卫	47328	47328	3784	6006
蒙化卫	37594	37594	7152	7157
定雄所	3306	3306	0	0
景东卫	39103	39103	6834	6834

续上表

卫　所	屯田（亩） A	屯田（亩） B	职田（亩） A	职田（亩） B
澜沧卫	33898	33898	6223	6223
通海御	19338	19338*	2446	2559

注：1. A组数字见天启《滇志》卷7《兵食志》；B组数字见崔之瑛、吉允迪编康熙元年《云南屯政赋役全书》（云南图书馆钞本，该书原分田地二项，今均合计之）。
2. *号者A、B二数字有一位数不同（如通海御A：19338，B：19738），但与田亩相应的其余数据如夏税、秋粮、编银等AB二书均一字不差，可见此不同之字系抄写之误。今一概以A组为准更正之。

在明代，屯职田都是禁止流通的国有土地，但因为屯军逃徙隐占失额多，卫所世官却基本固定，所以作为屯军份地的屯田的变动率一般远高于作为军官俸田的职田，[1] 何以上表中情况完全相反？从嘉靖、天启至康熙年间，云南战乱频仍，屯田数字分毫不差是不可能的。唯一的解释是清军入滇时大西军政权没有屯田册籍，因此只能以《明会典》《滇志》的数字来代替。只有右、后、景东三卫例外，这三处可能在"清田弛禁"时恢复屯田[2]，因此采用了新的数字。其余卫所的屯田当已"各为各境""改行民粮"，划入各州县去了。这也可以解释何以清初"原额"民田比明万历时有惊人的增加。至于职田，从上表看来在大西军治滇时是存在的，它可能是营庄制度废除后留下的大西军"营弁"的俸田。但从永历十年腾冲《万华馆常住田碑记》[3] 看来，这时的职田已可以"给银见价"公开出卖，可以转让给寺庙，而且"职田租米一石五斗"，"每年收租三百一十二箩"，租、赋已截然分开。可见这时的职田已不再是卫所田

---

[1] 只要把万历《云南通志》与天启《滇志》二书之《兵食志》中所屯职田的数字做一对照，就会对这一点有深刻的印象。
[2] 如前引《景东直隶厅志》所言。
[3] 见《永昌府文征》卷9。

制的一部分，它已与民田无任何区别了。

清初实行绿营兵制，卫所军屯理应不复存在。然而由于作为地租的屯粮远远高于作为赋税的民粮，统治者还是力图恢复这种剥削方式以榨取更多的农民血汗。清军入滇后，立即把已被大西军政权"改行民粮"的卫所土地恢复军田科则，并且恢复了被大西军撤销、改县的通海、新安、木密等大批卫所。（1）以通海为例，康熙元年《云南屯政赋役全书》虽然照抄《滇志》，列出了通海御的屯田经制，但实际上只是个空头数字。康熙二年，守御千总颜伦"捏详佥丁领屯，田政大坏，军丁逃散"。[1]所谓"佥丁领屯"，即重新佥括人民为屯丁，并将其强制束缚在重新划出的屯田上，通海的军屯制就是这样恢复的。考"佥丁领屯"一举，起因于顺治十七年清兵科给事中的一个奏疏，内称："查云南原有旧屯计11171顷零，科粮389992石零（按此二数为嘉靖四十一年旧额，见上文）……今当敕令该抚，令其责成原军换帖领种……军既领田，即为我兵，籍其丁壮，复成劲旅。"[2]显然，它涉及的绝不仅是通海一御，云南全境军屯恢复的真相也由此可以想见了。康熙初年，清廷裁撤了部分卫所并将其归并于州县，但仍保持其军田科则，"知县白钟奉文编审，仍蹈佥丁领田之弊"。[3]同时，清廷还将已脱离卫所，"不纳（屯）粮、不入经制"的民田化了的"永暂职租田"与"废弁职田"清查造册，重新"名为官田，归各该卫所征收"，[4]把原先"废弁"们以私人名义"招佃收租"所征之额算作"正供钱粮"以"照军粮起科"，还给这些土地上的农民加编了卫所军舍丁差[5]。这样，就不仅加重了对他们的剥削，还使他们的身份由相对自由的佃农重新变成了卫所军事农奴。据康熙元年《云南屯政赋役全书》载，清政府用这种方式共"清出"卫所田地

---

[1]《通海备征志·沿革志》。
[2]《耻躬堂文集》卷4。
[3]《通海备征志·沿革志》。
[4] 康熙元年《云南屯政赋役全书》。
[5] 康熙《云南府志》卷20，佟世雍:《开民困苦已极事》，康熙《澂江府志》卷3。

1516.47顷，约为明代屯田总额的七分之一。

但是，经历了"丁亥之变"洗礼的人民不能接受与云南社会生产力发展不相容的军事农奴制卷土重来，他们对清统治者的倒行逆施进行了积极或消极的反抗。在"佥丁领屯"的地区，"各军纷纷逃散"[1]，"拖欠逃荒，年甚一年"[2]，其中通海人民的斗争就是个典型例子。通海西、北部的海屯地区时称"龙火七军营"，明代"通海之御，七分之军，领田佃种……此七军营尽属屯军之田，并无民户，此龙火七军营之所由名也"[3]。大西军入滇后，"不用军屯"，废通海御，其屯田"各为各境"，分别并入通海、河西、宁州、建水，成为这四州县营庄土地的一部分，海屯地区因而被划归"河西营"营官龙世荣管辖，"清田弛禁"后营庄不复存在，这里就成了"民户"聚居区。[4]故民国年间通海县档案有云："海屯……一带之地，皆在通海正北，原属通海版图，故海屯称为四军营，明末孙（可望）李（定国）扰乱，沦于河西，皆弃其（军）籍"[5]。清军入滇后，在这里"佥丁领屯"，强行把海屯地区从河西划出重新并入恢复后的通海御，结果遭到刚刚摆脱奴役性"军户"身份的海屯人民的激烈反抗，因为河西"皆系民籍，并无附征军粮"[6]，"百姓喜逸避劳，喜归河（西）不喜归通（海）"，"七营界内断归民户率以非军为辞，乐就河西笼络……负固不服者所在多有"。由于他们的反抗，"界牌甫立，旋即击碎，碑字未久，辄就漫灭"，以致"十六年间更兹案者十数官，勘其土者十数次"，"中间忽东忽西，又忽而平分，案牍充栋，究无确断"，使清政府大伤脑筋。后来龙火七军营虽然被强行归并入通海，但"河人之衅，终不能保其不生"[7]。直到清政府废除

---

[1] 道光《晋宁州志》卷12《艺文》，石文晟：《请减屯粮疏》。
[2] 雍正《弥勒州志》卷25。
[3] 《通海备征志·文征志》康熙三十一年"覆核龙火七军营详"。
[4] 同上，参见康熙《通海县志》卷1、卷7。
[5] 《通海备征志·文征志》，赵传鉴："为海屯乡不能与同春镇交换呈省府文"。
[6] 康熙《通海县志》卷7。
[7] 《滇南文略》卷8董玘："通海龙火七营议"，参见康熙《河西县志》卷3《兵防》。

屯粮科则后，斗争才逐渐平息。[1]

由于人民的反抗强烈，清廷的"金丁领屯"政策成效甚微，截至康熙九年云南第二次编制《屯政赋役全书》时，全省各卫所"实在"的各项田地总共才1874.22顷[2]，只及明代原额的15%，约等于当时民田额的2.7%。而在明代，这个比例曾高达70%以上。[3] 云南十八个卫所原来共有屯田5170.17顷，到康熙九年荒芜的达2731.10顷，其中只有269.43顷是"久荒"，即在清军入滇以前已荒芜的，其余十分之九是新荒[4]。面对"军丁逃散"、屯田荒芜、屯租拖欠的萧条景象，清统治者不得不放弃军事农奴制的剥削方式，继康熙七年与二十六年分两次把各卫所归并于州县之后，康熙三十四年又被迫废除屯田科则，而改按河阳县上则民田赋额征收。这样，军事农奴制——卫所军屯制就不复存在了。

3. 土司庄田的变化

"丁亥之变"对土司地区的震动远无对靠内地区那样大。但明代云南各地经济联系已相当活跃，大西军入滇后，广修桥道，招通商贾，废贝行钱，更密切了这种关系，因而靠内地区的社会经济变革就不能不对土司地区产生影响。

大西军对土司势力基本上采取以团结为主的政策，但由于时代与阶级的局限，他们毕竟不能免除历史上形成的民族隔阂的影响，而且流、土地区之间在政治经济及生产方式等方面的不平衡在大西军治滇时期依然存在，建立在这种不平衡基础上的流、土矛盾也就依然存在，更重要的是作为农民军，他们同代表奴隶主、领主利益并与汉族缙绅地主有密切的共同利害关系的土司贵族有着深刻的阶级矛盾，因此双方还有斗争的一面。在政治上，大西军政权收缴了明代颁发给土司的诰敕印信，易

---

[1] "河通之争"的影响一直及于民国，不过到了后来，这场斗争已渐成为两县划分剥削范围的争议，没有多少意义了。

[2] 崔之瑛、刘天胤：康熙九年《云南屯政赋役全书》(云南图书馆钞本)。

[3] 万历《云南通志》兵食、赋役二志载，布政司官民田17884余顷，都司屯职田共12632顷。

[4] 同上。

以自己颁发的同类文件，要求他们拥护"国主"，并严厉镇压勾结明统治势力发动叛乱的反动土司，还改革土司兵制、承袭制度，并在某些地区"将土司而改为流官"[1]，开清代大规模改土归流的先河。在经济上，土司地区固有的领主制乃至奴隶制生产方式也受到了一定程度的冲击。大西军入滇初期，一些土司曾遭到农民军"劫富"斗争的打击，如顺治四年大西军入丽江，土司木氏"历代所赐金银""俱被罄尽"[2]；顺治八年"孙可望以归朝土官不纳粮，命（高）文贵率兵剿之，百姓……招回复业"[3]，"可望遣伪都督王复臣，以干崖、陇川纳赋愆期，杀干崖土司刀镇国并致仕土司刀定远、陇川土司多安靖"[4]；顺治九年，（水西土司）"阿五安庶不贡赋，将军王辅（复）臣以军法诛之"[5]，等等。一些土司的庄田、领地被没收，还有的自愿"以庄田归附"。大西军还曾试图在土司地区推行营庄制，虽然没有成功而被迫"改行民粮"，但这些土地上的经济关系却发生了一些变化。例如宁州土司、彝族封建领主禄冕在其领地骄横不法，"苛索乡兵"，毒死"执法不挠"的流官知州，大西军政权遂杀冕而"收其家产为伪王庄"。[6]后来大西军政权另立禄昌贤为土司，并"给还产业"，但昌贤时已参加大西军任武英营总兵，一直"领兵在外"，因此该"产业"也就成为武英营的"养兵庄粮"了。它已不再是固定的土司领地，而是随武英营驻地的变化，以该处州县的"民粮"充之，原来的农奴制关系在这种情况下自然瓦解，因此到清初，这些土地就顺理成章地成了各该州县的民田[7]。

类似例子还见于通海，该县"六村夷人"原为石屏土司管辖，"夷地"

---

[1]《明清史料》甲编，第 442 页。
[2]《玉龙山木氏宦谱·知府阿寺阿春》。
[3]《存信编》卷 3。
[4] 光绪《腾越厅志》卷 11。
[5] 乾隆《毕节县志》卷 1。
[6]《新纂云南通志》卷 183，嘉庆《宁州志·官师志·宁州土官考》，按"王庄"或"皇庄"，是大西军营庄的正式称呼。
[7] 见拙稿《后期大西军政权的民族政策初探》。

不入经制。大西军入滇后，这一地区与附近的军户、民户一起按"照粮点兵"的原则编入"河西营"，随着营庄的民田化，这些"夷地"上以村社为基础的土司领地制与农民份地制很快为私有的"民田"所取代。大西军治滇末期，营庄制废除，知县邓崇文遂把"夷粮认为办正款"，即将以村社为基础的贡赋变化为以私有田地为基础的"正供钱粮"。这种变革在清初得到了确认。[1]

雍正《弥勒州志》卷21《土司志》称"丁亥之变"后"土司从此消亡"，这有些过甚其词，但土司地区尤其是靠内诸府的土司属地与汉族先进地区在生产方式上的差距，在大西军治滇时期有所缩小是无疑的。

总之，在大西军治滇期间，云南农业生产关系发生了明显的、进步性的变革。如所周知，元以前的南诏大理时代，云南社会发展水平与内地相差很大，元明两代逐渐缩小，但仍有相当距离，只是到了清初，通过军事农奴制与勋庄制度的废除、改土归流与商品经济的发展，这种距离才基本消失。清初统治者曾自鸣得意地夸口"将数百年来之锢弊一日扫除，人心共快"[2]。今人的一些云南史论著亦很注意"清朝对云南地方政治经济制度的局部变革"。但应该看到，没有大西军在云南的斗争，没有这次"不常之变"对封建统治的"不变之常"的冲击，这些"局部变革"是难以实现的。

二、水利建设与耕地面积的扩大

清初正式宣布废除勋庄时，总督蔡毓荣曾声称："滇人变乱多年，多无恒产，未有不喜于得业而勇于急公者"[3]。其实，这话倒更适用于"丁亥之变"后的云南。随着缙绅、贵族地主统治势力的垮台，勋庄与卫所军屯制的崩溃，云南农业中被束缚的潜在的生产力开始发挥出来。

大西军入滇之初，还在对沙、沐两派缙绅地主阶级武装用兵的戎马

---

[1] 康熙《通海县志》卷1、卷7，《通海备征志·沿革志》。
[2] 康熙《云南通志》卷29《艺文》，蔡毓荣:《筹滇第四疏》。
[3] 康熙《云南通志》卷29《艺文》。

倥偬之际，就把恢复农业提上了议事日程。顺治四年四月初，民军占领昆明后，即"出令云：凡赴海内及山内躲避者，限三日内回家复业"[1]。这道命令召回的对象主要是"官绅士民"，招他们回来的目的是要向他们"追逼饷银"。但大西军领导人并没有把自己的眼光局限于此，在"劫富"活动初步解决了军需供应的燃眉之急后，他们及时把重点转向恢复生产，于四月底发布了以农民为主要对象的第二个招民复业令："始出令招抚百姓回家务业，不足者借给牛种，而惊鸿始集也"[2]。从此每一次军事行动后，照例都要出示招民复业，如顺治五年冬平定沙定洲之后，"招抚附近地方，凡附逆（指沙定洲）者悉不究，各安农事"[3]。顺治七年镇压元谋县缙绅叛匪张毓秀后，也派人"持示前来招抚，我民速速归家耕种"[4]。同年冬，又"令八寨都同李成材招抚开远州大庄寨夷民，给牛种、开荒芜"[5]。为了尽快恢复与发展农业生产，大西军政府不仅贷给牛、种，还在外省抗清前线与战场地区组织了向云南根据地的移民，如顺治十年大西军将领常荣、朱养恩便安排广西南宁策人民千余人到云南屯垦[6]。

云南地形复杂，山地常旱、湖滨易涝。大西军政权非常注意兴修水利，正如他们在一个碑记中所说："或曰：戎马倥偬，时诎举盈，非策也。夫国之大事在农……经画于沟涂封殖之界，非以为国之根本惟在是哉！"因此，不少大西军委任的地方官员都"道劳不肩舆，炎暑不张盖，而尽力乎沟血"[7]。如罗平县有响水坝，为大西军委任的景东府掌印同知邑人李犹龙主持修建[8]；姚安县有大西军总兵汪馨"倡修弥坝水利，至今赖之"[9]，

---

[1]《滇寇纪略》卷2《计穷顺贼》。
[2] 同上，卷3《盘踞滇城》。
[3] 同上，卷4《倡义讨逆》。
[4] 康熙《元谋县志》卷4《艺文·镇兵左营示》。
[5]《黔纪》。
[6] 康熙《南宁府全志·祥异》。
[7] 永历辛卯江川县《西岜龙泉碑记》。
[8]《新纂云南通志》卷141，雍正《景东府志》卷2。
[9]《新纂云南通志》卷258，引《姚州志》。

顺治六年姚安铁索营卫所"废弁"叛乱被粉碎后，大西军立即在该处修筑渠道，"引泉水以滋涸田"[1]；晋宁乡绅宋光祖在永历年间撰写的《晋宁卅题名碑记》中，也提到晋宁人民"以筑堤续志请"于当局事，等等。尤其值得一提的是，当时还修建了几处规模较大、对当地经济有深远影响的水利工程，如：

昆阳境内的海口是滇池水系通往螳螂川的唯一宣泄水道，滇池"延裹三百余里，军民田庐环列其旁……海口小河实滇池宣泄之咽喉也，疏浚不加，每岁夏秋雨集水溢，田庐且没，患非渺小"。因此疏浚海口，是发展滇池盆地农业生产的关键性水利工程，历代"海夫有编，开挖有期"[2]。但到明末，由于统治日益腐朽，自万历三年后久未重浚，以至"滇水泛滥，军民甚病"。大西军入滇后，于顺治六年"浚海口，省耕省敛，凡有利于民者无不备举"[3]，滇池地区因之连岁丰收。

澂江是滇中重要的鱼米之乡。顺治七年前后，大西军将领周某与大西军委任的澂江知府杨应策倡议修建了可以"灌溉澂郡田畴千万亩计"的西岩泉水利工程，它包括疏浚罗藏溪、修复灌溉渠道与堤防，并新建东西二坝。杨应策曾撰《西岩龙泉碑记》（永历辛卯年立，原碑在江川县境，拓片藏云南省图书馆），其中有云：

己丑（顺治六年）春，余守澂江，见环澂皆山，淳泓注海……暮春大雨时行，涧水泛滥，东西浦民高告旱而低告冲……（西泉）浊泉通昆明池，清泉本罗藏山左右，映带流一里许，合而汪洋散布，灌溉澂郡田畴千万亩计，是泉之有大造于西也，国计民生实嘉赖之。岂但为游地而听其走沙塞路、溃浪冲堤、人迹罕至可乎？！沟血未尽其力，泉涌而溃，东道之不通，禾稼受之而反罹其害，则疏沦堤

---

[1] 永历壬辰宾川《赤水堕叛重修城垣公署记》。
[2] 万历《云南通志》卷14《艺文》，方良曙：《重浚海口记》。
[3] 《滇寇纪略》卷4《政图安治》。

> 防……义志乌容巳！……越明年庚寅，政通民和，调繁曲靖，澂人借寇将有事于西畴，而浚川鼎庙，力不从心。窠寐展转，适元戎周公抚景兴怀，捐金首事，譬平地一篑乎！虽冰署消然，苟有利于民社，吾何爱于发肤！……余守二年余，秋敛则声折事神，使民贴席，春耕则日乘马视筑东西两坝，行水利……后之君子因流溯源，毋壅毋溃，其与我同志欤。若曰取清浊而歌沧浪，但以临流兴美，适观而已，非志也，亦非记意也。

这项工程是在"戎马倥偬""寇将有事于西畴"的情况下上马的。澂江人民在大西军政权的领导下，没有徒唤"时诎举盈""力不从心"，而是克服困难，依靠自己的力量完成了这项造福子孙的事业。

大西军治滇后期，在滇西的剑川州又开始了剑海治理工程，当时剑川在籍乡绅何可及曾撰有《开浚海口并筑新堤记》，描述了这一工程的概况。

> 治南二十里为落成桥，当孔道之冲，为剑海归圩之地，海之潴水有石菜渠一派，丽之九河一派，遇雨即建瓴而下，剑之四郊尚未布云，起视大江，平岸泛溢，害斯烈矣。近如螳螂之水东决而西注之江，寻入湖，大抵以落成桥为尾闾，或告壅滞淹没为患，三农苦之。诸绅与士民愤惋言之，不能得之当事。州牧罗公初下车，询民疾苦，亟令去其壅者滞者，溶溶就下，水不为灾，自岁乙未（顺治十二年）始。且距桥而南二里许，野水每自西南冲突，沙石俱下，横截水路，返逆而上，阻水而北，西北一带举壑矣。我公洞瞩此害，鸠工运石，转于尾闾之西，新筑一堤，用障野水。今而后野水自适其归，河水得顺其势，堤成，洵永世之利也。丙申（顺治十三年）春，再辟东西两岸，展而拓之，增卑培厚，如其旧道而止。岸拓而漾旋益宽，岸高而堤防益固，治水之荣，莫善于此。[1]

---

[1] 见《滇文丛录》卷82。

碑文又说："仰体部院王公德意，而克付委成"。"部院王公"即农民军陕北首义元勋、弓匠出身的王应龙，时任大西军政权的工部尚书、云南巡按行巡抚事。[1]这位"目不识字而戆直勤朴"的农民省长亲自抓此事，可见大西军政权对这项工程的重视。剑川人民为了纪念后期大西军政权的功绩，以主持工程的剑川知州罗文灿之姓，把这项工程"名之曰罗公堤"。[2]

除了工程设施外，大西军政权还比较强调植树造林，保持水土。顺治八年七月，在其控制区内"令民家家植树于门，冬夏常蔚葱可观"[3]，这对农业也有好处。

当时抗清战争正激烈进行，云南一隅之地，"耕田凿井之民日苟戈于黔粤楚蜀之界"[4]，要完成这些工程，其困难可想而知。在这里除了群众的热情外，农民军积极参与建设也起了很大作用。永历五年宜良县《重修法明寺碑记》云："不妨农务，借力新兵，则诸千总等之手口拮据，在所必录。"这虽讲的是修建寺院，但生产性建设亦当如是。如前述的铁索营水利，就是由部队修建的。

必须指出，由于事涉"违碍"，清代文献对"流寇"在云南的这些建设成就总是力图回避甚至抹杀的，清修云南方志的水利、河渠等志中对此类工程或不予记载（如海口、西泉东西二坝等），或仅漫云"顺治间"修（如《罗平州志》之于响水坝，等等），尤有甚者，康熙《澂江府志》艺文志在刊载《西峃龙泉碑记》全文时，竟然把其中永历纪年与干支纪

---

[1]《南疆逸史》卷27："王应龙，肤施人也；善制弓，从献忠军，目不识字，而戆直勤朴，献忠爱之。献忠死，从孙可望入云南，因为工部尚书。"《蜀难叙略》谓：献忠"设宰相以下各府部内外文武正官……伪工部者，王其姓，同逆起延安之弓工也"。《滇寇纪略》卷4《政图安治》条：大西军入滇，"内修政治，用王应龙为工部"，"命王应龙行巡按事，巡查两迤"，时大西军以杨畏知为滇抚，但杨长期出使永历小朝廷，后又留驻贵阳国主行营，实际上并未行使巡抚职权，王应龙实为当时省政最高官员。
[2] 康熙《鹤庆府志》卷7"剑川城池"于崇祯后康熙前纪事有"丙申年州牧罗文灿"修城事。此丙申即顺治十三年，永历十年也，据《滇文丛录》卷82：文灿号翠环，四川长宁人。
[3]《爝火录》卷21。
[4]《明清史料》甲编，第441页。

年都改为顺治纪年。嘉庆《剑川州志》水利志与道光以后各《云南通志》水利志剑川州条都首列"海堰，康熙邑令张国卿（按：为清军入滇后首任剑川知州）修"，这所谓"海堰"就是上述剑海治理工程中的"罗公堤"。大西军治滇时期的水利成就竟然被这些志书记在了清初官僚的"宦绩"簿上，真令人叹为观止！可见本篇列举的大西军政权在水利建设方面的成就应只是很小一部分，其因清人之忌讳而湮没无闻者就不知凡几了。

在兴修水利的同时，农民军与云南人民一起努力扩大耕地面积。在这方面，清初文献自然也不会给我们留下正面的记载，然而康熙《澂江府志》卷6记载路南州"城池"时却有如下一段话："万历四十八年知州马鸣阳凿池以筑城，初广二丈，及流寇入滇，即填池，以池边之土平为田，其广遂以倍。嗣后居民效之，春则布种，夏则雨水洋溢，宽十丈许矣。自昌乐堰成，四时活水流注，红蘩碧藕遍满其中……号曰花城。"[1] "花城"云云自是清代士大夫的闲情逸致，我们看到的则是明代统治者为防备人民的反抗而挖掘的护城河被农民军变成了造福于人民的农田，而且当地"居民效之"。管中窥豹，当时云南军民协力扩大耕地、发展农业生产的动人情景也就可见一斑了。

为了进一步探讨这个问题，我们不妨从全国的角度考察一下明清间八十余年各省田地（仅指布政司或直隶府州所属官民田，不包括屯田，各类庄田及更名田）变化情况：

（单位：顷）

省	万历六年 ①	明末 ②	顺治十八年 ③	$\frac{③}{①} \times \%$	$\frac{③}{②} \times \%$
北直隶（直隶）	4925568.4	480830.0	459772.5	93.3	95.6
南直隶（江南）	773946.7	756020.2	953445.1	123.2	126.1
山 西	368039.3	353987.9	407871.3	110.8	115.2

---

[1]《道光府志》与《历修路南州志》所载略同。

续上表

省	万历六年①	明末②	顺治十八年③	$\frac{③}{①}\times\%$	$\frac{③}{②}\times\%$
山 东	617499.0	617499.0	741336.7	120.0	120.0
河 南	741599.5	741579.5	383404.0	51.7	51.7
陕 西	292923.9	292623.9	373285.9	127.4	127.4
浙 江	466969.8	466969.8	452216.0	96.8	96.8
江 西	401151.3	401151.3	444303.9	110.7	110.7
湖 广	2216199.4	824973.5	397353.7	35.8	96.1
四 川	138274.7	134821.0	11883.5	8.8	8.8
福 建	134225.0	134225.0	103457.5	77.1	77.1
广 东	256865.1	256865.1	2508399	97.7	97.7
广 西	94020.8	94020.8	53938.7	57.4	57.4
云 南	17993.6	17993.6	52115.1	289.6	289.6
贵 州	5166.9	5166.9	10743.4	207.9	207.9
全 国	70139763	5573860.4	54864830 54874331	78.2	98.4

材料来源：
①万历《大明会典》卷17，户部：4。
②陈仁锡《皇明世法录》卷34，据天启初年户科钱粮总册，所开万历四十八年辽饷九厘银数，折成亩积。
③《清文献通考》卷1，田赋1，为便于比较，合计内减去奉天田亩数，又因散总不符，故并存二数。

　　从上表看，从明万历年间到清顺治末年，大部分省区和全国的耕地面积均减少，有的省如川楚桂豫等是锐减，少数省虽有增加，幅度也不大，唯有后期大西军基本根据地的云贵两省耕地面积大幅度猛增，其中大西军经营八年多的贵州增加一倍多，大西军经营十二年的云南则增加近两倍。如果考虑到顺治十八年北方及东南各省的战火大都熄灭多年，而云贵却是刚刚经过己亥年的大劫（详后），上述对比就更引人注目了。

然而据此就断言大西军治滇时期云南农业生产增加了两倍是不科学的，如所周知，即使在当今条件下，十年左右时间里使农业增长两倍也是极困难的。农民战争对社会生产力发展有推动作用，但如此直接与显著的话，历史的进程也就简单化了。实际上，当时云贵耕地数字猛增，部分是由于生产关系与上层建筑方面的因素造成的。明代云南有一百四十余万人口，在当时条件下断不可能每人只有一亩多耕地。纯从生产力角度看，上表中云南省的数字可比性颇成问题，卫所屯田"各为各境""改行民粮"、沐庄为大西军政权"贪之以为利"、土司田"认为正款"，都会使在册田地总额增加，为了排除这些因素，不妨再多引一些资料列成下表：

明清云南军民田地面积（单位：顷）

年　代	数　　额	计算依据
弘治年间	28156.55	清嘉《后湖志》卷2董册事产，章潢《图书编》卷90《丁粮》载：弘治十五年布政司田地17279.12顷，另加王圻《续文献通考》卷14：云南都司明中叶屯田额10877.43顷相加。
嘉靖年间	28836.88	《后湖志》《图书编》载：嘉靖二十一年布政司田地17665.34顷，又万历《大明会典》卷18《户部》、卷5《屯田》，茅元仪《武备志》卷135"军资乘饷""屯田今制"条载嘉靖四十一年云南屯田11171.54顷，相加。
万历年间	30516.55—31200.00	布政司田地：万历《云南通志》赋役志记为17884.51顷，又万历《大明会典》卷17《户部》卷4田土记17993.58顷；都司田地：万历《云南通志》兵食志都司屯田职田总计12632.04顷，而各卫所分计合数为13206.42顷。
明末原额	33760.89	刘大钧《中国农田统计》（《中国经济学社社刊》第1卷，1927年）引清初赋役全书。
大西军治滇末期	a：70164.00	王弘祚：《滇南十议疏》。

续上表

年　代	数　额	计算依据
大西军治滇末期	b：70937.81	康熙《云南通志》卷10《田赋》开列"原额"数。
顺治十八年	52115.00	《清通考》卷1。
康熙二十四年	62817.60	《古今图书集成》食货典。
康熙三十四年	62842.00	佟世雍：《开民困苦已极事》，康熙《云南府志》卷20。
雍正二年	72176.24	《清通考》卷3。

　　表中大西军治滇末期的两个数字明显地给这两百多年里云南耕地面积数字的变化划分了两个阶段。此前即明代中后期，云南布政、都司二系统在籍官民屯职等各类土地总额长期在三万顷上下徘徊，大西军入滇后十余年间，这个数字增加一倍左右，达七万余顷。清军入滇后由于己亥年的破坏，田地数下降，但顺治十八年清查结果仍远多于明末。此后由于清廷与吴三桂的反动统治及"三藩之乱"的兵荒，直到雍正年间，田土总额才恢复到大西军控制时的水平。联系当时对云南状况的一般记载来看，应该说此表所反映的趋势大致可信。

　　如上所述，大西军治滇时的七万多顷田地，除了明末藩都二司军民田三万余顷以外，还应包括部分沐庄与土司田。沐庄总数今难详考，我们只知道明代在两万顷左右，但其中的"册税粮田地"已包括在藩都二司数中，剩下的部分当不会超过万顷；在当时尚未大规模改流的情况下，大西军治滇末期被并入民田经制的土司田地也不会太多，设为万顷以下，则连同明代沐庄并军民田地共计约五万顷，比大西军治滇末期田地总额少二万顷左右。此差额应接近于当时耕地实际增长的数量。

　　也就是说，大西军治滇十余年间，耕地面积比明代增长了大约40%。这还是与明万历间全盛时期相比的，如果考虑到天启以来云南连续不断的土司叛乱与内战造成的大西军入滇时的衰败凋敝的状况，则大西军在恢复与发展农业方面的实际业绩又不止于此了。

三、"农勤岁稔""民安物阜"的云南

后期大西军占领并控制了五年以上的地区，计有川西、川南，湘西的辰、沅、武、靖地区，桂西的南、太、思、庆地区，以及贵州云南两省，大都为当时中国贫瘠落后、经济不发达的地区。明清两代，"粤西不毛之地，土瘠民贫"[1]；"贵州第一荒穷"[2]；"其地之，有刀不能耕、火不能种者"[3]；"滇固贫"[4]；"滇地瘠民贫"[5]之类的记载不胜枚举。尽管统治者横征暴敛，也榨不出多少油水。当时云南是"滇赋贫狭不当江南一大县"[6]，贵州"帷正之供，不敌中土一大县"[7]，广西"通省赋役，不足敌江左一大郡"[8]，即如原来富饶的四川，由于明清之际极度破坏，"正供之额合全蜀计之……兵后不敌一中县"[9]。张学颜《万历会计录》记载的四个没有分毫钱粮"起运"（上缴国家）的省份，滇黔桂居其三。而且广西"衣食上取给衡永（湖南）、下取岭南（广东）"[10]；贵州"官史、师生、军伍、邮传诸经费……仰给他省"[11]，只有云南钱粮在和平时期"仅足供本省……之用"[12]。大西军支持长期抗清战争的经济基础，主要由云南提供。尤其是顺治七年前，大西军仅据有云南一省，更是"粮当供亿，皆取给于滇"[13]了。

---

[1] 嘉庆《广西通志》卷87。
[2] 《洪承畴章奏文册汇辑》，第166页。
[3] 《赵清献公集》卷2《援例陈惰蠲疏》。
[4] 《明清史料》乙编第7本《云南巡抚王亢揭帖》。
[5] 《滇南文略》卷11张汉：《滇南抚军杨宾实前辈疏》。
[6] 邓渼：《南中奏牍》卷15。
[7] 乾隆《贵州通志》卷11。
[8] 康熙《永淳县志》卷6。
[9] 康熙十二年《四川总志》卷10《贡赋》。
[10] 嘉庆《广西通志》卷87。
[11] 乾隆《贵州通志》卷11。
[12] 《明清史料》甲编，第441页。
[13] 《滇黔志略》卷1。

明代云南布政司收入田赋夏税秋粮按本色计，大约在十四万石左右[1]，加上都司屯租三十余万石常额，共约五十余万石。当时云南额兵仅六千九百余名，而粮饷已苦于无着[2]。大西军在平定沙定洲之乱后，"有众二十余万"，家口六十万[3]，其供应为"凡兵丁，日支米一大升；家口月支一大斗；生下儿女未及一岁者月给半分；至三岁者如家口给。马分三号，头号者日支料三升，二号者日支料二升，三号者日支料一升"[4]。仅以每兵日需一升有余计，二十万部队一年就需饷八十余万石，大大超过明代全部"正供"赋额。清军入滇之初几乎是"以尽天下之正赋而奉一隅之云南"[5]来维持吴三桂的军饷。而大西军治滇时期，却做到了"年来以云南一隅之地，兵精粮足，如是养兵，果士饱马腾，大非流贼之景况矣"[6]，这是很不简单的。

在这种情况下，云南人民付出的代价自然很高，所谓"厚民田租以赡之"[7]，并非虚语。然而这并未导致经济破产，相反地云南农业却从明末的严重危机中迅速恢复和发展起来，这就更是个奇迹了。

明末的云南与全国一样，随着周期性社会危机的爆发，兵乱、灾荒与饥馑一齐降临，连绵不绝。崇祯四、五年起，云南各地已纷纷"告饥"[8]，

---

[1] 弘治十五年为139838石或140621石（分见章潢《图书编》卷90；万历《大明会典》卷24）；嘉靖二十一年为141543石（嘉靖《后湖志》卷2；《图书编》卷90）；万历年间为142690石或143010石（万历《大明会典》卷25；万历《云南通志·赋役志》；崇祯年间为140588石或140370石（藩光祖：《兴图备考全书》；吕毖：《明朝小史》卷17《崇祯记》）。

[2] 天启《滇志·兵食志》及同书《艺文志》，周懋相：《条议兵食疏》。

[3] 《永历实录》卷14，又《云南府志》卷8云：李定国东征，有"步骑八万"，刘文秀北伐，有"步骑六万"；瞿昌文《山集》则云：李十余万，刘十万；丁大任《永历纪事》亦云李定国"兵有十余万"，加上孙可望率"驾前军"守云贵者，总共当不下二十万了，又康熙十二年《石屏州志》卷1称后期大西军"拥兵三十余万"，家口倍之。

[4] 《滇寇纪略》卷4《政图安治》。

[5] 《耻躬堂文集》卷4《论滇饷疏》。

[6] 《滇寇纪略》卷4《悔罪归明》、卷3《沐公顺贼》。

[7] 《永历实录》卷14。

[8] 《明清史料》乙编第七本《云南巡抚王伉揭帖》。

粮价骤涨。沙定洲之乱爆发后，云南经济几乎完全崩溃，人民流亡，饿殍遍地。大西军入滇之时，面对着这样一幅图景："是岁大饥……幸天不绝人，瓜菜数倍往岁，而展转沟渠者十尚二三"[1]；"民掘草木以食"[2]；新兴州"饥"[3]；昆阳州"饥馑病疫，死者八九"[4]；楚雄府"薪桂米珠"[5]；石屏州"人尽食瓜"[6]；宜良县"是岁大饥，人死甚多"[7]；在破坏最严重的昆明近郊，"不特猪鸡无种，即耕牛亦杀之殆尽……更加天灾流行，十死五六，病者枕藉相望，棺木殆尽，死者尽以席裹，埋之荒郊为厚幸焉，不则弃之路旁，无人掩土，暴其骸骨者，是处皆然"[8]。在较边远的少数民族地区也是"山倮饥寒，且苦征索"[9]，一片衰败景象，以致农民军一入滇境，就感到"兵食不足"，甚至受到"饥困"的威胁。

但是，大西军政权建立后，在军民的共同努力下，首先稳定了滇中地区的社会秩序。当年生产就迅速恢复："是岁，秋成倍于曩昔"，"贼见是岁秋成有望，开仓赈济寒生，每人谷一斗"[10]。在此基础上，大西军得以顺利地完成了统一云南的军事任务。次年（顺治五年），云南全省经济进一步好转，这年就任琅井提举司的伊三聘撰有《重建司治碑记》，内称"余始来官……适兵之后，归鸿方集，薪桂米珠。非一砖一木，何敢妄议更仆！迫秋仲，时事渐佳，物阜民康，勃动经营之念"[11]。一年之内，从"薪桂米珠"到"物阜民康"，充分体现了楚雄地区农业恢复之快。在全省，

---

[1]《滇寇纪略》卷3《盘踞滇城》。
[2] 康熙《云南通志》卷28《灾祥》。
[3] 康熙《澂江府志》卷13。
[4] 康熙《昆阳州志》卷1《灾祥》。
[5] 康熙《琅盐井志》卷3《艺文》。
[6] 康熙十二年《石屏州志》卷13。
[7] 康熙《宜良县志》卷10《杂记》。
[8]《滇寇纪略》卷2《计穷顺贼》。
[9] 王思训《昆明州李孝子澄传》、《滇南文略》卷34。
[10]《滇寇纪略》卷3《盘踞滇城》。
[11] 康熙《琅盐井志》卷3《艺文》。

据《滇寇纪略》记载："是岁滇南大熟，百姓丰足"[1]。这一年，由于实行营庄制度并在社会上推行崇俭抑奢的"农民诸禁"，加上农业丰收，大西军由"兵食不足"变为"兵食充足"[2]，实现了"一年土产财赋，足供养兵之需"[3]。顺治五年至八年间按营庄制度的规定派驻宜良的大西军营官阎钟纯、杜屏山说：当时尽管"兵马繁兴、所在需食""军需浩繁"，赋额较重，"而我征收于宜，农勤岁稔，粮无逋负，予亦因是得受上赏"。他们的工作得到"幕府褒加［嘉］之，军民首额之"，由于群众的支持，征收的军粮之多致使连续四年以"仓储狭隘，暂借寺中存储"[4]。

在连续两年丰收的基础上，顺治六年，大西军政权解除了强制节约的"农民诸禁"，"元宵大放花灯，四门唱戏，大三日，金吾不禁。百姓男妇入城观玩者如赴市然……庶几熙之风焉"[5]。这年，大西军政权开始进行屯制改革，以调整营庄制度中某些乌托邦的、阻碍生产力发展的规定，并调整了工商业政策，调整了吏治，从而又迎来了一个丰收年。"己丑岁大熟"，"是岁大有年，兵民安乐如初"，"民得安息，反富庶焉"，"外则土司敛迹，内则物阜民安，为治若此"[6]。以此为基础，大西军遂于次年进军贵州全省与川南地区，消灭了敌视农民军的皮熊、王祥、李乾德、李占春等南明顽固派军阀势力，实现了"逼明抗清"，并在顺治九年向清军发动了全线进攻。

这样，大西军政权就进入了它的全盛时期。它的控制区大为扩展，其中控制较稳定的地区经济也很快恢复，从而在一定程度上减轻了云南一省的负担。云南军民"挥汗如雨，民富庶兵精强"[7]，使云南成了当时国

---

[1]《滇寇名略》卷4《政图安治》。
[2] 康熙《澂江府志》卷3。
[3] 丁大任：《永历纪事》。
[4] 永历辛卯宜良县《重修法明寺碑记》。
[5]《滇寇纪略》卷4《政图安治》。
[6] 同上书，《悔罪归明》《政图安治》。
[7]《滇寇纪略》卷6《迎帝入滇》。

内经济状况最好的地方之一。诚如一个碑刻中所言："盖自神京告变以后，天下烽燹频仍，而滇少少小康……于难庇中庇焉"[1]。当时云南的繁荣在清统治区也造成了很大影响。顺治十年，清偏沅巡抚袁廓宇的幕僚丁大任在湖南就听说："滇中人民乐业，晏安"[2]，"云南百姓恬熙，若不知有交兵者"[3]。连远离云南且"富甲天下"的江南也传说"滇南，天下饶乐土也，其人隔绝山海，令犹袭冠带以居"[4]。清统治者对这种影响也十分不安，如兵科给事中王命岳就忧心地说："今所谓孙可旺（望）者，志不在小，亦行煦煦小惠，结纳民心，民固易愚……蚩蚩之众，惶憾彼此，莫知适从"[5]。顺治十一年，在粮食生产增长的形势下，大西军政权在蒙自、开远等地兴建了义仓，以增加储备。[6]经济状况的好转也有利于社会稳定，一些明中叶以来就因"山猓饥寒"而以多"盗"闻名的边远山区，这时也"地方宁静，犬足生氄"[7]。

然而另一方面，经济情况的好转与社会秩序的逐渐稳定，在当时必然会有力地促进农民政权的蜕化。顺治十二年后，大西军政权已逐步地主阶级化，其各项经济政策也逐步变质。同时，随着军事形势的逆转、疆域的缩小，官僚机构反而扩大，特别是李定国"迎帝入滇"后，人民负担日益加重，营庄制度彻底瓦解，土地兼并又趋激烈。但是经过"丁亥之变"冲击后的封建生产关系并没有简单地恢复为原来的样子。由于劳动人民的努力，大西军治滇后期云南农业经济仍在缓慢上升。"民虽无衔哺鼓腹之乐，而亦有渐登衽席之机"。顺治十三年"雨旸若"，无旱无

---

[1] 永历七年腾冲《修建金轮寺玉皇殿记》，《永昌府文征》文卷9。
[2] 丁大任：《入长沙记》。
[3] 《永历纪事》。
[4] 吴伟业：《梅村家藏稿》卷36《文先生六十序》。
[5] 《耻躬堂文集》卷7《问平定云南贵州等处地方策》。
[6] 康熙《蒙自县志》卷4《艺文》，罗讵：《文昌宫义仓碑记》："前阿迷州方公讳逢圣……建义仓于县治东……济困悯穷。"据康熙《阿迷州志》，方逢圣于甲午年（顺治十一年，永历八年）任知州。
[7] 《滇小记·鲁魁山》。

涝，云南又是"秋成大有，民食有余"[1]。所谓"讼庭飞鸟闲来往，沃野耕牛狎雨晴，莫道治成无可象，农歌到处点民情"[2]，一派封建"治世"的图景。这种繁荣局面还可以"清田驰禁"后云南地价高涨得到证明。当然，这种牧歌式的"繁荣"背后已经酝酿着新的危机，但直到清军入滇时它离爆发还很远。在滇都政权覆亡的前夕，许多地方仍然"连年丰稔，粮草山积"[3]，"钱粮有余"[4]。

清军入滇打断了云南封建经济自然发展过程，清军的残暴与吴三桂的倒行逆施，使云南农业生产急剧下降。随军入滇的云贵总督赵廷臣承认："自上岁大兵三路开辟……百姓逃窜，谷穗遗弃于田亩，稻粮飘散于风雨，所以丰稔之年，转而为饥馑之岁，如此虽关天灾，实由人事颠错之所致。"[5]"滇自渠逆溃奔，人民逃散，室庐残毁，窑内之藏，翻挖已竭，耕种之牛，椎剥殆尽，三路大兵齐抵省城……始也二麦无收，春农绝望，继也孟夏已半，秋粮未播……（曲靖）四顾郊原，膏腴田亩，率多抛荒，臣问田之荒芜始于何时？据各地方官暨里甲百姓备道顺治十六年春夏。"[6]可见清初云南大面积土地荒芜，都是清军所造成的。

值得注意的是，在清军入境头一年内，虽然生产骤遭破坏，但由于大西军统治时期"连岁丰稔"的余荫，情况尚不十分严重。在地瘠民贫，通常情况下"民间无终岁蓄"[7]的贵州，沦陷时尽管田地荒芜，但十个月后据说"民苗尚有积蓄"[8]。在云南，"顺治十六年栽虽少，犹有'贼'遗粮米，接济大半"[9]，"军需犹有苟幸者：贼……蚕食未尽，尚遗仓廪，我师一

---

[1]《滇寇纪略》卷6《迎帝入滇》《移黔谋逆》。
[2] 龚彝：《为王公祖缙观赋寄》，《滇诗拾遗补》卷4。
[3] 刘茞：《狩缅纪事》。
[4] 杨德泽：《杨监笔记》。
[5]《赵清献公集》卷2《黔省旱魃为虐微臣奉职无状疏》。
[6] 同上，卷1《恳借牛种佐耕作疏》。
[7] 乾隆《贵州通志》卷11。
[8] 第一历史档案馆：顺治揭帖521号，顺治十七年三月云贵总督赵廷臣。
[9]《赵清献公集》卷1《恳借牛种佐耕作疏》。

到，分兵而食"，直到十个月后，大西军留下的仓粮才被清军吃光[1]。这时，滇黔两省人民才真正遭了大劫。"汤火之民秕糠不饱，草衣不蔽"，"有称一寨饿死一二十口，有称一街饿死一二百口，有称子抱父哭以求食，有称父抱子哭以就殡，有称夫妻不耐饥寒，相继同尽，有称儒生无计生理，掩口告终，有方入门而尸已横槛，有方出户而命随风偃，奇惨异变，盈案积牍"，[2] 这是贵州的情况。"至于云南……米价更腾，其流离载道之民更过于贵州，其目前耕种之田更不及贵州"[3]。据洪承畴在清军入滇一年零两个月后报告："云南近状大不如上年……沿途穷民有死于道途沟间，死于寺庙破屋，死于山路田野，死于旁溪曲径，甚有母食其女，子弃其父，惨不忍言。"[4] 再过一年后，赵廷臣说："黔省开辟三年，滇省开辟两年，民日益蹩，地日益敝……今两省户口半死于汤火，半死于饥馑，半死于流离，其间孑遗残喘，朝不及暮者，在在皆然。"[5] 这与大西军入滇头几年相比，真不啻天渊了。

　　总之，我们看到，在大西军入滇之前，云南是多灾多难，经济凋敝，而大西军治滇期间却连岁丰稔，及至清军陷境，又"以丰稔之年转而为饥馑之岁"。其实这种现象不独云贵为然，其他大西军曾较稳定地控制过的地区多亦不同程度地存在这种现象。如川南隆昌："顺治五年，旱；顺治十年，大熟。"[6] 湘西辰州府，"顺治五年连年大旱，斗米价值一两有余，饥民死者相枕"；"七年……禾谷不登，斗米万五千钱；十一、十二年，登；至十六年历康熙元年，相继旱"。[7] 类似例子还有不少。这当然不是老天爷特别帮大西军的忙，而是确如赵廷臣所云，"虽关天灾，实由人事"了。

　　大西军治下农业经济的发展，还可以通过人口与粮价的变化反映出

---

[1]《赵清献公集》卷1，《甲兵穷苦疏》。
[2] 同上，卷2《报往大路借给牛种疏》。
[3] 同上，《再报兵民饥困情形疏》。
[4]《明清史料》丙编《洪承畴揭帖》，第200页。
[5]《赵清献公集》卷1《塞贫源苏民困疏》。
[6] 按：大西军顺治九年据有该邑。乾隆《隆昌县志》卷10《祥异》。
[7] 按：大西军于顺治九年秋至十五年春据有是郡。康熙《辰州府志》卷1《灾祥》。

来。在我国封建时代，农业生产力的增长主要是以简单再生产的"同名数相加"的方式实现的，因而人口增减是社会生产力发展的重要坐标（不是精确标志）。由于清初只有"丁"的统计而无户口统计，故我们只以"丁"而论（明清两代"丁"的标准一致，故有可比性），明末云南有丁208782[1]，大西军治滇后期增长为237400[2]，顺治十八年为117582[3]，康熙二十四年为179540[4]，康熙五十年为183517[5]，雍正七年为237961[6]。可见，大西军治滇时期云南人丁数量比明末增加了14%，而清军入滇后，人丁数却减少了一半以上，直到七十年以后，才恢复到大西军治滇时期的水平。

明清两代，云南的粮价一般都较内地为高，"谷贱伤农"的情形极少发生，相反，稍有灾荒，"米价腾涌"的记载即不绝于书。因此粮价也是衡量农业生产水平的标志之一。下表显示了明清间云南粮价波动的大致情况：

（单位：两/石）

年代	地点	记载	出处	折合米价	同时期国内平均价格
隆庆末	广西府	"斗米贩七索"，时称极贱	康熙《广西府志》卷5	0.42	0.63
万历间	迤东各府	"近岁滇省米价少昂，云南省城……以仓石折算，合银四两五钱，临安、澂江……亦不下三两余"	《滇南文略》卷6，第6—7页，周于礼奏议	3.00—4.50	0.69

[1] 天启间额，见《滇志》卷6。按：此书不载通省合计数，此处所引系笔者累计各府州县额而得。
[2] 王弘祚：《滇南十议疏》。
[3] 康熙《云南通志》。
[4] 同上，为民丁与屯丁合计。
[5] 《新纂云南通志》卷125，民屯合计。
[6] 同上。

续上表

年代	地点	记载	出处	折合米价	同时期国内平均价格
崇祯初	全省	"斗米三两，市无籴处"	《明清史料》乙编第七本《云南巡抚王亢揭贴》	30.00以上	1.24
崇祯六年	石屏州	"升米六卉"	康熙十二年《石屏州志》卷13	约4.00	
顺治四年	云南府	"斗米银一两二三钱"	《滇寇纪略》卷3《盘踞滇城》	12.00—13.00	1.36
顺治四年	新兴州	"升米三钱"	康熙《澂江府志》卷16《灾祥》	30.00	
顺治五年	石屏州	"升米六十卉"	康熙十二年《石屏州志》卷13	8.57	
顺治五年	昆阳州	"斗米青蚨三百六"	道光《昆阳州志》卷16《艺文》	3.24	
顺治十年	永昌府	"职租田米……每石征银七钱"	《永昌府文征》文卷9：《万华馆常住田碑记》	约0.70	
顺治十六年	全省	（米价）"今年每石十二金"	《耻躬堂文集》卷4	12.00	1.29
顺治十六年	定远县	"斗米三两"	康熙《定远县志》卷8	30.00	
顺治十七年	全省	"米一石实卖至二十五六两"	《明清史料》丙编，第200页，《洪承畴揭帖》	25.00—26.00	
顺治十七年	全省	"斗米值银二两五六钱不等"	《赵清献公集》卷1	25.00—26.00	
顺治十七年	滇西	"斗米数金"	《滇释记》卷3香谷禅师	数十两	
顺治十七年	全省	"石米三十余金，犹患粟生金死"	王弘祚：《赵廷臣墓志铭》，见《赵清献公集》附录	30.00以上	

大西军治滇时期的农业　211

续上表

年代	地点	记载	出处	折合米价	同时期国内平均价格
顺治十八年	滇西	"斗米十千,虽欲乞籴,亦无从也"	《永昌府文征》文卷10《重建龙川江桥碑记》	100.00以上	0.92
顺治十八年—康熙元年	大理	"斗米二金"	康熙《大理府志》卷29《艺文》	20.00	
吴周时期	全省	"米一石价五六两"	《滇系》典故四:《逆藩吴三桂传》	5.00—6.00	0.70

注:银、银钱间折算比价参见拙稿《论后期大西军政权的货币改革》。全国价格据彭信威:《中国货币史》第459、560页,原数系每公石价格,今均折为明代每石之价,原银价单位为公分,今均折为两。
大西军入滇之初实行实物税制,后部分恢复折银。按例,实物税改征银,其折率不能低于市价,否则将导致政府收入减少,因此是时云南粮价当不高于七钱。

可见,从万历年间起,云南的粮价即开始上涨,大西军入滇前夕已涨到每石米价十余两至三十两之多。然而"丁亥之变"次年,米价即迅速下跌至三到八两,即基本上降到了万历间的状况。以后随着农业的恢复与发展,米价继续下降到七钱左右,只有"丁亥之变"时的几十分之一,约相当于明代全盛时期内地经济发达地区的粮价水平,"丁亥之变"前云南米价高于内地的状况,至此起了完全相反的变化。但清军入滇后,随着"丰稔之年转而为饥馑之岁",粮价又复暴涨。顺治十七年二月赵廷臣的《米价日增协饷中断极苦情形疏》说:"臣在省城未回曲靖时每石市斗米价尚止一十八两,今未及一月腾至二十余两,市廛断粜,穷民绝籴。"[1] 两年多时间,米价就从十二两上涨到百两,比大西军治滇时涨了百倍以上。直至吴三桂在云南的统治稳定后,粮米仍然长期维持在相当高的水平上。这种情况也不独云南为然,如贵州在顺治七年大西军进驻前受南

---

[1]《赵清献公集》卷1。

明军阀皮熊、王祥统治,米价高达每石几十两乃至几百两。[1]大西军进占贵州后,粮价骤落。直至清军入黔的头数月内余荫尚在,"黔省旧岁(顺治十六年)三四月间民苗尚有积蓄……故市枭有米,价值尚平……每斗不过三钱上下"。但随着清朝的暴政,五月以后,米价即"日日腾踊",很快涨到每石八两至十三两。[2]

总之,从军饷收入、年成记载、人口与粮价的变化等各个方面考察,可以断言大西军控制下农业发展颇为可观,显然,如果没有清军入滇与吴三桂的倒行逆施,这种发展还会持续一个时期的。

四、总结与余论

"丁亥之变"以后,云南封建生产关系受到了农民革命暴力的调整,领主化贵族的大土地所有制——勋庄一蹶不振,军事农奴制的卫所屯田事实上已被埋葬,传统的奴隶制或领主制的土司经济也受到一定程度冲击,因而使封建私有制朝着摆脱领主制残余与落后的宗法共同体天然羁绊的方向迈进了一步,使明末云南尖锐化的生产关系束缚生产力的矛盾得到缓和。在此基础上,后期大西军政权较好地发挥了它的经济职能,组织军民兴修水利、开辟耕地,在艰苦的战争环境下努力扩大再生产,从而造成了"农勤岁稔""物阜民安"的局面。

清军入滇后,清廷与吴三桂的倒行逆施,使云南的社会经济又一次遭到严重破坏。但是统治者的"反攻倒算"可以施之于农民群众,却无法施之于客观经济规律。三藩之乱后在云南进行的"局部改革"实际上只是对"丁亥之变"造成的后果的承认,它标志着云南封建社会进入了

---

[1] 钱邦芑:《三节妇传》:"戊子己丑间(铜仁、思南一带)斗粟数千钱,人相食"(见《黔诗纪略》卷18)。杨明吾《谱序》:"米升三两五钱,荞麦每斗价银十三两,如珠如玉。"(道光《遵义府志》卷41)

[2] 顺治揭帖521,云贵总督赵廷臣,顺治十七年三月,又康熙十二年《贵州通志》卷27,称顺治十六年四月起"大饥",六月"斗米一两";《赵清献公集》卷2称五至七月间,"米价每斗骤腾八九钱不等"。

一个新的历史时期，也意味着元明以来云南社会发展水平赶上内地的过程基本完成。

因此，大西军在云南的斗争的历史功绩是不朽的，它是封建社会农民阶级推动历史前进的又一个范例。那种菲薄、贬低我国历史上农民战争导致中国社会长期停滞的观点，是我们不能同意的。

同时我们也看到，暴力并不是万能的，它归根结底只能是客观经济规律的体现者，是一种"经济力"。在云南封建社会史上，中原的农民战争风暴曾两次席卷到这偏僻的一隅，除后期大西军外，还有元末农民战争中的南系红巾军明玉珍部，也曾攻入云南并占领过几乎整个迤东地区。但他们并没有像后期大西军那样对云南历史发展进程造成重大影响，甚至无法在云南立足。这里自然有种种原因，但从宏观角度看，最根本的原因恐怕在于在当时云南的社会生产力发展水平与生产方式的状况下，不存在红巾军的革命暴力得以有所作为的物质基础。而后期大西军的成就，则与云南在元明两代已发生的社会生产力长足进步的过程分不开，"丁亥之变"归根结底是云南社会生产力为自己开辟前进道路的表现。

其次，农民战争的历史作用，是个不以人们（包括农民阶级与地主阶级）意志为转移的客观过程，云南农民起来造缙绅地主与贵族的反，并不是为了接受"民私用草一束者"的营庄制，而后期大西军推行"公有"的营庄制度，也并没有想到它会反而促进云南封建私有制的深化过程。一些同志出于好心，往往用起义农民意志的或多或少的实现来解释农民战争的历史作用，农民苦于土地兼并，他们就以农民战争后的自耕农增加、农民苦于横征暴敛，他们就以农民战争后的"轻徭薄赋"来解释其历史作用。但历史的纵观告诉人们，我国封建社会的自耕农是少了多，多了少，总的趋势是越来越少；我国封建社会的地租赋税是重了轻，轻了重，总的趋势是越来越重。历史现实离农民阶级的"反动"的农业社会主义理想不是越来越近，而是越来越远。用上述思想方法看问题，难免要走向历史循环论甚至历史倒退论。"丁亥之变"后，云南的农民很难说有多少人成了自耕农，更难说在抗清军费如此浩繁的情况下有多大程度的"轻徭薄赋"。可以断言，即使没有清军入滇，云南也要成为地主阶级的云南，实际上丙申改制以后已经这样了。但清代云南地主与农民和明代云南地主与农民毕竟已经不同了。我们且看明代的沐庄：

> 管庄人等……每假追征籽粒，分投下乡，擅作威福，所至责令佃夷俯伏道旁，男妇膝行，上食唯谨。淫酷并行，甚至对夫奸妻，对翁奸媳，莫敢喘息。又或纵令出劫村落，坐享脏，积威所，半不自由……管庄之上复有大管庄，又有参随亲近人等，皆递相约束，递相攫夺。[1]

再来看看清康雍之际的云南地主与佃户：

> 佃户耕田以纳租，田主受租以完粮，此亦两平之道。其中不平者，为朝廷钱粮……总不及十分而取一，田主取租于佃户者，乃往往竟至十之四五。且又有田地本属瘠薄，伺佃加粪勤力，耕久成熟，又辄勒增租数，不则夺田另佃，而旁人复暗为营谋，以致田难常种，租数岁增，民困愈甚……增租另佃，予夺任意。[2]

> 一不许田主……擅拿佃户当差，佃户亦不许抗欠租石。一田主收租……完租之外，不许索派随田公差及猪羊鸡酒等物。田主不许擅骑佃户骡驴马匹。[3]

很难说清代的佃户与明代的庄民比，其经济地位与生活有无改善，但这两种剥削方式的先进与落后之分却是一目了然的。正是"丁亥之变"

---

[1] 邓渼：《南中奏牍》卷5。
[2] 罗仰：《议覆本府筹画足民详文》，乾隆《嘉志书草本》。
[3] 陈弘谋：《培远堂偶存稿》卷2。

使后一种剥削方式在清前期的云南得到了极广泛的普及。康乾间，许多地方的方志文献中出现了"租佃章程"或性质类似的文献，其中包括一些僻远的少数民族聚居的县份（如嘉等），押租制与田底、田皮相分离的现象普遍起来，定额租的普及程度甚至超过内地许多经济发达地区，以至当时契券中常以"置租"若干石、若干（银）两来代替"置田"若干亩[1]，等等。正是在这种情况下大量破产的"自由"佃农与自耕农涌入矿山，促成了清前期云南矿业的高度繁荣与资本主义萌芽在其中的出现。

原刊于《中国农民战争史研究集刊》第五辑，
上海人民出版社，1990年版

---

[1] 嘉庆《临安府志》卷8引有康熙三十年至雍正三年间的许多例子，其他方志亦多有之。

（三）李自成及其余部

"奉天玉和尚"之谜

去年（编者按，1982年），湖南发现了有关"奉天玉和尚"的一批文物，从而兴起了所谓"李自成禅隐石门夹山"之说。对此，不少治明末农民战争史的同志如顾诚、童恩翼、张国光等均表示了不同意见，笔者基本上赞同他们的观点。本章不打算全面评价"禅隐石门"之说，仅就奉天玉究竟是谁的问题谈一点看法。

笔者认为，顺治九年春出现于石门的那个奉天玉肯定不是李自成，而极有可能是明清之际川东的一个小军阀——李占春。

一、从"破山和尚吃肉"谈起

许多晚明史料，在记述所谓"张献忠屠蜀"的时候，总要提及张与清初临济宗名僧破山海明的一段交往，如彭遵泗《蜀碧》卷3：

> 贼欲屠保宁府属，僧破山为民请命，贼令持犬豕肉以进，曰："和尚噉此者，从汝。"破山曰："老僧为百万生灵，忍惜如来一戒乎？"遂尝数脔，贼因免之。

类似记载还见于戴笠《怀陵流寇始终录》卷18、吴伟业《绥寇纪略》卷10、《鹿樵纪闻》卷中、毛奇龄《后鉴录》、徐鼒《小腆纪年》卷11、《小腆纪传》卷59，等等。一些私人笔记，如张元庚《厄言》、王士禛《香祖笔记》、孙锧《蜀破镜》，地方志如嘉庆《四川通志》、乾隆《石砫厅志》，诗文传记作品如朱彝尊《静志居诗话》《明诗综》、曹溶《明人小传》等也有类似记载。有的说得更为栩栩如生，富于"文学性"。其实，这篇故事是后人强加于张献忠及大西农民军的。

首先，破山在其一生中从未到过保宁或川北的任何地方。《双桂破山明禅师年谱》证明了这一点。这部书由嗣法门人二祖印峦、平山印绶二人合辑，在破山生前即着手编纂，康熙七年（即破山圆寂二年后）成书。《年谱》记载：破山自崇祯五年从天童悟法师剃度归蜀后，一直在川东一带活动，先后住持万县广济寺、梁山太平寺、中庆寺、栖灵寺、渠县祥符寺、大竹无际寺、佛恩寺。崇祯十七年甲申初应石砫女土司秦良玉之请，入石砫三教寺。时当"蜀乱"，在那里一住六年。离开石砫后，破山仍在川东活动，先后到过涪陵、忠路司（今湖北利川县境内）、万县、开县、梁山等地。顺治十年在梁山得县令姚某之助，建"双桂堂"以为弘法之地（《双桂破山明禅师年谱》即由此得名），康熙五年圆寂于此[1]。为《破山语录》作叙的王庭，就是保宁人，明清之际长住保宁。他在叙中说，他非常仰慕破山禅师，"前在保宁，屡晤其门人"，亟盼有缘亲谒禅师，而师逝于川东，"予继见之望绝矣"[2]。凡此种种，足为破山未至保宁之证。

据《年谱》，在张献忠入蜀期间，破山一直住在石砫。这是四川境内几个大西军势力从未到达的偏僻地区之一。《石砫厅志》称："甲申乙酉间，全蜀大乱。贼惮秦夫人威名，不敢入石砫境，川中士大夫不从贼者，多避兵来石。"[3]《绥寇纪略》也说，张献忠入川，铸金印遍招诸土司，"惟石砫土司秦良玉及黎州马金（京）不受"[4]。可见破山不但未在保宁见过献忠，也不可能与大西军的任何人员有过接触。

然而，"破山吃肉"的故事并非完全向壁虚构。因"屠戮生民"而遭破山干涉的确有其人，但不是张献忠，而恰恰是专与张献忠作对的地主武装，所谓"义师"曾英余部。

《破山明禅师语录》卷20"偶言"有云：

---

[1]《嘉兴藏·续藏》第七十一函。
[2]《破山语录》叙。
[3] 王萦绪：乾隆四十年《石砫厅志》"承袭"。
[4]《绥寇纪略》卷10。

昔戊子年，曾寓李一阳营中，见杀业太甚，力为感化，李曰：和尚吃肉，我即不杀人……山僧对李道：要得和尚不吃肉，除是将军不杀人，将军不杀人，以德忠君父，和尚不吃肉，以戒报佛祖，老僧才吃数片肉，尚惹众将军生厌，众将军终日杀人，上天岂无厌耶？

《年谱》顺治七年条则记载如下：

时立阳李总戎屯兵涪陵，特营精舍，坚延憩锡，师以间关险阻，暂允其请，后李事师如弟子礼，师尝谓李曰：上帝好生，宜护惜残黎，李即出令，不许误杀一人。

《语录》所附《破山禅师塔铭》有云：

甲申以来，刀兵横起，杀人如麻，有李鹞子者，残忍好杀，师寓营中，和光同尘，委曲开导，李一日劝师食肉，师曰：公不杀人，我便食肉。李笑而从命。

破山圆寂次年，其徒释印正所撰的《破山禅师行状》亦云：

李一阳屯兵涪陵，威怒最甚，师入营中，力为感化，李乃出令止杀。

破山大弟子释通醉，有《丈雪醉语录》，卷12"复身云大德书"其中也说：

双桂有醉溪醉楼醉佛之语，蜀称酿祖，伪李一阳残忍好杀，故有救佛救僧救人之言。

这个屯兵涪陵的"李一阳""李鹞子"是谁？康熙初涪陵人夏道硕《纪变略言》曰：顺治三年冬"李占春、于大海等放舟至涪。至丁亥……八月，李占春混名李鹞子同诸营上复渝城，十一月内……退下涪州。至戊子正月，占春乃结营涪之江心平西坝上"[1]。《欧阳氏遗书·蜀乱》戊子年条也说："李鹞子占春晋定川侯，邀（杨）展会盟于泸。"可见，李鹞子就是李占春的混名，而立阳或一阳乃李占春之字。在破山语录中所提及的人一般均称其字，如李国英称培之，方于宣称神生，曾英称彦侯等，李占春之义兄于大海则称小山，并常以一阳、小山并称"于李"[2]。

李占春、于大海都是明军将领曾英的养子和"心腹将"，"英之成功，二人之力也"[3]。大西军入川后，他们随曾英"起义师"屠杀农民军。曾英败死后，于、李逃奔川东，割据忠、涪一带，与其他南明军阀如王祥、袁韬、杨展等"日寻干戈，忍相吞噬"[4]，混战不休，给四川人民带来了极大的灾难。与其他明清地主阶级军队一样，于、李所部也以纪律败坏、凶戾残暴而闻名，"凡所过所驻，皆抢劫而食"；"至重、涪两岸打粮，至一月，路上地方残民尽饿死，田土尽荆莽矣"[5]。"是时，李占春仍屯涪州江口，于大海屯云阳县……残民复被杀戮，存者人又相食"[6]。就在破山会见于、李的次年，这支顽固派军阀武装就被大西军消灭了。

所谓"破山见献贼食犬豕肉全活保宁城"的谣言有一个流传过程，在早期四川人的著作中，或不及此事[7]，或据实写作李占春事，如李馥荣《滟滪囊》卷3云：

> 时李占春屯（涪州）西平坝……闻（吕）大器礼破山于营中，

---

[1] 见康熙五十四年《涪州志》卷4《艺文》。
[2] 见《语录》卷15"赠小山于将军"，《年谱》顺治七年条。
[3] 《小腆纪传补遗》卷2。
[4] 杨鸿基：《蜀难纪实》。
[5] 《欧阳氏遗书·蜀乱》。
[6] 《荒书》。
[7] 如《荒书》《蜀乱》等。

亦敦请破山造占春营。占春礼极诚敬。破山曰：将军现受公侯福报，愿听老僧言，以后切勿妄杀。占春云：和尚要我不杀人，除是和尚食肉，破山曰：将军赐肉来，待老僧食救众生性命。破山从此食肉，占春果从此止杀。

此外，清初第一部四川地方志——康熙十一年罗森等修《四川总志》卷20"仙释"所述亦同。李馥荣就是保宁府人。《四川总志》与事者张德地、郎廷相等均与破山有深交（《年谱》康熙四年条："张抚台坤育、郑提台西云、郎藩台钧衡、李臬台息六、郭道台余庵入山问道"），他们是了解事情真相的。

破山是明清之际影响最大的杨歧派高僧、临济宗三十世祖密云悟之嫡传弟子。自万历末至崇祯初，在江南传教十余年，先后住持嘉兴广福寺、杭州金粟寺，并于崇祯三年在金粟寺正式取得密云悟法嗣地位。由于"名耀东南法席"，其弟子在江浙释教界很有势力。于是早在破山圆寂之前，关于他的"道行"的种种传说就已在江南传布。然而李占春在江南却很少为人所知，"李鹞子"之名更无闻者。出于统治阶级的偏见与需要，李占春与明军"残忍好杀"的罪行就被转嫁到大西军身上，"张献忠屠保宁遇破山吃肉"的传说也就由江南顺、康间的一些文士首先炮制出来。这就是《鹿樵纪闻》《绥寇纪略》以及《怀陵流寇始终录》记载之由来。

雍乾之际，彭遵泗作《蜀碧》，对大西军横肆污蔑，上述传说也因其书得达于蜀。然彭书述其事尚冠以"或云"二字，也见其传谣时之心虚。此后，这个谣言遂充斥于蜀人著述中，于是乾隆《石砫厅志》遂有"破山和尚，见献贼食犬豕肉全活保宁城者也"[1]之记载，而嘉庆间及以后所修之《四川通志》，亦以张献忠代替李鹞子会见破山。

其实对这种传说，不少著述者也看出其破绽所在，但是同样出于阶级偏见不愿放弃这个谣传，而力图为之弥缝。例如蜀人孙锒校勘《蜀碧》，

---

[1]《石砫厅志·寺院志》。

正是明知破山一直在川东活动，未到过川北，遂在其所著《蜀破镜》中，妄改保宁为川东的大竹（即破山的家乡）。《小腆纪年》一书的作者徐鼒，曾看过《破山语录》（观其著作中曾引该书可知），明知破山所见并为之食肉者乃李一阳而非张献忠，于是妄改为"献贼之党李某欲屠保宁"[1]。"讨贼""名将"成了"献贼之党"，文人篡改历史于此可见一斑。

二、奉天玉和尚的来龙去脉

李占春在涪陵会见破山的次年，大西军再度入川，以联明抗清为号召，联络川中明军残部。"李占春以可望杀其父（曾英），独不为下"，"骂曰：彼杀我父，幽我主，而我降之，是为不忠不孝，禽兽等矣"。忠涪人民唾弃这个顽固派军阀，"俱怨占春不早降可望，而流离至此"[2]。顺治八年九月，大西军卢明臣部自重庆东下，大败李占春于涪陵。于、李率残部顺江而逃。于大海到荆州降于清，此后其名屡见于记载[3]，而其"兄弟"李占春却从政治舞台上消失了。

李占春哪里去了？个别史料有说他"单骑入华山为道士"[4]的，但大部分记载均称他为僧而去。例如《荒书》说："大海……欲率其众至湖广降大清，而惧占春不从，遂醉占春而下舟，占春醒，怒弃妻子，隐姓名，孤身遁去为僧。"《滟滪囊》卷4则云："占春自与破山云阳语后，制衲衣蒲团，一夜饮诸将毕，各归营，次日诸将候占春，直至日午未出，乃问将军安在？左右曰：昨夜独出查夜，尚未归也。诸将惊曰：将军衣物在否？对曰：俱在，惟不见衲衣蒲团耳。余（于）大海即遣人寻访，并无踪影。"同卷并载有破山赠李占春的两首偈："饱食煖衣乐矣哉，这场春梦几

---

[1]《小腆纪年附考》卷11，《小腆纪传》卷59。
[2]《客滇述》。
[3] 见《明清史料》丙编第二本、第八本、第十本，《清实录》顺治九年、十二年、十三年、康熙元年、三年各条，《湖北通志·武备志》，《兴山县志·艺文志》以及《明季南略》等各种野史中，兹不列举。
[4]《客滇述》。

时回?而今要醒而今醒,莫待藤枯树倒来";"将军天性识元(玄)机,卸铠离尘著衲衣,斩断葛藤无挂碍,了明心地证菩提"。从上节考证中我们知道,破山与李占春原来就关系密切,《破山语录》中也收有几首赠"李一阳总戎"的偈,其中之一有云:"现跃飞腾久蜀东,功成名遂可行空",也是劝其遁入空门的。可见其为僧并非偶然。

从一些史料判断,李占春在出家前后,曾一度与于大海等降于清。其中《荒书》说他是先出家后降清,而其他史料均说先降清后出家。如沈佳《存信编》卷3辛卯十月条:"靖南侯余(于)大海率兵至荆州降清,李占春既降清,复为僧去。"戴笠《行在阳秋》略同,且记其日期为十月十四日。查《明清史料》丙编第八本中收有于大海当时的奏本,内称"臣与定川臣李占春矢心投诚,于十月初五日身先披剃……镇臣郑四维……当议松滋县旷地百里洲刈草拔木,暂安营垒,不意占春臣于十月十四日夜飘然远遁""捐妻别子"而去云云。这条档案史料从日期与事实两方面,都证实了《存信编》等书的记载。

李占春为僧后的行踪,文献中没有记载,但据夹山的文物看,他与"奉天玉"的经历极为吻合:

第一、据夹山野拂断碑,"和尚……于壬辰春飞锡来兹"(后三字已阙,据道光灵泉寺碑校补)。李占春顺治八年冬为僧遁去,奉天玉于次年春出现,时间是吻合的。

第二、据康熙夹山碑,奉天玉是"从西蜀"而来的,李占春也是如此,来历是吻合的。

第三、同碑称,奉天玉是由北"南游"而至石门的,而李占春是在松滋百里洲失踪的。石门、松滋二县南北相邻,百里洲与夹山相距二百里,由松入石,正是"南游"。

第四、据何璘说,曾亲事奉天玉的一老僧云:奉天口音"似西人",而据《劫灰录·曾英传》等书,李占春正是陕西泾阳人。

这一切难道是偶然的吗?

按一般公认的说法,李自成死于顺治二年,距奉天玉来石门的时间有七年之久。持李自成"禅隐"说者无法解决这样一个问题：李自成在这七年间到什么地方去了？有人用推测之辞来弥缝，说他一直躲在"忠贞营"中充当联明抗清的幕后指挥。这种说法完全无视大顺军余部顺治二年后四分五裂、互相"不齿"的基本事实，因而是不能成立的。另外一些同志则力图把这个时间距离缩短，例如石珍等同志在引证了上述碑文后，不知怎么推理出奉天玉"可能是在顺治二年"来石门的[1]。更有人解释说："夹山本来有寺，寺里本来有住持，只是没有领徒开山。"[2] 其实，佛门所谓"开山"，就是创建寺院。本来有寺，而寺里已有住持，就不能称为"开山"。碑文说得很清楚，奉天玉是"壬辰春"来的，当时他不过是个托钵化食的游方僧，当年六月他与官府挂上了钩，才"领徒开山"而成了"中兴夹山祖庭"的住持。可见，李自成之死年同奉天玉来石门的年代相差七年这个破绽，禅隐说者是设法弥缝的。

三、释"战吴王于桂州"

目前发现的几块碑文中，涉及奉天师徒生平的语句既少且含混不清。慈利万圣庵《野拂墓碑》虽晚出，但行文无以前几块碑之隐晦。其中有"战吴王于桂州，追李闯于澧水"二句，是解开奉天师徒之谜的关键。韩长耕等同志强解此二句为战吴三桂所部清军于宁夏，跟随李自成为僧于澧水。这无论从地理、历史还是从修辞上都是讲不通的。"追李闯于澧水"一句，追不能释为随，许多同志已经指出。这里只说"战吴王于桂州"。

首先，"州"与"川"二字读音差异极大，不会是谐音之误。而此二字笔画简单，又是最常见的字，也无形似致讹之可能。其次，不知所谓"宁夏古有桂川之称"出于何典？韩长耕等同志可能是看到《中国地名大辞典》中"桂川县"条有云，"唐置，当今甘肃省宁夏府境内"，而引申出来的。今按"桂川"是唐初贞观间设置的一个"侨县"，属静边州都督府。

---

[1] 石珍、丘朔：《李自成禅隐石门夹山说新证》，《求索》1981年第3期。
[2] 沈克家：《奉天玉和尚不可能是明朝遗臣》，《求索》1982年第3期。

《旧唐书·地理志》记载该都督府原在银州，寄治庆州，《新唐书·地理志》则作"初在陇右，后侨治庆州之境"。辞典所谓在甘肃宁夏府境内，当即从以上陇右、银州二处地名推测出来的。实际上，陇右不包括今宁夏地，而银州亦非今之银川。故此实为该辞典之一处讹误。唐初设这类侨府州县原以安抚西北的一些内迁少数民族部落，故又称"羁縻州县"。它们大多侨迁无定，有名无实，存在时间极短。当时仅庆州一地（今甘肃庆阳地区的一部分）就"侨治"了都督府三，静边其一也。该府又"领州二十五"（或云十八、十九等），嶂州其一也。该州又领县四，桂川其一也。这样的县究竟有多大意义实在难说，因此它不久就被人遗忘，甚至究竟在哪里也搞不清，更何谈用它作宁夏之"古称"了。再次，"李自成所率大顺军"与吴三桂"鏖战于宁夏"之事纯属子虚乌有。顺治元年大顺军与北路清军的激战发生在榆林至延安一线，这是史籍、档案、方志都明白记载的。至于吴三桂更是从未到过宁夏。韩长耕等同志也知道这一点，所以他们只好含糊其词地说是在"陕北、宁夏之间"。这是不够严肃的。最后，把"吴王"解作吴三桂也是不合适的，一些同志已经指出了。

然则"战吴王于桂州"究竟何指？答曰：指的是李占春平定"朱容藩之乱"的"功绩"。顺治四年发生"武冈之变""川东不知行在消息"。永历派到川东的兵部右侍郎、总督、楚藩宗室朱容藩乘机自称"监国"，"称所居为行宫，设祭酒、科道、鸿胪寺等官"，"夔州临江有天字城，容藩改为天子城，以为己谶，部众数千居之"[1]。顺治五年六月，容藩"于夔州设行营，先即楚王位，旋改吴王"[2]，《鹿樵纪闻》卷中"川中诸将"也说："容藩谋据蜀自王，先改忠州为大定府，顺治五年夏，遂自称吴王，铸侯、将军等印。"《滟滪囊》卷3也有类似记载："明宗室朱容藩自常德府入白帝城，自立为王。"于是朱容藩与永历王朝最后决裂，永历王朝在四川的大员吕大器等立即传檄声讨，双方进行了一场恶战。顺治六年七月

---

[1]《明季南略》卷13"朱容藩僭乱本末"。
[2]《客滇述》。

二十五日，在吕大器的支持下，李占春攻入夔州，"吴王"朱容藩败死。对此，档案中有这样的记载："朱经略同谭伪镇，于七月二十五日由万县渡河北岸，被余（于）、李二贼发精兵船五十号，追杀大败。谭大单骑脱逃天字城。朱经略阵亡。"[1] 史籍中也有："占春即整舟师，连夜至天字城攻容藩，容藩以兵相拒不胜，走入夔州山中，占春率部下穷追两日……斩之，川东之难悉平。"[2]

"朱容藩之乱"是腐朽的南明统治阶级继唐鲁交恶、三水构兵之后的又一次大规模内讧。李占春就是在这次内讧中有功于永历，因而晋爵为定川侯的，这是他戎马生涯中最为显赫的战绩之一。作为其亲信的野拂，当也曾参与此役，因此其后世徒孙们才特意在墓碑里宣扬。"桂州"即"夔州"之误。"桂""夔"音近，且"夔"字较冷僻，经过近二百年口耳相传，咸丰年间的人误夔为桂，是不足为奇的。

四、奉天玉法传世系问题

如前所述，李占春为僧是师承于破山的。他很早就"以弟子礼"事破山，并从破山那里得到了"衲衣蒲团"。这在佛家称为"受具"，具有正式确立师徒关系的意义。而破山属于临济宗天童法派，是该宗第三十一代僧，奉天玉如果以他为师，即为三十二代，而野拂以奉天玉为师，当为三十三代。而夹山出土"野拂维禅师塔"题曰："传临济正宗三十三世"，恰与上述世系相符。

当然，一师可以有多个徒弟，如此代代相传，在明清之际，济宗三十三世僧侣绝不止一人。但佛教各宗由于支派纷出，法系复杂，生活在同一时代里的同宗僧侣世系往往差距很大。即以临济宗而论，自唐末义玄开宗，至元初，诸僧世系高低已有五六代之差[3]。到了明清之际，这

---

[1]《明清史料》甲编第三本，第 258 页。
[2]《明季南略》卷 13，类似记载还见于《蜀碧》等书。
[3]《佛祖纲目》卷 40。

个差距更进一步扩大，仅据《嘉兴藏·续藏》部分僧家语录、年谱、世系表推算，崇祯、顺治年间在世的济宗僧侣中世系代数最少者为第十三代（吹万广真自称遥嗣大慧宗杲），最多者至第三十八代（《大沩五峰学禅师语录》题顺治九年济宗三十七世智海刊。按智海时已为住持，则其徒为第三十八世矣）。而且济宗后来又分为各支派，其推算世系的方法各不相同，有的以临济玄为始祖，有的以南岳让为始祖[1]，这样其代数就更为纷乱了。野拂——奉天——破山世系之恰相吻合，至少是可为奉天玉即为李占春之说增添了一个有力的佐证。

在这里需要对刘瑄塔铭中"弘律奉天大和尚"的称呼予以说明。据何璘说，奉天玉是"律门"。（按此称呼不符合释界习惯，禅宗以宗、教对称，称禅宗为"宗门"而其他宗为"教门"；没有称律宗为"律门"的。）石珍等同志并据此而加以发挥说，佛教各宗水火不相容，何以律宗僧侣竟招收了禅宗徒弟？而且以此作为李自成禅隐的佐证。其实，这个佐证并不成立。因为野拂如果真是自成忠诚部将，为何要与其异宗？而且其为僧只不过是兵败后隐身之计，为何故意制造此师徒异宗现象以招议论呢？为证明奉天与破山之间的师承关系，我们还要进一步澄清此事。

其实，刘瑄塔铭中的"弘律奉天大和尚"与万圣庵野拂碑中的"真修野拂老和尚"一样，弘律与真修，都是其身后所获得的私谥。"奉天"与"野拂"则为法号，"明玉"与"维"（可能是单名，也可能是双名而省一字）才是僧名。释家通例，常以号、名连称，而名省去前字。如破山（海）明、木陈（道）忞，丈雪（通）醉、密云（圆）悟，云幻宸、竹帆波（以上二人为单名），等等，奉天（明）玉与野拂（？）维也不例外。一般称谓或和尚自称可只呼名，如破山明称"僧海明"、木陈忞称"释道忞"，夹山道光碑所谓"有和尚字明玉者"亦属此种情形。而在"禅师""大和尚"等尊称之前可以称号，或号、名连称，但不能只称名。如"破山禅师"或"破山明禅师"可称，"海明禅师"则不可称。石珍、韩长耕等

---

[1]《隐元语录》卷9。

同志对奉天师徒称谓的解释，是不符合佛家常识的。

律宗为唐释道宣在终南山创立，故又称"南山宗"或"终南弟子"，该宗高僧一般均称律师或律主，其碑铭常列南山宗世系。如现存的宝华山《中兴南山宗见月律师塔铭》《传终南第十世承天律师碑》等。而奉天各碑既无律师之称，又无南山宗统世系之载，可见就师承统系而言，奉天玉并不属于律宗。

但是"弘律"一谥，应该是"弘扬南山戒律"之意，而且奉天各碑中也未载明济宗世系，这是怎么回事呢？原来，奉天虽非律师，而夹山灵泉寺却是南山宗旧寺，宋代律宗第十一世高僧皓升、用淳、仁秀三律师均曾住持于此[1]。当时惯例：游方僧住持异宗旧寺，就有义务弘扬该宗，以示尊重先人开山之功。而把本宗师承通过自己选定的"法嗣"传递下去。明清之际这种例子是很多的。同在湖南境内，当时就有天童悟派下原属济宗三十五世的五峰学禅师，住持原沩仰宗祖庭大沩密印寺，以"临济小厮儿""暗机建旨沩仰"[2]、"振沩山仰山之宗"[3]。然而他的徒子释正明、徒孙释智海，却仍沿本宗师承，复称临济宗第三十六、三十七世[4]。破山、奉天、野拂间的关系也是如此。

奉天的济宗师承，可以从三个方面看出来。其一，据康熙夹山碑：野拂是"投（奉天）老人披剃"的，可见此前他并非和尚，不会有别的师承关系，因此所谓"三十三世"的统系只能来自奉天。其次，今所知奉天之徒子除野拂外还有善会，他也属禅宗而非律宗[5]。更重要的是其法号"奉天"，石珍等同志认为这个法号不符合佛教习惯。当然，如果把"天"释为佛教哲学中的"诸天"，那么"奉天"自然不符合佛教教义，但这里的"天"并非"诸天"，而是"天童法脉"之意。[按天童悟（即密云圆悟），

---

[1]《嘉兴藏·续藏·佛祖宗派世谱》卷8。
[2] 陶之典：《大沩四记》叙。
[3]《大沩四记》之三，陶汝鼐：《密印禅寺碑记》。
[4] 见《续藏》中的《五峰学禅师语录》《养拙明禅师语录》。
[5] 张霖修：康熙二十二年《石门县志》卷上。

是明末最有名望的济宗高僧，其派下号天童法派，尊其为"悟祖"。][1]时有"天童中兴临济……洵今日百丈归宗也"[2]之称。当时天童派下各寺均供奉悟祖，即所谓"奉天童之法脉"，"天童密祖，供在绿萝"[3]。可见，所谓"弘律奉天大和尚"，实际上是"弘南山戒律，奉天童法脉"的。（如前所述，宋代还有位名僧号"承天"，按照石珍等同志的逻辑，那也是不符合佛教习惯的了。）

最后，奉天玉与清初三任知县关系都很密切，当地著名的明遗民、亲吴三桂的地主阶级知识分子刘瑄还把他吹嘘为"吾儒之木铎"。在石门县"阖邑绅耆"中，他也享有一定影响。他依仗官府的经济资助与官府给予的"蠲免其租徭"等特权（明清时代的寺院土地一般都是要承担租徭的），兼并土地，广"置田亩"，剥削"众佃"，过着名副其实的地主生活。这一切都不难用李占春的阶级地位与经历来解释，而与李自成格格不入。

总之，奉天玉就是李占春，这是我们得出的初步结论。这一结论目前仍有待进一步证实，但奉天玉不是李自成则是肯定的。此外，对于清前期石门地区为何出现关于李自成的传说，笔者认为除了何璘等人的宣传外，湘西口音中"李占春"与"李自成"音相近，而后者远比前者名气大，以致到后来把李占春的传说传成了李自成的传说，这也不是没有可能的。

原刊于《陕西师范大学学报》，1983年第1期

---

[1]《九台知空蕴禅师语录·古风然序》。
[2]《破山语录》叙。
[3] 见《续藏》中《知空蕴语录》《恒秀林语录》等。

"禅隐夹山说"及其学风

三年前，湖南一些同志重新发起了李自成归宿问题的讨论，他们的"禅隐夹山说"先后受到不少学者的反对，为此，"禅隐说"者近来又发表了一些新作。穆长青同志的《试揭李自成隐终夹山之谜》[1]堪称其中的代表作。我是不接受"禅隐说"的，并认为争论中暴露出方法论与学风上的一些问题。

一、"李过＝野拂"辨谬

穆文不少内容已见于持"禅隐说"的其他文章，并多已有人辩驳。其独特之处，则首推"野拂即李过，补之为铭即李过为铭"，穆文中其他一些论点亦多由此推论而来，故穆君亦自认此为"全文之重点"。这个"重点"的基础，是一份早在十八年前就已"付之一炬"、连抄件也没留下、只有穆同志自己知道的《贼情手本》。据说它出自明将曹文诏的手笔，内称李过字补之。而穆君即以此附会于夹山碑末的"补之为铭"一语，说这就是"李过为铭"。甚至连碑上泐缺了一块，也被用为证据，说是"隐寓"着补之二字云云。

穆文"凭记忆"引述的这个"秘籍"之真伪，姑且不论，但"李过字补之"并不是穆君的新发现。十多年前，姚雪垠先生就曾根据民国《米脂县志》的一则记载，在其著名小说《李自成》中，塑造了一个"补之将军"的形象。然而，要把他与野拂揉在一起是办不到的。这不仅因为野拂是"江南人"而非陕北人，更因为李过（李赤心）作为忠贞营主帅，他的归宿是清清楚楚的。穆文说李过自顺治六年春"弃辰州（实为郴州，

---

[1] 载《陕西师范大学学报》1984年第2、3期。以下简称穆文。

《清实录》据满文档案回译时谐音致误，这是穆君所未注意的）遁"以后，"从此下落不明"。这是说不过去的。下面，我们把史籍所载李过及忠贞营后来的活动抄录数条，以为证明。

顺治六年五月二十五日，忠贞营进占梧州，"赤心乃移屯三界庙之后山（原注：山在梧州对岸），惟上疏贡献，不肯赴阙，后掣营向广西南、太等路"。[1]

同月，南明封李赤心兴国公、高必正郧国公，遣兵部侍郎程峋前往忠贞营颁敕。[2]

六月，"李赤心等已入宾、横二州"。[3] 当地军阀陈邦傅正与巡抚赵台内讧，"闻赤心等至，思借之以为重"。[4] "李赤心至梧浔，陈邦傅请征徐彪（按：赵台支持的一个地方势力）……迎待有礼"。是夏，"赤心等散处横州、永淳、南宁、宾州间"，[5] 屯粮练兵。高必正驻南宁，李赤心驻横州，兴建府第为久驻计。[6]

七月，南明官僚堵胤锡与广东军阀李元胤交恶，"大恶李元胤党，欲激赤心东来以去之"，[7] "请以广东四府处赤心屯守"。[8] 但李过等不为所惑，"胤锡计沮"。八月，堵胤锡、陈邦傅又想利用忠贞营去火并其政敌瞿式耜，"日夕怂恿赤心夺桂（林）、平（乐）"，[9] 又为李过所拒绝。九月，堵胤锡打着北伐抗清的名义，强令忠贞营"由桂林出楚"，李过不予理会，堵"期赤心不至，造其营诘之，赤心……无意北出"。[10] 堵、陈见"不能有为于

---

[1] 罗谦：《残明纪事》。
[2] 《所知录》、《岭表纪年》卷3、《存信编》卷3、《晴江阁文钞·堵胤锡传》等。
[3] 《所知录》。
[4] 《南明野史》卷下。
[5] 《岭表纪年》卷3。
[6] 康熙《南宁府全志》祥异附寇变、康熙《永淳县志》。
[7] 《小腆纪传》卷24。
[8] 《国寿录》卷4。
[9] 《永历实录》卷28。
[10] 《劫灰录·堵胤锡传》。

忠贞"，转而欲"自结于孙可望"，[1] "曰：藉其力可制李赤心"，[2] 企图利用大西军来压忠贞营就范。

十月，忠贞营内部发生分裂，大顺军宿将刘国昌、刘世俊率部二万人出走，"因李赤心等各占地方，国昌无善地，堵胤锡出楚，欲随之"。"李赤心又以刘国昌之下为胤锡使"，[3] 忠贞营与堵胤锡的矛盾又有所发展。

总之，从顺治六年四月撤出郴州直至李过病逝，李过的活动在史籍中比比皆是，逐月可考，限于篇幅上面仅能举出一部分。由于此时忠贞营驻扎在南明统治中心地区，与许多明方显要人物和晚明史籍作者交往频繁，所以正是这期间有关忠贞营的记载最多也最可信（统治者的偏见例外）。

当时"苍梧瘴发"，[4] 南明方面的不少显要如堵胤锡、晏清、李永茂、郑古爱、董云骧、李芳先等均于此时染病身亡。忠贞营以北人乍到岭南，"多染疫瘴"，[5] "以水土不宜，二万兵疫死殆尽"，[6] 并且"连丧大帅"，[7] 大顺军宿将张能、田虎、刘世俊等均于在广西的一年半内相继去世，李过亦未能免此厄运。《永历实录》卷13载："是年冬，堵胤锡奉龙旗至浔州，调必正诸军出楚，赤心病，未有行意。未几赤心死。"王夫之的这一记载可与鲁可藻《岭表纪年》、钱秉镫《所知录》、瞿共美《东明闻见录》等许多史籍相印证。这些史籍都是当时在桂的明方人士所撰，其中广西巡抚鲁可藻是永历指定对付忠贞营的官僚，[8] 并参加过拉拢忠贞营的活动；[9] 钱秉镫与高一功来往密切；王夫之更曾受过忠贞营领袖的救命之恩。他们

---

[1]《南疆逸史》卷21。
[2]《南都大略》。
[3]《岭表纪年》卷3。
[4] 王夫之:《箨史·职方郎中李公》。
[5]《堵文忠公集》附传。
[6]《皇明四朝成仁录》卷11。
[7]《永历实录》卷13。
[8]《岭表纪年》卷3。
[9]《永历实录》卷13。

所记是第一手材料。此外,清初广西地方志如金先声纂《南宁府全志》、蒯光焕纂《梧州府志》卷18也记载了李过病逝,后者还记载其死日为顺治六年十一月二十五日。令人诧异的是,穆文一口咬定李过未死,说史籍所载只不过是又一次"设疑代毙"罢了。其唯一理由就是李过年纪不大,何以会死?但与李过同时的多尔衮、多铎、郑成功、郑经、李定国、刘文秀、章旷、堵胤锡等人不都是享年无多吗?李自成"设疑代毙"据说是为了摆脱追兵,并消弭南明方面的"君父之仇"以便实现联合抗清,这尚不失为一个娓娓动听的故事。而李过却是为何?忠贞营在广西是到南明境内休养士马,并非穷蹙于追兵,李过等位居国公之尊,据有一府二州之地,力量远在当时南明各派军阀之上,后者与朝中官僚都得与之"通殷勤",[1]"郊迎四十里"者有之,"献女于高必正结好"者有之。[2] 说这时李过"设疑代毙",其不近情理有如说康熙、乾隆之死是"设疑代毙"一样。

其实,夹山碑上的"补之为铭"一句本来没什么深奥的意思,奉天玉是康熙甲寅年圆寂的,当时正"值戎马","罹滇黔之变",吴三桂的三藩叛军打进石门,湘西北成了战场,夹山寺"每遭回禄",毁于战火,[3] 所以没有为他立碑作铭。直到他死后第三年(丙辰)刘瑄才补撰了现存的塔铭,这就是"补之为铭"。只是穆君心存先入之见,以不怪为怪而已。总之,"野拂即李过"之说绝无根据,而源于此说的一切推论自然毋庸赘评了。

二、李自成幕后指挥大顺军余部说辨谬

本来,李自成政治生命既已结束,他究竟死于何地,并非事关全局的问题。一些好心的同志不愿他死于非命,我们姑妄听之,亦不必非打

---

[1]《永历实录》卷20。
[2]《所知录》。
[3] 见野拂碑与康熙夹山碑。

这个笔墨官司不可。然而"禅隐说"者并不以"李自成未死通山"为满足，而是几乎重写了清初的历史。据说直到夔东十三家时代，李自成一直是大顺军的总司令，在"幕后"指挥着"二十多年的反清战争"，主持着"统一的、有威信的核心指挥机构"，随时根据"军事战略与政治战略"的需要为全军"作出周密安排和布署"。[1] 对于这样一幅图画，童恩翼等已从大顺军余部联明之际的史实出发予以辩驳。不意"禅隐说"者不予理睬，仍旧自说自话，穆文又把这个观点发挥了一遍。因此笔者认为有必要从大顺军二十年反清战争的全局出发，继续予以澄清。

清初史家早就注意到这样一个事实："闯之败也，其党散而不复聚；献之诛也，其党聚而不可散。散而不复聚者……其祸小；聚而不可散者……逞其猖狂，蹂躏西南者又十有七载。"[2] 的确，九宫山之败后的大顺军与金山铺之败后的大西军的抗清道路形成了鲜明的对比。大顺军余部的人数各书记载从十余万至五十万以上不等，而大西军余部人数多的说是"余众及家口万余"，[3] 少的说是"千余人"；[4] 九宫山之役后，大顺军后面的清军已停止了追击，前面的何腾蛟又几乎"空拳徒手"，[5] 而金山铺之役后，清军却从川北一直追到川南，大西军余部前面又是刚刚打败过自己的拥众十万以上并据有长江、乌江天险的劲敌、明军曾英、王祥部；大顺军余部粮草器械相对来说还算"所储甚裕"，[6] 而大西军余部却"骑不满千，弓刀脱落"、"绝粒至十余日"、"所至杀马而食"。[7] 总之，大顺军余部的处境比大西军余部要相对优越得多。但大西军很快东山再起，"两蹶名王，天下震动"，"奄有南土"与清军对峙十余年，而大顺军却一蹶不振，

---

[1]《湘潭大学学报》1981年第3期韩长耕等文章。
[2]《续绥寇纪略》序。
[3]《蜀记》。
[4]《纪事略》。
[5]《烈皇小识》卷8。
[6] 同上。
[7]《西南纪事》卷12。

再没有大的作为。产生这种对比的原因固然很多，但最重要的就是叶梦珠所总结的：大西军人马虽少却"聚而不可散"，大顺军人马虽多却"散而不复聚"了。

把后期大西军的战斗序列与张献忠时代相比，可以看出从"四将军"以下直至各营（如高文贵的天威营、祁三升的龙骧营等）建制都基本保持原来的体系，只最高统帅换成在张献忠时代就已取得世子地位的孙可望而已。大顺军就不同了，《总督八省军门佟揭帖》中的大顺军已分裂为十余支武装（揭帖中所举有十一股，高一功、李过集团尚未计在内），原来的战斗序列不复存在，一些"偏裨"拥众自立，俨成巨镇（如有众七万六千的王进才、有众四万的郝摇旗），一些大帅却从者零落，几不成军（如地位最高的泽侯田见秀有众七千，绵侯袁宗第有众三千，而义侯张鼐竟至单人独马），完全是一派"有枪便是草头王"的局面。这些部队分别在不同时间、不同地点以不同方式与明清两方面的不同代表进行接触，"联明抗清"后也走着不同的道路。

忠贞营是其中最大的一支，今人常视为大顺军正统所在。但它早在荆州战役前就发生分裂，袁宗第、刘体纯率部北上再未归队。荆州战役后，田见秀、张鼐、吴汝义、李友、李孜等降清。兵败固然是其投降的主要原因，但从降清诸将均出李自成带到鄂东之部队（李友例外，但他原与田、张、吴等均属中营系统，只是在陕西之败前不久才拨归陕北集团军），未降诸将大都出自李过、高一功率领的以后营为骨干的陕北集团这一点看，显然这两部分大顺军会合后并未真正融为一体。忠贞营进入广西后，在和平环境里发生了更严重的分裂，先是刘希尧等"与赤心不协"，"叛走郴桂"；[1] 半年后大顺定鼎九侯中的两侯刘国昌、刘世俊又率部出走，使忠贞营"壁分两营"；[2] 最后高一功、李来亨率部北归时，忠贞营李常棠部却留在了广西，高、李行至庆远时，又有胡兴明一军分裂出去投奔了大西

---

[1]《永历实录》卷1、13。
[2]《堵文忠公集》附传。

军。[1] 这时的忠贞营正如王夫之所言："兵士合离不一"，"日益弱"。其余部回夔东后，又分为李来亨、马腾云、党守素三家，"各自雄长，不相统属"。[2] 最后马、党二家竟于李来亨败亡前八个月率部降清。

忠武营兵力仅次于忠贞营，它是四支独立军队的总称。其中最强的马进忠为义军早期十三家之一，但早就降明成了"官军"。其余三家王进才、牛万才、张光翠均为大顺军余部，但或"为（李）过等所不齿"，或"与高必正有隙"，[3] 与忠贞营关系很坏，相反却与马进忠"有旧"，并尊马为首，故档案中常有"马进忠率领牛万才、王进才"如何如何的记载。[4] 忠贞、忠武两营的矛盾是当时的严重问题。"腾蛟先抚马进忠、王进才，号忠武营，胤锡继抚忠贞营，两营多不协"，[5] "何腾蛟屯湖南，堵胤锡屯湖北，李自成余党既降，二公安置无术，南北不协"。王夫之曾建议"调和"其矛盾"以防互溃"，[6] 但没有结果。大顺军抗清的两度高潮之很快失败，都与此有关。忠武营不但与忠贞营不协，其内部四家间亦常有"不悦"，[7] 比忠贞营内部更为松散。通常这四家都各行其是，间或有过其中二三家合作的例子，但在忠武营全部历史中从未有四家会兵于一处的时候。后期这种状况更为突出，牛万才偏处溆浦三年之久，最后降清；王进才于顺治七年败于靖州，北上辰常界上，与张光翠、刘体纯、袁宗第会合，不久又大败于澧州附近，各奔东西。王进才于顺治八年投孙可望，张光翠部于顺治九年在澧州山中分裂，张本人率一部入黔归孙可望，李阳春率另一部仍独立活动至顺治十一年被消灭。值得注意的是，忠武营余部最后活动地区离夔东比离大西军控制区近得多，但无论王、张、李，都没

---

[1]《存信编》。
[2] 同治《湖北通志》卷69。
[3]《永历实录》卷13。
[4]《明清史料》丙编第六本《梅勒章京屯代揭帖》《荆州总兵官郑四维揭帖》。
[5]《堵文忠公集》附传。
[6] 王敔：《姜斋公行述》。
[7]《永历实录》卷9。

有想到就近向夔东大顺军靠拢。

郝摇旗也是大顺军余部中著名的一支，何腾蛟《逆闯伏诛疏》称他"现在臣标，时时道臣逆闯之死状"，后来郝并以这个"指视之功"被赐名永忠，[1] 可见在南明方面，他是九宫山灾难的重要见证人。如果说这次灾难只是李自成"周密安排"的"设疑代毙"之计，那么郝该是李自成安排的重要执行人了。遗憾的是，正是这个郝摇旗却与据说李自成就在其中幕后指挥的忠贞营龃龉极深。《永历实录》卷15称："郝永忠者，李自成别部之偏校也……当李自成之毙也，杀其主将而夺其室，故李、高诸部恶之。"杀主将云云不尽属实，然而他为忠贞营所不齿却是事实，就连后来与李过分手了的刘体纯也"雅恶永忠"。在夔东十三家时期以前，他们之间没有任何联系，当忠贞营战败荆州之时，郝摇旗正奉何腾蛟之命"入赣迎驾"；当忠贞营、忠武营与刘体纯等向常德、长沙大举出击时，郝摇旗却在南明后方的柳州一住半年。这几年他大部分时间都周旋于南明官僚军阀之间，可以称道的抗清战绩只有顺治四年冬的全州之战，而这次战役还是与"官军"焦琏、卢鼎等部而不是与其他大顺军余部合作进行的。

袁宗第、刘体纯、塔天宝等率领的原大顺军右营部队，自顺治二年冬脱离忠贞营后也独立活动。顺治三年初这支部队在襄阳境内一度分兵，刘体纯北上入陕，与陕南大顺军贺珍部取得联系，一度攻占兴安州全境，战败后退回夔东。袁宗第则南下澧州，顺治三年至五年间在堵胤锡指挥下与忠武营和明军杨国栋等部活动于湘西。顺治五年在全国抗清运动高潮中刘、袁再度会师，次年败于清济尔哈朗军，退入川黔楚交界的土司地区，顺治八年俪阳驿之败后再回夔东，袁、刘、塔各据一方，成为"十三家"中的三家。在大顺军诸余部中，这支部队是唯一与其他余部均保持良好关系的，与忠贞营、忠武诸营、郝摇旗与贺珍等部都曾协同作战过，但相对来说与忠贞营的关系仍远不如与忠武诸营的关系。最明显的例子

---

[1]《思文大纪》卷4。

是顺治五年冬当忠贞、忠武两营发生龃龉导致"湖南州县千里一空"时，刘体纯等均与王、牛、张诸营"同走"湘西以避忠贞营。[1]

总之，大顺军各余部在这几年不但没有统一迹象，连协作也罕见。尤其是忠贞营基本上独往独来，与其他各家仅有的一两次合作也都是不欢而散。如顺治五年忠贞营与王进才"议同出湖南，忠贞认（取）湘潭，进才认（取）长沙"，[2]但不久发生常德之变，进才惧为忠贞所并，竟焚宝庆西去，"忠贞恚王进才背长沙之约"，[3]也采取了相应行动。

"禅隐说"者常把农民军联明后仍保持了一定的独立性作为李自成幕后指挥的证据。其实如果真有那么一个"幕后指挥系统"的话，那只能说大顺军各余部对它的"独立性"实在比对南明的独立性大得多。如"牛万财（才）……以与高必正有隙，故为屈下依（堵）胤锡，而胤锡信爱之"；[4]王进才"以故于贼中为偏裨，不为高、李诸部所齿，独留屯湘阴，奉腾蛟稍谨，腾蛟深信爱之"；[5]郝摇旗"李、高诸部恶之，无所容，倾心附腾蛟以自安，腾蛟深委信之……厚给其糈"；[6]"腾蛟复恩遇过厚，至令（郝）永忠等之敬爱反逾旧人"，"遂甘心俯首焉"。[7]何腾蛟也曾对郝说过："将军于我师生谊最厚"，并声称："吾荐拔将帅至五等多矣，能为我效一臂者，郝南安（按：郝摇旗封南安伯）一人而已"，[8]刘国昌等亦与李过"不协"而愿"随胤锡"。上述种种，也是李自成"周密安排"的吗？按"禅隐说"者的说法，李自成"设疑代毙"后就在李过军中"随军"指挥，后来见大势已去，才跑到夹山当了和尚。然而事实恰恰是在奉天玉到夹山（顺治九年）以前，大顺军涣散得最厉害，到了据说李自成已心灰意

---

[1]《永历实录》卷7，参见同治《湖南通志·武备志》及湘黔边各州县方志。
[2]《岭表纪年》卷2。
[3] 同上，卷3。
[4]《永历实录》卷13。
[5] 同上，卷9。
[6] 同上，卷15。
[7]《岭表纪年》卷1。
[8]《永历实录》卷11。

冷地遁入空门后，在夔东的大顺军（"夔东十三家"并非都是大顺军，大顺军各余部也并非都到了夔东）诸部反而建立了相对密切的协作关系。总不能说李自成是破坏大顺军团结的罪魁吧！

三、实证，虚证与伪证

顺治二年，在千里穷追的满洲八旗骑兵的毁灭性打击下，大顺军的指挥中枢惨遭覆灭，李自成的妻妾叔父等"皇亲国戚"，刘宗敏、牛金星、宋献策等最重要的文武将相，死的死，俘的俘，降的降，溃散的各支大顺军余部纷纷向清、南明双方投降。从他们那里，明清双方都得到了李自成的死讯。虽然在一些细节上有出入，但李自成是兵败后在从者零落的情况下死于九宫山"乡民"之手这些主要点，却是"众口同词"的。当时明清双方确实都有人表示怀疑，但这种怀疑很快烟消云散。这不仅因为清方找到了杀害李自成的"乡民"程九百等人，从而证实了来降大顺军将士的报告，更因为以后的事实表明大顺军确已群龙无首，"散而不复聚"了。只要对这段历史的全局有比较深入的了解，就不能不承认"九宫山说"的说服力。

然而"禅隐说"者却硬要以百余年后一个迂腐官僚的所谓"合乎情理的判断"来否定这一切。穆文把大顺军将士、九宫山民这些直接当事人的报告，阿济格、何腾蛟等明清双方负责追堵李自成的大员的奏报，大量当时当地当事人的记载和源于这些记载的文献，九宫山区留传至今的遗物（如"永昌"年号双龙首鎏金马镫等）与口碑、谱牒等，一概断为"以讹传讹的道听途说"，"全部证据都是虚证"，理由只是"当局没有见过首级"。好像百年后的何璘倒是"见过首级"似的。其实，即使当时当局见过了首级，"督宪军门佟不认识李自成，何以知道所剖之首是李自成？"看来，只要"当局"不认识李自成，他的生死便永无查明之可能，只好留待百年后的何璘去判断。这种"质疑"究竟有几分说服力！？

李自成的"首级"问题，阿济格与何腾蛟当时都做过解释，近来的许多文章也已对此进行了说明。这里只想指出，"当局"固然不认识李自成，来降的大顺军将士却是认识他的。他们"众口同词"的"指视"难道仅仅是什么"虚证"吗？程九百等的报告与他们的"指视"互相印证，又有李自成"御用"诸物为凭，难道也是什么"虚证"吗？除非如某些人所臆想的那样，他们是按李自成的"周密部署"在实行"设疑代毙"之计，可是那样一来也就不是"虚证"而是不折不扣的"伪证"了。如今穆君自己也承认它"固然不同于伪证"，却又说它"不可信"。既不可信，却又可作下结论时的"参考"。看来，连穆君自己也被他的逻辑弄糊涂了。

九宫山说最初作为当事人报告的时候，就有些细节上的不一致，后来它作为公认的说法广泛流传两百年，在流传过程中又不免有所失真。"禅隐说"者对此不进行任何分析，就讥为"漏洞百出"。其实，他们自己的文章，从何璘到熊越群、石珍、韩长耕乃至穆长青同志，彼此抵牾的地方还少吗？只是我们从不认为，仅仅抓住这一点就可以驳倒"禅隐说"罢了。事实上，九宫山说诸文献中的所谓歧异处，大部分是可以解释的，有的则根本算不上什么歧异（如"乡民""乡兵"与"寨勇"，"陈九伯"与"程九百"等）。张国光等同志对此已做了分析。总之，"九宫山说"有关文献的主要内容如上所言是各书基本一致的，其歧异之处或反映了它在广泛流传中的演变（如"九宫山"讹为"八功山""罗公山"，"通山"讹为"通城"，"程九百"讹为"陈九伯"等），或反映了作者的不同地位（如阿济格强调清军的穷追，《宗谱》渲染程九百的勇悍等），并不妨碍基本内容之可信。

对九宫山说的其他诘难，也同样经不起批驳。如穆文说程九百杀了自成何以仅得"府经略"（应为"经历"）这一小职？这是不了解当时的仕进制度与赏功制度。清初几十年战争俘杀敌方帝王将相不可胜记，统兵大员因此得蒙封赏升迁的亦不可胜记，但有哪个小卒、"白丁"以阵前之功骤成大员的？程九百以一个毫无"功名"可言的僻邑山民骤成颇有实权的正八品文官，还不算"殊赏"吗？还有人在个别文物（如《弋闯志》、闯王墓碑等）的真伪问题上做文章，姑不论如《弋闯志》等是否为伪，即令其伪，九宫山说照样是不可动摇的。因为这一说法是以大量当时、当地、当事人的记载为基础并得到当时历史全局的宏观印证的，并不是哪一个石匮秘籍中挖掘出来的奇闻轶事。以个别文、物之真伪来否定九宫山说，就如以《江南春梦庵笔记》等伪书及伪玺、伪"圣钞"来否认太平天国的存在是不可能的一样。

穆君把夹山诸遗物视为"实证"，这我赞同。但如果真正尊重这些"实证"的话，那就应该说它恰恰证明了禅隐夹山说之不可信。

九宫山之役后第八年即"顺治九年"（从何璘到穆长青同志，对夹山诸碑"实证"了的这一年份似颇忌讳，他们总是说"顺治初"，如此则奉天玉来寺与李自成"失踪"的时间"大体一致"），一位法号奉天字明玉的游方僧以"一盂一笠"从"西蜀""独窜"来夹山，对这座"楚南名刹"发生了兴趣，有感于"祖庭之芜没"，遂思"中兴祖山"。然而"此浩大工程，非区区瓶钵所可办"，好在他夤缘有术，奔走于清石门知县魏绍芳、继任知县邵元玺、九溪卫指挥袁䦆等官僚乃至"阖邑绅衿"之间（可见他并非如何璘所言"匿迹方恐不深"），大受赏识，遂于是年六月"受石邑魏侯（即魏绍芳）请书，领徒开山"。这个魏知县大力撑腰，"捐俸而给牛种，并赎取附近田亩为常住供众之本"，次年继任知县邵元玺更与奉天玉打得火热，又为夹山"置八都五甲田"，还专为奉天玉个人建了一所"福田庵"。在官府倡导下，"阖邑绅衿"也大慷其慨，"杨君道义昆仲、丁君朝伦等解囊勷事，而庙貌一新，孔长史薙草开林、蔡安西崇基表刹"，后来又有张霖（三藩乱后首任知县）、袁䦆等官僚支持，澧州庠生熊伯生等一批绅衿捐助，添置了伽兰庄、乌龙庄、韦驮庄等大量田产，修建了"长生苑"等寺院园林。明清时代的寺田都要承担粮差，但石门官府却加惠于夹山寺，"免其租徭"。在官府庇护下，夹山寺很快成了雄霸一方的地主，[1]"秋季众佃交纳"租谷。夹山寺僧倚官仗势，"经常和居民闹事"，兼并土地，"至今还可以看到记载他们与当地乡人纠葛纷争的界约碑文"。[2]

---

[1] 以上引文均见康熙、道光二碑，刘瑄《塔铭》与严首升《夹山记》。
[2] 1981年7月22日《湖南日报》三版。

正是由于官府支持，"独窜"而来的奉天玉到顺治末已有徒"六十人"，[1] 奉天玉于康熙十三年死时，夹山已"二十年丛林大举，门弟子数千众"。[2] 此亦可见夹山僧众是二十余年间逐渐增多的。作为湖南佛教三大名山之一的夹山，历史上曾不止一次地出现这样的盛况，穆文所说"深山老林之中怎么会于清初一下子出现数千名和尚，除起义军残存兵将隐化外，显然别无他径"。"一下子"之说语出何据？大寺名刹不会建在通衢闹市。

除了交结官府外，奉天玉还与湘北绅衿中的一些明遗老有密切交往，夹山僧众中不乏此类人物。如为其作塔铭的刘瑄系崇祯进士，官检讨，"国变（指大顺军入京），破指血与弟书……入岳为僧"。[3] 严首升，华容岁贡，诗文蜚声一时，入清后"僧服行遁，以遗老终"，[4] 奉天玉曾"不远五百里"，到华容县拜访他，他对奉也十分仰慕，声称"予将与师（奉天玉）隐投老夹山焉"。他还记载说："予友旧为华令者，一日掷版出家，归依兹山"，可见夹山僧徒中还有个前华容知县。清初遗民逃禅之风很盛，而只要他们不从事反清活动，清政府对之是优容甚至鼓励的，如钱澄之、金堡、钱邦芑、郑逢元等都是。他们遗民身份公开，且常为清方大员之座上宾。但对"流贼"禅隐则是另一回事了。事实上这些遗民对"流贼"之仇恨远胜于对清，刘瑄就是一例，严首升亦然。奉天玉拜访严时，曾请严作了一篇《夹山记》，其中有云："释氏云：苦行莫如力田，则僧家南州高士乎！且未得为得，永断精进，诸经所戒，以为邪妄，譬如乱贼才上尊号，旋破灭也。"[5] 后一句明显是骂李自成的，假如奉天玉就是李自成，他能请严作此记吗？严又怎么会投到他门下呢？

康熙十三年春，"吴三桂陷澧，十余万众屯澧城内外……依山据壕，

---

[1] 严首升：《夹山记》。

[2] 刘瑄：《塔铭》。

[3] 民国《澧县志》卷6。

[4] 邓之诚：《清诗纪事初编》卷2。

[5] 嘉庆《石门县志》卷49。

纵兵劫掠，山村湖垸游哨殆遍，所遇男女累系载路，居民挟小舟避难芦汀沙洲者溺死无数……步骑四出，沿乡劫掠，炮烙杀虏"。[1] 坐落在澧州至石门大道旁的夹山寺也遭了"回禄"之灾，年已古稀的奉天玉为避"戎马"兵燹而离夹山，在"星落雨泪"的窘境中病倒了，门徒把他"迎回祖庭"，不久就溘然长逝。塔铭中"八九益一，顿入圣神"即指此，"八九"即七十二，"益一"则为七十三，可见奉天玉享年为七十三岁。而李自成一般公认为生于万历丙午，至康熙甲寅应该是六十八岁。本来仅此一点已足可"实证"其非李自成，不料"禅隐说"者却来个四舍五入，说他们都"约年七十"，于是年龄自然"吻合"。

奉天玉死时，他"中兴"起来的夹山祖庭已毁于兵火，其境遇颇为凄凉。两年后吴三桂对澧州的控制暂趋稳定，已臣服于吴周的刘瑄才为他"补之为铭"。又五年后三藩之乱平定，重新控制澧州的清朝当局又大力扶持奉天玉的法嗣怡嵩等"大兴土木，极力重修"夹山寺，知县张霖为此出了大力。此后夹山寺继续在官府卵翼下"雄峙西南"，而奉天玉的四个徒弟"继序相承"，都与官府关系密切。康熙四十四年，这四人及其法嗣（亦即奉天玉之徒孙）与知县黄清以及九溪卫教授、教谕、训导、典史等官吏和一大批"耆德"联名立碑，"一以表众侯（指从魏绍芳到张霖的几任知县）垂久之德，一以继师资（指奉天玉）重兴之功"。这两句话可以说鲜明地反映了夹山寺与官府、奉天玉与当地官僚缙绅之间沆瀣一气的关系。必须指出，魏绍芳、邵元玺、张霖在石门历代知县中以精明干练知名，后来均因政绩"卓著"上了州县方志的"名宦"志，并非糊涂虫。

总之，在清初百年间，奉天玉一直受统治者的尊敬。也没有任何迹象表明当时在民间存在着如今被视为"禅隐说"证据的那些传说。直到清中叶，石门人才被一位从未任职于本县的宛平籍官僚告知：奉天玉就是李自成！

---

[1] 民国《澧县志》卷3。

据何璘说,他是从"孙教授"处得知"禅隐说"的。"孙教授"所云何据今已不可考,我们知道的是何璘闻说后到夹山调查时,"遍问寺僧,对不甚详"。看来何璘也不认为这些"流贼"徒子们在坚守革命机密,而相信他们都"不与闻"。不过这并未难倒聪明的州官,他仅从一幅"状貌狰狞"的画像和野拂碑上"和尚不知何氏子"一句(当时他所见之碑是完整的,故"况值戎马星落雨泪天"之句,究何所指,亦比今之残碑容易明白,所以连善于附会的州官也不认为它于"禅隐说"有何价值。另外当时也没有今天的"战斗里百炼成钢"一类概念,故"百炼精金"一词也未使他发生穆君那样的联想),牵强附会,构思出了个"设疑代毙"的完整故事。不过他内心深处果真坚信这个故事吗?从他事后作的诗"寺宇有兴废,传闻多是非"[1]来看,恐怕未必。

当时石门人究竟有几个相信这耸人听闻的故事实在难说。知县梁尚秉就认为这不过是"野外传奇",他的《拟游夹山寺》诗云:"李贼纵横与祸随,死无葬处不须疑,金蛇遁去还诛冢,铁骑飞来更赦谁?"[2]其立场反动自不待言,但却反映了"禅隐说"的缺少说服力。嘉庆、同治两修《石门县志》,在作为本县历史的纪事志与专收奇闻轶事的杂记志中都没有"禅隐说"的地位,只是把它作为文学作品放进了艺文志中,这与《通山县志》关于九宫山说的记载形成了对比。不过"官大一级压死人",知州既已确定"无疑"的事,知县纵有疑也得附和,于是奉天玉牌坊被扑碎,名号被铲除,甚至"欲暴其骸解官",大概"当事者"也觉得太无聊了,故"未果"。不过这么一折腾,奉天玉即李自成的传说在石门也就以讹传讹,以至于今。而且愈传愈奇,屡有创新。何璘当年的"设疑代毙"说,只是说李自成借此"脱身"而已,并未说他还"幕后指挥"了余部的"二十年抗清战争"。因为从他的文章看,他的晚明史知识并不比钦定《明史》超出多少,大顺军各余部与九宫山民"众口同词"地证明李自成

---

[1]《游夹山寺》,嘉庆《石门县志》卷49。
[2] 同上。

已死的各种材料他是没见到的。而今天的"禅隐说"者既然见到了这些，当然须有所解释，而除了"幕后指挥"外，实在也没有别的解释办法。到了穆长青、刘世善等同志那里，我们又看到了一幅更为壮观的画面：李自成率领"数千""百炼精金"的农民军来到夹山，"杀绝"了灵泉寺"原来的和尚"，自称"奉天主"，坚持"奉天行道"的大业，甚至大庸、慈利等地也遍布他们的军事据点（据说即五雷山、洛浦寺等），而清军亦为之"数度入山搜剿"……在如此刀光剑影之中占山为王的"李自成"还能算是"禅隐"吗？石门县究竟是清朝的天下还是大顺的江山？魏绍芳等清初几十年间历任知县究竟是清朝官吏还是"流贼头目"？

四、恢复历史考据学的科学性

考据学有其科学性，我国的考据学有悠久的传统。旧史学的不少考据大师不论有多大的局限性，他们在大量占有资料的基础上运用形式逻辑进行严密的推理论证以辨明事实的方法还是有科学意义的。然而从何璘开始的"禅隐说"完全抛弃了这个传统，我们可以摆一摆他们的论证方法：

夹山是"深山老林""人迹罕至"，为什么竟然"一下子出现了数千和尚"？可见是大顺军无疑。但是，夹山寺离城不过二十里，离澧州城也不过五十里，且位于当地最重要的交通大道和澧水旁，怎么是"深山老林"呢？不要紧，"夹山地区处于澧阳平原"，"有江湖交通之便"，最适宜李自成"暂时蛰伏，以图再起"了！

九宫山说诸文献"众口同词"，基本内容一致吗？这"恰恰说明是事先约定，是一种政治策略"。但若众口异词，细节有所不同，则又是"互相矛盾"，"漏洞百出"。总之或同或异，横竖都有话可说。

九宫山地区自清初以来流传着不少关于李闯之死的传说，它们大都可与文献相印证。但在"禅隐说"者来看，这正证明这些传说有"官方色彩"，不可信。（至于石门的那些清中叶后才出现的传说与何璘等"官方"的话相似，却不被认为有什么"色彩"之嫌，反而能证明何璘所说"并非虚语"。）但若传说与文献不尽相同，又是九宫山说"漏洞百出"的证据之一了。

李自成称过奉天倡义大元帅，所以"奉天玉"便"隐寓"着李自成。但此说很快遭驳，盖因"奉天承运""奉天讨胡"之类词在历史上比比皆是，非李自成所专有。然而到了穆文中，这个驳论却反而又成了李自成即奉天玉的证据，据说正因为非李自成专有，所以李自成用以"隐寓自己是精妙而又安全的"！

穆文说，李自成南撤时曾"在武昌召开了一次重要的军事政治会议，会上密商了下一步的军事部署与政治策略。关于这一段史实，各史所载略同"。既然各史有载，略举一例如何？当然，穆君是一条也举不出来的。不过这"正好说明武昌以下的一段较量，李自成的部署秘密、奇特……史家无法收集到完备的资料"，然而，尽管没有任何一点资料，"但有一点是清楚的，即武昌会议是一次绝密的应变决策会议，对此决策后来只不过随着形势的变化而小有修改罢了……很可能，'设疑代毙'的策略是在武昌就决定下来或构思出来了"！

类似这种左右逢源、纵横捭阖、怎说怎有理的"考据"，在"禅隐说"的文章中还有。这有什么逻辑可言呢？在他们笔下，"李自成"忽而是"深居简出，鲜与世通"，忽而是四出活动，图谋大举，忽而又占山为王，杀气腾腾，而这一切全然不需要什么根据。大顺军余部的一举一动，都被遐想为李自成所为：忠贞营驻在草坪，李自成就在其中"随军指挥"，忠武营兵败澧州，李自成就"混迹其间"。全然不顾忠贞、忠武是两股道上跑的车，走的不是一条路。穆文在这方面最为典型，由碑上一处泐缺联想到了"补之"，从而又联想到李过、野拂；由《梅花诗》雕版为"梨木"联想到"李某"、李自成。夹山寺如有什么樟木、柳木或松木的东西，他当还会想到"张某""刘某"与"宋某"，从而认为张献忠、刘宗敏与宋献策也在夹山隐居哩！

穆君陶醉在漫无边际的遐想之中，左一个"笔者尚敢测估"，右一个"或者……或者……"他是这样论证"野拂即李过"的："很可能高夫人和高一功前面死了，李自成死时身边就只有李过这个侄儿……或者激战中失散后隔了几年李过才密访到李自成隐居夹山为僧的下落，故来聚会。或者李自成上夹山前曾令李过联络部众，间接传达联明抗清的密意，争取在湖广一带扭转战局。或者派他联系高夫人与高一功等嫡亲。在这一切都绝望之后，李过才于顺治六年之后的某一年来夹山与李自成聚会和复命。"仿佛这七年间各史籍关于李过、高一功及高氏的大量记载都不存在似的！还有"'指中兴□□'，可能是'指中兴夹山'，'指中兴福地'，也可能是'指中兴有望'，'指中兴在望'。如是前二者，则'中兴'指地名（夹山隶属于中兴），如是后二者，则'中兴'指事业的复兴，或指高夫人'淑赞中兴'的大本营，意思明显到不言而喻。或则兼指地方'中兴'与事业'中兴'，正好一语双关"。不知穆君从何得知"中兴"是"地名"，而且夹山还"隶属于"它？！更有甚者，穆君有时干脆不用"或者""可能"，径直把自己想象中的东西冠以"史料证明"字样，如"新旧资料中……云奉天玉来寺系由公安奔澧的"，以及前引所谓"各史所载略同"的武昌秘密军事政治会议，等等。至于这"新旧资料"及"各史"究竟何指，那就无可奉告了。相反地，某些史料凿凿可据的事实，却说从未见过。如韩长耕同志的《李自成死地终年问题考》中，已经引用了何腾蛟奏疏中李自成死后"一时贼党闻之，满营聚哭"，"郝摇旗现在臣标，时时道臣逆闯之死状"等语，然后文却煞有介事地质疑曰：李自成既死，为何"从不见大顺军任何一部、一营举哀"？为何"从无一人提及李自成的死事"？！

"禅隐说"者为了寻找根据，还任意歪曲夹山附近地区的政治历史地理形势。大顺军只是在崇祯十六年三至九月间一度据有澧州，而守将还是半独立的马守应（后期才换了王文耀），然而在"禅隐说"者那里，澧州却被说成大顺军"经营多年"的"老根据地"。石门县在明清两代一直与内地其他州县一样是流官统治，清朝从顺治四年起就遣官治理（前述魏绍芳等人即为例子），还在石门与澧州经常驻有可观的兵力，[1] 石门附近

---

[1]《澧州志林·武备志》。

的四大土司（永顺、保靖、桑植、容美）也都在顺治四年降清并屡与过境大顺军余部作对。然而"禅隐说"者不知道凭什么硬说石门直到雍正改土归流时仍是"土司管辖"，是"清朝势力尚未到达"的"真空地带"，而这些土司又都归顺大顺军，因此李自成在此可以"长住久安"云云。"禅隐说"者大部分是湖南同志，不少还是石门、澧州人，说出这种话来，实在令人难以理解。

"禅隐说"者不愿费力去探索明清之际大顺军战史的全过程及其背景，以致连大顺军南撤时兵分两路，李自成与李过等并未会合这样的基本事实都未弄清（韩长耕同志只是在看到驳文后才修改了自己的若干说法以弥缝，而穆长青等同志至今仍停留在韩长耕等弥缝以前的水平上），又不愿正视夹山遗迹所"实证"了的奉天玉的本来面目，却把全部精力用来搜罗奉天玉的种种"奇怪"之处，并对此加以随心所欲的"破译"。然而明清之际逃禅风盛，天下怪僧正多，奉天玉的"奇怪"与他是否李自成有何相干？其实只要稍加分析，就会发现许多他们以为奇怪之处，实在一点不怪。例如：

传为奉天玉所作的《梅花百韵》，有"胭脂梅""东阁梅""马上梅"等题，据说"不像真正和尚所写"，因为"'胭脂'二字素为僧家所避忌。'马上'有杀气之嫌，'东阁'有富贵之嫌，均为僧家所忌讳"。其实和尚虽戒色戒杀戒图富贵，却不等于对有关的"字"都要像避皇帝名讳一样禁用。《梅花百韵》（或名《梅花百咏》）这个题材自宋代李祺以来作者已有十余人，其中最著名的就是元代高僧中峰明本的《梅花百咏》。今夹山梅花诗残版存目共七首，其中四首即胭脂梅、西湖梅、东阁梅、竹梅是用中峰禅师原题原韵。"马上梅"虽为中峰所无，然而中峰本亦颇有几首"有杀气"的，如《柳营梅》："花寨穿杨月挂弓，霜飞玉帐带春风，绿阴止渴将军老，灞上应魁百战功。"可见夹山梅花诗完全是一部仿中峰体的作品，不过仿得比较拙劣罢了。中峰作为元明有影响的寺院诗人，明代朱权、文徵明、王夫之，清人张吴曼以及《四库提要》对其作品都有评价，但从没有说它"不像和尚所作"的。明清不少僧人因慕中峰文名，多有仿作,清初名僧百痴曾对此揶揄道:中峰诗"气概不伦凡卉。若夫梅花百咏,特其余技耳。比见丛林学者,各抄袭一册,以为腰囊至宝,将谓幻住老祖面目全在于是。吾恐常寂光中,必莞尔笑曰:此等瞎阿师,亦太辜负予也"。[1] 这个评价用于夹山梅花诗,可谓得体。

有的同志还对夹山碑铭中称奉天玉为"奉天老人"感到"很奇怪",对"中兴"二字也觉得不可思议,穆文甚至从"示微疾,迎回祖庭"一语中发现了几千农民军"杀绝"了夹山原来的和尚这么一桩骇人的事件!其实,以上数语都是佛典中极常见的套话,兹举几例:《不磷坚语录》卷中有"嵩山慧老人(按指野竹慧)赞"一篇;《知空蕴语录·古风然序》有"公素慕天童法脉,惜不曾亲见悟老人为言";《破山明年谱·施博序》:"近得天童密老人单拈白棒,中兴济上";《破山明语录·序》:"天童中兴临济";《云腹智塔铭》:"密云悟和尚崛起东南,中兴济北,即今天下振振,皆其裔也";《见月律师塔铭》称见月体为"中兴南山宗巨子",等等,至于"中兴夹山祖庭"是什么意思,夹山诸碑已说得如此明白,无非是使"几至丘圩"的夹山古刹"废而复兴"而已。至于"示微疾",作为僧人得病的通称,遍见于历代高僧传及塔铭、年谱等,用不着再加解释。

有人说,遍查佛藏,从不见和尚以奉天为法号,这也算"奇怪"之一。其实僧之法号正如人之姓名,雷同者固然有,不同者毕竟是绝大多数。如果这也值得奇怪,那普天之下便无人不奇,有众皆怪了。至于说奉天玉这一法名"与佛教传统格格不入",恐怕未必。佛籍里的"天"字原非仅有"诸天"一种含义,仅笔者所知,法号与"奉天"之义相近者有律宗十世祖承天昭,名与"玉"相同者有圣可玉等,从未有人以他们的名号为奇怪。

有人又对夹山的所谓"《支那撰述》木刻残版"奇怪了一番,说其中"今上皇帝圣躬万岁万岁"与"再愿满朝文武公"等句就是指李自成及其"百炼精金"的臣下。殊不知这些话作为和尚拈香"上堂"时的赞语,

---

[1]《百痴语录》卷24。

几乎遍见于明清各种僧家语录中。例如身历两朝的浙僧百痴的《语录》，卷一至三是明末的，卷四以下是清初的。但每卷开首都有"祝延今上皇帝圣躬万岁万岁万万岁……奉为阖朝文武，郡邑尊官、护法绅衿、在宴勋贵伏愿福禄深于巨海，寿算等乎乔松"一类套语，这是当时佛教托庇于皇权的表现。当然谁也不会去追究这"今上皇帝"与"阖朝文武"是谁的。此外，"支那撰述"也不是什么"书名或篇名"，当时佛经刊行体例，凡中国释子的著作均在其中缝或封面标有此四字，以示其非梵语译经。明清版绝大多数佛教书籍包括《嘉兴藏》在内都是如此。

最后，所有"禅隐说"者，从何璘直到穆长青同志，都在奉天师徒的"律门""宗门"问题上做了不少文章，说是佛教各宗势同水火，何以律宗和尚会带了个禅宗徒弟？其实，"势同水火"之说恐怕太武断了。作为临济宗五山之一的杭州灵隐寺，其寺前石窟造像却"多作密宗佛像"，而且近代最著名的律宗大师弘一（李叔同）就是在此受具足戒，后来还当了住持，在灵隐创办了"南山律学院"。佛教史上确有各宗势同水火的时期，就如更早时有过儒、佛、道三教势同水火时期一样。但到明清时代各宗间的融合已是主流，正如宋元以后"老庄儒释遂并为一谈""三教非歧门户"一样。当时许多禅宗学者都"兼精教学"（禅宗自称宗门，谓异宗为教门，教学即异宗之学也）[1]，"教之与禅，本无二门"，[2]"终南济北，虽各弘宗旨，而尸罗禅那，实互阐度门"，[3]"以临济洞上互相低昂，真可一笑"，[4]这类言论在当时佛教著作中比比皆是。因此当时僧人一生拜几个不同宗的师傅是毫不奇怪的。如释担当先参无住（临济宗）后参湛然（曹洞宗），释性澄先参律宗僧石门尞、后参天台宗僧云梦泽，五峰学一面"振沩仰之宗"，一面又带着临济徒弟正明等。从康熙碑可知，野拂也曾先后拜过几个异宗师傅，这并不值得惊讶。

---

[1]《山晖浣语录》附传。
[2]《佛祖纲目》卷首《释氏护教编后纪》。
[3]《宝华山志》卷1释道忞《见翁大和尚七十寿序》。
[4]《庐山天然禅师语录）卷1。

总之，笔者认为这几年里，主张"禅隐说"的同志们是做了不少工作的，这些工作对于认识何璘炮制的"禅隐说"的本来面目，也是有意义的。然而笔者不赞成他们的学风、他们的方法与方法论。他们不肯下功夫了解一下明清之际大顺军的基本史实，对涉及乡土史地、佛教典籍等的一系列问题也采取了想当然的态度。他们经常批评别人不相信夹山的"实证"，但实际上他们才是不尊重夹山的遗迹。他们批评别人"先入为主"，实际上自己对大量历史事实、对夹山文物勾画出来的奉天玉真面目都采取了"先出为主"的态度。用猜想代替事实，把严肃的历史考据变成了猜谜游戏。而且从"禅隐说"最近的一些文章看，这种倾向还在发展。这倒是个比李自成归宿问题更重要的问题。

原刊于《陕西师范大学学报》，1984年第4期

奉天玉绝非李自成补证

清初石门夹山灵泉寺的中兴祖师奉天玉和尚绝非李自成，夹山出土文物就是最好的证据，笔者前文对此做过论述。近来翻了翻有关资料，觉得这类证据实在是越找越多。兹再举数例作为补充。

一

笔者说过，刘瑄《塔铭》指出奉天玉享年为七十三岁，而李自成如活到那一年，应该是六十八岁。仅此一点，已足证奉天玉非李自成。

现在再来看看他们的出生月份：夹山出土的所谓"《支那撰述》木刻残版"是奉天玉大弟子野拂的作品[1]。其首句为"辛未夏月师诞期……"这证明奉天玉的诞辰在"夏月"，亦即旧历五月。

而李自成的生日是旧历八月二十一日丁巳，这是《绥寇纪略·通城击》、《怀陵流寇始终录》卷七、《鹿樵纪闻》卷下以及其他一些史籍所一致记载的。试问：出生于万历三十四年八月的李自成与出生于万历二十九年五月的奉天玉，怎么可能是一个人呢？

二

大顺政权从定鼎长安时起，就与历代王朝一样实行了严格的避讳制度，康熙《延绥镇志》卷五说：李自成在西安"颁讳法于天下。曾祖世辅，讳世为卉，辅为辐。祖海，讳为楳。父守忠，讳守为宭，忠为衷。自为

---

[1] 笔者已指出"支那撰述"绝非书名、篇名。按残版首行有"野拂禅师□□"数字隐约可辨，笔者以为当是书名《野拂禅师语录》。

眘，成为戍"。《平寇志》卷九称：大顺"禁民间用自、成字"。卷十又说，大顺军进京后，"颁示自成先世祖讳，禁用自、务、明、光、安、定、成等字。"《鹿樵纪闻》卷下亦谓：李自成"禁用十字，若忠为中，成为丞之类"。《怀陵流寇始终录》卷十八记曰："伪礼部示闯贼先世祖讳，如自、印、务、光、安、定、成等字悉避。"当时，大顺方面对这些规定是严格遵守的。如"防御使武愫至徐（州）张示，谓'自'为'字'，'成'为'丞'。避李自成讳也"。[1] 明方得到的一份塘报也说大顺"委礼部造印，方印粗文，光字改广字，成改呈，务改务，自改字，明改名等情，大变是也"。[2] 甚至连北京的大明门、大顺政权中的六政府司务一职，均因"明""务"二字犯讳而改名。

然而，夹山出土的据说是奉天玉、野拂所作的各种碑版，却完全不管这一套。《梅花百韵》残版有"梅性虽多本自同""世辈安知放鹤翁"二句，出现了三个讳字。固然李自成本人不必讳自成二字，但先世的祖讳他是应该避的。"安""世"二字显然犯了讳。尤其是那个被认为是李过、奉侍"李自成"最为忠谨的野拂，他留下的《野拂残碑》与所谓"《支那撰述》残版"总共只残存百余字，犯讳就达四处之多："虽自草创初成""明圆润近所罕闻""善知识眼如电光"等是。必须指出，在那个时代，不仅要讳君名（即所谓"圣讳"），而且要讳父、祖名（即所谓"家讳"）。犯讳是不忠不孝的"大不敬"行为。李过为守忠孙，且一向父事自成，即使不考虑君臣之礼，仅作为李家子孙而言，他这样肆无忌惮地犯讳也是不能想象的。

"禅隐说"者一向以"掩饰之词"为理由，无视夹山文物中大量不利于其说之处。然而用这个理由解释文物中没有出现眘、戍之类的大顺专用字容或说得过去，解释上述严重的犯讳现象却是不行的。因为上述行

---

[1] 李清：《三垣笔记》卷下。
[2] 上海图书馆藏《张世仪禀报》档案原件，见《甲申纪事（外三种）》，中华书局1959年铅印本，第27页。

文中的犯讳字完全可以很自然地避开，丝毫不影响文章的流畅，也不会引起任何怀疑。怎么可以设想，夹山"大顺军余部"一面尊"李自成"为"奉天王"，甚至毫不"掩饰"地公然称之为"今上皇帝圣躬万岁"，并在书写中抬高一格以示尊崇，另一方面却极为不恭地直书"自""成"等字，视圣讳、家讳如无物呢？

三

一些同志把所谓"《支那撰述》残版"中"今上皇帝圣躬万岁"与"满朝文武"等字视为至宝，笔者在前文中已指出这不过是明清僧家语录中极常见的套话，没有任何值得奇怪之处。但他们可能还会说，用套话来歌颂李自成"正是精妙而又安全的"呀！因此，这里再指出一点：在"今上皇帝"云云前面还有"辛未夏月师诞期"一行，辛未即康熙三十年，残文撰成绝不会在此之前。而奉天玉早在康熙十三年就去世了（见《塔铭》），即使他就是大顺皇帝李自成，这时也早成了"先帝"或"大行皇帝"了，绝不可能在死后十多年还被称为"今上皇帝"，这是再明白不过的事。

那么辛未年的"今上"是谁？当然非康熙莫属。对这位"今上"山呼万岁并为他与他的"满朝文武"拈香祝愿的人，难道能与李自成相容吗？

四

《梅花百韵》是"禅隐说"者言必称道的另一个发现。笔者已指出它不过是个三流"丛林学者"仿中峰明本等人之作，毫无新奇可言。如果有人仍坚持认为"陇羌性鲁""天使行边"二句就说明了作者是陇羌人，因而是李自成，那么"西湖梅""孤山远箭""美如西泠采莲人"，这类带有浙江味的句子不是比带"陇羌"味的更多吗？何以不说奉天玉是杭州人呢？

其实，这些诗如果真系奉天玉所作（这一点目前并没有什么证据），倒是证明了他与李自成毫不相干。我们知道，李自成并没有儿子，而诗中却说："梅妻鹤子日和偕。""禅隐说"者常用李自成生活朴素之说来抨击九宫山说关于"龙衣金印"的记载，但又居然认为"金鞍玉镫马如龙，来去风花雪月中"这种腐朽不堪的画面是李自成生活的写照，这怎么说得通呢？其实，任何人都不难发现，夹山梅花诗不仅艺术水平低下，思想境界更俗不可耐，章太炎说是"无草泽粗犷之气"倒是实话。它的作者绝不可能是农民英雄李自成。

五

"物以类聚，人以群分"。奉天玉究为何许人，看看他的交际范围即可知大概。据夹山文字遗存可知，与奉天玉交往较深者，首推清初历任石门知县，其次有明朝遗老刘瑄等，这已为众所周知。

此外，今可考的奉天玉知交尚有严首升。首升字平子，华容人，明季岁贡（一曰诸生），为湘北名士，诗文蜚声一时，"自谓古文则惟左史内外传，非我所及耳。出入班马，俯视唐宋。"然而这样一个恃才傲世的人却对奉天玉十分尊敬，他曾应奉天玉之请，作《夹山记》一篇，收入《瀨园诗文集》与嘉庆《石门县志·艺文志》内，是除夹山诸碑外，史籍中迄今所知唯一一篇与奉天玉有关的当事人记载。内称：

> 百年来天下梵刹竞盛，多住大山乔岳，往来名公巨卿，借富商大贾为檀越。独某师安住石门郡，人迹稀阔，建场其中。而予友旧为华[容县]令者，一日掷版出家，归依兹山……适某不远五百里，一盂一笠来瀨园，属予为纪。予色然如入欢喜地。曰：此同心之言也！……（夹山寺）明三百年钟鼓不替，丁乱灰烬，赖兹兴复。众六十人甘苦与共，皆令力耕自食。释氏云：苦行莫如力田，则僧家南州高士乎！且未得为得，永断精进，诸经所戒，以为邪妄。譬如乱贼才上尊号，旋破灭也……师之督众峰壑自怡，则古所谓隐者也……今予等老矣，予将与师隐投老夹山焉，其容我同心欤！……

这里所谓"某师"，虽隐去了姓名，但一望可知他就是托盂南来、兴复夹山的奉天玉。他曾到华容拜访严首升。而严则一见倾心，以"师"事之，且于文中再三引为"同心"，甚至表示要投到其门下，与之终老夹山。其中感情，跃然纸上，可谓肝胆相照了。

把严首升的《濑园诗文集》与夹山文物放在一起，不难发现刘瑄、奉天玉与严首升三人之间关系非同寻常：刘瑄为奉天玉作铭，奉天玉请严首升作记，而严首升又为刘瑄的文集作序（这就是《濑园诗文集》中的《刘它山文稿序》）。他们三人都是"国变"后"遁世"的。刘瑄在大顺军攻克北京时"破指血与弟书，托终养父，没入岳为僧"。[1] 而严首升则在大顺军占领华容，李自成所委县令致书招抚之时，写下了恶毒谩骂农民军的《答伪令江一洪书》，而后"僧服行遁"。此文因其极端仇视农民军的凛凛"正气"而颇为有名，被收入省府县方志的艺文志以及《湖南文征》之中。《濑园诗文集》的其他文章中这种敌视"流贼"的情绪随处可见。就在《夹山记》中，他还对"乱贼才上尊号，旋破灭也"大加诟斥。入清后，严、刘皆为怀念故国、不附新朝，但又不愿投身于抗清斗争的遗老隐士，与那个素为清朝历任县令及"阖邑绅衿"所钦的奉天玉一样，在清统治下过着虽不得志，然而却是受保护受尊敬的生活。他们可能会从民族意识出发对坚持抗清的农民军表示一定的同情，但决不会"同心的"。须知坚决抗清派如瞿式耜、何腾蛟也仍然目大顺军余部为"贼孽"，王夫之对救了自己命的高一功等还要诋为"国仇"呢！南明抗清派与农民军之间策略性的联盟关系尚不能"同心"，置身于抗清斗争之外的严、刘等人更不用说了。

我们知道，按"禅隐说"的立论，李自成就是因"君父之仇"不能见谅于明，才"设疑代毙""退居幕后"的。如果说他能与前明缙绅（乃至清朝知县）结为"同心"，那还有"禅隐"之必要吗？

《夹山记》还说，夹山僧众中还有严的一位朋友，前明华容知县某。看来他与严、刘一样，也是个于明固有孤臣之誉，于清亦享高士之名的

---

[1]《澧州志林》卷16。

遗老。所谓夹山"数千名百炼精金的农民军将士"之一的真面目,不过如此而已。

六

除了夹山诸碑版与《夹山记》之外,间接与奉天玉有关的文件中最重要的就是慈利《野拂碑》。该碑中"战吴王于桂州,追李闯于澧水"一句尤为关键。"禅隐说"者强解为"战吴三桂于宁夏,随李自成于夹山",其不能成立已见诸家驳文。在反对"禅隐说"者中,有的同志以上述碑文为"讹传",干脆不予置理;笔者则以为讹传成分(如"追李闯"一句)是有的,但并非全为无根之谈。

笔者过去曾撰文认为奉天玉应该是兵败后为僧的南明将领李占春,"战吴王于桂州"是指顺治五年李占春平定"朱容藩('伪吴王')之乱"的夔州之役。[1]但近来翻阅康熙《黄州府志》,在"职官"与"宦绩"项下都记载了李占春降清后任黄州副总兵并死于任上。据此看来,笔者原先的考证还是有疑问的。固然如前文所考,清初文献记载李占春降清和为僧的记载很多,且史源直接而多样,并且记载其先降清而后遁去为僧的材料远多于说他先为僧后降清者,尤其是他的义兄与亲密战友、一同降清的当事人于大海当时给清廷的报告,更是直接详述其降清后又遁去为僧的第一手档案,其可靠性毋庸置疑。

不过我们知道,地方志,尤其是去时未久的地方志记载本地文武官员任职出错的可能性也不大。所以康熙《黄州府志》关于李占春降清后去世的叙述也不能轻易否定。尽管从目前证据看,证明李占春是奉天玉的依据远比证明"李自成是奉天玉"的依据为多且可靠,而否证李占春是奉天玉的资料则比否证"李自成是奉天玉"的少得多,但笔者既然反对"瞎猜"而主张历史考证的严谨性,就不能排除另一种可能——即李占春也许曾两度降清:第一次诚如于大海所报告,降清后很快就逃走禅隐

---

[1] 见本书所收《"奉天玉和尚"之谜》一文。

去了，但是可能清廷确实重视他，在于大海报告后又设法找到了他，迫使他最终还是接受了清职，并如地方志所言死于任上。

尽管这一可能出于推理，没有任何史料直接这样说，但是在逻辑上只有这样推理，档案与方志的记载才都能成立。如果按此假设，奉天玉就不是李占春了，当然，这不会影响他更不可能是李自成。那么他到底是谁？上述碑文就可以提供另一种线索。近来笔者看到几份湘南瑶族世传的《过山榜》文，内有如下记载：

> 崇祯一十二年，吴王传位，红苗作乱劫库，都天藩宪……调动四省兵马，征他不动……桂东汪太爷，大小官员，惶惶无主，急报四省瑶人，总请动数百弩手去朝廷，皆在城守，手拿大弓小箭，射红、白无数。京都连走三人，朱千岁、黄次猴、马老三，桂阳解往兴宁，解往郴州，解往长沙。
>
> 荣宗（？）皇帝征十二年流贼……甲寅乙卯年吴王转位，桂东县汪大爷，又（调）瑶人弩手，把截大岭圳、离塘山、猴子岭……驱贼除寇，扫荡山林。[1]

> 宗［崇］祯王十三年，五［吴］王转位，红头作乱……都天大老爷、蔡宪大老爷、审宪大老爷惊动四省兵马……桂东马老爷、桂阳黄老爷、鄞县龙老爷，大小官员惶惶无计。急报四山瑶总，请动皇瑶弓弩手。
>
> 甲寅、乙卯年吴王转位，桂东县汪太爷又招瑶弩手把截大岭坳……[2]
>
> 甲寅、乙卯年，吴皇崩位，四处寇乱，桂东县江太爷又招瑶弩，

---

[1]《平王卷牒》（广东连县），载《广西瑶族社会历史调查》第八册，第254—255页。
[2]《龙凰牒批》（湖南宜章），《广西瑶族社会历史调查》，第235页。

把截大岭坳，出堂山、猴子岭，征守平乐。[1]

上述材料尽管行文俚俗，时间地点与人名互有出入，不够准确，但考诸《国榷》、台湾影印本《崇祯长编》以及清董之辅、张宏燧修之《桂阳州志》等书，以上事件确是有的。从上述榜文中大致可以看到，明末崇祯年间以桂阳州、桂东县为中心的湘南地区曾发生过一次以"吴王"再世为号召的、规模较大的苗民起义。按吴乃苗族大姓，"吴王"之于苗族，犹如"盘王"之于瑶族，均为其传说中的祖先与英雄。湘黔地区苗民起义以"吴王"作号召在历史上不止一次。因此，所谓"战吴王于桂州"，当即指与苗民起义军战于桂阳州而言，"桂阳州"省去"阳"字，是骈文体所需，不难理解。

果尔，则野拂维这个奉天玉大弟子的身份就不难窥见：他是个统率官军镇压苗民起义的"武夫"，很可能，他就是上述过山榜文中所提到的许多"大老爷"中的一人。野拂如此，物以类聚，奉天玉的政治面貌亦不难想见了。

原刊于《李自成殉难于湖北通山史证》，
武汉大学出版社，1987年版

---

[1]《过山经》（湖南江华），载同上书，第233页。

"后明韩主"乌有说

韩王本钲，系太祖十九子宪王松之后，世封平凉。崇祯十六年，李贼自成陷陕，王被执，间脱。适献贼陷楚，其部将郝永忠者，枭悍，军中望永忠摇旗，辄奋，遂以郝摇旗著名，敌遇之震。及献贼死，摇旗内款，独奉韩王为主。自闽事坏，韩便称尊，改元定武，尝移书桂王，叙长幼不称臣。北抗，保郧西乱山之中，驻房山，自为号令。时来亨驻兴山、归州等处，刘二虎据巫山等处，王壹与其弟行二者据施州卫，声势遥相倚。及孙可望归款安龙，驰秦王令旨，招永忠。永忠答柬，称侍生某，有曰："老侄年来举动，何以至是？"以其傲，多不恭于桂，□为鸣鼓之词也。可望不敢还让。初，李闯下一只虎李过及闯戚高必正等举众南逸，先款韩王，王不能有，乃就桂林兵部尚书堵胤锡稽首受命。

壬寅，定武十六年，北师总督李国英以关中劲旅当房山，而鼓其全力困来亨，房山得完。

癸卯，定武十七年，来亨被围，弃七连，保谭家寨。永忠与二虎合力，从来亨北御，大战四昼夜，北协湖广之师大挫。已而巫山不能守，先败。房山旋败，韩主不终。[1]

以上为查继佐《罪惟录·韩主纪》全文。自《罪惟录》于20世纪初发现以来，史家对这篇《韩主纪》是颇注意的。不少人如1949年前之孟森、陶元珍、朱希祖，1949年后之李光璧等为之著文，加以考证，以为

---

[1]《罪惟录》纪卷22（四部丛刊本）。

这是关于"韩主"之仅见材料。并以韩王及其"定武政权"的存在为前提，推断出南明的大部分时间内存在着所谓"韩、桂矛盾"，"支持桂王的，主要是张献忠旧部，孙可望、刘文秀、李定国等，支持韩王的，是李自成旧部十三家军"，[1]并进而断言明清之际还存在着一个"南明"之外的"后明"国。1949年前后发表的一些专著如李文治《晚明民变》、谢国桢《南明史略》、李光璧《明代史略》、李洵《明清史》等和出版的一些工具书如《辞海》历史分册、荣孟源《中国历史纪年》《中国历史年代简表》（文物出版社）等等，也都收进了"定武""韩王"之类的内容。

但有关"韩王"的考证文章，如孟森《后明韩主》[2]、李光璧《农民起义军在川鄂地区的联明抗清斗争》[3]等等，尽管也搜集了不少资料，但在主要论点上都犯有"循环论证"的毛病，即把有待考证的论点——"后明韩主"的存在当作论据反过来证明它本身，因此说服力是不大的。

抗战期间，陶元珍发表《后明韩主续考》一文[4]。该文引用了八份清初刑部档案文件，其中提到"韩王"的有两件，这就第一次为"韩王"的存在在查继佐的著作之外找到了根据。但是，这几份档案所记彼此矛盾，不仅无法了解"韩王"的来龙去脉，也无法为"定武政权"的存在提供证据。

因此，"韩主"及其"定武政权"之存在与否，不能认为是已解决的问题。这不仅是考订一个"正朔"的问题，而且涉及农民军与南明政权的关系及大顺、大西两支农民军余部的关系，从而也涉及历史上民族征服时期农民起义的特点等一系列问题。孟心史云："治明史者，不能忽为细事"，诚如所言！

实际上，《韩主纪》本身有许多一望即见的错误。如：（1）称郝永忠

---

[1] 李光璧：《农民起义军在川鄂地区的联明抗清斗争》，《中国农民起义论集》，生活·读书·新知三联书店1954年版，第168页。
[2] 见《明清史论著集刊》上册。
[3] 见《中国农民起义论集》。
[4] 见《文史杂志》三卷七、八期合刊。

（摇旗）为"献'贼'部将"；（2）称韩王名为本铉（又作本铉），此条孟先生已考订其误；（3）所谓"巫山不能守，先败，房山旋败，韩主不终"。按房县被攻陷在康熙二年二月，而李来亨在巫、兴地区的根据地直到三年八月方失守；（4）所谓李过等"先款韩王，王不能有"。按高、李部南下时没有经过郧、房一带，绝无"先款"之事（详后），等等。[1]

然而重要的是，除以上这些显而易见的错误外，《韩主纪》还有无可信之处？即究竟李自成余部有无在川鄂地区建立过独立于永历政权之外的其他政权？回答也是否定的。如果说，上述错误尚可以《罪惟录》"殆稿本原未审定故也"为由来解释，那么，根据顺治年间郧、房一带的政治、军事形势，根据郝永忠其人与夔东义军其他领导人的活动情况，根据永历一朝南明政权与大顺军余部的关系及其他许多方面来考察，所谓"后明"的存在是不能成立的。"韩主"及其"定武"政权纯属乌有，这就是它所以"仅见"于《罪惟录》一书之原因。

一、顺治年间郧、房一带之军事政治形势

《韩主纪》云：韩王定武政权于顺治三年建立后，一直"保郧西乱山之中，驻房山，自为号令"。可是，郧、房一带的地方志却不支持这种说法。

据同治《房县志》记载：崇祯十二年，张献忠、罗汝才联军于五月攻克房县，杀知县郝景春，旋即离去。此后明廷派王鳌永筑城守房。当时，房境虽然"寇盗出没，岁无宁日"，但张、李的大股农民军再也没有在此活动过。直到清初，有：

> 顺治元年，郧左骑营部将王斌据老砦，招兵数千，自称明帅。郧镇王光恩讨平之。
>
> 三年……（王）光兴与光泰以众叛，杀郧镇杨及，两日夜至郧。守道刘开文……皆遇害。伪授郧庠生李好生署房县事。七月，命提

---

[1] 参见《清圣祖实录》卷8；《明季南略》卷18；《滟滪囊》卷4诸书。

督孙帅师讨王光泰等，全军覆没。十月，禁旅大人哈哈木率师讨王光泰等，追至房，战于治西大垭山，大破之。光泰等奔蜀。十一月，班师。

五年，都御史赵兆麟委部将罗一能募兵六百戍房，立镇房营，权扎治西羊角寨。

六年，命参将高士清、守备崔士仁等督兵戍房。十一月，贼姚黄等寇房，乘夜劫营，高士清率兵拒战，黎明贼败……

七年，参将高士清……移营治东北擂鼓台。六月，刘二虎夜破羊角寨，县令李成铲死之……

九年，刘二虎复寇房，高士清率官永正等击败之。十月，郝永忠、刘体纯、袁宗第、塔天保等寇房，赵兆麟调高士清守。委房于贼。寨洞俱破，死亡无算。贼遂据房西水田坪为巢。

十年三月，郝贼掠武当山，高士清遣将薛宗臣邀击……贼攻擂鼓台，兵民坚守，三月不克，贼去。戍兵归郧，仅遗民数十家附之。至次年粮尽，始出奔汉北。

康熙元年……秦豫楚蜀官兵十万……会剿。

二年春正月，秦督王一正统率秦豫诸师自竹山入房……与贼战于陈家浦及赤土坡……诸镇凡三十六营驻治西茅坪。复遣轻骑追至邓川峪……乃还。贼踞房凡十二年……三月，贼谋焚磬口粮，潜至羊子山，提督王一正发兵搜捕……都御史王来率守道郎永清入房犒师。十二月，定南将军图海率禁旅抵房，督秦豫诸师入蜀会剿。

三年正月，俘郝永忠等斩之，刘体纯自经死……至八月……来亨自焚死。贼众尽歼。[1]

另外，同治《郧阳志》、乾隆《湖北通志》亦有类似记载。

以上所引说明：第一，郧、房一带虽僻处川陕楚之边，但在当时绝

---

[1] 同治《房县志》卷6《纪事》。

不是政治、军事的真空地带，王光恩、喀喀木、罗一能、高士清及王一正、图海等都进驻过这一带，还设立过"镇房营"等常驻军事机关。在康熙初年对十三家的最后镇压中，这里还是清军主要集结地与后勤供应基地（磐口）。因此，说这里存在着一个"自为号令"而"不为人所知"的历时10余年的"朝廷"，是不可想象的。第二，在顺治六七年以前，无论是《韩主纪》中的韩王拥立者郝永忠或是刘二虎、李来亨等人，都未在郧、房一带活动过。对这后一个事实，李文治先生也认识到了，他解释说：拥戴韩王的不是郝永忠，而是当时在郧、房一带活动的王光兴[1]。因此，有必要把王光兴以至其他活动于这一带的武装的情况进行逐个分析。

1. 王斌起事，时在顺治三年初，《清实录》与《清史稿·本纪》均有记载。这次起义是在"忠贞营"（当时名义上"归"于隆武朝廷）北伐荆州的鼓舞下发生的，为期不到一个月就失败了。镇压起义的王光恩对事情经过有详细奏报。其中说到，王斌有"三千余众，擅扯明帅大字黄旗，于老寨顶上，立中军旗鼓、千把等官"，"遣伊子前往一只虎营中，通好接应，彼此联络"。王斌失败后，所报擒获的只有一个"典史林灿卿"[2]。我们虽然不知道他奉什么"正朔"，但若他们有所拥戴的话，那么其自称就绝不会仅仅是"旗鼓""千把""典史"而已。

这里有个问题，即清朝官方关于"平乱"的所有秘密或公开的文件里都没有提及韩王，有人对此解释说，这是"不欲为敌人宣传"之故[3]。但实际上，看过清初各地文武官员的揭帖、奏疏、塘报的人都知道，这些官僚们与其说是"不欲为敌人作宣传"，不如说是极热衷于为自己作宣传，越是把自己的敌人说成"拥戴伪王""僭号作乱"、俨然敌国，越能抬高自己居功邀赏的身价。正如清人徐鼒所说：

---

[1] 李文治：《晚明民变》，中华书局1948年版，第191页。
[2] 《明清史料》丙编第六本《郧襄总兵王光恩揭帖》。
[3] 《中国农民起义论集》，第170页。

> 明南渡后，宗室诸王事至舛驳不可记……国史载：……擒樊山王朱常𬪩、瑞昌王朱谊泐……斩蜀王朱盛浓、乐安王朱谊石……此类不下百余事，核之世表二十字之次，及遗臣纪述，其国其人，百无一合。其尤甚者：四年十一月，漕督杨某奏擒义王朱㳫，孔有德奏克宝庆、杀鲁王朱鼎兆及永历太子朱尔珠。乌有子虚，不可究诘。盖军士贪俘馘之功，露布沿传伪之字，崑火同焚，泾原孰辨？情事然也。[1]

可见，"不欲为敌人宣传"云云是说不通的。无中尚欲生有，有之安能化为无？

2. 王光兴，这是被认为最有可能拥戴韩王者。但他起兵是在顺治四年四月底，有案可查[2]。当传说中的"定武元年"即顺治三年时，他还是清军将领，在积极镇压反清武装呢！

至于王光兴起兵后的政治倾向，清代档案里也有清楚的记载。王起兵后，马上与驻扎川湖边区的永历政权代表、兵部右侍郎朱容藩取得联系，当时清方探报说：

> 王光泰传令：本（六）月十六日要来襄阳，因四川有贼营安新都堂在郧，本月二十二日到任，故未来襄，郧阳僭称年号永历元年……王二僭称镇武伯。[3]

这年七月，光兴入豫，河南巡抚吴景道塘报说："王三（指光兴之弟光昌）张出告示，上写年号永历元年。"[4]《湖北通志》卷69《武备志·兵

---

[1]《小腆纪传》卷9，中华书局版。
[2]《小腆纪年》是日条。《清实录》系于六月，乃奏报之日，非变起之日也。见《明清史料》甲编第二本《湖广巡按曹叶卜塘报》、丙编第六本《提督孙定辽揭帖》。
[3]《明清史料》甲编第二本《湖广巡按曹叶卜塘报》。
[4] 同上书，丙编第七本《河南巡抚吴景道塘报》。

事三》亦载:"光兴僭用永历年号,自称靖鲁侯,光泰称镇武伯。"可见王氏兄弟从一开始起事就是打着永历旗号的。

顺治四至六年,川东发生"朱容藩之乱",王光兴曾一度投到朱容藩门下。档案载:"王二、王三、姚黄、谭、王(友进)与伪朱经略(按此乃清方对容藩头衔之误称)俱住施、归、建始一带"[1],野史载:"容藩假称楚王世子,天下兵马副元帅,光兴……遂附之,容藩……遂称监国……封拜王光兴、李占春、于大海、杨朝柱、谭宏、谭诣、谭文、杨展、马应试等为侯伯"[2],但当时朱容藩并未另立年号,而且不久,朱容藩失势被杀,王光兴等又归永历,后来永历朝廷并长期派黄炳等人至其军充监军。顺治八年,郑四维向清廷奏报:

> 姚黄各贼与王二、王三等盘踞荆属上游,往来肆逞,出没匪常,屠戮归巴地方。加以伪监军道张公海、黄炳藉永历伪号,鼓[蛊]惑人心,纠合各贼同盟共党……[3]

可见,王光兴不可能成为"韩王"的拥戴者。

3.所谓"姚黄",是明崇祯年间活动于川东北一带的许多小股武装的总称。史称:

> 两贼(指自成、献忠)乱天下……甲戌之入蜀也,见四川山水险阻,不可驰驱,恐官军围而歼焉,遂出白水江复入秦。而汉中府为贼掠者,遂留川东北之山谷间为贼……久之,党遂众。贼首最著者曰摇天动,曰黄龙,蜀谓之摇黄贼。[4]

---

[1] 故宫编:《文献丛编》第13辑《郑四维揭帖》。
[2]《明季南略》卷13(杭州大学图书馆藏钞本)。
[3]《明清史料》丙编第八本《郑四维揭帖》。
[4]《荒书》。

甲申年献忠入川，自成将马科据川北保宁，"奉自成年号。摇黄不能与抗，亦不附从，仍奉大明年号，设险自守"[1]。清兵入川后，"摇黄十三家亦降王应熊"[2]。到顺治四五年时，姚黄诸家中有的已降清，如张显、王高等；有的投靠了明朝官僚李乾德、樊一衡等人，如袁韬等；有的已败死，如小秦王、马超、代天王等[3]；其余如呼九思、景果勒、王友进、白蛟龙、杨秉胤等，在顺治四年朱容藩以永历朝廷代表身份来到夔东时，都纷纷与之联络，接受永历政权的封爵官衔，从事抗清斗争。《荒书》云："朱容藩督于、李、三谭及摇黄呼（九思）、景（果勒）、陈（琳）各家之兵……共屯重庆。"[4]《蜀龟鉴》引李馥荣《滟滪囊》的记载说："（丁亥年）容藩……由常德至夔，自立，号召远近，封争天王袁韬定西伯，行十万呼九思镇西伯。"[5]《蜀难叙略》云："朱容藩招摇黄贼白蛟龙、杨秉胤为护卫。"[6]清军的塘报也称白、杨二人为"朱逆下伪镇"[7]。嘉庆《渠县志》还记载着顺治五年"朱容藩所署县令吴雯龙"与"贼首杨秉胤、白大千、张满车三酋合十数万人"进攻降清的汉奸地主郭荣贵寨堡，并与李国英派来增援的清军马化豹、卢光祖部发生激战的事[8]。

朱容藩失败后，顺治八年，大西农民军卢明臣部进军川东，占领涪、忠等州。"摇黄十三家渐解散"[9]，大部分都分别并入刘文秀、卢明臣部大西军与西山的大顺军中。或有少数独立活动的如"逆贼徐邦定等，倚附滇贼，结联杨、谭等逆，盘踞肆害"[10]，很明显地也是以永历朝为拥戴

---

[1]《客滇述》（《中国内乱外祸历史丛书》本）。
[2]《荒书》。
[3] 分见《滟滪囊》、《蜀龟鉴》、《蜀碧》以及《达县志》卷20等。
[4]《荒书》丁亥十月条。又见《蜀难叙略》（玄览堂丛书本）。
[5]《蜀龟鉴》卷3、卷4（清咸丰刊本）。
[6]《蜀难叙略》。
[7]《明清史料》甲编第三本《李国英塘报》。
[8] 嘉庆《渠县志》卷46《纪事》。
[9]《蜀龟鉴》卷3、卷4（清咸丰刊本）。
[10]《明清史料》丙编第十本《高民瞻揭帖》。

对象的。

以上分析说明，顺治六年以前活动于房县乃至川湖边区的一些反清武装，都不可能成为"定武政权"的拥立者。

二、关于郝永忠与"十三家"

如所周知，郝永忠并不是"献贼部将"，在所谓的"定武"初年也未到过房县。但要证明郝与其他西山大顺军领袖们之不曾"拥立"韩王，还须做进一步考证。

郝摇旗，即后来的郝永忠，是陕西延安府人[1]。所有关于他的史籍都认为他是李自成部将，但在甲申前，他是个不知名的人物，清方档案文件中首次提到他时称之为"总兵"[2]，那已是归明后南明给他的头衔。因其身份低，很难确考其踪迹。《东明闻见录》《南明野史》说他属"闯贼左营"，另外一些书又称他为"右营"。但据《永历实录》："郝永忠于贼中为偏裨，其主帅死，因得其军，为（李）过等所不齿，又各别为一军"[3]，而大顺军中原左、右营制将军刘芳亮、袁宗第[4]到清初仍健在并参加了抗清斗争，故《东明闻见录》等书所载显然有误。

考叶梦珠《续编绥寇纪略》卷5："崇祯十五年壬午十二月，李自成寇承天，陷之，沔阳告急……阅三月，贼将郝摇旗统众数万来攻……（章）旷、（马）彪力不能支，城遂陷。彪死之，旷走武昌。"《明史·章旷传》载："崇祯十六年三月，贼将郝摇旗陷其城。"按叶氏所云，系据《楚中遗事》，而《明史》所据则当为温睿临《南疆逸史·凡例》中所引章旷自撰《楚事纪略》。此二书今均佚，或即一书也，出自旷手，当可信。而自崇祯十六年起，镇守承天、负责东南方面作战任务的农民军首领是扬武卫果毅将军白旺，郝摇旗显系其部下无疑。因为当时各书多称陷沔阳者为

---

[1] 第一历史档案馆藏：《河南巡抚亢得时题本》顺治十一年四月二十一日。
[2] 《明清史料》甲编第二本《总督八省军门佟揭帖》。
[3] 《永历实录》卷13《高李列传》（《船山遗书》本）。
[4] 据顾诚先生考据结果，见《历史研究》1978年第5期，第71页。

白旺，如何腾蛟《悼章于野诔》即其一。乾隆《沔州志》亦载白旺陷城事，而光绪《沔阳州志》卷6《武备·兵事》则据《明史》更正之。实则光绪修志者不知摇旗即白旺部下之"偏裨"故也。上海图书馆藏钱仪吉手校《明季稗史》五种中有顺治初年人所撰的《闯逆入楚始末》一书曰：崇祯十六年白旺克钟祥后，"徐以偏（师）攻沔州，章于野先生方为司牧……"可谓得其实。

白旺其人参加起义较晚，襄阳定军阶时，他只是果毅将军，且不列五营廿二将之列，显然位置是较低的。但他的部队战斗力很强，《绥寇纪略》云："贼将白旺之守德安也，兵甚强，且有纪律，能得其下心。当自成之败……至德安已大疲，惟旺一军完且整。兼各寨俱服，而德安城坚，旺谋守之，不肯去。自成固强之始行……又登岸入兴国，与柯、陈二姓交战，互有杀伤。有王体中者，奇士，在旺军中。自成死，旺军乱，体中乘便刺杀旺，挟其众以降。"[1] 郝摇旗可能就是在这种情况下，率领不愿随王体中降清的白旺余部来到湖南的。这大概也就是"过等所不齿，又各别为一军"的原因。

一直在鄂东南活动的郝摇旗，自然不可能在鄂西北的房县拥立韩王。更重要的是，郝摇旗自联明以后，也完全不像孟先生所说的那样对永历朝廷只是"友军"而已。事实上，大顺军诸将中他是"拥明"最积极的一个，乙酉七月间联明协议达成后，高、李、袁、刘诸部皆独立活动，"惟王进才、郝永忠依腾蛟留长沙"[2]，成为何腾蛟亲辖的"督标总兵"[3]。何腾蛟对他也特别器重，请封为南安伯，"寻进侯"，又加封益国公[4]，并称："吾荐拔将帅至五等多矣，能为我助一臂者，郝南安一人而已。"[5] 由于何的多

---

[1]《绥寇纪略·通城击》（丛书集成初编本）。
[2]《永历实录》卷13、卷7、卷11。
[3] 同上。
[4]《三湘从事录》（《中国内乱外祸历史丛书》本）；《荒书》；罗谦：《残明纪事》（三异词录本）。
[5]《永历实录》卷13、卷7、卷11。

"后明韩主"乌有说　271

方笼络，"恩遇过厚，至令永忠等之敬爱反逾旧人"[1]，"倾心附腾蛟以自安，腾蛟深委信之……厚给其糈"[2]。可证郝之于何，绝不仅是"友军"关系。事实上，从甲申以来，关于郝永忠在永历的名义下抗清之记录，无论野史、笔记、实录、档案，均不胜枚举。孟先生所谓"以后摇旗等久不见于史，从《罪惟录》观之，则正于山僻中缔造一韩主之明国时也"[3]云云，不知从何说起。

顺治五年"桂林兵变"后，郝永忠渐疏于永历朝廷，及至腾蛟死后，"遂自为军，奏报皆绝"[4]，终因不能忍受南明官僚、军阀们之排挤，回师北上，脱离了永历朝廷的羁绊，于顺治七年占领房、竹地区。但此时，他没有、也不可能另建一个"朝廷"。史载：这时郝"永忠号摇旗，僭号益国公，私刻符印，设伪职"[5]。按《残明纪事》载：永历元年八月，郝永忠至桂林，与"滇营"赵印选、胡一青发生冲突，"帝命李若星、董天阅赍敕解之，二臣皆免冠谢罪，帝乃大犒两军，封郝永忠为益国公，晋赵印选、胡一青为都督少保"[6]。到了房、竹以后，他不但仍以永历朝廷给他的这个封爵为头衔，而且在各方面都与永历朝廷"遥相呼应"，永历的右佥都御史洪育鳌一直在他那里充任"监军"[7]。

在这里，需要对旧北大文科研究所藏内阁大库档中的两件刑部档案做些考证。这两件档案，一件是"刑部尚书图海等为申报擒获逆王大叛用奠封疆事"题本，另一件是"湖广总督祖泽远为飞报密擒渠逆叛党并获金印银印及伪爵关防敕札以沮贼谋以弭内患事"题本[8]。

---

[1]《岭表纪年》卷1（浙江图书馆钞本）。
[2]《永历实录》卷15。
[3] 孟森：《明清史论著集刊》上册《后明韩主》，中华书局1959年版。
[4]《永历实录》卷15。
[5] 同治《郧阳志》卷7《兵防》。
[6]《残明纪事》。
[7] 据说洪育鳌"节制"大顺军诸部时，"诸将皆瞋目，独郝永忠奇之"，并迎之在己部以"监诸镇军"。可见他比别人更服从永历。见《小腆纪传》卷33。
[8] 两件今均存第一历史档案馆。

图海题本载明宗室秦府永寿王子朱存梧供词云：

　　于顺治六年间，在陕西从伪总兵姓贺的潜身至贵州省下投见永历，说要中兴，领受有龙边伪票一张，无龙边伪札四张，又空头伪札二张，结合会兵。至顺治八年间，自南方来到湖广郧阳府房山县住半年，与韩伪王相处，他是一字王，存梧将关防一颗寄在房山县韩伪王处，未曾带来。

祖泽远题本载李企晟供词云：

　　企晟先在韩城一带与虞胤同韩昭宣结草作乱，私立伪韩王行伪永历事，企晟自加总督职衔，于顺治十二年十一月内自华山出营，招聚党类，联络各处贼头……十一月二十四日到郝永忠贼营，住两月半，见韩王并郝永忠，商议联络内外兵马，会同兴山、巴东各家头目。

　　陶元珍先生据此断定："定武六年至十一年间"（按即顺治八年至十三年）"后明韩主"的存在是毫无疑义的。但实际上，以上两份题本都是顺治十三年发的，据图海题本，朱存梧离开房县在顺治十二年十月，是时他在房县仅"住半年"，则可知他抵房县之时应在是年四月左右（所谓"顺治八年"，即陶先生说的定武六年云云，仅是指他离开"南方"之时。并且即使在这个意义上时间也是混乱的，因为前云"顺治六年"到贵州去见永历。而我们知道，永历"移跸"安龙是在顺治九年正月，所以朱存梧离贵州，最早也得在十年）。又据祖泽远题本，李企晟在房山"住两月半"后，于十三年二月离房。这样，这两份题本说的大体上仅是顺治十二年的事。而同书所引的另一个题本，即关于永历派总兵官宋谦赴西山联络永忠一案的河南巡抚亢得时顺治十一年四月二十一日题本，就没有出现韩王。

顺治十二三年间出现的这个韩王，根本不是"建号定武""自为号令"的"后明韩主"，据图海题本，"他是一字王"，据祖泽远题本，"伪韩王行伪永历事"，可见这不过是一个藩王、一个宗室贵族而已。并且，正如题本所说，奉立他的也不是郝永忠，而是在晋南陕东一带起兵反清的南明官员虞胤、韩昭宣等人。他是在虞、韩兵败后约于顺治十二年流亡到房县的，而十三年以后即去向不明了。郝永忠军中奉立的主要不是他，而是东安王朱盛蒗。

正如孟森先生在《后明韩主》一文中注意到的，清军在镇压夔东十三家后，在巫山天池寨擒获了东安王朱盛蒗[1]。孟森认为这是"韩王"已死、义军新立以代之者。实际上，正如王夫之所说："定国败，□（房）人宣上凶问，以招来亨等，来亨不应，方会诸帅议求宗室辅立之。"[2] 攻破天池寨的清军将领柯尔昆的《神道碑》也说："十三家者……迨楚、粤、滇、黔先后荡定，永历已亡，乃复挟明宗室朱盛蒗者招集无赖，日事钞掠。"[3] 可见朱盛蒗的地位，与其说是取代所谓"韩主"，不如说是取代永历。

朱盛蒗是郝永忠所拥立，并经永历所册封的"郡王"，十余年来一直在永忠军中，在宣传上起着很大作用，与洪育鳌一样，是郝永忠与永历朝廷关系的象征。其见于史者，始于永历元年八月郝营由湖南抵桂林时。是时南明官僚于元烨等"坚主闭城不纳"，且谋划"如欲驱逐，即于今夜，为乘其困乏"。而农民军顾全大局，不欲与之构兵。遂遣"通山、东安两王、司礼王坤、其饷抚肖琦先至，会于（庞）天寿宅"，与于元烨等谈判。"语辨良久"，终于迫使南明官僚开城，农民军和平进入桂林[4]。鲁可藻评曰："盖其营中大僚则肖琦，宗藩则通山王蕴舒（按据

---

[1]《张文贞公集》卷9《柯尔昆神道碑》（乾隆五十七年刊本）。又见《明季南略》卷18；《小腆纪年附考》卷20以及《清实录》《东华录》诸书。李国英《李勤襄公奏议》（康熙刊本）中有当时的奏报。

[2]《永历实录》卷15、卷2。

[3]《张文贞公集》卷9《柯尔昆神道碑》。

[4]《岭表纪年》卷1。

《明史》世表五行之序，舒当为铲之误，《永历实录》《瞿忠宣公集》皆云蕴铲）、东安王盛蒗、监军则洪育鳌。永忠固暴虐，无奈之何"[1]，此后，东安王仍在永忠军中发挥作用，尤其是在涉外方面。如永历三年郝永忠击败南明军阀陈友龙，进驻武冈、靖州地区后，即遣"郝营中东安王亦至崖坪"，与驻扎当地的马进忠、王进才"忠武营"和陈友龙部将共"结盟举事"，[2] 等等。

永历二年二月，郝永忠与瞿式耜之间发生了争"楚爵"的纠纷。鲁可藻记载说：

> 祖制：亲王继，郡王不继。惟闽京加意同患难诸宗，多以继……永历初遂奉为例，不察应袭与否，但据自陈及一二荐疏，夤缘得之。如蕴舒[铲]尚非大禄，盛蒗乃东安府疏裔，反正后，即有一二近支赴阙，所谓近支未必即为应袭之人也……而守辅（瞿式耜）为蕴铲、郝永忠为盛蒗疏请承袭楚王，则又不已。[3]

瞿式耜当时上疏说：

> 楚藩大宗通山王蕴铲者，系出楚昭序，承嫡派……曩岁郝孽来奔，本藩力请督师，弹压悍勋，身劳心苦。今夏楚师入粤，本藩亲冒锋镝，调停主客……查楚藩谱系，始封昭王……庄王……宪、康二王……靖王以东安王子嗣立，生端王……其为庄王之子则尚有东安，其为端王之子则尚有武冈，群称本支……伏乞皇上……以功晋封，令蕴铲承袭大宗。[4]

---

[1]《岭表纪年》卷2。
[2] 瞿式耜：《瞿忠宣公集》卷5《述湖南近日情形疏》（《乾坤正气集》本）。
[3]《岭表纪年》卷2。
[4]《瞿忠宣公集》卷5《贤王宜优异疏》。

据此可知：通山、东安二王，与洪育鳌、肖琦一样，都是在农民军入湖南期间入军中。但他们对农民军的态度有很大不同，东安王与农民军较能推诚合作，而通山王则处处以"弹压悍勋"的"督师"自任，为永忠所恶。所以初期通山在郝营中之地位在东安之上，但不久就破裂了。通山王蕴钤投靠明臣桂林留守瞿式耜（王夫之记：己丑年永忠离桂林出走后，庚寅桂陷，"通山王蕴钤驰入告[式耜]……固请上马，式耜从容曰：殿下好去，幸自爱"[1]，可知蕴钤时已久离郝营，与永忠断绝了关系），这样便发生了郝、瞿二人为东安、通山二王争夺"楚王"爵位继承权的斗争。这场斗争表面上是为"藩封"，实则是农民军与南明统治者矛盾的反映。由于永历朝廷的偏袒，楚爵后来给了蕴钤，郝永忠带盛溢北上。

"楚封"之争与永历二年二月二十三日发生的郝永忠"胁驾南行"事件（即所谓桂林兵变）一样，一方面反映了郝永忠农民军与南明政权的矛盾，另一方面却又反映了郝永忠比其他大顺军诸将的正统观念要浓得多。因此在到西山以后，他与永历朝廷的联系也比"十三家"中其他各家密切得多。从陶元珍所引八件刑部题本（其中六件与"韩王"无关）中可以充分证明这一点。郝永忠始终尊奉得到永历册封的朱盛溢，通过李企晟、朱存梧、宋谦等与永历保持联系，接受永历朝廷的符札印信，接纳永历朝廷的"监军"。从这一切中我们实在得不出如陶元珍所谓"是韩桂虽并称帝而实相助"的结论来。我们只能说，郝永忠与西山十三家中其他义军一样，一直是遵永历朝廷的"正朔"的，并没有标新立异地去另建一个与永历对立或者并立的"定武政权"。因此，清方档案与实录、正史从来都把永忠称为"明桂王将"。地方志在记载李企晟事件时，也没有提到韩王，而只是说："十三年丙申春二月，明桂藩总督李企晟潜入郧阳，与郝摇旗密谋为乱"[2]而已。

有趣的是，陶元珍为了给主观想象中的"后明韩主"壮大声势，在

---

[1]《永历实录》卷15、卷2。
[2] 同治《郧阳志》卷7《兵防》。

据图海、祖泽远的两个题本而断定"韩桂并称帝"的基础上，又进一步把与郝永忠有关系的所有北方义军都说成是韩主的拥戴者，但事实并非如此。以被他称为其中"最可引人注意者"的虞胤、韩昭宣部抗清武装为例，清三边总督孟乔芳于顺治元年八月初六报称：

> 伪六省军门虞胤、伪总督韩昭宣、伪总兵封汝宜等克陷蒲州及蒲属临晋等县，伪立永历年号，诈称二十八万。[1]

又，1949年后，还在潼关附近发现了虞胤义军的铸有永历二年字样的铜炮[2]。可见，虞胤义军也是拥戴永历的。其他北方义军的情况，大体类此。

"夔东十三家"是一个整体，虽然他们各自独立，互不统辖，但其政治态度大体上是一致的。关于顺治八年夔东会合后他们与永历的关系，将在下一节叙述。这里简述一下各部在夔东会合前的情况。

李来亨、党守素：这两支农民军均源于原"忠贞营"或"高李十三家"，是自成牺牲后分裂的大顺军各部中最大的一股。他们于顺治二年春西安失守后，绕道四川，"陷太平、东乡、达州、夔州、新宁等处，寻遁入湖广"[3]，七八月间在湖南常澧一带与堵胤锡达成合作抗清的协议。高一功、李过分别受封为"左、右军侯"[4]，永历即位后又晋封为郧国公、兴国公。从此这支军队便在名义上属于永历朝廷，而实际上仍"称李自成为先帝"，并"复立李自成弟，引贼数十万北下"[5]，以"忠贞营"的名义独立活动，而由堵胤锡充挂名的"总督"。顺治三年二月，忠贞营在荆州城外战败后，退入彝陵西山。

---

[1] 孟乔芳：《孟忠毅公奏议》卷上（中国科学院图书馆钞本）。
[2] 谢国桢：《论李定国在历史上的地位》，《南京大学学报》1962年第3期。
[3] 《荒书》《客滇述》等。
[4] 佚名：《思文大纪》（《中国内乱外祸历史丛书》本）。
[5] 《明清史料》丙编第六本《马兆煃揭帖》。

西山是农民军的老根据地，高、李南下时就曾经营过这一带[1]。有人以为，这就是"定武政权"控制的地区。但事实上，虽然农民军入山后即"不相听命"[2]，然而仍与永历有名义上的从属关系，并接纳永历政府的官员为"监军"。清湖川总督罗绣锦于顺治四年报告说：

> 只虎等贼，向据巴东地名平阳三坝，于四月内至巫、巴交界之处，渡过江南，头入施州卫，尾在建始县，乃伪逆黄炳、黄灿、郑国元接引。[3]

按黄炳等三人均为永历官员，黄炳为永历派驻王光兴部的监军，事已见上节王光兴条；"黄灿，字中涵，崇祯癸未进士"，"堵胤锡从忠贞营下常澧，光兴移屯荆西，迎翰林院编修黄灿监督其军，事闻，加灿侍读兼兵科给事中"[4]；郑国元即郑逢元，"丁亥二月……太仆寺卿郑逢元以承胤姻亲，升兵部右侍郎，总督川楚军务"[5]。直到现在，施州城外仍然有当年农民军所立的《关圣庙碑记》，上书："永历元年岁在丁亥九月谷旦……忠贞营爵下副总兵官魏怀、周永福，参将徐光、范斯文……（等人）同立。"[6]

此后不久，"朱容藩奉（永历）命以佥都御史入蜀经理，先至建始，李赤心等……遂请受容藩节制"[7]。显然，"受节制"云云，与前年的"受堵胤锡节制"一样，仅表示名义上的从属关系，但亦足证这里并无什么"定武"的势力存在。

---

[1]《明清史料》丙编第五本《郑四维揭帖》。
[2]《永历实录》卷7。
[3]《明清史料》丙编第七本《罗绣锦揭帖》。
[4]《永历实录》卷5。
[5]《明季南略》卷13《武冈播迁本末》。
[6] 郑永禧：《施州访古录》，民国铅印本。
[7]《荒书》，另见《蜀碧》等书。

朱容藩与永历闹翻后，忠贞营即宣布"不听其节度"。不久，便应堵胤锡之"请"，开赴湖南战场，迭克名城，连败清军。但不久即因南明政府腐败无能，湘中再陷，忠贞营战败退入广西。在广西期间，忠贞营领导人高必正等以永历"勋臣"的身份多次入朝，参与政事[1]。顺治七年冬才回师北上，次年由李来亨、党守素二人带领，回到西山地区。

刘二虎即刘体纯，与袁宗第同为大顺军"右营"名将，两人长期共事，分任果毅将军与制将军，顺治二年随自成经襄、汉撤至鄂东南，自成死后在湘阴参加"联明抗清"。何腾蛟也按惯例"使沔阳陈经往监其营"[2]。桂王即位后，袁、刘也各"晋爵列侯"[3]。

袁、刘率领的大顺军右营，在联明后的大顺军诸部中独立性是最强的。顺治三年初，他们向北方进军，档案载其逼近襄阳时，"发光山伯府遣牌二面至城下，语殊无状"[4]，仍然沿用农民军的封爵而没有用南明王朝授予的头衔。但他们同样也不可能建立一个"定武政权"。因为第一，这支军队没有经过郧、房一带，而且一直是疾风般的流动作战[5]，从未在郧、房或其他什么地方"保于乱山之中""设官置署"地占据过长时间。第二，这支义军进入陕南后，即与在此活动的贺珍、武大定、孙守法等抗清武装联合作战[6]。据清方奏报，他们初有称"秦四子"所立年号的，后皆称隆武年号，至顺治五年后多称永历年号[7]，而从未用过其他年号。第三，顺治四年夏，陕南抗清斗争在清军镇压下转入低潮，袁、刘均回到湖南，在湘西地区与堵胤锡率领的"忠武"诸营合兵，先后在慈利、北溶等地作战多次。这时期的清方奏报明确称他们为"永历伪逆"[8]。顺治六年底，

---

[1] 《永历实录》卷1、卷13；《所知录》卷2（新学会社排印本）；《岭表纪年》卷3、卷4。
[2] 《续编绥寇纪略》卷2《滇黔窜》（申报馆排印本）。
[3] 《三湘从事录》。
[4] 《明清史料》丙编第六本《王光恩揭帖》。
[5] 同上书，第六本王光恩、吴景道、潘士良《揭帖》。
[6] 同上书，第六本《黄尔性揭帖》。
[7] 同上书，第六、第七两本内黄尔性的几个《揭帖》。
[8] 同上书，第七本罗绣锦、缐缙、徐勇诸《揭帖》。

袁、刘军回至夔东，"体纯……假故明封爵以号令其众，僭号皖国公"[1]，这也是桂王所封的。

贺珍，系明末在陕西起义参加李自成军队的原明军军官，顺治二年自成撤退后"据汉中，闻自成死，自称奉天倡义大将军，欲取西安，据形势以争天下"[2]。顺治四五年间在陕南战败后，经房、竹地区进入川东大宁一带，《大宁县志》称："闯孽贺珍，由汉中窜入大宁，用永历年，假明封号，称岐侯，收拾人心，藉以自固。"[3]永历政权以毛寿登监其军。

马腾云、塔天宝，前者原为"忠贞营"之一部，后者为原袁、刘的大顺军右营之一部，顺治六七年间渐渐形成独立队伍，永历朝廷曾封马腾云为高陵侯（文安之入西山后，改阳城侯），塔天宝为宜都侯[4]。

此外，在川峡一带活动的尚有万县"三谭"，即：谭宏、谭诣、谭文，这是川东地方势力的典型代表。以谭诣为例，他"本万县世胄也，幼习戎马，明崇祯时恭承简命，官夔东右路协守……丙戌间开镇川湖，建牙巫阳，控制三峡，初叨封平夷伯，随晋仁寿侯爵"[5]。三谭素以"有奶便是娘"闻名，曾积极拥护朱容藩"僭位"，并参与了朱对永历朝廷的内讧。后复归永历，接受"仁寿侯""新津侯""涪侯"的封爵。这支军队是水军，只在沿江活动，显然，与传说中在房县"立国"的"后明韩主"也是不相及的。乾隆《夔州府志》记载说，谭文的部将陈贵荣、高鹤鸣扎营罗子城，其门联云："奉永历十四年正朔，存大明三百载纲常"，其政治态度是清楚的[6]。

---

[1] 光绪《湖北通志》卷69《武备志·西山寇》；《南疆逸史》卷23《洪育鳌传》，中华书局1959年版。
[2] 《滟滪囊》；《蜀龟鉴》卷3。
[3] 光绪《大宁县志》卷5《武事门》。
[4] 《南疆逸史》卷23，并见《荒书》《三湘从事录》等。
[5] 谭谊：《得胜台石刻》；民国《云阳县志·金石》。
[6] 向登元：《梼杌传》；乾隆《夔州府志》卷9。

三、所谓"韩桂矛盾"

在封建时代,"正朔"是皇权的象征,是神圣的。"不奉正朔"就是"逆贼",胆敢"僭号称尊"的,更是罪该万死,非大张挞伐不可。南明三朝四王,虽然都建立在强敌压境、朝不保夕的危局之中,但那些腐朽的官僚们对此是毫不含糊的。隆武初立,就发生了所谓靖江王朱亨嘉"僭称监国"之变,许多人为此掉了脑袋。不久,又为了争正统,唐、鲁两王势同水火,乃至于以"今日大患,不在于清,而在于鲁"。永历帝方登宝座,立即发生了与朱聿𨮁绍武政权之间的"三水内讧"。一边是"日集兵向肇庆","而大兵自闽入广……泰不为备"[1],一边以为"北师已迫……十郡我居其七,而使其三代我受敌,不亦可乎?"[2]顺治四年八月"武冈之变"后,"数月不闻行在消息,川黔士绅议立荣、韩二藩"[3],结果,事未就而风波大起,不少人丢了官。防"宗室"甚于防敌,这是南明的传统。

尤其是顺治四年,亦即传说中的定武政权建立次年,在夔州,亦即在传说中的"后明韩主"驻地附近,发生了著名的"朱容藩之乱":朱"假称楚王世子,天下兵马副元帅……改忠州为大定府,号府门为承运门,称所居为行宫,设祭酒、科道、鸿胪等官"[4]。吕大器、钱邦芑、堵胤锡、杨乔然等纷纷"传檄讨逆",在川东展开了一年多的混战,直到这个"楚王世子"死于非命才罢。须知这个朱容藩不过是"僭称"了"天下兵马副元帅"而已,尚未来得及改元称帝。不能想象,近在咫尺的房县有个"建号定武",对永历"叙长幼不称臣"的"后明"国存在,而永历朝廷在川东的势力竟与之相安无事达 10 余年之久,并视为"友军"!不能想象,川东地主阶级支持的朱容藩、"川黔绅士"支持的"荣、韩二藩"尚且不为永历所容,对于"闯孽"支持的"韩主"反而可以"虽并称帝而

---

[1] 戴笠:《行在阳秋》(《明季稗史初编》本),又见《南疆逸史》卷24。
[2] 杨陆荣:《三藩纪事本末》(《借月山房汇钞》本)。
[3]《明季南略》卷15。
[4]《明季南略》卷13《朱容藩僭乱始末》。

"后明韩主"乌有说 281

实相助"？不能想象，永历政权会对"讳不奉朔"的人们一再赐爵晋封，而永历的许多大臣如文安之、黄灿、洪育鳌等居然会长期在"自为号令"的韩王那里充"监军"！有人说，在永历朝后期，由于形势日益危迫，"韩、桂间畛域渐消"，但在这之前，"韩、桂间之畛域"又表现在哪里呢？

永历二年二月在桂林发生的"郝永忠之乱"（即所谓"桂林兵变"），就被说成是"韩、桂间之畛域"的结果。其实，这本来是永历一朝屡见不鲜的前农民军余部与官绅势力之间的摩擦之一，如永历三年郝永忠与陈友龙的冲突，永历四年高必正与陈邦傅的冲突，以及西山抗清根据地发生的刘体纯与牟文绶的冲突，等等。"桂林兵变"就是其中较大的一次。

南明君臣在危亡之际，虽被迫接受了农民军的"联明抗清"政策，但他们对在抗清斗争中保持独立地位、"桀骜不驯""不从号令"的农民军，是耿耿于怀的。章旷云："有亲兵则可以自强，自强则可以弹压响马"[1]，金堡云："滇与忠贞，皆国仇也"[2]，就是明证。永历二年，郝永忠在兴安之战中损失惨重，退入桂林。南明的某些官僚、军阀却企图乘人之危，落井下石，"巡抚于元烨请老以坚壁，闭城弗纳"[3]，焦琏更声称与农民军"势不能两全，愿移师至桂，保公出城，俟贼乏食，统兵四面击之，贼兵可尽"[4]。正是这种恶毒的阴谋，激成了郝永忠的"兵变"，并迫使其出走。这是典型的阶级矛盾，怎么可以得出"综其情事，俨然有一韩主在"的结论呢？

值得注意的，是这次兵变中郝永忠的"劫驾"问题。史载："郝永忠自兴安奔回桂林，乘夜逼主移柳州。"[5]身历其境的雷亮功亦记载说："郝永忠戎服带刀，擅入朝堂，逼勒王与宫眷即刻同行。"[6]为清初史家所广泛

---

[1]《三湘从事录》。
[2]《所知录》卷4。
[3] 瞿共美：《东明闻见录》（《明季稗史初编》本）。
[4]《小腆纪年附考》卷15。
[5]《晴雪斋漫录·隆永余音》，上海图书馆藏康熙间钞本。
[6] 雷亮功：《桂林田海记》（《明季史料丛书》本）。

引用的《粤事记》云:"二月二十三日夜三更,有霍允中(郝永忠)者……忽抢入大内,劫帝于寝被中,舁出城外。"[1] 又据其他一些资料,则云永忠入城报清兵已逼,而桂王大惊,力主"移跸",如瞿共美记载说:

(永忠报警后)左右近臣劝王幸南宁。瞿式耜曰:督师警报未至,营夜惊无大恐……王曰:卿不过欲朕死社稷耳。严起恒请俟明晨再议。五鼓,式耜进御用银三百两,而乘舆已发矣。[2]

瞿式耜《变起仓卒疏》云:

二十一日酉时臣在阁中,忽闻永忠匆匆入朝,亟出讯之,乃知为□逼兴安之报至也……臣即趋朝详问端的……比入见皇上,则暂避永福之圣意已定,臣竟无从插齿,只争起驾之时刻耳……皇上声色俱厉……臣惶惧觳觫……五鼓,臣又独入见,面奏上云:圣驾即欲行,宜少从容,而皇上如不闻也。[3]

其余如鲁可藻《岭表纪年》、钱秉镫《所知录》也持此说。这些人均为永历重臣,所记当可信。按永历畏敌喜逃,一年数迁,从来皆然,安有"劫"之乃肯行之理?但其不乐在"闯孽"军中,郝永忠强之同行,亦合情理。唯带刀劫帝于寝之说,则属污蔑之词。据《岭表纪年》卷2与《桂林田海记》,永历后来在雒容乘舟逃走南宁,永忠不及追。

这件事与郝为东安王争"楚爵"之事一样,表明郝永忠的正统思想很浓。既然他力图要迫使永历留在他的军中以资号召,那就显然不可能另有拥戴。

---

[1]《粤事记》,今佚,其说散见于《明季南略》《爝火录》诸书,此条见《明季南略》卷13。
[2]《东明闻见录》《行在阳秋》。
[3]《瞿忠宣公集》卷4《变起仓卒疏》。

至于"支持桂王的，主要是张献忠旧部，支持韩王的，是李自成旧部十三家军"的说法，其不符合事实之处还不仅在于"韩主"本身的乌有。事实上，西南、夔东二支抗清武装的组成，本来就不是严格地按照张献忠或是李自成的部下来划分的。如：李自成余部中很重要的一支即牛万才、王进才、张光翠部，后来与马进忠等合为"忠武营"，顺治八年这支义军在湖南失利后，余部都入黔归了孙可望[1]。而夔东十三家中的"平北将军牟胜"，则是大西军卢明臣东征部队的一部分[2]。此外，十三家还包括了性质极不相同的一些武装，如：川东土著义军"姚黄诸家"中的王友进、地主武装"三谭"、反正的清军王光兴，等等，本来就难以用"李自成余部"来概括。

当然，大顺、大西两支农民军之间也有矛盾。关于两支农民军在历史上形成的隔阂，人所共知，无须详考。可惜的是在民族危亡之际，这两支农民军不但未能消除"畛域"，反而因南明统治者的挑拨以及孙可望的恶劣行径，使双方关系更加恶化。关于孙可望"驰秦王令旨招永忠"一事，费密《荒书》记载说：

> 张虎捧可望檄入西山，刘体纯辈以布为门累重，令虎进，体纯等皆前踞坐，谓虎曰：昔我辈与张献忠同起事，约为兄弟，今汝秦王，献忠子，吾儿辈也，汝为使人，见吾叩头而已。虎叩头阶下，答可望书皆甚倨。

这完全是因狭隘的成见而产生的矛盾，与"韩桂矛盾"毫不相干。相反，大顺军与大西军余部虽然在这些那些问题上有冲突，但在联合永历这点上却是一致的。顺治七年二月，孙可望遣使求封，高必正"召（滇使）至舟次，以大义责之。言本朝无异姓封王例，若尔主要求王爵，吾

---

[1]《永历实录》卷9马进忠、王进才诸《传》，卷13《高、李列传》。
[2]《爝火录》卷29，顺治十六年二月初九条（嘉业堂钞本）。

岂不足以王耶?……今爵列上公,当与吾同心报国……勿欺朝廷孱弱。两家兵马彼此所知,鞭弭橐鞬,足以相当也"[1]。与那种认为李自成余部不支持桂王的主观想象相反,高所以责孙者,正是由于他"欺(永历)朝廷孱弱"。也正是因为大顺、大西两家都支持作为抗清统一战线象征的永历政权,所以尽管两家关系经常横生枝节,并不融洽,但最后终于能够消除"畛域",共同对敌。《欧阳氏遗书》云:

> (孙可望)分发护卫将军张虎下川东。余大海遁入楚降大清;王光兴,王友进降附;谭文叔侄、刘体仁、塔天宝等俱扼险自守,差人申好。[2]

洪承畴也向清廷奏报说:

> 荆州丛山复莽,素称贼薮,其遗孽李来亨、马腾云、王二、王三及姚黄等,为害固已多年。然前日不过出没窃犯,今则联络孙逆,受伪职,资伪饷,串为一气,分犯肆逞矣。[3]

这才是两家关系之主流。

大顺军余部在处理与南明的关系上,总的来说表现了高于其前辈之处。他们支持永历抗清,但对小朝廷内的腐败是有所认识的,因而在永历一朝的内讧中头脑比较清醒,不做朝廷内党派倾轧、排除异己的工具。在四川的"朱容藩之乱"与广西的吴楚党争中,都采取了基本正确的立场。对于来自抗清阵营中异己力量的挑衅行动,如郝永忠之于陈友龙、高必正之对陈邦傅等,也给予了有力的回击。顺治七八年后,大顺军各部除

---

[1]《所知录》卷4。
[2] 欧阳直:《欧阳氏遗书》(成都昌福公司铅印本),第11页。
[3]《明清史料》甲编第六本《洪承畴揭帖》。

参加"忠武营"的牛万才、王进才等部尚留华南外,其余各部都先后集中到川楚地区,开始了独立发展的过程。但这绝不像一些同志说的那样,是"改正了'联明抗清'的错误",而是仍然坚持着积极联明的方针。本着这个方针,西山大顺军的将领们仍然通过文安之、洪育鳌等人与永历政权保持关系,并且不断地通使通书。据野史、档案记载:除常驻西山的文、洪等人外,来往于西山与永历朝廷间的重要使节就有李企晟、朱存梧、宋谦、朱全古、姚志卓、陈良鼎、潘太监等人[1]。大顺军余部与永历朝廷之间的"章奏批答"之类的档案文件,直到清中叶还被大量地封存于西山的一些地区,如在西山根据地的中心兴山县:

> 兴邑为逆贼李来亨所据。康熙三年剿平后,始设县令,则知以前未隶国朝也,明矣。李贼盘踞之时,闯逆已死,从党奔溃。李贼独立难支,遂归顺永历,遥授以国公之职,常有章奏批答。故邑止有隆武永历约据,并无顺治年号。[2]

永历政权对于与"十三家"军的关系也很重视。永历五年,"加(文)安之太子太保兼礼部尚书,总督川湖,赐剑以遣之,遍封诸镇"[3]。"十三家既封爵号:王光兴荆国公,郝永忠益国公,刘体仁皖国公,袁宗第清国公,李来亨临国公,王友进宁国公,塔天宝宜都侯,马腾云阳城侯,郝[贺]珍歧侯,李复荣渭南侯,谭宏新津侯,谭诣仁寿侯,谭文涪侯,党守素兴平侯……擢(洪)育鳌右佥都御史、令监诸镇"[4]。这些封爵,有的封于夔东会合之前,有的封于夔东会合之后,还有的是自称以后由永历追认的。他们既以此作为对外的称号,即为永历名义上的臣属。

---

[1] 分见陶元珍《后明韩主续考》中所引档案;《存信编》,北京图书馆藏测海楼钞本;《明清史料》丙编第十本《李国英揭帖》等。
[2] 同治《兴山县志》卷10。
[3]《南疆逸史》卷23《文安之传》《洪育鳌传》。
[4] 同上。

文安之、黄灿死后，"群帅推金都御史毛寿登监督联络，遥禀正朔"[1]。这个正朔当然只能是永历而绝非"定武"。毛与其前任一样，固然不可能真正支配这些部队，但他在川东政治舞台上无疑是起作用的，其踪迹常见于野史、《实录》、档案文献与地方志中。如常被今人引用的反映"十三家"经营大宁一带的政治经济措施的文件——毛寿登《盐场龙君庙碑记》即其明证。兴山县境内也保存着题署"永历九年兵部右侍郎公安毛寿登撰"的《白羊砦关庙碑》，内称："临国李公，率王师驻牧兴山，之四载，镌口妪民，则既有叙，乃兴关帝之祠而祀焉……"[2] 这些都是西山义军与永历关系的实证。毛寿登后来在康熙初年夔东危急时"怂恿（王）光兴叛众纳款"降清，致使南线瓦解，"速来亨之败"[3]。当时清湖川总督张长庚奏称："伪部院毛寿登，始为伪永历朱由榔所倚恃，继为众逆寇所推重，今革面来归。"[4] 这是地主阶级出卖民族革命事业的典型例子。

由于上述情况，当时的清代官方记载、私家野史中也都是把西山义军看作永历系统的武装。除前引《洪承畴揭帖》外，如《蜀碧》称："李自成之余孽袁宗第、贺珍、郝摇旗、李本荣、党守素、李来亨等，自广西南宁窜入巴、渠、巫、施间，则所谓西山寇也，顾皆永历年号，托名恢复"；《清史・贰臣传・董克礼传》："顺治十八年……时桂王将李来亨据湖广西山"；同书《张长庚传》："康熙二年，同靖西将军穆里玛、定西将军图海等，擒斩明桂王将郝摇旗、刘汝魁等。其党李来亨穷伏茅麓山……举家焚缢。长庚招服余党，并以书降桂王之荆国公王光兴军"；顺治十六年正月，李国英给清廷的奏疏亦称："陈良鼎原奉永历旨，差太监五名，催督川东一十三家贼兵攻围重庆……贼首伪涪侯谭文、伪镇北将军牟胜、伪监视军门潘太监、伪阁部文安之，纠合逆孽袁、刘、马、塔等一十三

---

[1]《永历实录》卷15。
[2] 光绪《兴山县志》卷19。此碑至今仍存，即所谓《圣帝行宫碑》是。
[3]《永历实录》卷15。
[4]《东华录》康熙三年正月条。

家贼船二百余只，蔽江而来"[1]，等等。

当时永历朝右佥都御史、监军洪育鳌，曾从夔东"间道上书言：'十三镇公忠无二，今楚雄虽失，犹扼险据衡，观衅而动，朝廷若有征行，可以兵应。'"[2] 事实证明此话不是凭空胡说：在西南危机时，十三家不仅西攻重庆，还北扰襄郧，"清兵陷贵州，李来亨、刘体纯、郝永忠自竹山出，攻襄阳"[3]；"大兵进剿贵州，而明桂藩所抚流贼郝永忠等拥众十余万，据郧襄间扰粮运"[4]。难怪西南之刘文秀、东南之张煌言，后来都不约而同地把挽救永历政权的希望寄托在他们身上。

在封建时代，朴素的民族感情不可避免地要向"忠君爱国"的方面转化。我们知道，顺治八年大西农民军对永历政权采取"逼明抗清"政策，派贺九仪率军到南宁去"胁王封"时，他们握有最大的主动权，而永历当时已"自扈从外，无一卒一民为朝廷有矣"[5]，但即使如此，大西军也只是"不奉朔，亦不建朔"[6] 而已。而当协议达成后，他们也就奉永历年号了。大顺军各部联明时南明政权尚没有像后来那样落魄。农民军当时"犹称自成先帝，高氏太后"[7]，但他们没有，也不可能继续使用原来农民政权的永昌年号，而是奉了南明的"正朔"，并一直奉到最后。朱容藩"衔命"到施州时，李过曾表示"愿受节制"。后来朱有"僭越"的苗头，高、李便马上与之疏远，"不从其号令"了。高必正在广西期间，目睹南明诸军阀专横跋扈、永历君权衰弱的情况，曾慨叹曰："不知文天祥、陆秀夫曾如此否耶？"[8] 并向永历朝廷提出"请身为诸将倡"，"括兵马归兵部，钱

---

[1]《明清史料》丙编第十本《李国英揭帖》。
[2]《南疆逸史》卷23。
[3]《永历实录》卷1、卷14、卷13。
[4] 同治《湖南通志》名宦十二。
[5]《永历实录》卷1、卷14、卷13。
[6] 瞿昌文：《粤行纪实》(《知不足斋丛书》本)。
[7]《小腆纪年附考》卷11。
[8]《永历实录》卷1、卷14、卷13。

粮归户部，铨选归吏部，进止一听朝廷，诸帅不得以便宜专行"[1]。后来，永历朝廷因慑于军阀们的势力，未敢从其议。"必正大沮丧，知事不可为"。可见，当时高必正等人虽然在客观上坚持了农民军的独立地位，在主观上，却往往要站在文天祥、陆秀夫这样的封建忠臣的地位上去考虑，这就决定了他们虽然对永历，尤其是对永历朝内那些跋扈的军阀们不满，但仍然只能"奉永历正朔"，始终表示忠于永历政权，而不能打出自己的旗号。

四、关于平凉韩府之下落及《罪惟录·韩主纪》之史料来源问题

上面，我们从郧、房一带的政治军事形势、"十三家"的活动、他们与永历及大西军的关系等方面证明了"后明韩主"及"定武"政权的乌有子虚，那么，崇祯十六年被李自成义军捕获了的那个韩王朱亶塉后来到哪里去了呢？

在明末诸"一字王"中，甘肃的肃、韩二藩可能因地僻宗疏之故，相对地说，显得很落魄。1949年后有关部门曾对第七代肃王墓进行过发掘，陵内极简陋，该藩破落之状可以想见。加之崇祯十六年以后，明宗室诸藩被杀被俘已成常事，所以韩王被俘，在当时只是小事一桩。平凉、庆阳两地的现存方志均未提及，他书所载则互相抵牾。据《明史》卷118《诸王传》与卷102《诸王世表》，均作"崇祯十六年，贼陷平凉，（韩王亶塉）被执"，但同书《流贼传》又载韩王就俘于庆阳。吴伟业《绥寇纪略》卷8云："（十六年自成略三边），庆、肃同烬，平凉受围四日，执韩王，屠之。"据此，则韩王似已被杀于平凉。但同书卷9却又说："庆阳犹为我守，攻四月，陷，屠之，执韩王。"《罪惟录》之《毅宗纪》与《李自成传》亦云韩主就俘于庆阳，而《韩主纪》与《韩宪王松传》又云俘于平凉。综合各史，大体上，讲述"诸王"的段落里多持俘于平凉说，而讲述"流寇"的段落里则多持俘于庆阳说。前者似出自邸抄，后者似出自野史（有

---
[1]《永历实录》，卷1。

关李自成的野史大都持此说，如《平寇志》《鹿樵纪闻》《明史纪事本末》《烈皇小识》等。很明显正史中之记载是以它们为据的）。很难确定孰是。但乾隆《庆阳府志》中相当详细地记载了崇祯十六年十一月庆阳城陷的经过与"死事"、被俘者名单，却无一字提及这个韩王。[1] 现存的唯一的平凉地方志光绪《平凉府志》"官师"篇有云："十六年李自成陷潼关，诸王宗室皆出奔……"

记载"俘于庆阳"说最详尽者为清夏燮《明通鉴》，该书崇祯十六年十一月条云：

先是，自成据西安，分兵四出……平凉甫闻警，韩王亶塉及监司以下谋遁去，知府简仁瑞谓韩王曰：殿下轻弃三百年宗社，欲何之？……王不从，一夕，其护卫卒大噪，挟王及诸郡王宗室斩关胁仁瑞行，（仁瑞不从）……韩王遂奔庆阳，官吏皆走。未几贼抵城下，士民数草降书，乞金名署印。仁瑞……自经……平凉失陷，属城皆降……遂连犯庆阳，围数匝，参议段复兴集众守……城破……贼执韩王以去。

但夏燮此说，不知何所本。

近人陇右张维先生家藏书中有《泾上篇》2卷，为明韩府宗室当城陷后避居崆峒山者朱敬聚所撰。此书今已佚，张先生好友慕寿祺先生曾阅此书，并于其所撰《甘宁青史略》卷17崇祯十六年十一月条下云：

李自成遣贼将贺锦陷平凉，韩王秉塉被执，不屈死之……是岁冬十月……降贼王老虎驻镇原，及西安陷，复叛。闻平凉走空，趁机率众围攻，历半年城未破。贺锦未至之先，有牌到平凉，以安民为名，马步二十四万，势甚凶猛。绅民惶恐，知不敌……全城设香

---

[1] 乾隆《庆阳府志》卷36《纪事》。

> 案出迎……王老虎亦降。是日白虹贯日，韩王及襄陵王不肯降，遇害。

是韩王已被杀于平凉矣，是书同卷与《绥寇纪略》卷8均云平凉之陷在庆阳后，果尔，则韩王不至于"出避"庆阳，故此说的可信程度颇大。

又，关于韩王宗室"国变"后之下落，《小腆纪传》里有一段话可参考：

> 韩王某，韩宪王之后，太祖支孙也。国变后，流寓贵阳。守将皮熊厚奉之，进其女为妃……及丁亥秋武冈之变，黔粤隔绝，行在消息不通，王遂谋监国，熊与总督范钅广、巡抚杨鼎和议未决，以尚宝卿张同敞力争乃已。庚寅，孙可望入黔，王走水西，依宣慰司安坤，可望莫能致。后数年薨。

这条材料出现在该书《补遗》里，无疑是徐鼒之子徐承礼在看到《永历实录》（当时刚刚刊行）后，根据其中材料兼采他史考订而成的。其来源除王夫之之书外，目前可知者至少还有计六奇《明季南略》，兹列如次：

王夫之原文曰：

> 韩王□□者，以失国迁流侨居贵阳。（皮）熊厚奉之，王纳熊女为妃。王故出入患难间，稍习戎伍，恒挟关陇健儿自随。至贵，颇招募成军。及是（指武冈之变），遂有监国心，熊亦以乘舆蒙尘为疑，谋之杨鼎和、范钅广、冯泩，踌躇未果，已而上出怀远，间道遣诏谕熊，事遂寝。然已藉藉传闻，廷臣以是为熊罪，熊勿知也……积功封匡国公。熊以韩王事，重为上所疑厌。熊故坦易，王亦轻率，往往因王入奏，叙将士劳绩，求升赏……黔之东北陬与楚塞犬牙者，马进忠、张先璧、郝永忠、王进才往来屯合，平越都匀间，则有张登贵、莫宗文各拥部众屯聚，皆躐封伯爵。[1]

---

[1]《永历实录》卷12。

这里，韩王之名虽不可辨，但云"以失国迁流侨居贵阳"，未知是否虞胤所奉者，但非朱聿𨮁无疑。又据文中有云郝永忠曾数度往来于湘黔，可能与皮熊及韩王亦有联络，故当时亦可能有将其与此韩王联系在一起的传闻出现。按"武冈之变"后不久，清偏沅巡抚线缙曾报告说：湖南大顺军袁宗第、牛万才、王进才等部曾攻打辰州，"声言打通土司，由沅入黔……而沅尤有门庭之寇郑逢元、皮熊、张莫等众，日来诱战，观此情形，诸贼已有私通"[1]，可为佐证。

计六奇则曰：

> 丁亥八月，寇陷武冈，上狩粤西。（张）同敞为乱兵所掠，避入黔地。时黔粤隔绝，人情汹扰，数月不闻行在消息。川黔士绅议立荣、韩二藩，同敞与钱邦芑及郑逢元、杨乔然力争不可，众议乃阻。[2]

这里的"荣藩"，指荣王朱由桢，《小腆纪传》有传，"韩藩"则指《永历实录》中之韩王无疑。

我们知道，《永历实录》成书在《明季南略》之前，故王夫之不可能抄六奇；而《永历实录》之刊行则远在同治年间，计六奇亦不可能看到。因此，王、计二书，必各有所本。按夫之以身居中书行人之职，所著《永历实录》虽不可尽信，但丙戌至己丑这三年的记载，却为史学界公认为较可信的。计六奇之《南略》，可信程度高于《北略》，这也是常识。尤其是从阶级分析观点看，韩王因农民军而"失国"后，寄身于明朝官僚皮熊，是很自然的事情，至于说他会投到农民军将领郝永忠那里去，则有违常情了。

《罪惟录》关于南明三朝的那些史料，只有鲁监国的那部分，由于查东山曾亲预其事，价值很高，其余各朝则因客观条件所限，错误之处比

---

[1]《明清史料》丙编第七本《线缙揭帖》。
[2]《明季南略》卷15。

比皆是，甚至误桂王之名为"慈烺"、绍武之名为"聿镇"，说唐王曾"拜郑芝龙为监国"，桂王在武冈之变后即"从靖州趋南宁，依陈邦傅"，等等。有人曾以查东山自己说的"据事直陈"之类的话为据，把这部分史料的价值评价得很高，其实是没有必要的。这样说并非贬低查氏及其书。《罪惟录》之取材，甲申以前及福、鲁二朝东南之事，多有塘报、邸抄、实录以及庄氏《明史》、其他野史稗乘如《启祯野乘》等可据，加上查东山本人具有进步的史学思想，因而价值确是很高的，还保存了一批"仅见"的史料，如人们所熟知的关于明末农民军"均田免粮"的史料即为一例。而在写唐、桂两朝史的时候，虽然仍表现出其"史识"之进步（如专为农民英雄李来亨等立了传，这在清初多如繁星的野史家中只有东山与船山两人），但不免原始材料不足，尤其"苦不悉陕蜀"，川东自然也不例外。这样，就不能不"多以素所习闻者"入史[1]。为此，查曾于丁酉至己亥年间赴广州采访，曾见到过金堡、张家珍等人，了解到一些情况，但也多限于两粤旧事。后来忽"遇周旭公于珠江，悉陕蜀申酉间事，口之所述，恰如成书，先生曰：此可谓不负传闻"[2]。很可能，关于川东十三家拥立"后明韩主"，建立"定武"政权的材料，即来源于此。但旭公其人生平与有否著述今均不得其详，所以这里暂时还无法加以评论。不过根据前面的考察，也足以断定"韩主""定武政权"与"后明"国并不存在，夔东十三家与西南抗清义军李定国等一样，都是"臣属"于永历政权的。

原刊于《陕西师范大学学报》，1992 年第 1 期

---

[1] 刘振麟、周骧：《东山外纪》（《嘉业堂丛书》本）。
[2] 沈起：《查东山先生年谱》（《嘉业堂丛书》本）。

"白毛毡"考

素来论及大顺农民军余部"忠贞营"联明抗清史者,每谓李过、高一功于顺治六年进入两广后,次年即因愤于南明统治者之压迫、歧视而北上,返回西山。不知该营仍有半数左右的兵力留于两广坚持斗争,后大都会合于大西农民军。如沈佳《存信篇》卷3辛卯八月条谓李来亨部将胡兴明者滞留广西庆远,后归于孙可望;又如同卷甲午十二月条记李定国新会之败后云:"(定国部将)陈奇策收其军资,与邓耀还阻龙门,龙门孤悬海外,西连定国,东合成功,通道于滇南、交趾。时李赤心部将李常棠亦据海陵,互相犄角。"其中最大的一股,即清代野史、档案、方志中屡屡出现的活动于楚、粤交界地区的,以大顺军名将刘国昌、刘世俊等为首的"白毛毡",又称"白头"军。"白毛毡"的出现,是南明统治集团尤其是吴、楚两党军阀、官僚们排斥、分裂农民军的结果。从这支拥有2万余人的劲旅之出走、被逼"反"明、坚持抗清,最终归于李定国的历程中,可以发现一些耐人寻味的现象,有助于我们对农民军"联明抗清"这一复杂的历史现象的理解。

一

"白毛毡"是大顺军余部"忠贞营"经过两次分裂后形成的。第一次分裂发生于忠贞营入粤不久,其罪魁是楚党军阀杨大甫。

王夫之《永历实录》卷1《大行皇帝》曰:

> (永历三年)四月,高必正入梧州。诏大学士严起恒、副都御史刘湘客谕之,必正遂入浔州。刘希尧、刘芳亮叛走郴桂,降于□……五月……杨大甫据梧州叛……召杨大甫至行在,上御殿诘责,大甫伏诛。

卷13《高李列传》云：

> 刘希尧、刘芳亮与赤心不协，率其军自梧州而北，转掠贺县、广宁、四会，至宜章，所至剽杀，楚粤间人多苦之，呼为白毛毡贼，通粤将杨大甫，欲叛降□，朝廷执大甫诛之，希尧、芳亮憎恒失据，而彭嵩年、向文明屯郴南，阻其北降路，日惭溃散，□兵遽至，不及纳款，遂皆败死。

这里说的是刘希尧、刘芳亮的分裂与"白毛毡"名之由来。按：刘芳亮与刘希尧，均为大顺农民军左营制将军，[1] 其分裂之部，当亦为原左营旧部。该部为大顺军主力之一，崇祯十七年，经由长治、真定进攻北京时曾一度有十余万之众。[2] 经过甲乙之际的苦战，尤其是潼关失利与南撤途中的损失，到达武汉一带时已仅剩下一万余人，[3] 在忠贞营入粤时，只剩下三五千人。

忠贞营原是以镇守陕北的大顺军后营李过、高一功部为基础形成的。在南撤与联明抗清过程中，它先后合并了李自成派赴援陕北的前营田虎、中营李友部，东撤的大顺甘、青驻防军党守素部，东路大顺军（李自成亲率的由武关、宛、襄、汉而南撤的大顺军主力）中的自成中权标营田见秀、吴汝义、张鼐部，右营刘体纯、袁宗第部，以及左营刘芳亮、刘希尧部。"众益盛"，于顺治二年冬一度有二十余万之众。但是，在明末农民战争后期迅速膨胀起来的大顺军，基础并不牢固。自成死后，"众无主"，兼之在战争中各部兵力损益不等，有原十余万之众而今仅余数千者，如右营袁宗第；有原为"偏裨"而今上升为"大镇"者，如郝摇旗。各将领之地位因之改变，"互不为下"，彼此"不齿"的现象也随即发生。

---

[1] 彭孙贻：《平寇志》卷6，北京图书馆1931年铅印本，据《绥寇纪略》则刘希尧为右营制将军，非也。右营制将军实为袁宗第，此不赘考。
[2] 戴名世：《保定城守纪略》（《荆驼逸史》本）。
[3] 《明清史料》甲编第二本《总督人省军门佟揭帖》。

由于上面这些原因，加上南明统治者的挑拨，因此大顺军各部一直处于分裂状态。出身于"革左五营"系统的王进才、牛万才、张光翠与非嫡系的白旺部将郝摇旗等人自不待言，即忠贞营的"闯营"系统诸将之间，在复杂的斗争环境中也难免"不协"。顺治二年冬右营刘体纯、袁宗第的分兵北伐，荆州战败后自成中权营田见秀、吴汝义、李友、张鼐等人的率部降清，大约与此不无关系。到了忠贞营入粤时，其组成大体上就只剩下了高一功、李过的后营与刘希尧等的左营了。

二刘与高、李的"不协"之详情今不可考，但楚党军阀杨大甫起了恶劣的作用则无疑。杨大甫原为李成栋部将。当忠贞营入粤之际，南明统治者惊恐万状，视同大敌，永历"敕（广西巡抚）鲁可藻移镇梧州、防忠贞之入"。当时执掌朝政的楚党，更"以董方策守罗定、杨大甫守梧州、马宝守德庆……云为忠贞营入粤"。[1] 这样，当顺治六年（永历三年，1659年）五月二十四日农民军进入梧州时，就与楚系军阀杨大甫、刘嗣宽等发生了军事冲突，农民军打败军阀武装，进屯浔、横间。[2]

永历一朝，"群臣水火，固不可解"，至是时已形成了吴、楚二党，主楚者以金堡等"五虎"为首，李元胤为后盾；主吴者如吴贞毓、马吉翔、堵胤锡等，以陈邦傅为后盾[3]，而两党又各分数派，纷争不已，如楚党则李元胤与杜永和不协，吴党则陈邦傅与赵台不协[4]。他们既然无法阻止农民军开进两广，遂改变手法，多方拉拢农民军以倾轧政敌。当时，广东的楚系军阀自李成栋死后，李元胤以年少望轻，请杜永和总统成栋军，杨大甫于此时受命守梧，"虽云为忠贞入粤，实各勋镇与杜永和不相下，不肯听其调度，求入内地养闲也"。[5] 忠贞营入粤后，杨发现农民军内部有隙可乘，思结之以抗永和、元胤，《永历实录》卷11《李

---

[1]《岭表纪年》卷3（傅以礼校本）。
[2] 瞿昌文：《粤行纪事》卷1。
[3]《爝火录》卷19（嘉业堂钞本）。
[4]《岭表纪年》卷2、卷3。
[5]《岭表纪年》卷3。

元胤传》称：

> 诸将不辑，马宝、董方策退屯德庆，杨大甫退屯梧州，不受永和节制。大甫尤桀骜不逊，纵兵掠民，劫行舟，杀黔楚奏使，上大怒，切责之，大甫遂通忠贞营叛将刘宗敏、刘希尧，欲叛降□，元胤知之……入大甫军，诱之，大甫果赴召诣阙，惛惛自以为夺永和军，元胤驰密奏请召杜永和、张月各以军至……大甫戮，宝、方策敛手自请为御营亲兵。

此叙杨大甫之变甚详，其中"遂通忠贞营叛将刘宗敏、刘希尧"句，实即前引刘芳亮、刘希尧之大顺军左营[1]。当时的广西巡抚鲁可藻《岭表纪年》云：

> （永历三年五月），忠贞既上南宁，杨大甫至梧州，复行钞掳，夺巡按朱由株舟中物，并劫锦江侯王祥妻熊氏所进太后膳金千两、金饰等物及差官骡马，扬帆欲回广城。途遇岭西道陈轼舟，又劫之……
>
> 六月，召对，杨大甫逮下北镇抚司，死于狱。大甫至梧州，收忠贞三千余人，而气遂骄。钞掳官民，截劫御用，目中且并无各勋。李元胤檄东兵暨罗成耀至肇，待大甫酒，相率进，对上面奏其罪。谕逮之。承耀手擒下镇抚司，寻压死于狱。

冯甦《劫灰录·永历皇帝本纪》云：

> 忠贞营之初入广西，李元胤恐为乱，请移杨大福［甫］驻封川以防之。赤心等既西，大福［甫］邀其守后兵五千人而东，焚掠怀集、

---

[1] 刘宗敏已先于李自成为清军所执杀，见《清世祖实录》卷18。

四会间，远近震骇。元胤请召大福［甫］入肇庆，缢杀之，乱始定。

据此，则忠贞营西上时刘芳亮、刘希尧的大顺军左营为留守部队。其兵力一说三千人，一说五千人。兵虽少而皆百战之余，与"望敌还奔"之南明军队不可同日语，故杨大甫"气遂骄"。元胤杀大甫，本统治者之内讧，无甚是非可言，但他转而迁怒于刘希尧等，迫使这支农民军不得不"反"入楚粤交界之宜章、阳山地区。"楚粤间人呼为白毛毡"。按白毛毡之名，始见于忠贞营湘南失利后退入两广之时，蒙正发《三湘从事录》云：

> 制抚堵胤锡同忠贞营由茶陵、攸县、安仁、永兴以至江华、永明一带山悬僻谷中，直达广东之星子、连州，所过杀掳，白骨满山野，民呼为白毛毡。

据此则知"白毛毡"之名含诅咒之意，谓忠贞营杀人之多以至"白骨"如毡覆野云云。然考诸事实，蒙正发此语纯属污蔑之词。忠贞营军纪如何姑俟后论，至于"白毛毡"之名，则与军纪无干，乃民间因忠贞营之装束而称之。按广西土司《田州岑氏源流谱》记云："是年五月，有流贼号曰白毡帽者，由安顺攻石门。"而广西若干方志（如《融县志》《白山司志》等）则把过境之高一功、李来亨部大顺军称为"白毡帽兵"。"白毛毡"者显系"白毡帽"之讹传也。白毡帽为起于西北之大顺军传统装束，自李自成至士卒皆佩戴之，宜乎民间视为特征也。忠贞营"联明抗清"之后虽名隶南明军序列，实则"去止自任"[1]，"兵则听其屯聚，将则无所变更"[2]，粮饷器械亦为自筹，军装服制自亦沿大顺军之旧，故有"白毡帽兵"之称，此"白毛毡"之由来也。但此名含贬义，有类于晚清之呼太平军为"长毛"。故当忠贞营隶南明时，官方不以此呼之。而刘希尧等既

---

[1]《西南纪事》卷3（《台湾文献丛刊》本）。
[2]《南疆逸史》卷21。

"叛"走，官方遂目之为"白毛毡贼"矣。

二

刘希尧等出走后不到半年，由于吴党官僚们的挑拨，忠贞营又发生了一次分裂。刘国昌、刘世俊率领的另一支大顺军也因此转移到楚粤边区，成为"白毛毡"的主力。

左营去后，李过、高一功仍率部屯于桂南的浔州、横州、南宁、太平一带。这一带原为吴党军阀所割据，其代表陈邦傅，知道"楚党"有憾于忠贞营，遂与吴党官僚堵胤锡勾结，百计引诱李、高等，"欲激忠贞东来与东诸侯构衅"[1]，并借以镇压吴党内部与陈有隙的其他派别。这样就引起了忠贞营与吴党间的一系列斗争。6月，陈邦傅请征徐彪于横州；7月，堵、陈与马吉翔勾结，请以广东（楚党地盘）"处赤心屯守"，并伪为"密敕"，怂恿忠贞营向李元胤"内动干戈"；8月，又诱忠贞营"提兵入桂林"以逐楚党瞿式耜；结果均为农民军所拒绝。[2] 其谋既阻，乃归怨于农民军。农民军益防之，"忠贞营见制抚（堵胤锡）与邦傅合，遂与制抚贰"。[3]

是年秋，吴党诸官僚见"不能有为于忠贞"[4]，遂萌他谋。一则"自结于孙可望"[5]，"曰：藉其力可制李赤心"[6]，欲借大西军之势力，压忠贞营就范；一则由堵胤锡出面邀请忠贞营"出楚"，导致了忠贞营又一次分裂。《永历实录》卷7《堵胤锡传》：

> 上赐胤锡龙旗十二，遍调天下兵马咸受节制，胤锡至浔州，日促忠贞营复出，会李赤心死，高必正以新丧大帅，器仗不给为辞。

---

[1]《所知录》卷3，新会学社本。
[2] 详见拙文：《永历朝的党争与农民军的联明抗清》。
[3]《三湘从事录》（《中国内乱外祸历史丛书》本）。
[4] 同上。
[5]《南疆逸史》卷21。
[6] 沈鸣：《南都大略》卷3（八千卷楼钞本）。

按旧文人所撰史料往往谤忠贞营不随堵胤锡北出为"畏虏如虎"[1]。其实忠贞营所以不愿北上，固然与赤心病重、器仗不给有关，更因堵胤锡请"出楚"实有他意也。查继佐《国寿录》卷4《何腾蛟传》云：

> 以胤锡代腾蛟督师由桂林出楚，桂林诸将恨胤锡，以为腾蛟仇，曰：吾见必生啖之。胤锡畏。

又张岱《石匮书后集》卷47所载类似：

> 留守桂林瞿式耜以胤锡为腾蛟仇，曰：吾见必生啖之。胤锡惧，阻浔州。

又《永历实录》卷20云：

> 忠贞营兵屯梧州。邦傅欲倚之蹂两广，并式耜、成栋军……日夕怂恿赤心夺桂（林）、平（乐）、肇（庆）、广（州）。

于此可见，以堵、陈为首的吴党统治集团的醉翁之意其实不在北伐抗清，而是要以"由桂林出楚"为名，借忠贞营主力"夺桂、平""并式耜军"，打倒楚党集团中以瞿式耜为首的"桂林诸将"。这种企图理所当然地受到农民军的抵制，成为几个月来农民军反"党争"的继续。而堵胤锡遂大耍阴谋，私诱忠贞营部属，制造分裂。《劫灰录·堵胤锡传》曰：

> （胤锡）期赤心不至，造其营诘之……别部刘世俊、刘国昌使人来告，愿自从出楚，胤锡悦，亲至浔迎之。十一月，世俊、国昌果至。

---

[1]《岭表纪年》卷4。

遣东下梧以待，并檄他镇兵，期以是月望日北发。忽感寒，病革……（遂死于浔）。

后出诸书如温睿临《南疆逸史》卷21、郑达《野史无文》卷7、沈佳《存信编》卷3、邵廷寀《西南纪事》堵传、三余氏《南明野史》卷下等均转录此记载。所谓"自从出楚"者，据康熙版《堵文忠公集》附传称：

（永历三年）七月，师次平、梧……是时各路将帅骄惰，士卒罢顿，又多染疫疠，不应调，胤锡驰入忠贞营，壁分两营，刘士俊、刘国昌各万人从征。

这里把堵胤锡蓄意制造忠贞营分裂事披露无疑。按士俊即世俊，据《绥寇纪略》卷9，李自成建立大顺政权后曾大封五等爵，其中有侯爵9人，内刘宗敏、李过、田见秀、刘芳亮、张鼐、谷英、袁宗第7人名皆著，唯有"淮侯刘国昌、岳侯某失其名"2人，素为甲申前史所失载。永历时行人司行人瞿共美《东明闻见录》云：

（永历三年十一月）忠贞营……师次横州，止焉。赤心死，必正统其众，其部下将领岳侯某病死于梧州，淮侯刘国昌出怀集，或曰降清，或曰死矣，兵散。[1]

对比上引各书，可知淮侯刘国昌、岳侯某即上引之刘国昌、刘世俊。而"岳侯某病死于梧州"，故以后诸多史料记载此部大顺军出梧州东进时，便再无刘世俊之名出现，可证岳侯某即刘世俊无疑。又《岭表纪年》卷3己丑十一月条有：

---

[1]《明季稗史初编》卷23（《国学基本丛书》本）。

忠贞营刘国昌复下梧州，走怀集、阳山。因李赤心等各占地方，国昌无善地，堵胤锡出楚，欲随之……胤锡往督忠贞出楚，不从，大拂其意。拟即下梧州调楚粤各勋，至浔抱病，乃李赤心又以刘国昌之下为胤锡使，遂不赴，讣闻，上悼惜之。

可知刘国昌之叛，因"李赤心等各占地方，国昌无善地"而起，以"为胤锡使"而发。农民军之内部纷争为南明统治者所利用之又一例也。

又永历时钱秉镫《所知录》云：

是时李元胤守肇庆，忠贞裨将淮侯刘国昌与高必正、李赤心相失，溃入肇界，元胤堵御之，受约束，乃去。

刘国昌永昌时位列九侯，而今仅为"裨将"，地位问题或亦为其不满而出走原因之一。又可知，刘国昌的行踪几完全踵刘希尧等人之后，由梧州进入肇庆府属，与李元胤合作。盖此时清军主力已在湘西基本击溃"忠武营"，移兵主攻广东。徐鼒《小腆纪年附考》卷16顺治六年十月初四日条称："王师破梅岭，赣州守将高进库为向导，焚枯树，屯兵中寨，肇庆大震，命（罗）成耀戍南雄以御敌，成耀不敢进，次于韶州。"刘国昌此时挺进广东，无疑为扰清而来。按刘出走，固为吴党官僚堵胤锡所诱使然，但农民军本身并无党派成见，刘国昌并未"由桂林出楚"而与楚党内讧，如堵胤锡所唆使者，而是向着清军主攻方向到广东来与楚党的李元胤合作抗清。这充分显示了农民军将士们朴素的民族感情，他们愿意在抗清的目标下与南明统治集团的一切派别合作，而不愿意卷入党派冲突。

至于《所知录》所谓"受约束"云云，钱氏《藏山阁集》称：

端州兵不下，返旆御淮侯（自注："忠贞营裨将刘国昌兵散入端州各属"）。莫问粤东急，须防内地忧。督师真失策，酿祸至今留，受诏虚靡饷,何时厌尔求?(自注:"初,督师宜兴堵公招此兵出,至今为患")[1]

  当广州受围之时,元胤独以禁旅数千留守端州。忠贞营数万之众,阑入其境。元胤悉守险隘,移檄其将,约束士卒,不令擅动一草。由是秋毫无犯,郡以获安。

可见刘国昌部军纪严明,仍承忠贞营之作风,"秋毫无犯,郡以获安"。钱氏谓此乃李元胤"移檄""约束"之使然,楚系军阀本即习于"钞掳"之辈,如前引杨大甫部之所为。安可复"约束"?他部盖大顺军余部中忠贞营为自成嫡营,军纪向称严肃。顺治二年,高、李初至湖北时,屯于荆州、当阳间,清方即有"近日闻彼与百姓公买公卖,并不杀掳"[2]之奏报;永历三年,高、李入广西,史称"忠贞营在浔南,亦下令禁侵掠"[3]。至是国昌虽与高一功等分道扬镳,犹严饬其军,冀与李元胤真诚合作以解广东之危,抗清报国。顺治七年四月,清军尚可喜等部围攻广州益急,而守将杜永和乃与李元胤讧,拒元胤之援兵。高一功欲率忠贞营东援,亦为永和勾连内监夏国祥等所阻。乃得刘国昌等与各部明军协力,战清军于三水。《岭表纪年》卷4云:

  (庚寅四月)马吉翔、李元胤、马宝、陈邦傅暨勇卫营各发兵进攻三水。三水先有水师罗全斌、陈奇策等扼守。(至)是乃合兵进攻,寻刘国昌亦出肇庆会合。

如是与清军相持两月余,而李元胤辈固守偏见,仍视农民军为仇敌,乃至于"莫问粤东急",置抗清于不顾,而"返斾御淮侯",竟图谋害之。

---

[1]《藏山阁集·诗存》卷12,《行朝集·端州杂诗》(光绪刊本)。
[2]《明清史料》丙编第6本《梅勒章京屯代申报地方情形疏》。
[3]《永历实录》卷11《李元胤传》(《船山遗书》本)。

终逼刘国昌以"反",而广东危局遂不可救。同上卷庚寅(顺治七年)六月条曰:

刘国昌反。自肇庆夜半开舟,执峡口守将,斫其右手足。走攻四会,围四阅月。总兵叶标固守以待,各勋兵到,会赖以全。

国昌钞掳不必言,拿人辄斫手、剐眼、割鼻。会罗承耀出,马吉翔约共图之。国昌觉,遂反。后房陷东省,国昌仍驻阳山山间,时出掳掠境上。

罗承耀即罗成耀,成栋部将,属楚党。马吉翔、陈邦傅则吴党也。可见吴楚"党争"虽烈,而仇恨大顺军则一也。前引《小腆纪年》文曰:"命成耀戍南雄以御敌,成耀不敢进",畏敌如此,而攻击大顺军则嚣张如彼。欲东省不陷,其可得乎?至所云刘国昌种种残暴,以上引钱秉镫所言证之,可知其诬。而吴、楚诸权贵竟欲以此莫须有之罪"共图之",国昌安得不"反"?前引刘希尧等反之,当亦同此类。若《永历实录》称芳亮、希尧欲"降虏",《东明闻见录》亦称刘国昌:"或曰降清,或曰死矣。"然此忠贞诸将虽被诬以"降虏"、只以"钞掠",视为"白毛毡贼",而能坚守楚粤界上,抗击南明军阀与清军之夹攻达数年之久,至顺治十年方汇入大西军继续战斗。

三

刘国昌被迫"反",挥师围四会,自六月迄九月。据《岭表纪年》卷4庚寅九月条云:

马吉翔、马宝、陈邦傅、马应龙等于四会讨伐刘国昌。败之,降其三分之一。国昌遁去,后仍在连(州)、阳(山)山间。

可知国昌为吴、楚两党诸军阀合攻,败于四会后,退入楚粤边之连州、阳山一带。前此刘希尧部大顺军左营亦在阳山、宜章一带山中活动，其余部当于此时合于国昌，遂以"白毛毡"或"白头"而知名于两省。当顺治七年清军攻陷广东后，刘国昌仍频频出击，打击清军。史料多有反映，如顺治八年十一月十八日清广东巡抚李栖凤揭帖有云：

> 七月十二日据防守乳源中军都司叶得魁塘报：白毛毡前已逃遁，今复踞龙溪地方，□□□七十余里，虽隔稍远，势欲侵犯乳（源）地等□□□［情，卑职］恐怕门庭时难接应，随与（南）雄、韶（州）各将商议，即于十三日督兵前往彼地……于十四日连夜官兵下马步行绕径登险……十五日黎明趋至贼营。逆贼知觉，前来交敌。（甲喇章京徐有）才等鼓率各兵，奋勇冲进，当阵杀死贼兵数百有余……其中负拒残叛，遁入长溪山内，岭高路窄，不能追杀，当收兵回营……该职看得：逆寇白毛毡，即伪淮侯刘国昌也。窜踞龙溪地方，荼毒生灵。而甲喇章京徐有才、张文升等秣马厉兵，潜师渡险，当阵斩级数百，因垒复降四将，夺获器仗累累可纪……[1]

据此可见忠贞营刘国昌部据险抗击清军之壮烈战况及艰难处境。至顺治九年，刘国昌复与楚粤边界原有抗清武装"红头""四营"等合作，南下英德，进逼广、肇，打击清军。[2] 至于"四营"，当时活动于楚粤赣边区的有两支，一为"四营兵"，主要是江西金声桓、王得仁余部。金、王败后，他们分散活动于闽粤赣边区。另一为"四营头"，原系江西诸"峒贼"之一。[3] 隆武末，杨廷麟、万元吉等战败，"四营头"余部退入广东，[4] 遂为"粤贼"。后来"四营兵"亦散入粤境。据顺治八年十月清江西提督刘光弼揭帖，时"粤贼四营头、九龙营、翻夫王"等已与"四营兵"张、曹、

---

[1]《明清史料》丙编第9本。
[2] 转引自李瀚章：同治《湖南通志》卷88《武备志·兵事》。又《明清史料》丙编第8本。
[3]《小腆纪传》卷3。
[4]《藏山阁集·文存》卷2《与开少御史书》。

洪、李诸部及南明江西巡抚揭重熙、兵右侍傅鼎铨余部合兵[1]。后来与刘国昌合作的，大约就是合营后的"四营"。

刘国昌等忠贞营余部与这些抗清武装的合作是密切的，如林述训纂同治《韶州府志》卷24《兵事》所载：

> （顺治）九年，（红头）贼首吴接琮踞英德鲤鱼塘，焚劫乡村，合韶兵剿之。又有白毛毡贼刘国昌、四营、红头贼、大王飞各拥众万余据含光（英德县西）剽劫。官兵进剿。六月，破四营于流寨。七月，败国昌于蕉岗，追至乳源，大破之。

这样，就形成了以忠贞营余部为中心的"楚粤间"各支抗清力量互为"犄角"的形势。这些抗清力量大都以拥戴永历为号。刘国昌等尽管屡受南明顽固派的排挤而被迫"反"于肇庆，但他们并没有抛弃联明抗清的政策。因此当顺治九年十月大西军李定国东征至梧州时，他们便抛弃了多年来大西、大顺两大农民军彼此的成见，热烈地与之合作。屈翁山《皇明四朝成仁录》卷12《李定国传》云：

> 定国取衡州，楚粤间残兵旧将皆起而应之……遣高文贵乘胜东下，敌将缐国安、马雄、全节等溃走至梧州，三战皆败，复走封川。定国尽得其兵，西粤全复。安定侯马宝、永国公曹志建分攻临武、连山，皆复之。郧国公高必正率兵继至，攻复阳山，定国又复永州。

李天根《爝火录》卷22顺治九年十月条亦有同样记载。又《存信编》卷4壬辰九月条载：

> 永国公曹志建、安定伯马宝自山中出兵应李定国，破楚临武，遂

---

[1]《明清史料》甲编第3本。

自怀集陷阳山，杀知县屠洪基。进攻连州，敌副将茅生蕙拒守。郧国公高必正率部［步］骑万余继至，以锦褥蒙冲东穴城，遂入之，执生蕙至衡州，杀之。兵锋所及，东至清远、增城。

以上三条"高必正"活动于粤北连、阳山间的记载，很明显是指的刘国昌所率忠贞营余部。因为高一功早在一年前已死于湖南保靖，[1]其所部以李来亨为首转战入川峡，不复见于两广。唯"白毛毡"尚"拥众万余"，活动于连州、阳山、乳源、英德、宜章一带。据前引《韶州府志》，在李定国入广东前两月他们还在蕉冈与清军激战。而所以以"高必正"见于记载者，或因高昔日为"白毡帽兵"首领知名之故。

可见，顺治九年李定国东征时，"白毛毡"起响应，大败清军，生擒清将，克连州，复阳山，东进清远、增城。以后，"白毛毡"及刘国昌等人并忠贞营余部的独立活动均不再见于记载。据《存信编》云，"高必正"执清将茅生蕙后献俘至衡州（时为大西军所据），则刘国昌及所部当于此时加入了大西军。与此同时，在两广的其他几股大顺军余部亦走上了这条道路。

四

有关"白毛毡"之一大疑问是：忠贞营在桂之分裂为一次抑或两次？王夫之所记之刘芳亮（或曰"刘宗敏"）、刘希尧出走与鲁可藻、钱秉镫所记之刘国昌、刘世俊出走是否实为一事？所以疑者实有其故：史籍所载此二事颇多雷同；两次分裂之为首者皆为二"刘"；两次出走之路线皆为由桂入粤而至楚粤界上；两次皆被南明目为"叛"，以"白毛毡贼"名之，并皆有欲北上降清之诬传，等等。

然而虽有此疑问，笔者仍认为以目前所知史料论，似应视忠贞营之分裂为两次。其缘有四：1. 上述四端固可疑矣，而未可证伪也。2. 希尧之

---

[1] 见拙文《高一功之死考》，待刊。

"叛"为楚系杨大甫所诱，时在己丑，地在梧州；国昌之去为堵胤锡所煽，时在庚寅，地在浔州。诸书所述颇详，而王夫之、鲁可藻、钱秉镫、瞿共美诸作者皆当时与事人，所述未可轻视。故二事虽有若干"巧合"而实难视为一事也。3. 至若二事不并见于一书者亦有可释之故：（1）作者偏袒。鲁、钱、瞿三人皆不满于堵胤锡，故以刘国昌之事彰堵之"失策酿祸"，而船山则誉胤锡为"非（何）腾蛟所及"[1]。（2）囿于所闻。若船山于刘国昌逼上梁山之时已失望于朝政，辞官求隐矣。（3）二事亦非绝不并见。若鲁可藻《岭表纪年》中虽详记刘国昌之事而未提刘希尧之名，但亦言及杨大甫"至梧州，收忠贞（营）三千余人，而气遂骄"事，与夫之所记合，而与刘国昌之"叛"显为二事矣。4. 王夫之书成于康熙十二至十七年间，远年回忆，人、地名往往有误，昔人（如傅以礼、李慈铭、刘毓崧等）屡言之矣。其所记忠贞营入桂后首次分裂事必有之，而为首者之名确有误记，以今所知，刘希尧与其事大致可信，而另一刘或谓芳亮，或谓宗敏，笔者以为皆误记也。以情理度之，此一刘姓者盖为刘汝魁。其人亦大顺军左营名将，忠贞营围攻荆州时尚为九大头领之一[2]，此后则不见于记载，亦不闻其死。此次左营闹分裂时他若尚在，亦应与其事，或其与希尧即为首之二刘者也，船山失记其名焉。

总之，"白毛毡"乃大顺军余部在广西两次分裂所致，"白毛毡"之首领诸刘在大顺朝非列侯爵即为制将军，堪称名将，约2.5万名忠贞营将士随之出走，使在荆州、湘南两度遭重创的忠贞营又受到一次沉重打击。兼其时疫疾流行，李过、田虎、张能等相继病死，更如雪上加霜，使农民军"连丧大帅，兵士离合不一"，"日益弱"[3]。顺治六年夏，忠贞营入粤之初曾有众近10万[4]，到次年四月即剧降至2万人矣[5]。故此事非特使大

---

[1]《永历实录》卷7《何堵章列传》。
[2] 见顺治二年七月二十五日荆州副总兵郑四维揭帖。
[3]《永历实录》卷13。
[4]《爝火录》卷19。
[5]《皇明四朝成仁录》卷11（《广东丛书》本）。

顺军余部大丧元气，即于南明史之全局亦关系非小，因其时正如瞿式耜所言："今日朝廷所恃者，忠贞营耳！"[1]

另一方面，从"白毛毡"之事亦可见大顺军联明抗清之一侧面。"白毛毡"即"白毡帽兵"，其服制仍沿大顺之旧，而淮侯、岳侯之爵亦为李自成所封，彼时不特二刘犹自称其爵，即南明文士亦于史籍中大书之而不谓其"伪"，似已视为既成事实而默认焉，可见自成余部虽联明而并未自绝于传统。又南明诸书皆谓"白毛毡"欲降清，而究其实，诸刘皆抗清到底。旧史家之偏见及忠贞营之"忠贞"，皆可为之浩叹也。

原刊于《陕西师范大学学报》，1993年第3期

---

[1]《瞿式耜集》，上海古籍出版社1981年版，第146页。

关于贺珍与清初陕南抗清运动的若干问题
——与童恩翼同志商榷

贺珍是大顺农民军的重要将领,在明清之际陕西的历史舞台上曾起着举足轻重的作用。近年来,学术界对他颇有毁誉。有的誉他为"农民军英雄"[1],有的则认为他是"农民军叛徒"[2]。最近,童恩翼同志撰文认为以上两种观点,"是看问题的两个极端",表示反对用"英雄""叛徒"(或曰"正面人物""反面人物")的模子去套贺珍。然而通观他的文章,却使人感到他的实际观点其实与"叛徒"说并无什么不同。他认为:1."贺珍降清罪无可逭"。2.贺珍"是作为地主阶级的一员而不是继续作为农民军将领"而起兵反清的。3.贺珍在夔东十三家时期是个"'我'字当头的土皇帝式的人物",而且还有"二度又降清"的嫌疑。果如是,则拿"叛徒的模子去套贺珍"其实未尝不可。然而事实未必如此。对贺珍的评价,实际上关系到对清初陕甘抗清运动性质(是"地主阶级"的运动还是以农民军为主体、包括其他阶级的民族斗争)的看法,因此不揣浅陋,辨析如下,以就教于童恩翼同志与各位师友。

一、贺珍诈降有据

童恩翼同志认为贺珍降清"罪不可逭",根据主要有二:一是他认为

---

[1] 马明达:《贺珍事考述》,《陕西师范大学学报》1981年,第1期。
[2] 韩长耕等:《李自成死事有关档案材料的澄清》,《新汀评论》,1981年,第12期。童恩翼:《贺珍的降清与抗清问题》,《江汉论坛》1982年,第8期;《李自成败亡及余部由降清到联明新探》,《武汉师院学报》1982年,第2期。下引童恩翼同志观点均出自此二文,不另注。

当时陕南形势很好，"何险之有？"贺珍"何须诈降？"二是贺珍本人有一份"自供式的揭贴"，足为其罪证。我们认为这些理由是难以成立的。

首先，当时的"形势"并不像童恩翼同志所说的那样美妙。童文称，当时"多铎、阿济格已先后率重兵离开了陕西"，殊不知贺珍"降清"在二月[1]，而阿济格是三月才离陕南下的。除阿济格所率的八旗主力外，当时在关中、商州、凤翔一带还屯驻着唐通、董学礼[2]等部。在汉中以西的徽、阶地区，则有早在顺治元年十二月就已降清的高汝利、石国玺、胡向化等军队二万余人。南边的大西军势力正盛。童恩翼同志说贺珍"原来就是在川陕边境对大西军作战的胜利者"，似乎由于这个"胜利"南边大西军的威胁就不存在了，这也不符合事实。在东面，当时商州、武关、兴安、平利、白河、上津、郧阳等地都已为清军与先同农民军作对，后又降清的明军所占据[3]。童文说，如贺珍不降，"自可在汉中到内、邓的千里山岳地带（与李自成所率主力）声气相联"。而其实贺珍当时与豫楚大顺军的联系早已被切断了。至于童文所谓"李过、高一功又率陕北劲旅至，实力倍增，陕南形势，何险之有"的诘问更不能成立。因为童文所引贺珍那份"自供式的揭贴"表明，贺珍"降清"在前，李高过境在后，"贺珍哪是什么'一旅孤军'。何须向清军诈降"的质问，是没有道理的。事实上，贺珍决定诈降时，他的确是四面受敌、处境险恶的"一旅孤军"。不仅如此，这支孤军内部还存在着严重问题：当时驻汉中的大顺军贺珍、罗岱、郭登先、党孟安四部原非一派，貌合神离，其中"罗岱乃曹操（罗汝才）亲信之人，非贺珍族类"，是个真正"罪无可逭"的叛徒[4]。郭、党二人与贺珍也不一心，强敌外逼，奸宄内生，贺珍面临的形势是极为严峻的。

---

[1]《明清史料》甲编第二本《总兵官贺珍揭贴》。
[2] 同上书，丙编第五本《凤翔总兵董学礼揭贴》。
[3] 高斗枢：《守郧纪略》；《小腆纪年附考》卷11；《明清史料》丙编第二本《定西侯唐通揭帖》。
[4] 孟乔芳：《孟忠毅公奏疏》卷上，顺治二年闰六月初十题本。

童恩翼同志的第二个根据，就是他所谓的贺珍的一封"自供式的揭贴"。的确，在这封揭贴里，贺珍向清统治者做了许多近乎肉麻的表白。仅从表面上看，这个文件确乎是证明贺珍死心塌地为清朝卖命的"最直接、最重要的史料"了，但是请不要忘记这份揭贴发出的日期："顺治二年十一月二十八日"，贺珍誓师汉中起兵反清是在十一月底到十二月上旬（按：贺珍起兵日期各书未有明载，《小腆纪年附考》载于十一月，而据内阁档案顺治题本贼匪281~2顺治五年正月十五日孟乔芳题本，贺珍大军于十二月十五日已包围凤翔，凤翔到汉中九百里，贺珍起兵当在十二月上旬），也就是说，贺珍这封"表忠书"是在他经过数月密谋终于一朝发难的前夕发出的，揭贴墨迹未干，陕南已燎原，因此所谓"蹈舞欢腾、莫知所自""誓死捐糜，以答国恩"云云，当然只能看作迷惑敌人的"烟幕"。

在这份揭贴中，贺珍还提到了他的三项"战功"：将陕北大顺军李锦、高一功等部"驱剿逃溃"；"殄阳顺阴逆，播害地方之党孟安、郭登先"；以及十月间进攻大西军等。童恩翼同志如同相信贺珍"誓死捐糜"以效忠清室的"誓言"一样，相信这些"战功"，因此这里有必要对之逐一加以分析。

我们知道，陕北大顺军包括原大顺军后营的全部与前营、中营的一部分，南下途中又会合了一部分甘青驻防军，是大顺军的主力兵团之一，其中仅李过一营即有众四万，全军号称三十万。在陕北曾挫败过阿济格率领的八旗主力，其战斗力可知。贺珍虽然也是一员勇将，但毕竟不能与李、高并论，且兵力仅二三万人，他能轻而易举地把阿济格、吴三桂都对之无可奈何的陕北大顺军"驱剿逃溃"吗？况且童恩翼同志自己也认为，贺珍当时是千方百计保存实力拥兵自重的所谓"'我'字当头的土皇帝"，他肯冒这个风险吗？童恩翼同志可能自知不好解释，所以他又想象说：陕南"暗中进行的阴谋勾当"，从陕北乍到的李、高"未必洞悉"，因此遭到"昨天战友"的"突袭"。但贺珍自己在这个揭贴中明白地说，他在李、高过境之前早已"申严纪律，安抚士民，即称顺治年号"了，这哪里还是"暗中进行"，李过等怎么会不知道呢？

按照惯例,既有如此战绩,理应上缴一些旗帜刀枪"伪印""伪札"首级俘虏之类以为凭证,姜瓖大同反戈后就是这样做的。而贺珍却什么也没有交出来,只是指使一些"乡绅士民人等"出来作证,"俱言贺珍等杀死李锦……是实",直到四月份他们仍坚持"杀李锦"之说,孟乔芳对这种此地无银三百两的证词将信将疑地认为"似真"[1],但曾几何时,四月里这"自陕西延安逃下即闯逆伪封侯封伯李锦等六大头领"一个不少地走出巫巴群山,出现于江汉平原上了[2],于是贺珍又改口说只是把李锦等"驱剿逃溃"而已。然而此后贺珍与李过父子等人两度相聚于川楚边区,却根本看不出他们有过什么芥蒂,贺珍与其他大顺军余部此后长达十余年的密切合作,证明"杀李锦""驱剿逃溃"之说是不可信的,这点我们在下文中还要谈到。

李过等人在西安失守,自成仓促南走以后,就与大顺军指挥中枢失去了联系,形势分析与这支部队其后的行动都表明他们的当务之急是与李自成率领的大顺军总部会合,而不是如童文所说的是"在陕南立足",从二月底到四月初,他们偃旗息鼓,在崎岖群山中绕道数千里,历时一月余,从陕北来到荆州境内。现存陕西、陇东与川北的地方志中都没有关于这段征程的记载,熟悉有关地方志史料的同志都知道,如此规模的一支大军在这样长的征程里不留痕迹于方志之中,在清初农民战争史上是极为罕见的。孟乔芳认为"杀死李锦""似真",也证明清方当时并不知道这支军队之行踪,因此,贺珍散布的这个谣言无疑给这支部队的行动提供了掩护。其次,我们还有理由认为,贺珍后来的抗清计划,很可能事先已与路经汉中的李、高部通了气。人们注意到,这年十一月十五日,即在陕南抗清大起义前半个月,由刘体纯率领、包括西北回民将领米国珍等在内的一支大顺军就从李、高驻地的荆州附近出发,长驱北向,直逼西安,这时正值贺珍在关中战败,他们在商州遇阻后折向陕南,与自

---

[1]《孟忠毅公奏疏》卷上,顺治二年四月题本。
[2]《明清史料》丙编第五本《驾臣李可学奏本》。

西安败回的贺珍等会师。从军事学的观点看，如果刘体纯事前没有与贺珍取得联系，这样的现象就使人难以理解了。

至于贺珍杀党孟安、郭登先又是怎么回事呢？原来清廷对贺珍等的"降清"一直持有戒心，尤其是童文认为"不是糊涂虫"的"清初汉族能员"孟乔芳，对贺、罗、党、郭四部"蚁聚汉城"更是担忧，因此早在三月中收到"降表"后，他就发出了"二人守汉中，二人赴西安"的调令，意在分而治之[1]。后来又一再"行牌调出栈道，欲以弥其逆萌，清其凶势也"[2]。然而陕南大顺军并不买他的账，"贺珍等仍驻汉中，肆行屠掠，屡经檄调，藉口汉民保留，支吾不前"[3]。不料到了六月，罗岱突然叛降，率部从汉中到西安，后来被清廷"调赴延安讫"。这一事实使形势突然变化，六月十六日，孟乔芳派亲信谢一鹏专程在十日内（这比当时同类奏疏递送速度快一倍以上）把一封"恳乞留内不必抄发"的"密奏"飞送北京，内称："贺珍、党孟安、郭登先、孙守法等尤怀叵测，尚未冰消。"这个情况很可能是得自刚刚叛降的罗岱之口[4]。不久，清军加强了凤翔府栈道各隘口的防御，孟乔芳并于闰六月十日题称："贺珍等原属狼子野心，阳顺阴逆……同处一城，亦恐不测"，他除了仍坚持把贺、党、郭三人分调隔离外，又准备以清将董学礼、康镇邦二部入汉中，协同监视贺珍的尤可望"犬牙相制"，"相机进剿"，在"汉川相界其投顺州县俱设立我兵，以驻防奸宄，再于贺（珍）兵之中择堪入伍者，散布各营，不堪者解散为农，庶观望之群小自然驯服无虞矣！"[5]很明显，孟打算以武力强行解散陕南大顺军，如果这一阴谋得逞，陕南大顺军将遭灭顶之灾。

在这紧张的关头，七月份突然发生了贺珍杀党、郭二人的事件，此事原委今已不得其详。但党、郭绝非因"阳顺阴逆"而被杀，则是肯定的。

---

[1]《明清史料》甲编第二本《孟乔芳启本》。
[2]《孟忠毅公奏疏》卷上，顺治二年闰六月初十日题本。
[3] 同上。
[4]《明清史料》丙编第五本《孟乔芳奏本》。
[5]《孟忠毅公奏疏》卷上。

因为从呈前后孟乔芳等人的奏文与贺珍后来的行动看，"阳顺阴逆"的正是贺珍本人。因而此事真相不外两种可能：一、党、郭二人也是"阳顺阴逆"的，则此事属于那个时代屡见不鲜的农民军内部火并，但由于当时环境险恶，这一可能性是不大的。二、党、郭二人在危急的形势下动摇，想效法罗岱，而为贺珍所杀，从事态的发展看来，这种可能较大。贺珍既杀党、郭而兼并其部，则清廷借调离党、郭而拆散汉中大顺军的阴谋自然破产。同时由于"非贺珍族类"者被清除，陕南诸军加强了统一指挥。这时阿济格早已离去，孟乔芳自然不敢轻举妄动，于是董学礼等入汉中"相机进剿"之议亦胎死腹中了。

贺珍本来就是李自成为了对抗张献忠而派驻陕南的，但是在贺珍诈降以后，他与大西军之间的冲突已基本停止了。最明显的例证是：约与贺珍伪降同时，张献忠派驻川北保宁的大西政权四川巡抚吴宇英（原明兵科给事中）叛变降清[1]。"张逆愤恨吴宇英投顺我朝，围攻月余"，而贺珍不顾孟乔芳等连檄催逼，"坐视不救，以致陷毙，大拂来归之望"，孟乔芳把此事看作是贺珍"阳顺阴逆"的表现之一[2]。可见当时"心怀叵测"、密谋抗清的贺珍，对与大西军作战并无兴趣。

这年十月，清廷以张献忠据川不降，"朝命西安驻防内大臣何洛会为定西大将军，会剿四川"[3]，此时贺珍已兼并了党、郭，实力加强，董学礼、康镇邦因之不敢入汉中，于是清方改换手法，封贺珍为定西前将军，亦即定西大将军的前锋。企图以何洛会大军居后施加压力，驱赶贺珍入川与大西军作战。几乎与此同时，李过等在湖广向清方诈降时，清方也是令他们进攻南明，以唐王控制下的"常德澧州地方居驻"。对李对贺，清方采取的是同一种伎俩。因此，"定西前将军"之封，并不意味着清方对贺珍的怀疑已消除，相反地它意味着贺珍所受到的压力加大了。

---

[1]《明清史料》甲编第二本《孟乔芳揭帖》。
[2]《孟忠毅公奏疏》卷上，顺治二年闰六月十日题。
[3]《张文贞公集》卷7。

在这种情况下，贺珍一方面加紧联络陕甘抗清力量准备起事，另一方面也采取一项掩人耳目的行动，这就是童文认为贺珍的大罪之一的"十月攻打大西军之役"。关于此役的真相，费密《荒书》乙酉十月条写道：

> 献忠令守保宁贼将刘进孝复屠保宁，绵州等州县皆屠，贼收兵还潼川州。贺珍先锋王老虎（按即贺珍揭帖所称之王加贵），别将严自明、郑天禄至保宁，火犹未熄，珍兵大掠，还汉中。

可见，贺珍只是派了几支小部队趁大西军主力不在之机。到川北游行了一趟而已。

总之，贺珍揭帖并非什么"自供"，其中炫耀种种武功也是别有用意的，我们怎能对此深信不疑呢？

童文认为：贺珍诈降对当时的大局"影响是严重的"，它使李自成"在从汉中到内、邓的千里山岳地带""与阿济格周旋"的战略计划受到破坏，不得不退入平原，在满蒙铁骑的追击下覆没，"给清军打垮李自成帮了大忙"，他甚至认为：连大西军一年多以后的失败，贺珍也要负责任。我认为这些论点也是可以商榷的。

首先，童文关于李自成离陕后的战略意图的说法，就很成问题。他只凭李自成南撤中曾一度屯兵内、邓和崇祯年间李自成曾"息马汉南"这两点，得出了李自成"要想重演当年故事"的结论，这未免过于轻率。我们且不谈李自成是否曾"驻兵内乡五十天"以及当年"息马汉南"之说是否可信（如所周知，这些问题都是有异议的），仅就当时所处的形势来看，他能带着几十万众"息马汉南"吗？他果有此意，何不在西安直接由子午谷、黑水峪、褒斜道、连云栈等道路径入汉南，或由商州入商雒山，而要跑到平原边缘的邓州去呢？他"息马汉南"，鄂、豫等地的广大地盘与部众怎么办？拱手让人吗？童文把"从汉中到内、邓的千里山岳地带"描绘成一片广阔天地。我们且不说它的很大一片地区当时已不在大顺军的控制下，即使这"千里山岳"皆为大顺所有，也不过是秦岭、巴山之间的一块狭长地带而已,何况北有清、南有大西,如果只是千余万把人,或可如鱼得水,几十万大军到了这里如何"周旋"得开?童恩翼同志津津乐道于"息马汉南",却忘了还有"误入车籍峡"的典故了。

我认为,李自成仓促离陕之际,很难说他已有了什么周密的战略计划。从他后来的所为看,他当时的急务,一是尽快把陕西失败后散在各地的部队集中起来,形成有组织的战役集群;二是向东、向南发展。但无论如何李自成是决不会因为有惧于"剽悍的满蒙铁骑"而把"一望无垠的江汉平原"视如敝屣的。

我们看到,在九个多月里,贺珍以种种手段对付清廷,得以渡过罗岱叛降造成的危局,阻止清军进入汉中,抵制清分割、调离、遣散、改编乃至消灭陕南大顺军的计划,粉碎了孟乔芳把陕南抗清运动扼杀于未发的阴谋,从而保住了汉中这个秘密抗清基地与大顺军当时在北方所剩下的最大的一股武装。同时也得以争取时间、调整政策,联络其他愿意反清的社会力量。前引孟乔芳六月十六日紧急密奏中"贺珍……孙守法等尤怀叵测"云云,证明贺、孙之间的反清密谋活动在顺治二年六月前已开始。此外,贺珍还与甘肃大顺军余部贺弘器、李明义以及陕甘各地的武大定、高汝利、石国玺、徐昌年及陕南陕北一些地方义军与寨堡武装也取得了联系[1],因此陕南抗清义旗一举,旬日间八方同起,形成燎原之势。《世祖实录》三年正月甲子:"陕西巡按黄昌允(胤)、泾阳知县张锡蕃,坐从反贼孙守法,俱弃市";《明清史料》丙编第六本陕西道监察御史罗国士《揭帖》:"黄昌胤、张锡蕃送印投贼,显然叛逆……著该督抚会同定西大将军……就彼正法,以儆不忠。"可见,贺、孙等人的密谋活动还深入西安城内,甚至深入到了某些清方中高级官员中。因此贺珍诈降以后,是为抗清事业做了不少工作的。对他这段时间的活动基本上应该予以肯定。

---

[1] 第一历史档案馆:顺治朝揭帖第76号。

二、贺珍起兵性质问题

顺治二年十二月初，贺珍在汉中起兵抗清，"领劲卒二万出连云栈"[1]，十五日克凤翔。当地驻军武大定、石国玺与宝鸡驻军高汝利皆响应，十六日克陇州，二十一日克固原，杀清总兵何世元，至二十四日，明都司徐昌年起于静宁，大顺军将领贺弘器、李明义起于灵台，康姬命起于同州，刘文炳、郭君镇起于宜君，郃阳、朝邑人民"各杀守令以应"。清军自山西来援，路经朝邑，"百姓伪持羊酒迎犒，醉而歼之"，"周至、鄠、郿、泾阳、三原、临潼、澄城、白水诸县次第来归，军声大震"，"黄金鱼、焦容、仇璜俱应之"[2]。清陕西巡抚雷兴惊呼："贺珍反叛，凤属八邑焚掠殆尽，而孙守法之党羽李鹞子等并窃发于同、澄、蒲、朝、乾、武、周、鄠之间"[3]。清西延捕盗同知张有芳、同州知州李遇知、郿县知县宋永誉、白水知县索应运等皆被杀，其余各地官守"有闻风弃城而逃者，有贼未至而输款献印者，有与贼解送粮草火炮者"[4]。十二月中旬，贺珍即已近抵西安城，与孙守法等联兵七万围城，二十五日开始攻城。城内"平阳人曹三俊、王英、师可宗谋以城应，事泄被杀"[5]，甚至陕西巡按黄昌胤等亦因卷入密谋而被处死。同时，蒋登雷占阶州，王元、马德杀清宁夏巡抚焦安民，占领巩昌，"宁夏、甘肃、神木、靖边各以兵来附"[6]。二十天时间里，抗清高潮从陕南席卷了西北大地，成为清初历史上极其壮观的一幕。

参加抗清斗争的阶层十分广泛：贺珍、贺弘器、李明义以及后来的刘

---

[1]《滟滪囊》卷3。
[2] 第一历史档案馆：顺治朝题本。贼匪类，281：38号；顺治朝揭帖，76号；《清世祖实录》顺治二年十二月丁未；《小腆纪年附考》卷11；《南疆逸史》卷6。
[3] 第一历史档案馆：顺治朝启本105号。
[4]《孟忠毅公奏疏》卷上，顺治二年三月初四题。
[5]《小腆纪年附考》卷11。
[6] 同上。

体纯、米国珍、刘秉义、苗希旺等是大顺军余部；孙守法、高汝利、石国玺、蒋登雷、胡向宸以及后来的赵荣贵是降清的明军军官，还有举人姚翀霄，诸生王知礼、李世仁等一批知识分子，张应元、刘文炳、郭君镇以及"青觜寨渠折自明、三十六寨渠王希光、辘辘寨渠高一祥"，"天峰寨渠张贵人"等地方势豪，"流贼一朵云、马上飞"等小股农民或流民武装，"营官郭志、李旺名"等一些下层小吏。然而首先发难并在整个运动中起主导作用的是贺珍为首的陕南大顺军，当时留下的档案对此有不少记载。如"十二月十六日，有叛将高汝利乘贺贼之乱，劫掠宝鸡，率领叛兵至陇州"，"十二月内（武）大定探得贺兵乱，叛至固原"，"静宁州……十二月二十四日……被徐昌年乘贺贼入境，起叛心，拥进州衙"，[1] 等等。《清史稿》中也多处称之曰："贺珍与其党孙守法、胡向宸等分踞汉中、兴安"，"贺珍与其徒孙守法、胡向化等以七万人攻西安"，"贺珍等倡逆，各处响应"[2]，等等。可见，弄清贺珍起兵性质是确定陕甘抗清斗争性质的关键。童恩翼同志把贺珍的反清看作地主阶级的起兵，实际上也就把清初陕甘抗清斗争从以农民军为主体的联明抗清运动中排除出去了。

童文的根据，除了关于"全国抗清斗争新动态"的一段泛论外，真正落实到贺珍头上的只有一条，就是贺珍"降清"后，孟乔芳曾从汉中的"乡绅士民人等"那里听说贺珍"纪律甚严，民间秋毫无犯"，在童恩翼同志看来这就证明贺珍"维护地主阶级利益，镇压农民反抗斗争"。我觉得，这样看问题未免太简单化了。众所周知，晚明史料中不乏农民军纪律严明，而"官军"烧杀抢掠的记载，这些记载大都出自地主阶级文人之手，如果都按童文的逻辑去推论，那就不可想象了。其实在地主口中与笔下，对贺珍及陕南大顺军的污蔑与对其"纪律严明"的承认相比，不知多多少倍。就在贺珍诈降期间，孟乔芳也多次报告说："贺珍等仍驻汉中，肆行屠掠。"（见前引）童恩翼同志对此又如何解释呢？即使贺珍

---

[1] 第一历史档案馆：顺治朝揭帖76号。
[2] 见《清史稿》何洛会、孟乔芳、张勇诸传，《清史列传》诸传亦同。

在汉中对地主阶级比较客气，也未见得就成了"阶级异己分子"。因为童文也认为田见秀入汉中"不曾对陕南豪绅地主作严厉打击"，贺珍作为田的部将，不过是沿其旧例而已。何以田这样做是"宽厚有余"，而贺这样做则被斥为"变得这样快，变得这么坏"呢？何况当时清军已占领陕西，民族矛盾上升，联明抗清已成为当务之急，在这种情况下，有什么理由要求贺珍把"乡绅士民人等"全都予以镇压？

李馥荣《滟滪囊》卷三记载说：

> 时贺珍汉中兵有三万，闻自成败，自称奉天倡义大将军，谓贺全福曰：大明天下失于李帅主，李帅主失于大清，闻清兵已守长安，今若出其不意，直取长安城，以精兵守潼关，天意未可知也。全福等称善，珍领劲卒二万出连云栈，攻长安城。

刘景伯《蜀龟鉴》也说："贺珍踞汉中，闻自成死，自称奉天倡义大将军，欲取西安据形势以争天下。"[1]按李馥荣为当时与汉中仅一山之隔的川北通江人，其书中称贺珍有部将名贺全福［福全］及所述贺珍与板场山主孙守金之来往等，均为他书所不载而为档案官书所证实者[2]，足见其书可信。这些材料表明，贺珍虽然与孙守法等合作，但与孙不同，贺珍起兵之初并未打出"复明"旗号，也未如孙守法、赵荣贵等那样，在军中奉明宗室（如"秦四子""汉中王"等）以为号召。据《怀陵流寇始终录》卷十六：崇祯十六年正月，"闯贼据襄阳，称襄京，自称老府，奉天倡义大将军，寻称大元帅"。很明显，贺珍"闻自成死，自称奉天倡义大将军"，并"以争天下"为己任，是以李自成的继承者自居的。称将而不称帅，亦以不敢"僭越"，体现出他对李自成的尊崇。这与联明以后孙可望、李定国仍称张献忠为"老万岁"，李过、高一功仍称自成为"先帝"

---

[1]《蜀龟鉴》卷3。
[2] 见李国英：《李勤襄公抚督秦蜀奏议》卷21；《清圣祖实录》康熙四年十一月条。

一样，表现了农民军鲜明的政治立场。正因为如此，在档案、方志及绝大多数官私史籍中，贺珍都被看成是"闯孽""流贼""自成余党""闯贼遗党"[1]。

顺治三年二月，唐王封孙守法、武大定伯爵[2]。如前所述，贺珍在陕南抗清斗争中起着主要作用，而此次封伯不及贺珍，当是贺珍此时尚未称臣于隆武政权之故。但当时民族矛盾上升，为了适应联明抗清斗争的需要，贺珍不久就放弃奉天倡义大将军称号与"争天下"的目标，转而与进入陕南的刘体纯等一起"受孙守法之术，擅称隆武年号"了[3]。然而贺珍所部的农民军地位并未因此而改变。

童文认为，贺珍"抗清后显然也未和原大顺军系统再密切挂钩"，但不知这个"大顺军系统"究竟何指。其实，自李自成死后，就再也没有存在过一个具有统一组织的"大顺军系统"，贺珍当然也不会与这个不存在的"系统"挂钩。但是，如果童文所谓的"系统"仅指大顺军各支余部之间的协作关系的话，那么贺珍不但挂了钩，而且挂得很"密切"。这在他与贺弘器等人的关系上，在他的"奉天倡义大将军"称号上，在下文将要论述的夔东十三家时期的斗争中，尤其是在他与刘体纯在陕南的联军作战上，都有明显的表现。

刘体纯所率大顺军，以兵力或战功论，在联明抗清时期的各支李自成余部中均不占鳌头，但它却十分引人注目。这是因为：一、它是南撤的各支大顺军中后来唯一曾打回北方去的部队。二、它是独立性最强，对南明当局依附性最小的一支部队，在联明后的很长一个阶段，刘体纯一直沿用李自成对他的封爵，自称"光山伯"[4]。三、它是大顺军各支余部中唯一与其他诸部关系均处得很好的部队。大顺军余部自李自成死后分裂

---

[1] 参见光绪《大宁县志》、康熙《夔州府志》《清史列传·张勇传》及《怀陵流寇始终录》诸书。
[2] 《小腆纪年附考》卷12。
[3] 《明清史料》丙编第六本《陕西巡抚黄尔性塘报》。
[4] 同上书，《总兵官王光恩揭帖》。

成各自独立、互相"不齿"的许多支,不仅忠贞营、郝摇旗、"忠武三家"(王进才、牛万才、张光翠)之间龃龉很深,互不合作,就连忠武三家之间甚至忠贞营内的后营系统诸将与左营系统诸将之间也矛盾重重。但刘体纯却与所有各家都能密切合作。在夔东十三家时期以前,他不但长期与同属原大顺军右营的袁宗第并肩作战,而且与忠贞营、忠武营、郝摇旗与贺珍都曾组成过联军,甚至与大西军余部关系也很好,因此后来夔东"十三家悉推体纯为首,听节制焉"[1]。要说"系统"的话,这时刘体纯可算是"原大顺军系统"的代表了。

顺治二年秋,"刘体仁(纯)诸营……引与(李)赤心(即李过)合"[2],可能就在这时,刘体纯从李过等人处得悉了陕南情况,不久,他就率部北上,次年二月底破竹林关入陕,在山阳冲破清军主力何洛会部的阻击,三月十二日进占商州,这时贺珍刚刚在武功濠泗河为何洛会所败而南走。何洛会掉头进攻刘体纯,刘失利,亦南走。五月底,贺、刘在兴安境内会师,旋与孙守法联合攻破陕南重镇兴安城,毙清将康国安,全歼其军,杀清商洛道袁生芝、兴安道杨某、知州曲良贵等。六月又败郧阳清军李开泰、王国祯部,乘胜占领紫阳、汉阴、石泉、洵阳,控制兴安州全境达两个多月,并"安设道州等官"[3]。

兴安战役是陕甘抗清运动中最漂亮的一战,它一度扭转了因西安城下、濠泗河、鸡头关诸役失利而造成的不利战局,极大地鼓舞了陕南人民,自"洵阳抵汉一带,寨民俱已助贼,声势相倚,不下数万",陕楚大震,统治者惊呼"秦民强悍,素称劲敌,粗糲荆棘,皆堪为乱,矧巨寇神奸之乘机煽祸乎?"[4]抗清运动出现的这一转机,使陕西清政权中继黄昌胤

---

[1] 同治《巴东县志》卷14。
[2]《堵文忠公集》附传。
[3]《清世祖初录》顺治三年三月丁巳、己巳、九月壬子、四年八月己巳;康熙《兴安州志》卷三;第一历史档案馆:顺治朝启131号,顺治朝揭帖45号;《明清史料》丙编第六本《郧阳抚治潘士良揭帖》。
[4] 第一历史档案馆:顺治朝揭帖第45号。

事件之后又一次出现了某些官员的反正密谋,《清世祖实录》顺治三年六月载孟乔芳奏:"关西道常道立蓄发通贼,命斩之。"

农民军在兴安的胜利,迫使清廷调集重兵。八月,豪格部下的八旗主力自汉阴攻入兴安,孙守法、武大定、胡向宸等地主武装退入汉北山区,而贺珍、刘体纯两支农民军则联兵退入川北。十月,豪格入川进攻张献忠,贺珍、刘体纯再次攻占兴安。十一月,孟乔芳亲至汉中,指挥陈德、王平、任珍、胡来觐四部分另从东西两路围攻贺、刘联军,农民军苦战半月,先后在贺家坝与兴安城下战败,体纯侄刘秉益战死。兴安失陷,贺、刘联军向川陕边的深山节节退却,在兴安老虎寨、张家寨一带作战数次,顺治四年初再度退入川北[1]。贺珍、刘体纯经此役兵力损失严重,从此无力在陕西境内做大的活动,但他们留在陕西境内的几支小部队,如贺珍部将苗希旺,刘体纯部将米国珍、刘秉义等此后仍然联军作战,坚持了很长一个时期[2]。刘体纯北上后,南明曾于丙戌十月、丁亥三月遥封他为伯侯爵[3]。当顺治二年冬堵胤锡组建"忠贞营"时,刘体纯正与李过等合营,所以他后来虽北上,名义上仍是忠贞营将领之一。在兴安大捷后,南明政府便通过忠贞营名义上的领导人"堵胤锡便宜撰铸敕印给秦土起义者,时忠贞营晋封挂印各十余人……关中河北赖此知有永历焉"[4]。所谓"秦土起义者"当然包括贺珍,这表明永历王朝当时是把贺珍的斗争看作以忠贞营为代表的大顺军联明抗清斗争的一个组成部分的。

在抗清战争中,贺珍也与陕南地主阶级抗清派特别是孙守法、武大定等人进行了合作,但这与贺、刘之间的关系是不能同日而语的。童恩翼同志认为贺珍"与陕南的'乡绅士民人等'沆瀣一气",但正是这些"乡

---

[1]《孟忠毅公奏疏》卷上。
[2]《明清史料》丙编第六本《陕西巡抚黄尔性揭帖》;甲编第三本《陕西巡抚黄尔性塘报》;《孟忠毅公奏疏》卷上;嘉庆《白河县志》卷14,按:苗、米、刘后同合于武大定,坚持陕南斗争直至顺治四年冬。
[3]《三湘从事录》;《岭表纪年》卷1。
[4]《岭表纪年》卷1。

绅士民人等"，在贺珍兵出栈道不久就卖城降清，后来贺珍在关中失利，撤回陕南，而"汉中士民闭门拒守，珍不得入"[1]，致有鸡头关之败。顺治三年冬清军进攻兴安时，原来是以陈德、王平、任珍、胡来觐分别进攻州城的贺刘联军，五郎山的孙守法、武大定与黑水峪的胡向宸，但孟乔芳鉴于贺刘联军是主要威胁，临时改变计划，置孙武等不顾，把任珍等也调来集中会攻州城，而孙守法、武大定等人却拥兵自重，坐视贺、刘苦守兴安而不救，以至事不可为[2]。兴安既陷，贺珍为清军追击，欲奔合"以明宗室据板厂[场]寨"的地主阶级抗清派孙守金，孙竟把这个"闯孽"拒之门外，贺珍无奈，走入川陕楚交界的石梁山中[3]。

可见，贺珍在抗清斗争中与其他大顺军余部属于同一"系统"。顺治五年，清军曾在一次战斗中俘获了贺部的一些将士，有："伪游击二名：何惟秀混名可天飞，陈可印混名上山龙，伪都守七名，老管队九名……并余贼共二百零六名，俱系贺珍带来老本全发旧贼。"[4] 贺珍所率的正是这样一批大顺军的"老本"，他们保持着大顺军"纪律甚严，民间秋毫无犯"的优良传统，出现在抗清战场上，并最后以与其他大顺军余部会师夔东组成"十三家"为结局。很明显，顺治二年至四年的陕甘抗清斗争，是以贺珍、刘体纯为代表的农民军为主体，联合其他抗清阶层而发动的正义的民族斗争。

陕甘抗清斗争在全国农民军联明抗清斗争中占有重要的地位。过去人们常把戊子年金声桓、李成栋反正与壬辰年大西军李定国、刘文秀的东征北伐称之为第一次与第二次抗清斗争高潮，其实，真正的第一次全国抗清高潮应该是在顺治二年冬到三年初。贺珍等对西安，忠贞营与何腾蛟对荆、岳，刘体纯、袁宗第对襄阳的围攻以及东南沿海的反剃发斗争与唐王鲁王政权的抗清斗争是这次高潮的主要场面。就农民军的联明

---

[1]《淯溎囊》卷3。
[2]《孟忠毅公奏疏》卷上。
[3]《淯溎囊》卷3。
[4]《明清史料》丙编第七本《陕川总督孟乔芳揭帖》。

抗清而论，陕西与湖广是两大中心，并通过刘体纯的北伐连成一气。此外，陕西抗清斗争还有力地支援了战斗在四川的大西军。史载："顺治二年冬，贼张献忠据四川未下，朝命西安驻防内大臣何洛会为定西大将军，会剿四川，而遣固山额真巴颜等镇西安，何洛会未及入蜀而逆寇孙守法、赵荣贵、贺珍等……犯西安，围其城，时驻防兵不能支，势甚危急，会巴颜等率禁旅至，内外互击，围始解……明年春正月，复命和硕肃亲王豪格为靖远大将军偕多罗衍禧郡王罗洛宏、多罗贝勒尼堪、贝子满达海暨诸将征四川兼剿西安一路贼孽……方是时，王师在秦日久，绝口不言下四川事"[1]。可见，正是陕西农民军的抗清斗争，打乱了清军入蜀的计划，迫使何洛会、豪格先后滞留秦境，为大西政权争取了一年时间，从而为以后大西军余部在滇黔的抗清斗争打下了一定基础。

三、夔东十三家时期的贺珍

童文对贺珍后期活动的述评也是值得斟酌的，他全文引用了《龙君庙碑记》，称之为"关于贺珍在大宁的信史"，并认为碑中称道贺珍的"招徕抚集""课农练兵""民租减""税课蠲"等也是以李来亨为代表的大顺军余部"各家基本一致的方针政策"。然而他在未补充别的材料的情况下，又把"贺珍跟王二、王三一样"，与"夔东十三家的中坚力量大顺军余部"划清了界限，说贺珍是"'我'字当头的土皇帝式的人物"。这实在令人费解。童文批评马明达关于贺珍、李过在施建地区会师"必使贺珍的力量有所补充"的看法为"毫无根据的'推想'"，这无疑是正确的，然而他接着也"推想"说："两年前贺珍在陕南袭击李过的悲惨事件，彼此应该记忆犹新"，这又有何根据呢？"西山诸将不和"[2]是许多史籍记载的事实，这种不和主要反映在大顺军余部与南明地主武装之间，诸如刘体纯

---

[1]《张文贞公集》卷7《纪平闯献二贼事》。
[2]《存信编》卷5。

与王光兴、刘体纯与牟文绥[1]、李过与"三谭"[2]的冲突，等等。但是贺珍先后与刘体纯、李过（包括李来亨）、郝摇旗都会合过，十余年间到过包括房、竹、夔、巫、宁、昌在内的西山主要地区，从未有记载说他与诸家，尤其是与其他大顺军余部有何芥蒂，这是可以说明问题的。

童文说贺珍是十三家中"不活跃的成员"，这也未必是事实。应该看到，在"十三家"中贺珍是较弱小的一家，他在兴安战败后进入夔东时只剩下数百人[3]，后来有所恢复，但也不过三千余人[4]，因此其动向也就不如"有众数万"的郝摇旗、李来亨等引人注目。现存贺珍活动的记载当然不如郝、李、刘为多，但并不见得比大顺军余部中的袁宗第、党守素、马腾云、塔天宝等为少。

贺珍入川后最初以石梁山为基地，顺治四年十二月曾进攻兴安白土关（今平利），五年夏，又出竹山、竹溪境内，攻克敖家坝、独山、尖山等附清堡寨，与陕南境内义军残部声气相联，"兴（安）属之间人心汹汹，紫阳洞汝河土寇乘机鸱张"。十一月，贺珍谋"渡江截漕"，与清将任珍战于黄泥岗，部将李应全失利被执死。清军乘胜进攻石梁，贺珍兵败，由糍子坪进入大宁、大昌间。顺治六年春，贺珍再次进入陕南西乡、平利一带活动。十月，又与任珍战于屠油坝[5]。顺治七年六月，贺珍又派部队联合摇黄军进入达州、东乡地区，"诱引党狂逞"[6]。

顺治八年，大顺军各部会师西山，贺珍的活动也进入了一个新阶段。顺治九年至十年，贺珍与郝摇旗、刘体纯、袁宗第、塔天宝等部协力，发动了"两关"（白土关、七里关）战役。

---

[1] 同治《巴东县志》卷14。
[2] 《客滇述》。
[3] 同上。
[4] 《明清史料》丙编第七本《陕川总督孟乔芳揭帖》。
[5] 《明清史料》丙编第七本《陕川总督孟乔芳揭帖》；《滟滪囊》三；《清世祖实录》顺治五年十一月，六年三月、十月条。
[6] 《明清史料》甲编第六本《四川总督李国英揭帖》。

地主阶级抗清派兴安伯孙守金、拥明秦藩宜川王踞紫阳境内的板场山，是当时陕南最后一处较重要的反清据点。顺治九年四月，清军兴安总兵赵光瑞开始对其发动总攻，孙守金顽强抵抗，并向夔东大顺军求援，贺珍虽然以前曾在兴安战败后受到孙的排挤，但此时仍顾全大局，挺身赴援，是月与赵光瑞发生激战[1]。接着郝、刘、袁、塔也参加了战斗。十一月初"川'贼'连营，由房入竹，营头扎有五十余里，势甚'猖獗'"，向陕楚要隘白土关发动进攻[2]。战斗断续延至顺治十年六月，"郝、刘等贼欲分贺贼救应板场山，引诱官兵追剿，而郝刘诸孽乘隙窃犯兴属"。于是贺珍向竹林关，刘体纯、袁宗第向白土关，郝摇旗向七里关"三路并出"，"郝刘诸孽，袁贺等贼，合谋分股奔犯兴安，实欲救援逆寇孙守金也"。在这种情况下，赵光瑞不得不把围攻板场山的清军大半调赴各关以阻截大顺军，使孙守金得以坚守一年零五个月之久。七月，战斗进入高潮，大顺军调整部署，"郝贼一营有六七千，系两广之贼，刘二虎一营有五六千，系四川各处之贼，复有沓［塔］贼千余，又将袁宗第逆孽从四川调出，合营一处，今又去调贺畛［珍］之贼……各家抽选精贼五六千前后行走，特来竹溪地方克寨抢掠，侯调到贺珍，八月间合营分股谋犯兴安"，七八两月内，大顺军先后攻克三元观、中山寨、铁炉沟、铜钱寨、万兴寨、滕寨等据点。赵光瑞被迫再次抽调板场山部分围山清军回防兴安老巢，并连章告急求援。七月底，孟乔芳遣清军金蛟等部援兴安。八月十八日，清帝下旨"敕秦川督臣……并敕湖广督臣、郧阳抚臣各调整镇将兵马扼要堵截，分防合剿"。由于两省清军源源开到，至八月底，大顺军虽经苦战，仍未能突破清军防线。九月九日板场山陷落，孙守金等被执，大顺军只得停止进攻，撤回西山各地[3]。

这次战役历时年余，是夔东大顺军余部在顺治年间发动的最大一次

---

[1]《明清史料》甲编第六本《四川总督李国英揭帖》。
[2] 同上。
[3]《孟忠毅公奏疏》卷下；中国第一历史档案馆：顺治朝题本 298：197 号。

军事行动，两省清军全力以赴才挽回危局。战役后，陕西境内不再有抗清武装，夔东义军向陕境内发展的道路亦被堵死。但经过是役，"两关"以东房竹地区的所有附清寨堡均被义军攻克，自是"二竹地方皆系顺贼之民"[1]，夔东根据地的规模从此稳定。值得指出的是，此役完全是大顺军余部发动的，夔东地区的非大顺军武装如二王三谭及摇黄诸家（王友进等）均未参加。这有力地证明了贺珍与其他大顺军余部间的紧密联系。

童文说贺珍"跟王二、王三一样，基本上只是据守一方，绝少与其他各家联合向清方主动出击"，上述史实已证明此说并无根据。至于童文所举的唯一例子，即贺珍未参加顺治十五年二度围攻重庆之役，这也未必可信。据笔者所知，有关是役参加者的记载均系泛指，如"袁刘诸逆""袁刘马塔等一十三家"[2]"刘体纯、袁宗第、李来亨、谭文等十六营兵"等。贺珍未必不在其中。

最后，童文认为贺珍"未必"忠于南明，他有可能在康熙初年又降于清。其根据是《东华（蒋）录》中有"川督报：伪岐侯贺珍，伪富平伯贺道宁等纳款"一句，与《清实录》及《东华（王）录》所载不同。其实，这个问题并不难解决，因为蒋录成书后长期未刊，各抄本互有小异，后来的刊本也不尽相同。据我所知，其中较早的一个刊本——琉璃厂文聚堂本所载就与童文所引有异，而与王录基本相同。而且不管是蒋录还是王录，都注明了其说来自"川督"的奏报，而四川总督李国英的这封奏疏全文保存在其子李雯康熙丁丑刊行的《李勤襄公抚督秦蜀奏议》中，有云："伪署岐侯伪富平伯贺道宁，系已故伪岐侯贺珍之子，当珍存日，窃据大宁，负固有年。自珍物故，道宁改故父之执迷……及我兵进抵大昌，即率众来归。"[3] 看了这段记载，人们不能不在愤于贺道宁卑鄙的同时，对贺珍坚韧不拔地"执迷"于抗清事业表示敬意。

---

[1] 中国第一历史档案馆：顺治朝题本209：205号。
[2]《明清史料》丙编第十本《总督李国英揭帖》。
[3]《李勤襄公抚督秦蜀奏议》卷21。

至此，我们可以对贺珍进行盖棺定论了：贺珍为大顺军的重要将领，在乙酉春的险恶形势下，机智地与清廷周旋，保存了陕南大顺军主力与汉中抗清秘密基地，并以李自成的继承者"奉天倡义大将军"的身份发动了陕南抗清斗争，联合各阶层抗清力量，给清廷以沉重打击。此后的十多年里，他从陕西到夔东，屡踣屡起，在艰苦的条件下与其他大顺军余部一起坚持斗争，"执迷"到生命最后一息，他应该被承认是一位农民军的英雄。他所领导的陕甘抗清运动，则是清初全国农民军联明抗清斗争中永垂青史的一部分。

原刊于《清史论丛》第 8 辑，
辽宁古籍出版社，1995 年版

高 氏

　　高氏，名不详，李自成妻，大顺朝"皇后"。她是陕西米脂县万丰里葫芦旦村人，据说为元末群雄之一的高庆之裔，[1]生于明万历年间，卒于清康熙初年。[2]有的书上说她是高迎祥（安塞人）的侄女，看来没有什么根据。

　　崇祯初年，高氏与其弟高一功参加农民起义。崇祯九年（1636年）五月，李自成所部农民军打回陕北，在米脂县镇川堡地区遭遇明军伏击，损失颇重。这时高氏姐弟"以万'贼'从固原来合队"，势复大振。[3]从此高氏姐弟便加入了李自成农民军的行列。她与自成之结褵当在此后不久。大顺永昌元年四月二十九日（1644年6月3日），李自成在北京登基称帝，高氏被册封为后。[4]

---

[1] 高照初：民国《米脂县志》卷10《拾遗》、卷6《人物志·乡贤》；民国重修《米脂县万丰里高氏族谱》。（原文所记为高一功的情况）

[2] 高氏生卒年月各书不载，唯皆云自成"一妻一妾，皆老妪"（见彭孙贻：《流寇志》卷7及他书），故其生年当不晚于万历末。其卒年详下文。

[3] 戴笠、吴殳：《怀陵流寇始终录》卷9。高氏姐弟在大顺军中资历不是最老的，这可以解释为什么大顺建国之初高一功的职衔（威武将军）与封爵（临朐男）都不很高。

[4] 此据多数史籍记载，见《流寇志》卷14、戴笠：《甲申剩事》等。但当时在京诸人如杨士聪、赵士锦、刘尚友、徐应芬、张怡、钱 等人的著述中均未提及高氏，故她当时是否在京，尚属可疑。另据陕西的一些史籍，如谭吉璁：康熙《延绥镇志》卷5及清代历修《米脂县志》，皆云自成之皇后为刘氏。又，据阿济格奏报，当乙酉年自成南奔而为清军追及之际，其"妻妾"多人均被俘或自溺死。（《清世祖实录》卷18，顺治二年闰六月甲申）。《流寇志》卷14等书亦云自成之"三宫、美人皆为谭太所获"。据此，有理由推测李自成后期曾另立过皇后，高氏远驻陕北，或即与此有关。

高氏在大顺军中虽无正式职务，但她久历戎行，"有智术"，[1]"能知兵"，[2]在军中有一定威信，尤其在李过、高一功率领的大顺军后营中更是如此。李过是自成侄，但一直以自成、高氏为父母，且"事母尽孝"。高一功所部二万人又是该营的精锐。后来的"忠贞营"就是以大顺军后营为基础组建的。

山海关战役后，大顺军被迫退出北京，李自成回西安，李过回陕北，与留守该地区的高一功会合，高氏也到了陕北。是年冬，清军两路大举进攻。阿济格部先陷延安，高、李所部陕北大顺军退守榆林，与李自成的联系被切断。西安旋即弃守，李自成出武关南走邓州。陕北大顺军成了一旅孤军。顺治二年（1645年）正月十五日，李过、高一功、张能、田虎等放弃榆林，[3]奉高氏经汉中、达州、夔州绕道南撤，以图与李自成重新会合。但是，当这支大顺军于五月初进抵荆州一带时，李自成已在九宫山牺牲。随他南下的妻妾后妃与皇亲国戚大都遇难，只有高氏因在李过、高一功军中，得免此厄运。

此时，大顺军余部分成多股，分布在鄂西至湘东间的广大地区，群龙无首，彷徨依违于明、清之间。李过等于四月底到达荆州地区后，就与清方有所接触，至十一月间，与清方断断续续地谈判了半年多。据清方的情报，这期间高氏是倾向于妥协的，她曾"再三劝谕"李过等"归服"清朝。[4]在她劝说下，李过一度"投札到省，似有归顺之意"，条件是"指取湖南，不肯剃头"。然而，由于清廷坚持民族压迫政策，强令大顺军接受剃发令，谈判终于破裂。

与此同时，这支农民军也与南明方面进行联络。明湖广巡抚堵胤锡侦知高氏颇有威望，"军事皆取决"焉，也想通过高氏来做"招抚"工作，

---

[1]《劫灰录》卷2。
[2]《罪惟录》列传卷9下《李来亨》。
[3] 康熙《延绥镇志》卷5。
[4]《明清史料》丙篇第六本《梅勒章京屯代揭帖》。

遂承制"称诏赐高氏命服";[1]甚至"效古人登堂拜母之仪,请先见太夫人（指高氏）,然后行礼"。[2]高氏于是告诫李过等云:"身既许国,须爱民,听主将节制,有死无二,是我愿也。"时人称堵"加礼于高而锦（李锦,即李过）卒始终无异志耳"。[3]高氏在联系南明抗清派与李过等农民军将领间起了相当作用。

隆武二年（清顺治三年,1646年）三月,唐王应堵胤锡之请,封高氏为"贞义一品夫人",[4]为立坊,文曰"淑赞中兴",并颁诰敕,有谓"虽名臣必待真主,亦赖其有贤母而端慈训也……尔以善教为慈,赤心（按李过赐名李赤心）以遵母为孝……尔高氏当时以大义训赤心,俾其一德明良于终始……一统功成,尔子拜爵于奉天殿,尔身受恩于坤宁宫,史册昭然,岂不伟欤?"[5]云云。南明朝廷给高氏如此崇誉,显然是企图利用高氏思想中某些消极因素来"羁縻"李过等人。史称李过"虽受羁縻,性枭鸷","狼子野心,终未易本来面目也"。[6]只是由于高氏姐弟"恒加抑沮",[7]才没有"生二心"。

与堵胤锡达成协议后,李过、高一功所部改称"忠贞营",成为当时抗清的主要力量。永历帝称其"雄冠诸军",[8]瞿式耜亦承认"今日朝廷所恃者,忠贞营耳"。[9]然而他们虽然与南明统治者合作,但仍然保持了农民武装的独立地位。李过等人仍"具疏称李自成为先帝",高氏

---

[1]《劫灰录》卷2,《南疆逸史》卷21《堵胤锡传》。
[2] 任源祥:《堵文忠公续编年史》。
[3] 李瑶:《南疆逸史摭遗》卷6。
[4]《思文大纪》卷5,又《甲申剩事》与瞿共美:《粤游见闻》谓为"忠义夫人",《东南纪事》与邵长蘅:《邵子湘全集·堵牧游先生遗事》谓为"英淑夫人",叶梦珠:《续编绥寇纪略》谓为"一品夫人"。
[5]《思文大纪》卷5。
[6]《粤行纪事》卷1。
[7]《永历实录》卷13《高李列传》。
[8]《瞿忠宣公集》卷4《恢复大捷疏》。
[9] 同上书,《再救王臣疏》。

在忠贞营里也仍被奉为"太后",[1]而不是"太夫人"。南明统治者对此亦无可奈何。

顺治六年（1649年）夏,忠贞营在湘南作战失利,被迫退入广西。南明顽固派军阀初曾陈兵相拒,农民军既入,他们又改变了手法。时南明朝廷内党争激烈,各派军阀势力钩心斗角、内讧不已。其中陈邦傅与堵胤锡同属"吴党",企图利用农民军的力量排除异己,打倒"楚党"军阀李元胤等。为此也想利用高氏在军中的影响。是年秋,经堵胤锡牵线,陈邦傅拜高氏为义母,认高一功为舅,多有馈赠,百般拉拢。[2]高氏姐弟虚与应酬,但拒绝卷入党争,为统治者火中取栗。顺治七年（1650年）五月,高一功在梧州面见永历,谴责顽固派统治者结党营私,专务内讧,危害抗清事业。陈邦傅辈"大失望",双方关系恶化,不久便发展为武装冲突。

这时李过已病逝,顺治七年十二月（1651年1月）,高一功、李来亨奉高氏率忠贞营的大部分部队离开广西,北返夔东。途中高一功战死于保靖,李来亨继统其众,"奉高（氏）命惟谨"。[3]

顺治十年（1653年）初,李来亨、高氏率部渡江进入湖广兴山县境内的白羊山（今湖北兴山县西,当时为南明方面的兴山县治所）,设置官署,建立政权,屯粮练兵,成为"夔东十三家"的核心力量之一。高氏另筑一"义寨"居之,以为犄角。[4]

康熙初年,清军大举"会剿"夔东十三家,郝摇旗、刘体纯、袁宗第等相继牺牲。康熙三年（1664年）二月,李来亨、高氏驻守的茅麓山被三省绿营兵与八旗禁旅共十余万人重重包围,清方通过辰常镇总兵高守贵（高氏之侄,来亨之中表舅）再次劝降。李来亨坚决拒绝,但以高氏年迈,托之于守贵。是年八月五日茅麓山破,李来亨自焚,壮烈殉难。

---

[1]《东明闻见录》。
[2]《永历实录》卷13,《高李列传》卷26《叛臣列传》。
[3]《罪惟录》列传卷9下《李来亨》。
[4]同上书,又见毛寿登:《圣帝行宫碑》。

而高氏却因高守贵力保，得以免死。[1] 此时她已是风中之烛，不久就默默无闻地去世了。

原刊于王思治主编《清代人物传稿》上编第三卷，中华书局，1986年版

---

[1]《罪惟录·列传》卷9下《李来亨》称来亨自焚，"高氏侄守义北归，为辰常总兵，力保，得免死"。《永历实录》卷15《李来亨列传》云："来亨知不能久存，会诸将饮……分遣逃散。来亨母（按：应为祖母）老矣，其中表舅有为虏将者，曾招来亨降，不应，至是，乃遗书以其母托之，遂举火焚寨。"按高氏之侄，正来亨之中表舅也。王、查二书时皆私藏秘稿，无由互见，当各有所本，可信。惟守义乃守贵之误。嘉庆《延安府志》卷26《将才》："高守贵，官辰常总兵……皆延安（府）人。"（亦见乾隆《湖南通志》卷79）《清圣祖实录》卷8，康熙二年三月壬寅湖广提督董学礼奏其"奉命会剿西山巨寇李来亨"，"随同郧阳总兵官穆生辉、襄阳总兵官于大海、辰常总兵官高守贵统领官兵三万人"出征。《李勤襄公抚督秦蜀奏议》卷23，康熙四年五月八日疏称：茅麓山最后合围时，高守贵负责山南象坪一带"辰常镇汛地"。又据《清代档案史料丛编》第六辑，第354页，康熙三年四月十五日李国英塘报，高守贵驻茅麓山最前沿的长芦岭阵地于二月十四日为兴安镇于奋起换防。故守贵之劝降及高氏入其营，均当在此之前。据《清圣祖实录》卷11，康熙三年二月己未张长庚奏，忠贞营的另两位统帅马腾云、党守素亦于是月向清湖广军投降。疑马、党之降系与高氏同出，皆守贵劝降之结果也。

㈣ 教学参考

李自成归宿之谜

一、巨星陨落在何方

顺治二年（1645年）春，威震全国的明末农民起义领袖、大顺皇帝李自成在陕西抗清失败，被迫率军退出西安，经武关、南阳向湖广地区转移。清朝英亲王阿济格在清廷严令督催之下，统帅精锐的八旗骑兵千里穷追，跟踪而来。农民军虽经苦战，毕竟锐气已挫，无力挽回危局，终于在武昌至九江一线，被清军连续七次追击，损失惨重。大顺政权的武将之首刘宗敏，文臣之首牛金星、宋献策等或战死，或被俘，或投降。李自成的两个叔父、三个妻妾与许多将领的家眷都落到敌人手里。李自成本人在这毁灭性的打击之后，也在历史的舞台上消失了。

李自成究竟哪里去了？原来在长江边的激战中，清军截获了李自成的坐船，听说李自成率部分亲随舍舟登陆，折向西南逃去。清军立即以重兵穷追，结果在楚赣二省界上的通山县九宫山区追上了这支农民军。但是李自成本人仍无踪影。不久，在湖广一带对峙的清、南明双方都从前来投降的大顺军余部将士那里听到了共同的消息：李自成在九宫山下率少数亲兵冲出重围，企图到江西去合余部。不料在途中为"乡兵"（当地地主的民团武装）包围，李自成等全部遇害了！消息传来，一时各支大顺军余部"满营聚哭"，而明清地主阶级统治者则弹冠相庆。阿济格立即向北京露布告捷，并准备班师回朝。南明方面负责堵截李自成的总督何腾蛟也向福建的隆武小朝廷报告了这一"好消息"，南北地主阶级都为除了"闯贼"而欣喜若狂。清廷为此举行庆典，祭天告祖。南明也准备给何腾蛟加官晋爵。

然而，明清双方也有不少官员感到怀疑：李自成身经百战，履险如夷，怎么如今竟死在一小撮乌合之众的"乡兵"手里！恰好这时又传来了有关李自成还活着的种种消息，有的说他到了江北，有的说他出没于江西。这下子南北舆论哗然，清明双方的官员们纷纷攻讦阿济格、何腾蛟谎报军情，冒功邀赏。清廷降旨斥责。阿济格连忙上疏谢罪，承认李自成的下落还有待核实，而何腾蛟仍然坚持说李自成已死，但也承认没有见到实据（指李自成的首级），并辞去了南明给他的封爵。

不久查明，关于李自成在江西、江北活动的消息纯属谣传。而分布在两湖各地的大顺军余部，此时也呈现出群龙无首的局面，分别向该地的明、清当局投降，似不复有东山再起之志。更重要的，是七月间武昌总督衙门来了通山县的土豪程九伯，自呈在九宫山牛迹岭下杀死李自成的经过，并上缴了据说是李自成的"龙衣金印"等物。那么，为什么他早不来报"功"呢！据说这是因为当时他并不知道所杀的是李自成，后来知道了，然而当时局势尚未稳定，通山地处明、清控制区界限附近，而此后一段时间内县境仍有大顺军余部活动，因而他惧祸不敢声张。现在清朝的统治稳固了，他才放心前来。清朝当局即派人与程九伯到通山验看尸首。但时值盛夏，两个月过去，"首级"早已腐烂，哪里还能认得出来呢？

尽管这样，清廷还是相信了程九伯的报告。这不仅因为他的话与阿济格从来降的大顺军将士那里听到的最初消息相吻合，还因为当时确实也没有再听说李自成活动的消息。于是清廷就便下了台阶，重赏了程九伯，给了他一顶德安府经历的八品官乌纱帽。就这样，尽管"终无实报"，但关于李自成下落的一场风波，终于渐渐平息了。

此后，李自成死于九宫山之说，似乎已成定论，只是由于辗转相传，"通山九宫山"在许多史籍中变成了"通城九宫山""兴国八功山""黔阳罗公山"，等等。1956年史学界对此进行了讨论，最后确认通山九宫山说为其他各说之始，同时还找到了程九伯后人编写的记载李自成之死的《程氏宗谱》，于是把原来依《明史》记载在通城县修建的李自成墓移设于通山，这就是今日九宫山"闯王陵"之由来。

然而，在清初一些不引人注目的野史笔记中，仍有李自成未死的记载：有人说他在河南鲁山为僧，还有人甚至说在湘西的溆水河畔见到过他。但这些记载未引起人们注意。本来，青山常在，英名永存，李自成与历代的农民英雄一样，人民是永远怀念他们的。黄巢、李顺死后，民间不都流传着他们出家为僧的传言吗？

二、神秘的奉天玉和尚

星移斗转，岁月流逝，三百多年过去了。1980年的一天，湖南石门县夹山林科所的工人在基建中偶然挖出了清初夹山灵泉寺奉天玉和尚的墓葬，引起了有关方面的重视。"李自成死地"这个似乎已不成问题的问题，重新引起了争议。

这奉天玉和尚究竟是个什么人呢？这得从顺治九年，也就是李自成兵败后的第八年谈起。

那年春天，石门县来了个说西北口音的和尚，号奉天、字明玉，住到灵泉寺的废墟里，很快，有不少人来投到他的门下。人迹罕至的古刹热闹起来，不久竟聚集了三千人。这些和尚们隐姓埋名，开山自给，而又不忌酒肉，并且还与附近各县的一些具有反清思想的明朝遗老联系密切，而在这前后数年中，夹山周围常有李自成余部在活动。

这一切当时未引起清廷注意。相反，当时几任石门知县还都很器重奉天玉的"开拓"精神，并为他捐钱置地。但到了乾隆年间，即奉天玉死去七十多年后，石门所在的澧州知州何璘却从当地一位儒学教授那里听到一个惊人消息：奉天玉就是李自成！何璘当即赴夹山调查，他看到了寺里所藏的奉天玉遗像，据说与史籍所描述的李自成状貌相符。他以此与传说及史籍记载联系起来，得出结论说：九宫山事件其实是李自成精心策划的一场"设疑代毙"之计。李自成借此摆脱追兵，逃到夹山"禅隐"起来。"奉天玉"之名就隐喻着李自成：李自成曾称过"奉天倡义大元帅"，而"玉"则是"王"字多一点，可见李自成"至死不去王号"云云。

何璘的结论在石门引起轰动，奉天玉的墓碑被打倒，碑文中奉天玉

李自成归宿之谜　339

等字被铲除。此后石门县关于奉天玉即李自成的传说越来越多。清代学者江昱、徐鼒在其著作中转述了何璘的结论。民国初年章太炎到石门，又搜到五首据说是奉天玉作的《梅花诗》，并认为可能出自李自成之手。约同时，在李自成故乡陕北米脂县，也开始出现了同样的传说，但是在史学界，当时这种说法并没有什么影响。

1980年的发现改变了这种状况。这里有奉天玉徒弟野拂为他撰写的残碑，碑中有"况值戎马星落"等字；野拂本人的墓碑，更有"战吴王于桂州、追李闯于澧水"之句；此外还发现了与章太炎所见的梅花诗风格相近的《梅花百韵》残版，其中诗句也被认为与李自成生平暗合；而野拂碑末有"补之为铭"四字，据说这是李过（字补之）为铭之意。于是不少学者撰写了文章，认定奉天玉为李自成。他们不但继承了何璘关于"设疑代毙"的说法，还进一步提出李自成此举意在促成农民军联明抗清。而且在此后的长期抗清战争中，李自成仍在幕后指挥余部的活动。进而认为李自成不但是农民领袖，还是个高瞻远瞩、深明大义的民族英雄。他们否定九宫山说，认为李自成于康熙年间圆寂于夹山，享年七十余岁。

这些说法引起了热烈的讨论。在讨论中，除主张通山说的同志外，主张李自成死于湖北通城、湖南黔阳、河南鲁山等各家旧说也重新崛起，并都从文献、传说、史迹等方面举出了新的证据。然而讨论主要还是集中在"夹山说"与"九宫山说"之间。夹山出土文物证明何璘所说的奉天玉和尚实有其人，而且是有某种政治背景的神秘人物，但并无确凿证据说他就是李自成。同时，如果他果然是李自成，那么他是如何到夹山的？目的何在？他与尚在活动的大顺军余部有着什么关系？这些问题目前并不能得出可靠的回答。因此在史学界，尤其在治晚明史与明末农民战争史的学者中，确信夹山说的还不多。然而因为九宫山说"终无实据"，在奉天玉身上的神秘色彩面前，要彻底否定夹山说也是困难的。

三、谜中有谜

夹山说与九宫山说之争，如果仅仅是一个"死地、终年"问题，那它尽管有趣，却也无关大局。然而李自成是个身系明清两朝兴亡的人物，围绕他的归宿，人们又发现了许多重大的疑团：

例一，李自成由武昌东下的战略意图究竟何在？史籍说当时大顺军"声言欲取江南"，可是从军事角度看，这样做无异于自投罗网。从政治角度看，也很难设想李自成在为清军逼到生死存亡的关头时还会想着与南明决一雌雄。因此，有人提出李自成只不过是声东击西，他很可能根本不在东下的那支大顺军中。如果真是这样，则李自成也根本不会到达九宫山，更不用说死在那里了。然而今人毕竟谁也不是李自成的参谋长，他当时的意图今人尽管可以有种种猜测，但要证实，谈何容易！

例二，在李自成由西安经武关、襄阳到达武汉时，由李过、高一功率领的另一支大顺军正由陕北南下，经汉中、四川出三峡进入鄂西。这两支部队究竟是统一部署的分兵作战还是失去联络后的各自行动？持九宫山说的同志一般主张后一说，因为后来进入澧州地区的大顺军主要是李过那一支。如果两军未恢复联络，李自成怎么会跑到那里去呢？然而，李自成的妻子高氏，后来的确是随李过军行动的。她又从哪里来？

例三，鄂东战败后的各支大顺军余部，在联明抗清的长期历程中显得关系松散，甚至互相仇视。如李自成仍然在世，他对此应负什么责任？丢下部队任其一盘散沙而跑到夹山去当和尚，这不成了逃兵吗？当然，持夹山说的同志主张联明后的大顺军仍有统一组织的整体，而指挥就是退居幕后的李自成。这样，问题又涉及大顺军在联明抗清时期的活动的总评价了。

可见，李自成归宿问题并不能简单地归之于"死地、终年"，也不光是奉天玉究竟为谁的问题。它关系到明清之际一系列重大事件的内幕，关系到这段历史的全局。可惜谜中有谜，奥妙无穷，难怪它吸引了不少研究者。在他们的努力下，相信问题终有水落石出的一天。

原刊于《中学历史教学参考》，1985年第2期

李岩之谜

在李自成的部队中,有一位著名的谋士李岩,他提出"迎闯王,不纳粮"的口号,赢得了老百姓的支持。此人身世极富传奇色彩,为后世津津乐道。据正史记载。李岩原名李信,河南杞县人,明朝兵部尚书李精白之子,参加科举考试得中举人。因为力劝当地官府停征苛捐杂税,拿出家中存粮赈济灾民,得罪地方政府和豪绅,被捕入狱。李自成部队攻破杞县时,被救出狱,因而投降李自成,后因功绩被封制将军。

但是,一些历史学家考察史实之后,对李岩其人是否存在产生疑问,他们的证据主要集中在以下几点。第一,李精白不是河南杞县人,而是安徽颍州人,即今天的安徽阜阳,这从明朝的进士题名碑录及颍州的地方志均可得到证实。因为李精白隶属河南颍州卫的军籍,所以参加河南开封府的乡试,但从籍贯而言,毫无疑问应属安徽。李精白得中进士后,既没有到河南做官,也没有迁居河南。第二,李岩不是李精白之子。李精白有两个儿子,次子早亡,长子李栩,从崇祯八年(1635)到崇祯十五年(1642),在家乡与农民军作战,最后死于农民军之手。第三,清朝初期,河南开封府和杞县所修地方志以及商丘人郑廉都否认有李岩其人。康熙三十二年(1693),杞县地方志的作者撰《李公子辨》一文加以考证,驳斥李岩存在说的证据:"然阅时未久,故老尚在,其人其事,影响全无,是不可以不辨也。谓其(李岩)乙卯(1639)举人,则乙卯杞惟刘诏一人而已。谓其父(李精白)为甲科部属,则何部何名,杳无凭据;况明季杞人并未有为部属者也。谓其(李岩)所杀者宋知县也,则宋玫乃崇祯元年(1628)自永城调杞,四年(1631)行取吏科,仕至工部侍郎,归至莱阳，守城殉难。自后县官，并无宋姓，科贡秩官，历历可考。"把杞县李岩说驳得体无完肤。两年后纂修《开封府志》的作者同意《李公子辨》作者的意见，全文收录。郑廉在《豫变纪略》中说："杞县李岩则并无其人矣。予家距杞仅百余里，知交甚伙，岂无见闻？而不幸而陷贼者亦未闻贼中有李将军杞县人。"郑廉是河南人，少年时参加过农民军的罗汝才部，他的证词应该较为可信。

学术界有一派意见坚持李岩真有其人，他们也有史料依据。历仕明清两代的著名文人吴伟业在他的《绥寇纪略》中记载："杞县举人李岩者，初名信，熹庙大司马李精白之子也。"以后彭贻孙的《平寇志》、戴笠的《怀陵流寇始终录》、张岱《石匮书后集》、谷应泰《明史纪事本末》，直到清政府官修《明史》，都沿用了这一说法。明朝官吏龚芝麓投降李自成，在所著《圣后艰贞记》记载了李岩保护懿安皇后之事。一些人认为虽有李岩其人，但不是杞县人而是砀县人；另一些人则坚持李岩为河南杞县人的传统说法。坚持李岩为杞县人的学者认为清朝方志作者有意回避某些材料，隐瞒事实真相，因为举人从"贼"对地方上不是什么光彩的事。据民国八年主撰《杞县志》的蒋藩说，顺治年间的《杞县志稿》有李岩传，康熙年重修方志时被删。郑廉参加农民军时年仅十五，在军中地位不高，囿于个人的经历，他的记录有可能出现遗漏。

我们再看一下具体的史实。传说崇祯十二年（1639），李岩劝知县宋玫停止向饥民征粮，赈济饥民。但是，方志作者已考证出，杞县只有一个姓宋的知县，时在崇祯元年（1628）到崇祯四年（1631），崇祯十二年（1639）的杞县知县是苏京，宋玫已在京城担任太常少卿的官职。支持李岩存在的观点又认为，农民军于崇祯十三年（1640）攻破杞县，杀死知县，救出李岩。事实上，从崇祯元年（1628）直到崇祯十五年（1642），农民军从来没有攻破杞县县城，崇祯年间，也没有一个杞县知县在任期之内被杀。持李岩实有其人说的人，尤其坚持李岩为杞县人的说法，无法对这些历史材料做出满意的答复。

现存明代官方档案及指挥围剿农民军的明朝官绅的文集中，没有李岩其人的记载，最早记载李岩史实的都不是第一手材料，而是出现在《定鼎奇闻》《樵史通俗演义》等虚拟程度较高的小说中。李岩事迹出现于史籍，最迟在顺治二年（1645）五月，在懒道人所编《剿闯小史》中，李岩基本事迹已被编定，尤其是蓬蒿子《定鼎奇闻》和计六奇《明季北略》刊行后，影响极大，流传到学术界和民间，越传越奇，李岩之事遂成定论。

原载于《中学历史教学参考》，1986年第1期

"英明"的昏君——崇祯帝

明朝的末代皇帝——以其年号而被称为崇祯帝的明思宗朱由检,在我国历史上的历代亡国之君中,是最受后世舆论同情乃至赞扬的一个人。清代纂修的《明史》称颂他"承神(宗)、熹(宗)之后,慨然有为,即位之初,沈机独断,刈除奸逆,天下想望太平","在位十有七年,不迩声色,忧勤惕励,殚心治理","盛德度越千古,蒙难而不辱其身,为亡国之义烈矣!"这样的评价,简直可与开国皇帝朱元璋媲美,较之周赧、汉献之流,真有天壤之别了。

崇祯帝本人对自己的"天纵英明"也是非常得意的。在他看来,自己当政期间的国事日非、政局昏暗、遍地饿莩、兵荒马乱,全该由老天爷和臣下负责。他为此喜怒无常,对臣下惩罚严酷。十七年间换了五十多名宰相,死于非命的大臣数以百计,直到李自成攻破北京,他跑到煤山上吊之前,还恨恨地大骂"诸臣误朕",自称"朕非亡国之君,诸臣皆亡国之臣"。

但是,当时的人民群众对这个"英明"君主却并不怎样恭维。李自成曾发布檄文,痛斥崇祯帝"昏主不仁,宠宦官,重科第,贪税敛,重刑罚";张献忠更曾布告两湖,把崇祯帝斥为"朱贼"。后来李自成兵临北京时,曾致函崇祯帝令其投降,书中有"君非甚暗"之语,有人说这表明李自成对崇祯颇有好感,其实,这不过是劝降用的外交辞令,比较客气罢了。用现在的话说,也就是"想来你还不至于糊涂到"连明朝快完蛋了都看不出来吧!

那么,崇祯究竟是怎样一个"英明"君主呢?从下面这几个例子人们可以了解一二:

首先是他的"节俭"。崇祯帝的"节俭"很有些名气,他不仅爱搞什么"撤御膳"之类的名堂,而且对国家经费的开支也很"节省"。崇祯二年,为"省"下几十万两银子而裁撤驿站,使成千上万的驿卒失业,被迫造反;崇祯四年,大批起义的饥民接受招安,不少官员吁请朝廷予以赈济,"节俭"的崇祯帝扭捏着才批了十万两银子,结果杯水车薪,无济于事,受招抚的饥民在灾荒中无法求活,不得不再次"作乱"。至于克扣、拖欠军饷造成哗变的事,那就不胜枚举了……当然,皇帝也有难处,他在位期间几乎年年哭穷,赋税加派一加再加,从快饿死的百姓嘴里"节省"下越来越多的钱来还不够,又多次号召皇亲国戚、勋贵大臣,要他们"急公忧国",捐助饷银。但他们个个叫穷,一毛不拔,崇祯帝的岳父周奎被纠缠不过,暗中向女儿周后求助,周后偷偷送他五千两银子,周奎不仅一钱不出,还把女儿送来的银子扣下了两千两,只拿三千两"捐"了出来。后来李自成进京,把周奎抓来"拷掠",光现银一下子就抄出来五十三万两!当时贵族中像这样要钱不要命的守财奴比比皆是。如宗室楚王、蜀王等,都是坐拥满库金银于围城之中,任凭官属哭求,决不肯出一钱帮助守城,结果城破后人作了刀下鬼,钱财也为农民军所得。为什么这些贵族吝啬到这种地步?原来他们有崇祯帝这个榜样。崇祯年间户部以饷银不济,多次请皇帝动用"内帑"(皇帝私人金库),崇祯帝都苦着脸说是"帑藏如洗矣",甚至有时还当庭挤出眼泪来。北京城破前夕,大臣李邦华再次苦劝他说:"国都快亡了,皇上还吝惜这些身外之物吗?'皮之不存,毛将焉附',今日之危急,皇上就是尽捐内帑,也怕来不及了!天下之大,保住它还怕没有钱吗?就怕它要落入他人之手了!"但是崇祯帝仍然舍不得掏腰包。结果李自成进京后,缴获的宫中"内帑"多达白银三千七百万两、金一百五十万两,相当于全国三年的田赋收入!如此"节俭"的皇帝,也真是"英明"得可以了!

其次是他的善于弄权。崇祯帝不像他祖父万历帝、哥哥天启帝那样不理朝政,因而有"沈机独断"的美名。但他不但刚愎自用、拒谏成习,而且虚荣心极重。他常常授意臣下提出一些担风险的决断,一旦成功,自然是他的"天纵英明",一旦出事,秉承其旨意的臣下便成了替罪羊。典型的如崇祯十五年,崇祯帝为摆脱两面作战的困境,授意兵部尚书陈新甲暗中与清议和,事泄后舆论哗然,崇祯帝即处死陈新甲,把一切都推在他身上,并打肿脸充胖子地断绝了和议。由于他一贯朝令夕改,不负责任,饰非有术,诿过于人,结果把满朝大臣都训练成了只唱高调而不敢提出实际建议的圆滑官僚。崇祯十七年初,崇祯眼见农民军逼近北京,想弃关外土地,把防御清兵的吴三桂部调来对付农民军,但又死要面子,想重施故技,授意臣下提出这个建议并为他承担责任。没想到大臣们都学乖了,个个装聋作哑,无人理会他的暗示。崇祯帝硬着头皮拖了一个多月,眼看危局日近,急得像热锅上蚂蚁,终于顾不得脸面,恨恨地把臣下痛骂一顿之后自己做了调吴三桂入关的决定,然而这时已来不及了。

崇祯帝对臣下如此玩弄权术,怎能得到可用之才?这就难怪他觉得臣下都不可信任,明知"阉党"可恶,还要用宦官去监视大臣。像袁崇焕这样的抗清名将,清(后金)略施反间之计,就假崇祯帝之手把他除掉了。幸亏嘉靖、万历这些昏君不像崇祯帝那样"英明",否则戚继光、张居正等辈能否善终也很难说!

最后再谈谈他的"殉社稷"。崇祯帝"蒙难不辱"拒绝南逃而甘与"社稷"共存亡,是他最得封建史家颂扬的一点,他因此得到了"烈皇帝"的美称。但实际上,崇祯帝并没有那么强硬。早在大顺农民军东渡黄河之初,他就想效法唐玄宗溜之大吉,曾多次秘密召见主张"南迁图存"的大臣李明睿,商量南逃计划,还苦着脸说,"朕有此意已久,无人赞同,所以拖到现在,怎么办呢?"这时离农民军攻克北京尚有两个月之久。但是,崇祯帝这次仍想让诸臣替自己撑面子,让他们提出南逃建议,而大臣们偏又不敢做日后的替罪羊,唯唯诺诺,有的竟然还唱"皇上自然守社稷"的高调,而主张让太子到南方"监国",这令人想起唐肃宗监国后登基自立、废黜父亲的旧史,自然只能招来崇祯的斥责。到了二月间,农民军在北上的同时又分兵东进,长垣、青县先后被占领,运河被切断,崇祯帝想跑也跑不掉了。尽管如此，崇祯帝仍未放弃求生的努力，当李自成派人劝他投降时，他始终未表示拒绝，并开了"再与他谈"的手谕，让李自成派来的代表自由上下北京城。只是由于他死要面子，迟迟下不了投降决心，结果农民军规定期限已到，大军攻入内城，崇祯帝才慌慌忙忙跑到煤山自杀了。

总之，崇祯帝的真实形象实在并不像封建文人描写的那样光彩。他的昏庸虽然表现形式与其他朝代的亡国之君有别，却也活活地勾画出了一幅腐朽的画像。明朝的覆亡固然是大势所趋，积重难返，但与崇祯的贪吝短视、昏庸无能、措置失宜也不无关系。

那么，旧时的文献为何要把他描绘为"英明"之主呢？主要原因有二：

一是崇祯帝即位之初，曾处置了阉党，为一大批东林党的地主阶级文人士大夫平了反，因此在那个时代的文人心中，他的地位是很高的。而无论如何，他是死于"流寇"之手这一事实，更增加了地主阶级士大夫对他的同情。

但最重要的，则是清王朝的渲染。我们知道，清王朝虽早已有入主中原之企图，但毕竟后来不是直接从明朝手中，而是打着替明复仇的旗号从农民军手中夺得了天下，因此，他们没有必要像历代新王朝一样贬低前代末世的统治。相反，越是抬高崇祯帝的形象，越能起到团结、安抚前明地主阶级的作用，越能显出清朝入关"为崇祯帝复仇，讨平流寇"的"伟大"，越能体现出"自古得国之正，无如我朝"。因此，他们何乐而不为呢？然而流风余韵所及，竟使今日的一些历史文学作品，乃至史学论著，都为崇祯帝这个"明主而未遇其时"的"悲剧"而大加感慨，这真是需要一辩的事了。

原刊于《中国历史》，1987年第2期

谈明代中叶的"倭寇"问题

明中叶嘉靖、隆庆年间，东南沿岸出现了严重的"倭患"。从浙江到广东的千里海岸，处处告警，兵燹绵延数十年，人民生命财产遭受惨重损失。明王朝兴兵縻饷，调集数省军队以至僧兵、土兵、狼兵，杀换了朱纨、张经、李天宠等督抚，起用了戚继光、俞大猷等名将，才使"倭患"基本平定。

怎样看待这场"倭寇"之乱？20世纪70年代以前，我国史学界的传统观点认为：这场战乱是日本封建主唆使日本武士、浪人、商人组织海盗武装，在中国沿海不法奸商的协助下对中国进行武装走私、烧杀掳掠而引起的，具有民族侵略性质；而明王朝进行的御倭战争则是民族自卫的正义战争；明政府腐败无能、海防废弛，是倭寇长期蔓延的原因；而"民族英雄"戚继光等人在人民群众支持下坚持抗敌，则是民族御侮的光辉篇章。

这一时期，日本有些学者则发表了不同的见解，认为所谓"倭寇"，其实是中国的海盗，日本国只是少数受雇佣者参与，因此，"倭寇"之变实际上是中国的内乱，是沿海的治安问题。但"文化大革命"以前，日本学者的上述观点，并不为国内学人所知。

1980年以来，随着国内学术研究的活跃，许多研究者提出了新的观点。他们认为：嘉、隆时期的"倭寇"，与嘉靖以前及万历侵朝战争中的倭寇不同，主要是"假倭"，即中国人，"真倭"数量既少，也非决策者。进而指出，当时东南地区工商业发达，已经提出了发展海上贸易，促进资本主义原始积累的任务。而明统治者为了维护封建统治，顽固实行海禁，迫使海商集团以及以海上贸易为生的沿海人民起来反抗，成为"海盗"。因此,"倭寇"问题不是什么外来侵略的问题,而是海禁与反海禁、压迫与反压迫的斗争。它代表了社会经济发展的方向,受到人民的支持,而明政府的"御倭"则是不得人心的倒行逆施,是对经济发展新因素的摧残和对人民的镇压。这种观点,可称之为"反海禁"说。

但近年来有些学者,如郝毓楠、陈学文等仍坚持传统的"外来侵略"说,并针对"反海禁"说的观点,提出倭寇的侵扰"严重破坏和阻碍了"资本主义萌芽的看法。这一问题不仅关系到明中叶的历史,而且关系到戚继光等重要历史人物的评价,更关系到人们对资本主义萌芽、中国封建社会长期停滞原因以及中日关系的问题,是值得研究的。

究竟应如何看待明中叶的"倭寇"问题?我们认为:

一、认为"倭寇"或海商——海盗集团代表了资本主义萌芽的要求或破坏了资本主义萌芽的发展的观点,恐怕都难以成立。明嘉、隆年间究竟有没有资本主义萌芽,还是个问题。学术界论述明清资本主义萌芽多是从万历开始的,而且仅限于苏州纺织行业。当时,国内市场尚且有限,不需另辟海外市场。主要活动中心也不在资本主义萌芽成长的长江三角洲,而在相对落后的浙、闽、粤三省。中日间"海盗"贸易的对象,从中国输出的是丝、瓷与药材等,后二者是封建经济的产品,丝绸业中虽有萌芽中的新生产关系,然而当时日本却主要进口生丝,最少进口成品丝绸。这种贸易,非但不是为资本主义开辟市场,而且是与其争夺原料,从日本输出的则主要是工艺品与奢侈品。海上商业资本与生产过程缺乏联系。因此,它与西方资本主义原始积累和地理大发现时代的海上商人与冒险家不同,而与明以前的封建社会商业资本并无根本区别。海商从对外贸易中获得的巨额利润以及因海上贸易长期出超而流入中国的大量白银,在当时历史条件下并不能起到资本原始积累的作用。参加海上贸易与"倭寇"队伍的固然有许多破产农民与手工业者,但他们的破产并非原始积累过程中的"无产化",而只是中国封建时代屡见不鲜的兼并过程的结果。因此,无论从积极方面还是从消极方面看,明中叶的"倭寇"与资本主义萌芽并没有什么直接关系。

尽管如此，当时海商势力的发展毕竟是商品经济活跃的标志，体现了历史的进步。因此，虽然东南海商并不直接代表资本主义萌芽，但作为封建社会后期商业资本的发展，仍然是值得肯定的。尤其是海商与土地较少联系，富于开拓精神，在"以末致富，用本守之"，地主、商人、高利贷者与官僚四位一体的中国封建社会中，具有一定的独立性与清新气息，它的成长，对中国社会内部新因素的出现，是有好处的。

二、嘉、隆时期的"倭寇"中确有日本海盗；而日本本土上的封建主中也确有人对"倭寇"的活动给予了某种支持。因此这时的"倭患"有外来因素是不应否认的。

但就其主流来说，应该承认，嘉、隆"倭患"主要是由国内的矛盾，尤其是明政府的海禁政策与东南海商势力的矛盾引起的。当时日本正处于"战国时代"，领主割据，连年混战，并无组织入侵中国的能力。"倭寇"的主要魁首王直、徐海、陈东、毛海峰等均是中国的所谓"奸商"。"以内地不得逞，悉逸海岛为主谋，倭听指挥"（《明史·日本传》）。他们中许多人确以日本（以及琉球）属岛为基地，并与当地封建主有往来。但明清两代海商——海盗集团以海外为根据地乃至建立政权，本是常见现象。如张琏据三佛齐、林凤据吕宋以及后来罗芳伯在婆罗洲建立的兰芳大总制，等等。清初郑成功在台湾及金、厦建立政权也与这种传统有关。郑氏据台时期与日本保持密切关系，谁也不会因此斥其为"汉奸"。嘉、隆时期的"倭寇""金冠龙袍，称上海岛"，基本上是独立自主的。以与日本关系最深的王直为例，他据日本"萨廉洲之松浦津，偕号曰'京'，自称曰'徽王'，部署官属，咸有名号，控制要害。再三十六岛之夷，皆其指使"，显然并非日本封建主的附庸。他们的行为是否正义另当别论，但不能简单归结为凡与外国有联系的斥为"汉奸"，唯有坚持"国粹"的才是爱国。这无疑使爱国主义降低为狭隘的"华夷之辨"了。

"海上之事，初起于内地奸商王直、徐海等常阑出中国财物，与番客市易"，而明代实行"寸板不许下海，寸货不许入番"的愚蠢政策，自然要使"商转为盗，盗而后得为商"。东盗亦商的魁首亡命海外，招聚我国

谈明代中叶的"倭寇"问题　351

沿海的破产群众及部分日本人,与明政府武装对抗,进行非法的"海盗贸易",这就是"倭患"的基本内容。

三、海商势力的成长和他们进行的反海禁斗争,是符合历史发展潮流的。然而有的人因此而宣扬他们的人民性、正义性,甚至说他们"阶级意识明确,爱憎分明","与人民群众打成一片",乃至加以"爱国商人"与"起义者"之桂冠,也是不妥当的。他们的根本错误在于不了解剥削阶级占主导地位的社会里,历史的进步往往是通过非正义的形式实现的,马克思高度评价了资本主义在历史上起过的进步作用,但也指出资本来到世间,就是充满血腥的肮脏东西。西方资本主义原始积累的海盗商人、冒险家如麦哲伦等,是资本主义的有功之臣,但同时也是贪婪而残忍的强盗,认钱不认人的亡命之徒。中国的海商中尽管也有人格高尚的爱国者(明末的郑成功可为代表),但多数是见利忘义、不择手段的暴发户。嘉、隆时期的"倭寇"首领大多亦属此类人物。他们具有两重性:一方面,反对海禁,开拓海外贸易,客观上符合历史的要求;另一方面,唯利是图、见利忘义,这就可能给人民群众带来灾难,是与一般被压迫被剥削的劳动群众的起义性质完全不同的。明中叶的悲剧在于:统治者厉行海禁、镇压海商,阻碍了海上商业资本对社会发展所起的积极作用;反而由此引起的战祸却使得海商——海盗集团的破坏性大大增强,产生了极大的消极作用。"倭寇"尽管不是日本人发动的民族侵略,但是王直、徐海等人招募日本海盗到中国来杀人放火,应受到谴责和痛斥。

由此得出的结论是:明政府推行的海禁政策与镇压海商的"御倭"战争是非正义的,应予抨击。而受到"倭寇"扰害的人民自发地起来御寇自保,则应受到同情。

这不是矛盾吗?是的。但这是剥削阶级社会无法避免的矛盾。我们可以拿英国的圈地运动做对比:圈地运动代表着资本主义大生产对中世纪小生产的胜利,但它也是对农民群众的残酷掠夺。查理一世为维护封建统治,曾下令禁止圈地,而英国的广大农民群众也掀起过反圈地的起义。前者是我们要揭露的,后者则是我们所同情的,历史唯物主义者只能这样看问题。

欧洲16世纪的海商——殖民海盗在本国政府的支持下对别国（殖民地）进行掠夺，从而为本国的资本主义原始积累奠基；而中国的海商——海盗却在本国政府的敌视下被迫以海外为基地，反过来劫夺本国人民的生命财产，这种鲜明的对比，对于我们认识中国封建社会的特性，不是有所启发吗？

原刊于《函授教育》，1987年第2期